Frank J. Robertz
Ruben Wickenhäuser (Hrsg.)

Orte der Wirklichkeit
Über Gefahren in medialen Lebenswelten Jugendlicher.
Killerspiele, Happy Slapping, Cyberbullying, Cyberstalking,
Computerspielsucht ...
Medienkompetenz steigern

Frank J. Robertz
Ruben Wickenhäuser
(Hrsg.)

Orte der Wirklichkeit

Über Gefahren in medialen Lebenswelten Jugendlicher.
Killerspiele, Happy Slapping, Cyberbullying, Cyberstalking,
Computerspielsucht ...
Medienkompetenz steigern

Mit 70 Abbildungen

Dr. Frank J. Robertz
Dr. Ruben Wickenhäuser

IGaK – Institut für Gewaltprävention und angewandte Kriminologie
Freies Institut für interdisziplinäre Gewaltpräventionsstrategien
E-Mail: post@igak.org
Web: www.igak.org

ISBN-13 978-3-642-02511-2 Springer-Verlag Berlin Heidelberg New York

Bibliografische Information der Deutschen Nationalbibliothek
Die Deutsche Nationalbibliothek verzeichnet diese Publikation in der Deutschen Nationalbibliografie;
detaillierte bibliografische Daten sind im Internet über http://dnb.d-nb.de abrufbar.

SpringerMedizin
Springer-Verlag GmbH
ein Unternehmen von Springer Science+Business Media
springer.de

© Springer Medizin Verlag Heidelberg 2010

Planung: Monika Radecki, Heidelberg
Projektmanagement: Sigrid Janke, Heidelberg
Lektorat: Dörte Fuchs, Freiburg
Umschlaggestaltung: deblik Berlin
Einbandabbildung: links: © tabato/imagesource.com, rechts: © GriKa, photocase.com
Abbildungen: Fotosatz-Service Köhler GmbH, Würzburg; Jörg Kreutziger, Berlin
Satz: Fotosatz-Service Köhler GmbH – Reinhold Schöberl, Würzburg

SPIN 12612949

Gedruckt auf säurefreiem Papier   2126 – 5 4 3 2 1 0

Inhaltsverzeichnis

Weltsichten

Problemlagen

Lösungsbeispiele

Anhang

Die Autoren

Wolfgang Bergmann
- Geboren 1948
- Studium der Erziehungswissenschaften in Berlin und Dortmund
- Sozialpädagogische Tätigkeiten, u. a. mit Martin Bonhoeffer im »Haus Kieferngrund«, Berlin
- Redaktionelle Leitung und Mitherausgeberschaft zweier Fachperiodika im Weinheim-Verlag
- Leitung des German Department der Verlagsgesellschaft r&r communication, New York, Tokyo, Leimen bei Heidelberg
- Mitglied der Konzeptgruppe des Zentrums für Kunst und Medientechnologie, Karlsruhe
- Leitung der »Deutschen Lehrerzeitung«
- Therapeutische Zusatzausbildung in Berlin
- Publikationen u. a.:
  - Ich bin der Größte und ganz allein. Der neue Narzissmus unserer Kinder. Düsseldorf 2009
  - Warum unsere Kinder ein Glück sind. Weinheim 2009
  - Halt mich fest, dann werd ich stark. Wie Kinder Gefühle lernen. München 2008
  - Mit G. Hüther: Computersüchtig. Düsseldorf 2006, Neuaufl. Weinheim 2008
  - Kleine Jungen, große Not. Düsseldorf 2003, Neuaufl. Weinheim 2006
  - Erziehen im Informationszeitalter. München 2005
  - Das Drama des modernen Kindes. Düsseldorf 2001, Neuaufl. Weinheim 2003
  - Computerkids. Freiburg 1996
- Größere Essays u. a. in Die Welt, Stuttgarter Zeitung, Frankfurter Rundschau, Geo Wissen, Eltern, Interviews u.a. in Stern, Spiegel, Focus, Die Zeit, Süddeutsche Zeitung; regelmäßige Interviewseiten (Beratung) in TV Hören und Sehen usw.
- Seit 1995 eigene Praxis in Hannover
- www.kinderpsychologie-bergmann.de

Corinna Bochmann
- Geboren 1969
- Studium der Rechtswissenschaften 1989 bis 1995 in Bonn
- Rechtsreferendariat im OLG-Bezirk Köln
- Bis 2003 als Leiterin der Abteilung Recht und Personalwesen in einem Presse-Großvertrieb tätig
- Von 2000 bis 2003 vom Bundesverband Deutscher Buch-, Zeitungs- und Zeitschriftengrossisten e.V. als ehrenamtliche Beisitzerin bei der Bundesprüfstelle für jugendgefährdende Medien bestellt

- Seit 2003 juristische Referentin bei der Bundesprüfstelle für jugendgefährdende Medien
- Seit 2004 auch vom Bund bestellte Prüferin bei der Freiwilligen Selbstkontrolle der Filmwirtschaft (FSK)
- www.bundespruefstelle.de

Stefan Glaser

- Geboren 1969
- Studium der Pädagogik und Politikwissenschaft an der Johannes-Gutenberg-Universität Mainz
- Viele Jahre in der außerschulischen Jugend- und Erwachsenenbildung zum Schwerpunkt Nationalsozialismus, Rechtsextremismus und interkulturelle Erziehung tätig
- Stellvertretender Leiter von jugendschutz.net, der länderübergreifenden Kontrollstelle für den Jugendschutz in Telemedien, und seit 2000 verantwortlich für deren Projektarbeit zum Thema Rechtsextremismus im Internet
- Gemeinsam mit seinem Team bei jugendschutz.net Entwicklung und Erprobung medienpädagogischer Konzepte zum Thema Hass im Netz; hierzu Handreichungen für die schulische und außerschulische Praxis
- 2002 Mitbegründer des International Network Against Cyber Hate (INACH), in dem inzwischen antirassistische Organisationen aus Staaten in Europa und Übersee gemeinsam gegen Hassseiten im Netz vorgehen
- Publikationen:
  - Mit T. Pfeifer: Erlebniswelt Rechtsextremismus. Menschenverachtung mit Unterhaltungswert. Schwalbach/Ts. 2007
- www.jugendschutz.net

Michael Grunewald

- Geboren 1959
- Studium der Soziologie und der Pädagogik am Fachbereich Sozialwissenschaften der JWG-Universität Frankfurt a.M.
- Konzeptionierung, Organisation, Durchführung und Evaluation von Seminaren mit Kindern und Jugendlichen sowie Fortbildungen für Multiplikatoren, die mit Kindern und Jugendlichen arbeiten
- Gutachter bei der USK, Mitarbeit im AK Medien Rhein-Main sowie im Fachforum Mediensucht

- Publikationen u. a.:
  - Ausflüge in virtuelle Welten. In: J. Hardt, U. Cramer-Düncher & M. Ochs: Verloren in virtuellen Welten. Göttingen 2009
  - Mit M. Frölich und U. Taplik: Computerspiele – Faszination und Irritation. Frankfurt a. M. 2007
- Bildungsreferent im Bereich Jugend und Gesellschaft, Zentrum Gesellschaftliche Verantwortung der Evangelischen Kirche in Hessen und Nassau
- www.mgnetz.de

Wolfram Hilpert

- Geboren 1960
- Studium der Geschichte, Philosophie und Erziehungswissenschaften in Köln
- Nach der Lehrerausbildung (Sekundarstufen I und II) u. a. in der Erwachsenenbildung tätig
- Seit 2005 Referent im Bereich »Jugendmedienschutz: Medienerziehung« der BPjM. Artikel, Aufsätze, Gastbeiträge und Vorträge für Erziehende und pädagogisch Tätige, um über Chancen und Risiken von Medien zu informieren
- Schwerpunktthemen: Computerspiele, Neue Medien
- www.bundespruefstelle.de

Dagmar Hoffmann

- Geboren 1964
- Studium des Sozialwesens (FH Braunschweig-Wolfenbüttel) und der Soziologie (FU Berlin)
- Promotion an der Philosophischen Fakultät der TU Chemnitz
- Vertretungsprofessorin für Medien und Kommunikation am Fachbereich III der Universität Siegen
- Mitglied des Sprecherrats der Sektion Jugendsoziologie der Deutschen Gesellschaft für Soziologie
- Stellvertretende Vorsitzende der Gesellschaft für Medienpädagogik und Kommunikationskultur
- Mitherausgeberin der Zeitschrift Diskurs Kindheits- und Jugendforschung
- Publikationen u. a.:
  - Mit W. Schubarth & M. Lohmann: Jungsein in einer alternden Gesellschaft. Bestandsaufnahme und Perspektiven des Zusammenlebens der Generationen. Weinheim/München 2008
  - Mit L. Mikos: Mediensozialisationstheorien. Neue Modelle und Ansätze in der Diskussion. Wiesbaden 2007
- www.dagmar-hoffmann.com

Jens Hoffmann

- Geboren 1968
- Studium der Psychologie, Soziologie und Linguistik an der TU Darmstadt und an der University of Surrey in Guildford, England
- Lehraufträge an den Hochschulen in Berlin, Darmstadt, Zürich, Gießen, Hamburg, Regensburg; Mitgeschäftsführer des »Team Psychologie und Sicherheit« (TPS), einem Verbund von Kriminal- und ehemaligen Polizeipsychologen, die Wirtschaft, Behörden und Personen des öffentlichen Lebens beraten und schulen
- Publikationen u. a.:
  - Mit R. Meloy & L. Sheridan: Stalking. Threads and attacks against public figures. Oxford 2008
  - Mit I. Wondrak: Amok und zielgerichtete Gewalt an Schulen. Frankfurt a. M. 2007
  - Stalking, Heidelberg 2006
  - Mit C. Musolff: Täterprofile bei Gewaltverbrechern. Heidelberg 2006
- Leiter der Fortbildungs- und Forschungseinrichtung Institut Institut Psychologie & Bedrohungsmanagement
- Wissenschaftlicher Mitarbeiter am Institut für Forensische Psychologie an der TU Darmstadt
- www.institut-psychologie-bedrohungsmanagement.de

Angela Ittel

- Geboren 1967
- Studium der Psychologie in Miami und Santa Cruz, USA, Promotion am Fachbereich Entwicklungspsychologie der University of California at Santa Cruz, USA
- Wissenschaftliche Assistenz am Arbeitsbereich Empirische Erziehungswissenschaft und Habilitation in Psychologie an der FU Berlin
- Forschungsschwerpunkte: Problemverhalten von Kindern und Jugendlichen, familiale Bedingungen des Aufwachsens, Geschwisterbeziehungen, Kinder und Medien, Professionalisierung von Lehrpersonen
- Herausgeberin der Zeitschrift European Journal of Developmental Science, Göttingen (www.ejds.net) und des Jahrbuchs Jugendforschung (www.jahrbuch-jugendforschung.de)
- Publikationen u.a.:
  - Mit D. Raufelder. Lehrerrolle – Schülerrolle: Wie Interaktion gelingen kann. Göttingen 2009
  - Mit S. Bergann & H. Scheithauer: Aggression und Gewalt bei Mädchen. In: H. Scheithauer, T. Hayer & K. Niebank (Hrsg.), Problemverhalten und Gewalt im Jugendalter. Erscheinungsformen, Entstehungsbedingungen, und Möglichkeiten der Prävention. Stuttgart 2008
  - Mit N. Latzel: Internetnutzung, soziale Integration und psychosoziale Anpassung in Kindheit und Jugend. Diskurs Kindheits- und Jugendforschung (1) 2007
- Professorin für Pädagogische Psychologie an der TU Berlin
- www.ewi.tu-berlin.de/menue/institutsangehoerige/professorinnen/ittel_angela/

Esther Köhler

- Geboren 1975
- Studium der Psychologie an der FU Berlin, Ausbildung zur Hypnotherapeutin am Zentrum für Angewandte Hypnose
- Wissenschaftliche Mitarbeit an dem vom Bundesministerium für Bildung und Forschung geförderten Projekt »RealSymbIn Games: Realitätsnahe und symbolische Interaktion bei Games und Online-Games« an der FHTW Berlin
- Durchführung sozialer Kompetenztrainings für Kinder (Umgang mit PC und Internet) für das Modellprogramm »Rückenwind« beim DRK Berlin Süd-West Behindertenhilfe gGmbH und Projektleitung beim ambulanten Seniorendienst »Mittenmang« des DRK Berlin Süd-West, Soziale Arbeit, Beratung und Bildung gGmbH
- Publikationen:
  - Computerspiele und Gewalt. Eine psychologische Entwarnung. Heidelberg 2008

Stephan Kolbe

- Geboren 1979
- Studium der Publizistik- und Kommunikationswissenschaft, Politikwissenschaft und Soziologie
- Von 2004 bis 2006 freiberufliche Tätigkeit für DW-TV in Berlin
- Von 2006 bis 2009 wissenschaftlicher Mitarbeiter bei Grietje Staffelt MdB, Bundestagsfraktion Bündnis 90/Die Grünen
- Seit 2009 Koordinator für Medienpolitik beim ver.di-Bundesvorstand sowie Tätigkeit als freier Texter und Redakteur
- www.stephankolbe.de

Lothar Mikos

- Geboren 1954
- Studium der Soziologie, Psychologie und Kommunikationswissenschaft an der FU Berlin, Promotion in Journalistik an der Universität Dortmund; Habilitation in Medien- und Kommunikationswissenschaft an der Universität Leipzig
- Gastprofessuren in Berlin, Glasgow, Göteborg, Kassel, Klagenfurt und London
- Forschungstätigkeiten im Rahmen von Drittmittelprojekten der Deutschen Forschungsgemeinschaft, des Bundesministeriums für Bildung und Forschung, der Bundeszentrale für politische Bildung sowie zahlreicher weiterer Organisationen; außerdem tätig in der Lehrerfortbildung im Bereich Medienbildung und Jugendschutz; Prüfer bei der Freiwilligen Selbstkontrolle Fernsehen
- Herausgeber der Reihe »Alltag, Medien und Kultur« im UVK-Verlag und Mitglied in den Herausgebergremien internationaler Fachzeitschriften (Communication Theory, Popular Communication, Catalan Journal of Communication & Cultural Studies, Interactions: Studies in Communication & Culture)
- Publikationen u. a.:
    - Mit S. Armbruster: Innovation im Fernsehen am Beispiel von Quizshow-Formaten. Konstanz 2009
    - Film- und Fernsehanalyse. Konstanz 2008
    - Mit S. Eichner, E. Prommer & M. Wedel: Die »Herr der Ringe«-Trilogie. Attraktion und Faszination eines populärkulturellen Phänomens. Konstanz 2007
    - Mit K. Neumann-Braun: Videoclips und Musikfernsehen. Eine problemorientierte Kommentierung der aktuellen Forschungsliteratur. Berlin 2006
- Professor für Fernsehwissenschaft an der Hochschule für Film und Fernsehen Konrad Wolf in Potsdam-Babelsberg
- Inhaber der Mikos Media Cooperation für Medienberatung, Medienforschung und Medienbildung
- www.hff-potsdam.de; www.mikos-media.de

Frank J. Robertz

- Geboren 1970
- Studium der Sozialpädagogik und Kriminologie; Promotion am Fachbereich Sozialwissenschaften der Universität Hamburg
- Lehraufträge am Institut für Kriminologische Sozialforschung und Forschungsarbeiten für Behörden der Hansestadt Hamburg zur Begutachtung von Einrichtungen für straffällig gewordene Jugendliche und von polizeilichen Präventionsprogrammen an Schulen

- Arbeit mit auffälligen und straffällig gewordenen Kindern und Jugendlichen; Konzeption und Durchführung von präventiven Konflikttrainings sowie von Trainings zur Opferwahrnehmung und Empathieförderung mit Gruppen inhaftierter Erwachsener
- Durchführung von Fortbildungen für die Bereiche Strafvollzug, Polizei und Schule
- Publikationen u. a.:
    - Mit R. Wickenhäuser: Kriegerträume. Warum unsere Kinder zu Gewalttätern werden. München 2010
    - Mit R. Wickenhäuser: Der Riss in der Tafel. Amoklauf und schwere Gewalt in der Schule. Heidelberg 2007
    - School Shootings. Frankfurt a. M. 2004
    - Mit A. Thomas: Serienmord. München 2004
- Wissenschaftlicher Leiter des Instituts für Gewaltprävention und angewandte Kriminologie (IGaK) in Berlin
- www.igak.org

Grietje Staffelt

- Geboren 1975
- Studium der Erziehungswissenschaften an der Universität Flensburg
- Von April 2000 bis Oktober 2009 Mitglied des Deutschen Bundestags für Bündnis 90/Die Grünen, in dieser Zeit medien- und zeitweise auch bildungspolitische Sprecherin der Fraktion
- Derzeit Promotion zum Thema »E-Learning in Unternehmen im Zeitalter des Web 2.0«

Walter R. W. Staufer

- Studium der Germanistik, Politik, Soziologie, Geografie und des öffentlichen Rechts in Regensburg und München
- Ab 1985 Dozent für politische Bildung, u. a. mit den Schwerpunkten Europa, Extremismus, Islamismus und Medien
- Seit 2005 Referent der Bundesprüfstelle für jugendgefährdende Medien in Bonn und mitverantwortlich für den Aufbau des neuen Bereichs »Jugendmedienschutz: Medienerziehung«
- Arbeitsschwerpunkte: Rechtsextremismus, Handy/Internet, Hip-Hop, Jugendprojekte
- www.bundespruefstelle.de

Rita Steffes-enn

- Geboren 1971
- Studium der Sozialen Arbeit in Koblenz, Schwerpunkt: Straffälligenhilfe
- Systemische Therapeutin, Anti-Aggressivitäts-Trainerin (AAT®), Fachberaterin für das Dynamische Risikoanalyse System (DyRiAS®), Schwerpunkt »Tötung des Intimpartners«, Mitarbeiterin im Team Psychologie & Sicherheit (TPS) in den Bereichen Psychologisches Bedrohungsmanagement und Deeskalation, Begründerin von Fallmanagement-Modellen bei Stalking und häuslicher Gewalt sowie Entwicklerin von Behandlungsmanualen für Sexualtäter sowie für Täter im Bereich häusliche Gewalt, langjährige Berufserfahrung in der ambulanten und stationären Behandlung von Sexual- und Gewalttätern sowie Stalkern
- Lehrende an (Fach-)Hochschulen, Fachreferentin im In- und Ausland
- Publikationen u. a.:
  - Deliktbezogene Gesprächsführung mit Gewalttätern. In: J. Hoffmann & I. Wondrak (Hrsg.), Umgang mit Gewalttätern und Gefährderansprache. Frankfurt a. M. 2009
  - Wissen um Täterdenken als aktiver und präventiver Opferschutz. Kriminalprävention in Rheinland-Pfalz (3) 2006
  - Das Anti-Sexuelle-Aggressivität-Training (ASAT®). In: B. Wischka, U. Rehder u. a. (Hrsg.), Sozialtherapie im Justizvollzug. Lingen 2005
- Leiterin einer Täterarbeitseinrichtung und Leiterin des Fortbildungsinstituts für deliktbezogene Täterarbeit (IDT)
- www.i-d-t.org

Carolin N. Thalemann

- Geboren 1978
- Dipl.-Psychologin, Kinder- und Jugendlichenpsychotherapeutin i.A. (Verhaltenstherapie)
- Studium der Psychologie an der Humboldt-Universität Berlin
- Wissenschaftliche Mitarbeit in der Interdisziplinären Suchtforschungsgruppe Berlin (ISFB) um PD Dr. Grüsser-Sinopoli im Bereich der Verhaltenssucht, Durchführung psychophysiologischer Studien, telefonische Beratung bei einer Hotline für Verhaltenssüchtige und deren Angehörige
- Stationspsychologin in der Kinder- und Jugendpsychiatrie
- Publikationen u. a.
    - Mit S. Grüsser-Sinopoli: Verhaltenssucht. Diagnostik, Therapie, Forschung. Bern 2006
- Psychologin in einer Praxis für Kinder- und Jugendpsychiatrie

Ralf Thalemann

- Geboren 1973
- Lehramtsstudium (Geschichte und Sonderpädagogik mit Schwerpunkt Lernbehinderung, Sprachbehinderung) an der Humboldt-Universität Berlin, Promotion an der Charité – Universitätsmedizin Berlin im Fachbereich Medizinische Psychologie
- Wissenschaftliche Mitarbeit in der Interdisziplinären Suchtforschungsgruppe Berlin (ISFB) um PD Dr. Grüsser-Sinopoli im Bereich Computerspielsucht, Durchführung psychophysiologischer Studien, telefonische Beratung bei einer Hotline für Computerspielsüchtige und deren Angehörige, Adipositastrainer
- Publikationen u. a.
    - Mit S. Grüsser-Sinopoli: Computerspielsüchtig? Rat und Hilfe für Eltern. Bern 2006
- Kinder- und Jugendlichentherapeut im interdiziplinären SPZ Virchow-Klinikum der Charité – Universitätsmedizin Berlin
- www.charite.de/spz/

Ruben Philipp Wickenhäuser

- Geboren 1973
- Studium der Geschichte und physischen Anthropologie in Erlangen, Bamberg, Huddersfield (GB) und Mainz, Schwerpunkt Wissenschaftsgeschichte; Promotion in Berlin
- Mitaufbau und bis 2008 Koordination des Instituts für Gewaltprävention und angewandte Kriminologie (IGaK)
- Autor und Herausgeber von Romanen, Fach- und Sachbüchern
- Langjährige Tätigkeit in der Jugendarbeit, u. a. Aufbau von Schul-AGs in der Sportart Jugger in Berlin-Neukölln
- Vertrauensmann der deutschen Jugger-Sportgemeinschaft
- Seit 1997 zahlreiche auch administrative Tätigkeiten im Internet
- Publikationen u. a.:
    - Mit F. Robertz: Kriegerträume. Warum unsere Kinder zu Gewalttätern werden. München 2010
    - Jugger. Berlin 2010
    - Mit F. Robertz: Der Riss in der Tafel. Amoklauf und schwere Gewalt in der Schule. Heidelberg 2007
    - Juggern. Der Trendsport für soziales Lernen. Mülheim/Ruhr 2006
- Mit Frank Robertz Zeitungs- und Magazinpublikationen zu Happy Slapping, Cyberbullying, School Shootings und »Killerspielen«
- www.uhusnest.de

Einführung

Triangulierung der Wirklichkeiten

Insbesondere wenn Jugendliche aufsehenerregende Gewalttaten begangen haben, tauchen in der anschließenden Berichterstattung und öffentlichen Diskussion immer wieder Anglizismen auf, die stellvertretend für Teilaspekte der »Neuen Medien« stehen. Mal werden »Killerspiele« angeprangert, mal geht es um »Cyberbullying« in Internetforen, und auch das »Happy Slapping« im Klassenzimmer ist in aller Munde. Was aber zählt alles zu diesen »Neuen Medien«?

Im Grunde beschreibt der Begriff Verfahren und Mittel (also Medien), die mittels neuer Technologien Informationen auf bisher nicht gebräuchlichen Wegen verarbeiten. Dies bedeutet, dass verschiedene Generationen jeweils verschiedene Medien als »Neue Medien« angesehen haben: In früheren Jahrzehnten zählten hierzu auch das Telefon, das Radio oder der Fernseher, die sämtlich bei ihrer Einführung Besorgnis und Zweifel in der Bevölkerung hervorgerufen haben. Gegenwärtig sind das Internet, aber auch digitale Musikdateien wie MP3-Dateien, digitale Spiele und Filme sowie Kommunikationsmittel wie das Handy Bestandteil der Neuen Medien. Kennzeichnend für die gegenwärtigen Neuen Medien ist insbesondere ihre Interaktivität.

Dass Neue Medien im Anschluss an Gewalttaten bei Jugendlichen gefunden werden, ist als solches nicht weiter verwunderlich, denn ihre umfangreiche Nutzung gehört für Jugendliche heute zum Alltag. Alljährlich zeigen die sogenannten JIM-Studien (Jugend, Information, [Multi-]Media) auf, welche neuen Trends sich abzeichnen. Aktuell ist etwa die Nutzung von Onlinecommunitys durch Jugendliche innerhalb eines Jahres von 57 % auf 72 % gestiegen. Die technischen Möglichkeiten sind dabei kein Problem. Denn die Angaben zur Geräteausstattung in den Haushalten der repräsentativ befragten 1.200 Jugendlichen weisen auf, dass 100 % der Haushalte über mindestens ein Handy und einen PC verfügen. 98 % besitzen einen Internetzugang, 97 % einen Fernseher, 96 % eine Digitalkamera. Selbst eine Spielkonsole weisen mittlerweile 68 % der Haushalte auf.

In der Nutzung neuartiger Medien liegt die Zukunft unserer Jugend. Sie wird ihr gesamtes Erwachsenenleben sachkundig mit immer neueren Medien umgehen müssen, um mit unserer gesellschaftlichen Entwicklung Schritt zu halten. Die Beschäftigung mit Neuen Medien ist daher wichtig und sinnvoll. Ob die Nutzung der Neuen Medien jedoch immer sozialverträglich ist, ist eine andere Frage. Wir geben unseren Jugendlichen weder im Elternhaus noch in der Schule viel Anleitung zum prosozialen Umgang mit diesen

Mitteln. Dass Faszination und Naivität mitunter über ihren Verstand siegen, gehört zum Vorrecht der Jugend. Schaffen wir es nicht, ihnen Anleitung zu geben, haben wir kein Recht, sie zu kritisieren.

Es geht daher in diesem Buch darum, Probleme im Umgang mit Neuen Medien wahrzunehmen und damit letztlich Anleitung und Orientierung für Jugendliche geben zu können. Der Schwerpunkt liegt vor allem auf der medial heiß diskutierten Schnittstelle zwischen Neuen Medien und Gewalt. Dass diese Schnittstelle für Jugendliche interessant ist, kann nicht verwundern, denn selbst auf Erwachsene übt Gewalt eine oft geleugnete, aber unzweifelhaft vorhandene Faszination aus. Diese Faszination spürten keineswegs nur die alten Römer bei ihren bejubelten Gladiatorenkämpfen. Modernes »Ultimate Fighting«, das tägliche Kino- und Fernsehprogramm und der allabendliche Krimi vor dem Einschlafen sprechen eine deutliche Sprache. Gewalt fasziniert. Über das Warum lässt sich trefflich diskutieren. Sei es, dass ein Aggressionstrieb zur anthropologischen Grundausstattung des Menschen gehören soll, dass seelische Belastbarkeitsgrenzen ausgetestet würden oder dass über die Beschäftigung mit fiktiver Gewalt das Grauen der realen Gewaltebene ausgeblendet werden könne – Erklärungsversuche gibt es viele.

Doch ist die Faszination, die gewalthaltige Inhalte neuartiger Medien auf Jugendliche ausüben, überhaupt identisch mit der Faszination, die Erwachsene spüren? Einen unkonventionellen Zugang zu dieser Frage, der einleitend den fachkundigen Ausführungen unserer Autoren zu spezifischen Problemfeldern vorangestellt werden soll, hat beispielsweise der Medienpädagoge Gerard Jones in seinem 2005 erschienenen Buch »Kinder brauchen Monster« vorgestellt. Er erachtet die Nutzung gewalthaltiger Medien als durchaus positiv, denn »in der folgenlosen Phantasie eines Spiels können die Kinder sich stark und erwachsen sehen, frei, die Mauern ihrer täglichen Gefängnisse zu sprengen«. Sie können demnach das reale Grauen der Welt im virtuellen Raum beeinflussen und so für sich erträglicher machen. Die Autoren dieses Bandes weisen daher nachdrücklich darauf hin, dass Kinder und Jugendliche im Umgang mit Neuen Medien nicht nur Gefahren ausgesetzt sind und gefährliche Dinge tun können, sondern dass sie auch in erheblichem Maße Nutzen daraus ziehen. Jedoch mahnen sie gleichfalls zur Vorsicht, denn damit dies gefahrlos gelingen kann, brauchen sie die Begleitung Erwachsener. »Wir müssen ihnen Phantasien erlauben und ihnen gleichzeitig beibringen, was Wirklichkeit ist«, schreibt Jones. Damit legt er den Finger in die Wunde der Gesellschaft, denn genau dieses »Beibringen von Wirklichkeit« bleibt oftmals aus.

Teilweise aus Interesselosigkeit, teilweise, weil sie die Hoffnung aufgegeben haben, Aspekte der Jugendkultur noch verstehen zu können, wächst die Kluft zwischen den Lebenswelten von Erwachsenen und Jugendlichen. Damit sind Kinder und Jugendliche einerseits umso schutzloser den Gefahren ausgesetzt, die im Umgang mit Neuen Medien lauern, während andererseits ihre oft ungerichtete Experimentierfreudigkeit im Umgang mit diesen Medien zu erheblichen Folgeschäden führt. Nehmen wir ein alltägliches Beispiel im Umgang mit den Möglichkeiten moderner Mobiltelefone:

Der 12-jährige Adrian hat von seinem Freund einen Hinweis bekommen, dass sich auf einer Internetseite »krasse« Bilder befänden. Dort findet er Fotos und Filme von Kriegsgräueln, die er auf sein Handy herunterlädt und mittels der Bluetooth-Funktion des Gerätes sofort an drei Schulkameraden weiterleitet. Zum Ausgleich bekommt er von einem der Mitschüler ein Handyfoto geschickt, welches seinen Schwarm aus der Nachbarklasse auf der Schultoilette zeigt. Begeistert stellt er das Foto auf seine Website, von der es Freunde am Abend herunterladen und weiterverteilen. Raoul, einer von ihnen, druckt das Bild aus und hängt es ans Schwarze Brett der Schule. Dabei fügt er noch den Schriftzug »Schlampen-Anne aus der 6a beim Pissen. Wer zuschauen will ...« und ihre Adresse hinzu. Das Ganze hält er für einen harmlosen Streich und freut sich diebisch auf Annes Reaktion. Ein Lehrer bemerkt die Vorgänge, als er im Vorübergehen das Blatt sieht. Er nimmt es sofort vom Schwarzen Brett ab, doch mittlerweile wird Anne von der ganzen Schule ausgelacht und traut sich nicht mehr in ihre Klasse, während ein anderer Schulkamerad von Adrian die angesehenen Filme psychisch nicht verarbeiten kann und jede Nacht über Albträume klagt. Beide benötigen therapeutische Unterstützung. Eine Aufarbeitung im Schulsystem ist unabdingbar.

Keiner der Jugendlichen hatte die Absicht, Mitschüler gezielt zu schädigen. Und doch hat der unbedarfte Umgang mit den Neuen Medien in unserem Beispiel schwerwiegende Folgen für einige der Beteiligten. Sich lediglich auf die Aufarbeitung solcher Ereignisse zurückzuziehen ist nicht zielführend. Vielmehr muss früher angesetzt werden: Schulen sollten unserer Ansicht nach effektive Prävention betreiben, indem sie regelhaft Medienkompetenz und soziale Kompetenz vermitteln, denn dies gehört gleichfalls zu ihrem Bildungsauftrag. Das ist kein einfacher Weg. Sich lediglich vor den neuen Entwicklungen wegzuducken, wird ihre negativen Folgen nur verstärken und die großen positiven Chancen verspielen.

Doch zurück zu Jones' Hinweis zum Beibringen von Wirklichkeit. Inwiefern ist in Bezug auf den Umgang mit Neuen Medien von »Wirklichkeiten« zu spre-

chen? Der Konstruktivismus lehrt, dass wir von der Realität kein sicheres Wissen haben können, weil unser Denken unsere eigene Weltsicht, also unser Erleben der Wirklichkeit, formt. Denken und Erkennen sind nicht von demjenigen zu trennen, der denkt und erkennt. Es kann daher keine von uns unabhängige, objektive Umwelt geben. Auch wenn man den konstruktivistischen Ideen nicht zur Gänze folgt, zeigen verschiedene Wissenschaftsdisziplinen, dass unser Gehirn aufgrund von angeborenen und im Lebensverlauf erworbenen Faktoren individuell die Wahrnehmung der Realität formt und sie letztlich als unsere eigene Sichtweise, als unsere eigene »Wirklichkeit«, zur Grundlage unseres Denkens und Handelns werden lässt.

Eine Konsequenz dieses Vorgangs ist beispielsweise die Entwicklung und Nutzung unserer Phantasie. Die Entwicklungspsychologie und die Psychiatrie, hier insbesondere das Lebenswerk von Reinhart Lempp, zeigen, dass sich die Phantasie aus der frühkindlichen Wirklichkeitssicht entwickelt. Sie bleibt im Lebensverlauf in höchstem Maße individuell und ist täglich als integraler Bestandteil unser aller Psyche nutzbar. Sind wir Situationen ausgesetzt, die wir nicht mögen, so können wir uns in die Phantasie zurückziehen, ohne dass dies von außen bemerkt wird. Sitzen wir in einer langweiligen Besprechung, so können wir uns in unsere Phantasie begeben und dort in Erinnerungen an den letzten Urlaub schwelgen oder den Chef ohrfeigen. Wir fühlen uns sofort besser, und niemand um uns herum bemerkt den Grund für unser heimliches Lächeln. Diese Flucht in die Phantasie wirkt entlastend, kann jedoch auch zum Problem werden, wenn der Wechsel zwischen Realität und Phantasie nicht mehr funktioniert. Dies kann krankheitsbedingt eintreten. Die Phantasie kann aber auch für gesunde Menschen aus subjektiver Sicht sehr viel reizvoller als die Realität werden. Wenn ein Jugendlicher die Realität als hoffnungslos unglücklich erlebt, kann es sein, dass er zu sehr in seinen Phantasiewelten verweilt und die Realität vernachlässigt. Dies ist natürlich letztlich zum Scheitern verurteilt, da unser Körper Nahrung und Pflege braucht – und wir, um dies zu gewährleisten, Geld verdienen müssen. Verbringen wir unsere Zeit nahezu ausschließlich in der Phantasie, ist dies nicht mehr zu realisieren, und wir verwahrlosen. Während die Phantasie also originär unglaublich positiv ist, müssen wir darauf achten, uns nicht darin zu verlieren.

Durch die Neuen Medien, vor allem durch Internet und Computerspiele, ist in den letzten Jahren noch eine dritte Wirklichkeitsebene aufgetaucht: die virtuelle Realität. Während die eigene Phantasie höchst persönlich und bei jedem Menschen unterschiedlich ausgeprägt ist, können in der virtuellen Realität einige Phantasievorstellungen gemeinsam gelebt werden. Der Rahmen wird für alle Teilnehmer vorgegeben, doch die Teilnehmer können dennoch im vorgegebenen Rahmen ihre Individualität zum Ausdruck bringen. Nehmen wir einmal das Beispiel des Onlinerollenspiels »World of Warcraft«: Mit einer comichaften dreidimensionalen Grafik wird der Rahmen eines virtuellen Universums vorgegeben, das ein wenig an J. R. R. Tolkiens Fantasywelten erinnert. Der Spieler kann sich eine höchst individuelle Spielfigur erschaffen, mit der er sich weitgehend frei durch die vorgegebene Welt bewegt und dort mit anderen computergesteuerten Spielfiguren, aber auch anderen Spielercharakteren kommuniziert. Die Spielwelt ist riesig, die Möglichkeiten sind nahezu unüberschaubar, und doch kann diese Welt gemeinsam mit anderen Spielern erkundet werden. Es wird gekämpft, einem Beruf nachgegangen und Handel getrieben. Mit der Zeit wird die Spielfigur mächtiger, und es entwickeln sich feste Kontakte zu anderen Spielern, mit denen man sich online verabredet, um zu einer festgelegten Spielzeit Heldentaten in dieser Welt zu vollbringen. Stellen wir uns nun einen Jugendlichen vor, dem es aufgrund fehlender sozialer Kompetenzen weder in der Schule noch in der Freizeit gelingt, soziale Kontakte zu knüpfen. Die Schulzeit ist mit Misserfolgserlebnissen gepflastert, und er wird aufgrund seines rundlichen Äußeren ausgelacht. In der virtuellen Realität kann er plötzlich zum strahlenden, geachteten Krieger mutieren, da für die anderen nur seine virtuelle Spielfigur sichtbar ist. Und plötzlich interessieren sich andere Menschen für ihn, mit denen er virtuelle Erfolgserlebnisse sammelt. Ein solcher Jugendlicher ist oft nur schwer davon zu überzeugen, dass er statt zehnstündiger Spielesitzungen lieber für die Schule lernen und in der realen Welt Sport treiben oder sich in der Natur erholen sollte. Auch diese virtuelle Realität birgt also die Gefahr, dass man sich darin verliert.

Unsere Aufgabe als Erwachsene ist es, die drei Wirklichkeitsebenen zu triangulieren, also mit den Stärken einer Ebene die Schwächen der beiden anderen Ebenen auszugleichen. Es kommt darauf an, ein ausgeglichenes Verhältnis zu schaffen und sich nicht in einer Wirklichkeitsebene zu verlieren. Erwachsene tendieren oftmals dazu, zu sehr in der Realität zu verweilen und die Werte der anderen beiden Wirklichkeitsebenen herunterzuspielen. Dieses Buch soll helfen, zumindest ein Verständnis für die Rolle der Phantasie und vor allem virtueller Realität zu bekommen. Jugendliche neigen hingegen manchmal dazu, sich in der virtuellen Welt zu verlieren. Hier benötigen sie die Hilfe von uns Erwachsenen, um ihnen zu verdeutlichen, dass auch die Realität notwendigerweise aufrechterhalten und gepflegt werden muss. Sie müssen auch verstehen, dass

negatives Verhalten in virtuellen Welten Konsequenzen in der Phantasie, aber vor allem auch in der Realität hat. Adrian und Raoul aus unserem Fallbeispiel sind sich dieser Konsequenzen nicht bewusst.

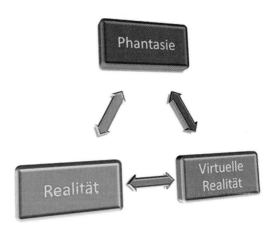

Triangulierung der Wirklichkeiten

Kinder und Jugendliche müssen sich erst in dieser Informationsflut zurechtfinden. Sie experimentieren unbedarft mit den Neuen Medien, ohne sich der möglichen Folgen bewusst zu sein. Ohne unsere Begleitung und Anleitung liefert ihre Offenheit sie den damit einhergehenden Gefahren nahezu schutzlos aus. Zugleich liegt hier auch ein Bildungsauftrag bei den Erwachsenen, der jenem in politischer Bildung kaum nachsteht. Denn nur eine Jugend, die den verantwortungsvollen Umgang mit den Neuen Medien erlernt hat, kann sich später in diesem den Alltag mehr und mehr durchdringenden Bereich für die freiheitliche Gesellschaft einsetzen.

Auch um diese Begleitung leisten zu können, stehen die Erwachsenen vor der Herausforderung, mit der rasanten Entwicklung Schritt zu halten. Dieser Band bietet hierzu Hilfestellungen. Hier kann ein Eindruck davon gewonnen werden, wie tiefgreifend manche Veränderungen sind. Um diese Veränderungen auch für technikfernere Leser begreifbarer zu machen, werden sie mit Bildzitaten dokumentiert. Wenn von realitätsnahen Spielen die Rede ist, so handelt es sich nicht mehr um vergleichsweise abstrakte, unscharfe Rasterbilder. Vielmehr sehen wir heutzutage nahezu fotorealistische Szenerien. Erwachsene müssen sich mit den Veränderungen und Möglichkeiten der virtuellen Realität Neuer Medien vertraut machen, um Kindern und Jugendlichen die Gefahren und Chancen jener Wirklichkeitsebene zu vermitteln, die für ihre zukünftige reale Rolle in der Gesellschaft von Bedeutung ist.

Zur Funktion dieses Buches

Dieses Buch kann als Gesamtwerk gelesen werden, denn Wiederholungen wurden, soweit möglich und sinnvoll, eliminiert. Auch die Gliederung des Buches in drei Teile erleichtert einen strukturierten Wissensaufbau. Es ist jedoch ebenso möglich, einzelne Abschnitte herauszugreifen oder die Reihenfolge nach Gusto zu wählen. In diesem Fall wird jedoch zur Klärung von Grundlagen empfohlen, das Leseabenteuer mit ein oder zwei Beiträgen aus dem ersten Teil zu starten.

In Teil I wird zunächst das Fundament gelegt – mit einem Überblick über die Genese der Neuen Medien, deren Kenntnis grundlegend ist für das Gesamtverständnis, sowie dem politischen, wissenschaftlichen und philosophischen Blick auf das Phänomen. In Teil II werden dann konkrete Facetten aus der Sicht von Fachleuten geschildert, Problemlagen dargestellt und Wege zum präventiven Umgang mit diesen Problemen aufgezeigt. In Teil III kommen schließlich Institutionen zu Wort, die den Risiken der Neuen Medien aktiv begegnen. Eine grundlegende Betrachtung zur zentralen Rolle der Vermittlung von Medienkompetenz bildet den Abschluss des Bandes.

Doch dieses Buch ist gleichzeitig auch als Handbuch geeignet, um mit Kindern und Jugendlichen brisante Themen aufzugreifen, ihre Medienkompetenz zu stärken und sie im Umgang mit Neuen Medien zu schützen. Daher ist der Anhang als Anregung für die praktische Auseinandersetzung mit dem Thema konzipiert. Prinzipiell ist die Arbeit mit Kindern und Jugendlichen zu Problemen der Neuen Medien nur von der eigenen Phantasie begrenzt. Es gibt unzählige Möglichkeiten, mit Kindern und Jugendlichen ins Gespräch zu kommen und sie auf die Gefahren, aber auch auf die Chancen der Neuen Medien vorzubereiten. Hier auch nur einen Überblick zu schaffen hätte ein zusätzliches Buch erfordert. Doch das ist auch gar nicht Ziel des Anhangs. Vielmehr soll er als kleine Handreichung dienen, die es möglich macht, ohne Umschweife mit der Thematisierung anzufangen. Eine Linkliste auf der letzten Seite des Anhangs ermöglicht es, weitere Unterrichtsmaterialien bzw. Methoden aus dem Internet herunterzuladen und die eigenen Kenntnisse und Möglichkeiten zu erweitern. Lassen Sie sich inspirieren.

Zum Schluss noch ein Hinweis: Aus Gründen der Lesbarkeit haben die Autoren oftmals auf detaillierte Literaturverweise an Einzelstellen verzichtet; alle verwendete Literatur finden interessierte Leser jedoch in den Literaturempfehlungen am Ende jedes Kapitels und/oder im Literaturverzeichnis am Ende des Buches. Darüber hinaus sind im Autorenverzeichnis Kontaktdaten für Nachfragen veröffentlicht.

Dank

An dieser Stelle sei insbesondere Franziska Schlögl für wichtige inhaltliche Hinweise, David Förster für Beratung in einigen technischen Fragen, Christian Flügel, Susanne Serwe und Yves Sonnenburg für Fotos sowie Christoph Rummel, Sönke Siemens und Steffen Hermann für Hilfe bei der Erstellung unserer Screenshots gedankt.

Weltsichten

Moderne Welten: Geschichte, Entwicklungen, Umwertungen

Ruben Philipp Wickenhäuser

1.1   Die bunte Vielfalt

Seit fünf Tagen hat Bernd seine Wohnung nicht verlassen. Vor 15 Jahren hätte er seine Zeit vermutlich vor dem Fernseher verbracht. Doch zu glauben, Bernd hätte sich im Nichtstun ergangen, wäre weit gefehlt. Mit mehreren Dutzend Bekannten und Freunden hat er sich getroffen, hat Bilder für einen Artikel zurechtgeschnitten, aufgehellt und verbessert, hat sodann den Artikel gesetzt und veröffentlicht, hat sich neue Möbel für sein Zimmer ausgesucht, hat als Filmkritiker Kurzfilme kommentiert und öffentlich bewertet, mehrere Fachartikel miteinander verglichen, aktuelle Nachrichten aus seinem Wohngebiet vorgestellt, ein Team aus Soldaten gegen den Feind geführt – und den Kampf durch einen Kopfschuss verloren –, eine ausufernde Diskussion über die richtige Haltung von Sittichen geführt, Artikel einer Enzyklopädie ausgedünnt und das günstigste Angebot für Pflanzendünger herausgesucht. Zu Mittag gab es thailändische, indische oder chinesische Küche, über deren vorzügliche Qualität er seinen Freunden auch gleich berichten konnte, sogar mit einem Foto des Gerichts, das er mit der Kamera seines Mobiltelefons aufgenommen und mit demselben Mobiltelefon direkt an sie versendet hat.

Was früher nur mithilfe von Zeichentischen, Setzmaschinen, Versammlungen, Herausgeberkonferenzen, Telefonaten und viel Herumfahren möglich gewesen wäre, lässt sich heutzutage dank Computer und Internet bequem vom heimischen Schreibtisch aus erledigen. Obwohl es sich um eine recht junge technische Entwicklung handelt, ist sie aus dem Alltag kaum mehr wegzudenken – ein Schrecken ist die Vorstellung, das Internet könne für eine Woche, ja nur für eine Stunde komplett ausfallen.

Besonderer Beliebtheit erfreut sich das Medium auch deshalb, weil es nicht allein von professionellen Anbietern, sondern von jedem, der Lust und Zeit hat, mitgestaltet werden kann. Es bietet damit eine schier unerschöpfliche Quelle der Kreativität und des Gedankenaustauschs. Selbst neue Sprachelemente haben sich durch das Internet herauskristallisiert. Zudem sind sehr viele Angebote kostenlos und finanzieren sich entweder über Werbung, über kostenpflichtige Zusatzfunktionen oder im Falle von Onlinespielen manchmal auch durch den Verkauf von digitalen Spielfiguren oder Spielgeld. Ein großer Teil wird aber auch aus Idealismus oder ehrenamtlich beigesteuert. Nicht vernachlässigt werden darf darüber hinaus der gesellschaftlich-politische Aspekt: Solange das Internet schwer kontrollierbar bleibt, so lange haben Menschen auch unter Regimen der Unterdrückung wesentlich bessere Möglichkeiten, sich Gehör zu verschaffen und auf ihre Lage aufmerksam zu machen, als dies in den Zeiten vor dem Internet der Fall gewesen ist. Informationen über aktuelle Entwicklungen können direkt vom Ort des Geschehens aus und beinahe ohne Zeitverzögerung der ganzen Welt zugänglich gemacht werden. Beispiele dafür sind die Unruhen nach den Präsidentschaftswahlen im Iran oder in China, wo trotz einer bereits umfangreichen Überwachungs- und Zensurinfrastruktur immer wieder Aussagen, Bilder und Videos an die internationale Öffentlichkeit gelangen.

Wie es aber in der Natur des Menschen liegt, werden diese Möglichkeiten auch für negative Zwecke genutzt. Über betrügerische E-Mails kann der Zugang zu Bankkonten erschlichen werden, Bilder mit verbotenen Darstellungen können in großem Umfang getauscht, Hehlerware kann vergleichsweise einfach verkauft, Kopien von teuren Computerprogrammen können verbreitet werden – Übeltäter finden im Internet fast so viele Anwendungsbereiche wie gewöhnliche Bürger. Und gewöhnliche Bürger können sehr schnell selbst zu Übeltätern werden, manchmal durch wenige einfache Klicks mit der Maus und ohne sich dessen richtig bewusst zu sein. Darin verdeutlicht sich zugleich ein Kernproblem, dem sich die moderne Gesellschaft zu stellen hat: Insbesondere präventives Vorgehen gegen solche Taten birgt stets die Gefahr, auch die geschilderten positiven und wertvollen Seiten zu beeinträchtigen, da beide Nutzungsarten teilweise die gleichen technischen Kommunikationswege nutzen.

Durch ihre Entwicklung haben die Neuen Medien einen großen Einfluss auf einzelne Generationen, der sich in ihrem Verhalten äußert. So beeinflusste das Mobiltelefon zunächst das allgemeine Kommunikationsverhalten – ermöglichte es doch eine universelle Erreichbarkeit –, ist aber dann mit Foto- und Filmaufnahmefunktionen und später mit Internetzugang mittlerweile in völlig anderen Bereichen prägend geworden.

Mit dieser Entwicklung Schritt zu halten ist gerade dann eine recht anspruchsvolle Aufgabe, wenn man nicht direkt mit den Neuen Medien zu tun hat und der Orientierungsphase der Jugend bzw. des Studiums entwachsen ist. Zugleich gewinnen die Neuen Medien immer größere Bedeutung in fast allen Lebensbereichen. Um eine Grundlage für das Verständnis der Neuen Medien und mithin für die Lebenswelt der heutigen Jugend zu gewinnen, ist ein Rückblick auf die Entwicklungsgeschichte sehr hilfreich.

1.2 Das Internet: Eine neue Technik verändert Kommunikation und Gesellschaft

Die wohl mit Abstand tiefgreifendste Entwicklung wurde durch die rasante Verbreitung des Internets bewirkt. Populär wurde es allerdings erst mehr als 20 Jahre nach seiner Erfindung. Anfang der 1960er-Jahre existierte mit SAGE bereits ein System von vernetzten Computern, die der Luftüberwachung dienten. Von Bedienungskonsolen aus konnten mithilfe von Leuchtzeigern Informationen der anderen Konsolenstandorte abgefragt und auf einem Radarschirm dargestellt werden. Mitte der 1960er-Jahre nahm die Idee des sogenannten ARPANets der Advanced Research Projects Agency Gestalt an; dazu wurden die bereits für Computerverbindungen verwendeten akustischen Telefonmodems verbessert. Zwei Jahre später, im Oktober 1969, konnte ARPANet gestartet werden: Die University of California in L.A. und Santa Barbara, das Stanford Research Institute und die University of Utah waren erfolgreich vernetzt worden. Das Netz begann nun stetig zu wachsen und zählte 1971 15 miteinander verbundene Orte. Acht Jahre später waren mehrere eigenständige Netze entstanden, die ihrerseits mit dem ARPANet verbunden waren.

Die wichtigsten Begriffe des Internets (A–P)

ASCII (American Standard Code for Information Interchange): Standard-Zeichensatz, in dem über hundert Buchstaben, Symbole und Interpunktion über Zahlencodes eindeutig definiert werden können; auch als Bezeichnung für Nur-Text-/Quelltext-Dokumente ohne Formatierungen wie fett, kursiv oder speziellen Schrifttyp gebräuchlich.

Browser: Programm, das Webseiten aus dem World Wide Web darstellt. Mittlerweile enthalten Browser viele weitere Funktionen, wie Mail und Newsreader.

Chat: im Grunde ein Telefonat via Internet, das in Form von Textnachrichten oder inzwischen auch mit Audio und Video geführt werden kann.

Chatroom: oft themenbezogener Bereich, in den sich der Nutzer einklinken kann, um sich mit anderen via Chat zum Thema auszutauschen (zumeist als Textchat).

Domain: Vereinfacht ausgedrückt, ist dies die Hauptadresse einer Ressource, wie http://www.igak.org.

FTP (File Transfer Protocol): Protokoll zum Transfer von Dateien.

HTML (Hypertext Markup Language): »Codeschema« zur Erstellung von Webseiten.

HTTP (Hypertext Transfer Protocol): Protokoll zur Übertragung von Webseiten.

ICANN (Internet Corporation for Assigned Names and Numbers): US-dominierte Zentralstelle für die Verwaltung der Internetadressendungen (.de, .com usw.).

Internet: weltumspannendes Netzwerk miteinander verbundener, rund um die Uhr oder nur zeitweise eingeschalteter Rechnersysteme.

IP (Internet Protocol): Ein Rechner, mit dem beispielsweise im World Wide Web gesurft wird, bekommt eine eigene IP-Adresse aus vier Zahlen, die jeweils zwischen 0 und 255 liegen, zugewiesen. Anhand dieser wird er für den Datenaustausch identifiziert. Die IP-Adresse kann gleich bleiben oder auch wechseln.

Link: Verweis von einer Webseite auf eine Ressource im Internet, z. B. auf eine andere Webseite oder eine andere Datei.

Peer-to-peer (P2P): Netzwerke ohne zentrale Zugriffskontrolle. Daten können direkt zwischen zwei Rechnern ausgetauscht werden, es wird daher keine Firma benötigt, die Speicherplatz zur Verfügung stellt. Diese Technik wird besonders von Onlinetauschbörsen eingesetzt (z. B. die Protokolle Gnutella oder BitTorrent) und kann dezentral genutzt werden. P2P erzeugte gemäß der ipoque-Internetstudie 2008/2009 in Deutschland etwa 53 % des Datenverkehrs im Netz.

1982 wurde mit »Snipes« das erste Onlineprogramm für den PC geschrieben: Dieses kleine Spiel, bei dem eine – aus vier Zeichen zusammengesetzte – Figur durch ein Labyrinth gesteuert wird und feindliche Figuren abgeschossen werden können, wurde programmiert, um bei Vorträgen den Zuschauern demonstrieren zu können, dass die Computer tatsächlich miteinander vernetzt waren. Gewissermaßen leitete also ein »Killerspiel« die populäre Nutzung des Netzes ein. Von der Darstellung her orientierte es sich, wie der Screenshot verdeutlicht, an Tastatursymbolen. Im gleichen Jahr wurden »Emoticons«, wie :-) oder :-(für Textnachrichten eingeführt, um spaßig gemeinte Bemerkungen zu kennzeichnen.

1984 hatten sich die Domains .gov, .mil, .edu, .org, .net und .com etabliert. Der Begriff »Cyberspace« wurde 1984 von dem Schriftsteller William Gibson in dessen Roman »Neuromancer« bekannt gemacht. Im folgenden

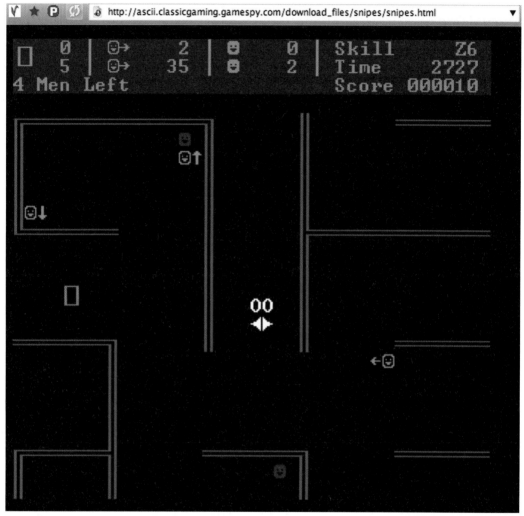

Quelle: SuperSet/Novell, 1982: Snipes, Screenshot vom 14.7.2009

Jahr wurde der Begriff ARPANet aufgelöst. 1992 entwickelten Studenten der University of California
(UCLA) den ersten Browser, der als Grundlage für den
Nachfolger Netscape diente. Damit wurde das Internet
allgemein zugänglich. Mit der Aufhebung des Verbots
der kommerziellen Nutzung wurde dem weiteren
Wachstum des Internets die Tür geöffnet. Das Internet
und dann insbesondere das World Wide Web begann
sich in wenigen Jahren zu dem allgemein zugänglichen
Informationsmedium schlechthin zu entwickeln.

Ein Blick auf die Anzahl der Hosts verdeutlicht
dies: 1968 gab es vier, 1975 schon über 111, 1984 über
1.000. Im darauffolgenden Jahr verdoppelte sich die
Zahl auf knapp 2.000, und 1988 bestanden bereits rund
60.000 Hosts. 1989 verlief die Entwicklung noch ra-

santer: Zunächst gab es 80.000, im Juli 130.000 und im
November 160.000 Hosts. 1991 stieg die Zahl weiter auf
600.000, um zwei Jahre später die Zwei-Millionen-
Grenze zu durchbrechen. 1996 wurde die Zahl der
Hosts auf über 15 Millionen geschätzt.

Seine Beliebtheit hat das Internet sicher auch
deswegen gewonnen, weil es frei und offen wirkt –
jeder kann scheinbar eine eigene Internetseite betreiben, jede Information scheint sofort verfügbar zu
sein. Eine kritische Sicht auf diese Meinung liefert
Paul Garrin, der die Annahmen, das Internet sei *öffentlich*, *grenzenlos* und besäße *kein Zentrum*, als die
»drei verbreitetsten Irrtümer des Internets« definiert
(http://mediathek2.bpb.de/Dokument/dokument_
6308.pdf).

1960	Artikulierung der Idee eines weltweiten Netzwerks.		1990/91	Geburt des heute bekannten World Wide Web mit der Einführung von HTML, das 1989 von Tim Berners-Lee (CERN) festgelegt wurde. Mit »WorldWideWeb« wird ein Browser/Editor-Programm mit grafischer Benutzeroberfläche geschaffen.
1969	Beginn des Aufbaus eines ersten Netzwerks mittels ARPANet zwischen Universitäten, das der Kern des modernen Internets werden wird.			
1971	Das File Transfer Protocol (FTP), das heute noch zur Übertragung umfangreicherer Dateien oder Ordnerstrukturen z. B. auf einen Server genutzt wird, wird eingeführt.		1993	Öffnung des Internets für die kommerzielle und kostenlose Nutzung für jedermann. Im gleichen Jahr erscheint mit »Mosaic« der erste grafische Browser für X- (Unix), Windows- und Macintosh-Betriebssysteme.
1971	Der Adresstrenner »@« (»at«) wird für E-Mails und das erste moderne Mailprogramm SNDMSG von Ray Tomlinson auf der Grundlage von einfacheren E-Mail-Vorläufern eingeführt. @ wurde zuvor in England als Menge/Preis-Trenner gebraucht (10 items @ 50 p).		1997	Der Begriff »Weblog« wird bekannt. Vermutlich zu diesem Zeitpunkt wird die erste klassische »Social Network«-Plattform ins Leben gerufen. In der Folgezeit kommen weitere Plattformen hinzu.
			1999	Die Telekom schaltet Breitband-DSL-Verbindungen.
1971	Das Projekt Gutenberg zur Bücherdigitalisierung und -archivierung wird begründet.		1999	Abhängig von der Definition beläuft sich eine verbreitete Schätzung auf 23 »Weblogs« zu Beginn des Jahres. Ihre Zahl steigt in den nächsten Monaten sprunghaft an. 2007 sind bei manchen Blog-Verzeichnissen über 71 Millionen Weblogs erfasst.
1988	Der »Morris Worm« richtet als einer der ersten »Internetwürmer« Schaden an, als er die Rechenleistung von Computern durch »Mehrfachinfektionen« ausschöpft.			

Tatsächlich ist das Internet *nicht öffentlich*, da die Infrastruktur des Netzes in privatwirtschaftlichen Händen liegt: Server, die Speicher des Netzes, liegen in den Händen von Firmen; zudem ist dieser Bereich nicht staatlich kontrolliert. Ein Beispiel für die Kontrollmöglichkeiten lieferte ein deutscher Internetanbieter, der im September 2007 den Zugriff auf mehrere Internetseiten mit pornografischen Inhalten pauschal für seine Kunden sperrte.

Das Internet hat *Grenzen*, da jeder Router (die weiterleitende Schnittstelle für den Datenstrom) eine Grenze für sich darstellt. Die von Firmen betreuten sogenannten Backbones, durch die der Datenverkehr einzelner Gebiete fließt, beispielsweise das European Backbone, arbeiten nach strikten Regeln, die festlegen, welche Datenquellen angenommen und weitergeleitet werden und welche nicht.

Außerdem verfügt das Internet über ein *Zentrum*, und das ist die zentrale Adressvergabestelle, die die Internetadressen der höchsten Hierarchiestufe (wie .com) zuordnet: die sogenannte Root Domain bzw. das Domain Name System (DNS). Der Datenstrom wird von hier aus nach einer streng hierarchischen Struktur dirigiert und kann an diesem zentralen Schnittpunkt auch ausgespäht werden. Die für den Internetverkehr technisch auf höchster Ebene bedeutende Organisation ICANN ist seit September 2009 nicht mehr der US-Regierung unterstellt, bleibt jedoch US-amerikanischem Recht verpflichtet.

Zensurmaßnahmen, wie sie beispielsweise in China praktiziert werden – bestimmte Webseiten sind von China aus nicht erreichbar, systemkritische Internetjournalisten und Weblogbetreiber werden verfolgt –, illustrieren, wie relativ der Freiheitsgedanke des World Wide Web ist. Sie mahnen, dass auch in unserer Gesellschaft sehr vorsichtig mit Zugangsbeschränkungen umgegangen werden muss. Sonst droht eine Technik, die vorgeblich zur Bekämpfung der Kinderpornografie eingeführt wurde, demnächst auch auf Vergehen wie illegale Downloads angewandt zu werden, angetrieben von der finanziell äußerst potenten Musikindustrie und Multimediaverlagen. Schließlich könnte sie gar gegen die freie Meinungsäußerung eingesetzt werden, wenn politische Entscheider Äußerungen Dritter als Verletzung ihres Persönlichkeitsrechts zu verbieten versuchen. Da die Rechtslage oft undurchsichtig ist, kam es bereits in der Vergangenheit zum vorauseilenden Gehorsam seitens der »Provider«. Im erstgenannten Bereich ist die Debatte zudem von starker Polemik, mangelnder Sachkenntnis und Diffamierung seitens der

Sperrbefürworter gegen Kritiker einer Sperrpolitik geprägt, die zeitweise als Sympathisanten oder »Lobby« der Täter verunglimpft werden (beispielsweise im Rahmen des Starts von »White IT« Ende 2009, einem Bündnis verschiedener Verbände, Firmen und Wissenschaftler zur Bekämpfung der Kinderpornografie). Die

Unerfahrenheit vor allem älterer Menschen in Bezug auf die Neuen Medien vereinfacht zudem solche Kontrollbestrebungen. Vor diesen Entwicklungen kann nur gewarnt werden, doch sind sie nicht Thema dieses Buches.

Die wichtigsten Begriffe des Internets (R–Z)

Remailer: ermöglicht das anonyme Versenden von E-Mails mithilfe einer Mail-Weiterleitung.

Ressource: von einem mit dem Internet verbundenen Computer angebotene Datei oder Dienst.

RSS (Really Simple Syndication/Rich Site Summary): abonnierbares sogenanntes Feed-Format, über das beispielsweise neue Einträge von Weblogs oder Zeitungen automatisch als eine Art Telegramm eingelesen werden können, ohne dass die betreffenden Internetseiten aktiv besucht werden müssen.

Server: permanent oder zeitweise mit dem Internet verbundener Rechner, deren Ressourcen von Internetbenutzern und automatisierten Programmen anderer Rechner genutzt werden können. Auf Servern sind beispielsweise die im Internet auffindbaren Homepages, Bilder, Filme usw. gespeichert.

TCP/IP: Protokollfamilie zum Austausch von Daten.

URL (Uniform Resource Locator): Internetadresse. Teilt sich in Ressourcenart (http), Hauptadresse (www.metaowl.de), ggf. Verzeichnispfadangaben (/blogs/search), ggf. aufzurufende Dateien (/post. php), die technisch zum Pfad gezählt werden, und ggf. ein oder mehrere Variablen (?search=kamera). Die Hauptadresse ist eigentlich eine Zahlenfolge von 0 bis 255 (IP-Adresse), geteilt in vier Bereiche (beispielsweise 127.0.0.1 – die Adresse des eigenen Computers), die automatisch vom Domain Name System aus der Textadresse »übersetzt« wird.

Web 2.0: umgangssprachlich auch »Mitmach-Web«. Mehr und mehr auch private Nutzer sind nicht allein Konsumenten von Angeboten, sondern stellen selbst hergestellte Inhalte online zur Verfügung, beispielsweise Filme oder Artikel. Sie nehmen aktiv und in gemeinsamen Vorhaben an der Gestaltung des Mediums teil.

Webcam/Livecam: zumeist kleine Videokamera, die ihre Bilder ins Netz einspeist. Oft an den Bildschirmen von Computern angebracht, um beispielsweise beim Chatten die Teilnehmer für ihre Gesprächspartner sichtbar zu machen. Kommt aber auch bei der Vogelnestbeobachtung oder auf städtischen Plätzen und Straßenzügen und sogar in manchen Cafés zum Einsatz.

WLAN (Wireless Local Area Network): funkbasierter Zugang zum Internet. WLAN- Zugänge können verschlüsselt oder für jeden zugänglich senden. Der Begriff »Hotspot« z. B. an Cafés kennzeichnet offene oder mietbare Zugänge.

World Wide Web: nicht bedeutungsgleich mit »Internet«, sondern sozusagen Teil des Internets. Das WWW besteht aus über URLs miteinander verbundenen Dokumenten und Dateien, das »Internet« bezeichnet physisch miteinander verbundene Computernetzwerke und besteht aus dem WWW, E-Mail und anderen Diensten.

1.2.1 Von Mailinglisten und Foren zu Wikis, Weblogs und Sozialen Netzwerken

Die technische Struktur des Internets ist eine Seite. Eine andere, die insbesondere bei der Betrachtung der Rolle des Internets in der Gesellschaft aber besonders bedeutend ist, ist die sich über die Zeit verändernde Nutzung. Von besonderer Bedeutung sind zum einen immer ausgefeiltere Internetprogramme, Programmier- und Codesprachen und somit immer einfacher zu bedienende Programme, zum anderen die

sich wandelnde Verfügbarkeit von Internetanbindungen.

Vorläufer des World Wide Web: das Usenet mit Mailinglisten

Vor der Schaffung des World Wide Web wurde das Internet seit Ende der 1970er-Jahre überwiegend zum Nachrichtenaustausch über das sogenannte Usenet verwendet. Mittlerweile ist es nicht mehr allzu bekannt, aber aus dieser Technik haben sich die späteren Diskussionsforen und Mailinglisten herauskristallisiert. Eine Mailingliste ist im Grunde ein Postverteiler im

Internet: eine Sammlung von Mailadressen in einer (von außen unsichtbaren) Internetdatenbank. Sendet nun jemand, dessen Mailadresse in der Datenbank gespeichert ist, eine E-Mail an die Liste, so wird diese automatisch an alle anderen Adressen weitergeleitet. Jeder Teilnehmer bekommt gleichzeitig die E-Mail des Absenders. So können Hunderte von Leuten eine Nachricht empfangen, die der Absender aber nur an eine Adresse, die der Liste nämlich, senden muss.

Solche Mailinglisten eignen sich zu schnellen Diskussionen, zum Erfahrungsaustausch und zu virtuellen Gesprächen ebenso wie zu Ankündigungen, die jedoch mittlerweile häufig von Foren und Weblogs (siehe unten) übernommen werden. Bei beliebteren Mailinglisten kann es rasch zu Hunderten von Nachrichten an einem Tag kommen, die dann allein ob ihrer Masse nur noch grob überflogen werden können.

Flamewars

Ein weiterer Nachteil, der den schriftlichen Kommunikationsformen im Internet – nicht allein den Mailinglisten – anhaftet, ist die Gefahr sogenannter Flamewars. Hier schreibt ein Nutzer eine Nachricht, deren Ironie einem Empfänger entgeht oder die von ihm als schärfer empfunden wird, als sie eigentlich gemeint war. Das oben erwähnte oberflächliche Lesen bei hohem Mailaufkommen befördert diese Gefahr. Der Empfänger antwortet emotional. Daraufhin reagiert der ursprüngliche Verfasser selbst zornig und provoziert wiederum eine scharfe Reaktion, weswegen sich nun weitere Personen ebenfalls emotional in die Diskussion einklinken. Manche Nutzer provozieren gezielt einen Flamewar und werden umgangssprachlich als »Trolle« bezeichnet. Wird hier nicht moderiert, können solche digitalen Streits bis zum Zerfall der betreffenden Liste bzw. Gemeinschaft führen.

Diskussionsforen

Gleichfalls aus der Gründungzeit des World Wide Web stammen die Diskussionsforen. Die Möglichkeiten, sich übers Internet auszutauschen, sind mannigfaltig und oftmals verwirrend. Wozu also eine weitere Möglichkeit nutzen, wenn man schon Mailinglisten und Chats (siehe unten) für den schnellen Gedankenaustausch hat? Der Nachteil von Chats liegt darin, dass man die Gespräche üblicherweise nicht oder nur kurz speichert und das Ganze den stark flüchtigen Charakter eines Telefonats besitzt. Der Nachteil von Mailinglisten wiederum ist, dass sich schnell Hunderte von E-Mails ansammeln können – schließlich ist jede Antwort in einer Diskussion eine eigene Mail. Schnell geht der Überblick verloren. Wenn man sich an eine vor einiger Zeit abgelaufene Diskussion erinnern möchte

Um der Gefahr von Missverständnissen vorzubeugen, werden oft sogenannte **Emoticons** in den Mailtext geschrieben, die beispielsweise auf Ironie hinweisen oder die Stimmungsreaktion des Verfassers ausdrücken sollen. Sie sind damit zu einem funktionalen Stilmittel von Internettexten geworden. Diese Emoticons wurden früher durch Buchstabensymbolik verdeutlicht, die ein im rechten Winkel gekipptes Gesicht darstellen. Mittlerweile werden sie automatisch durch kleine Grafiken ersetzt. Bekanntester Vertreter ist der »Smiley« :) oder mit Nase :-). Er kann:

- zwinkern ;)
- grimmig bzw. stirnrunzelnd dreinschauen /:(oder >:(
- die Zunge herausstrecken :P
- zweifeln :/
- weinen :,(
- »cool« aussehen 8) oder
- verwundert gucken :O

In Asien, wo die Stimmung weniger durch die Formung der Lippen als über die Augen ausgedrückt wird, wird das Gefühl dementsprechend durch augenbetonte Emoticons dargestellt, beispielsweise:

- Verwunderung: O_o oder O.o
- Schmerz: -.-
- Amüsement: ^^

Diese Emoticons erfreuen sich mittlerweile auch und insbesondere in Deutschland großer Beliebtheit.

und dann auch noch beim Aufräumen des Computers die betreffende Mail gelöscht hat, ist es schwer, den gesuchten Beitrag wieder zu recherchieren.

Diese Lücke schließen Diskussionsforen. Im Grunde kann man sie sich vorstellen wie einen Zettelschrank, dessen Schubladen nach Themen geordnet sind. In jeder Schublade befinden sich die einzelnen Überschriften der Diskussionen zum Thema der Schublade. Hinter jeder Überschrift folgen die einzelnen Zettel, die Diskussionsbeiträge. Da der Zettelschrank üblicherweise nicht geleert wird, lässt sich eine bestimmte Frage zu einem Thema, die schon einmal gestellt worden ist, jederzeit nachblättern, und man kann die Antworten darauf nachlesen. Dieser »Zettelschrank« ist eine Internetseite, auf der als Links die Schubladen mit ihren Themenbezeichnungen stehen. Klickt man auf einen solchen Link, erscheinen die Überschriften der einzelnen Diskussionen, die zu diesem Thema bereits stattgefunden haben. Klickt man nun auf eine Überschrift, folgen als Liste die einzelnen Diskussionsbeiträge: als Erstes die Ausgangsfrage, darunter der Reihe nach die Antworten.

Jeder Nutzer hat nun die Möglichkeit, seine Meinung zu der Diskussion beizusteuern – der Beitrag erscheint dann am Schluss der Liste als neueste Antwort. Da viele Diskussionsforen öffentlich lesbar sind, können auch zehn Jahre alte Beiträge noch gefunden werden.

Das Pseudonym (»Nickname«)

Das Internet bietet die Möglichkeit, sich – mehr oder weniger – unerkannt zu bewegen. Gerade für Diskussionsforen und Chats haben sich daher Pseudonyme eingebürgert: Während einige Nutzer ihren realen Namen entweder als Benutzernamen oder im Benutzerprofil angeben, treten viele unter einem Pseudonym auf, das häufig einprägsam gewählt wird; es hat etwas

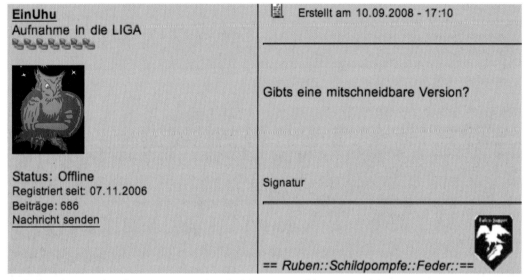

Quelle: http://www.razyboard.com/system/morethread-tvb-beitrag-in-citylife-vom-8908-dobanjai-1583609-5394014-0.html, Screenshot vom 11.4.2009

mit der eigenen Person, Vorlieben und Lieblingen oder Interessen zu tun. Die wahre Identität des Nutzers ist dann nur Eingeweihten oder auch niemand anderem bekannt. Wie in dem hier abgebildeten Screenshot können Zeichnungen oder andere Bilder ebenso als »Gesicht« des Nutzers gezeigt werden wie ein echtes Porträtfoto. Der Schutz der Anonymität hat einerseits große Vorteile, senkt bei einigen Nutzern aber auch die Hemmungen, ausfallend zu werden.

Digitale Unterhaltungen: Chatten

Ende der 1980er-Jahre kam eine weitere Kommunikationsform auf: der »Chat«. Während E-Mails den Vorteil haben, dass die Empfänger nicht zu Hause sein müssen – sie bekommen die E-Mail beim nächsten Abruf ihres Mailkontos –, ermöglicht das sogenannte Chatten den direkten und sofortigen Austausch mit einem üblicherweise eingegrenzten Personenkreis. Früher erfolgte dies überwiegend über schnell hingeschriebene Textnachrichten. Einmal getippt, erscheint die Botschaft sofort auf den Rechnern der anderen Teilnehmer. Oft werden Chats auch dazu genutzt, pa-

rallel zur Arbeit mit Freunden zu kommunizieren, ihnen also in einer Ruhepause den neuesten »Schwank« zu erzählen, eine Frage zu stellen oder ihnen einen Link oder ein lustiges Bild zu schicken. In thematisch geordneten »Chatrooms« kann man sich über gemeinsame Interessen austauschen. Durch schnelle Internetverbindungen ist es in letzter Zeit möglich geworden, sich wie beim Telefonieren zu unterhalten und sich via Webcam dabei gegenseitig zu sehen. Im »Internet Relay Chat« (IRC) können über getippte Kommandos auch Dateien und sonstige Informationen verschlüsselt oder unverschlüsselt ausgetauscht werden. Die Teilnehmer müssen sich dabei nicht persönlich kennen. Die Gesprächskanäle, sogenannte Channels, können durchaus von mehreren Tausend Personen gleichzeitig genutzt werden. Moderatoren können andere Nutzer auch ausschließen (»bannen«). Problematisch sind auch durch Hersteller von Chatprogrammen wie »Skype« vorgegebene Nutzungsbedingungen, die diesen Herstellern fast sämtliche Nutzungsrechte an den meisten über diese Programme übertragenen Inhalten sichern sollen.

Da beim Textchat schnell getippt werden muss, haben sich **Kürzel** eingebürgert. Einige Beispiele sind:

- afk: away from keyboard (Abwesenheit vom Computer)
- lol: laughing out loud
- rofl: rolling on the floor laughing
- wtf: what the fuck
- omg: oh my god
- stfu: shut the fuck up
- noob/n00b: Grünschnabel
- k: ok

- ka: keine Ahnung
- gn8: gute Nacht
- sry: sorry
- gg: good game (eine Abschiedsfloskel bei Multiplayerspielen)
- brb: be right back (kurze Abwesenheit vom Computer)
- re: returned (wieder da)
- wb: welcome back
- orly: oh really (oft mit dem Bild einer Schneeeule dargestellt)

Seit ca. 1991: Illustrierte Informationen – statische Internetseiten

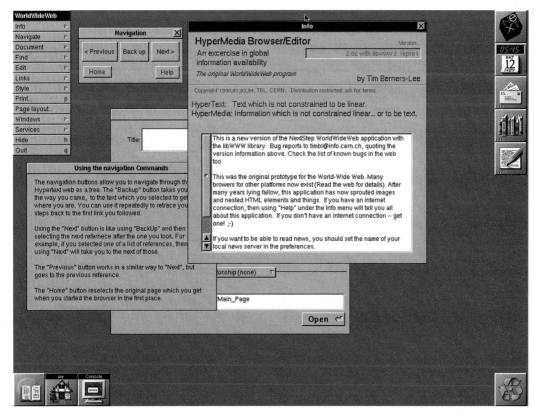

Quelle: CERN 1990, http://upload.wikipedia.org/wikipedia/commons/0/0e/WordWideWeb.gif, Screenshot vom 18.11.2009

1989 startete Berners-Lee im CERN das Projekt »WorldWideWeb« und schuf ein gleichnamiges Programm, mit dessen Hilfe sich Codes in Onlinedateien als Internetseiten anzeigen ließen. Wenig später wurde dann das namensgleiche »World Wide Web« als heute oft synonym mit dem Internet verstandene Plattform »gestartet«. Nachdem dann »Mosaic« und weitere Browser mit grafischer Darstellung der Öffentlichkeit zur Verfügung gestellt worden waren, dominierten lange Zeit die statischen Internetseiten. Eine statische Internetseite wird erstellt, mit Bildern und Text versehen und dann oftmals lange Zeit nicht mehr geändert, da dies mit einem gewissen Aufwand verbunden ist. Dieses klassische Bild des Internets hat sich in den letzten Jahren stark gewandelt, da dynamische Alternativen wie Weblogs eine einfache und schnelle Änderung der Inhalte auch für weniger versierte Nutzer ermöglichen (zum Missbrauch des World Wide Web zur politischen Agitation siehe ▶ Kap. 10).

Seit ca. 1995: Gemeinsam gesammeltes Wissen – Wikis

Schon kurz nach Gründung des World Wide Web Mitte der 1990er-Jahre wurde mit WikiWikiWeb das erste sogenannte Wiki ins Leben gerufen. Ein Wiki ist nicht »starr« wie ein gedrucktes Produkt, sondern wandelbar: Bei einem »offenen« Wiki kann jeder jeden Artikel selbst um eigene Erkenntnisse erweitern oder auch Dinge, die er für falsch hält, verbessern. Änderungen werden Schritt für Schritt gespeichert, sodass stets nachvollzogen werden kann, wann was verändert worden ist. Andere Nutzer wiederum haben dann die Möglichkeit, Änderungen wieder rückgängig zu machen. Es dauerte jedoch noch Jahre, bis diese Form aus dem begrenzten Bereich der Firmenkommunikation und dem kleinen Kreis der Experten heraustrat: 2001 wurde mit wikipedia.org eine Plattform geschaffen, die ausdrücklich allen Nutzern offensteht. Will man wissen, wann ein bestimmter König gelebt hat oder wie groß eine bestimmte Stadt ist, greifen viele mittlerweile nicht mehr zu einem gedruckten Nachschlagewerk, sondern schlagen in einem Online-Wiki nach. Da im klassischen Falle jeder Nutzer Änderungen und Streichungen vornehmen kann, lädt das System zu Beschönigungen oder auch zu einem unbedachten Streichen nur scheinbar hinfälliger oder unwichtiger Informationen ein. Hinzu kommt, dass ein Kreis von Verwaltern – sogenannte Administratoren – Themen und Informationen als »relevant« oder »irrelevant« einstufen und letztere löschen können. Da diese Zuteilung in einigen Fällen weniger sachlichen Gesichtspunkten als vielmehr persönlichen Ansichten und Animositäten geschuldet zu sein schien, musste

gerade die deutsche Ausgabe von Wikipedia 2009 sich scharfe Kritik und den Vorwurf eines dem Projekt eigentlich fremden »Elitedenkens« gefallen lassen. Der Soziologe Stegbauer bezeichnete im Rahmen eines DFG-Projekts zu Wikipedia diese als eine auf Erfahrung gründende »Oligarchie«, die dem offenen Gründungsgedanken der Enzyklopädie widerspreche (Telepolis, 26.11.2009).

Es ist nicht empfehlenswert, sich ausschließlich durch Wiki-Einträge eine Meinung zu einem Thema zu bilden. Häufig bieten sie aber einen sehr guten Ausgangspunkt für weitergehende Recherchen. Im Alltag wird Wikipedia mittlerweile von Schülern und Studenten intensiv für die Recherche genutzt und ist so zu einem Werkzeug geworden, dem keine Exklusivität mehr anhaftet. In dem Projekt Wikileaks (nicht mit Wikipedia zu verwechseln) werden Dokumente und Meldungen zugänglich gemacht, die eigentlich der Geheimhaltung unterliegen sollten; so wurden Ende November 2009 viele Tausend Seiten der ebenso vertraulichen wie brisanten Toll-Collect-Verträge dort veröffentlicht.

Seit ca. 1997: Jeder kann aktuell publizieren – Weblogs

Obwohl Weblogs mindestens bis 1997 zurückreichen, gehören sie zu den jüngeren, extrem populären Erscheinungen im Internet. Unter einem Weblog kann man, vereinfacht gesprochen, ein Internetmagazin verstehen. Die einzelnen Beiträge können hier schnell und einfach geschrieben und online gestellt werden; sie erscheinen dann üblicherweise mit Datum versehen auf der Internetseite des Weblogs als neuer Eintrag. Im ersten noch verfügbaren Eintrag von Weblogpionier Dave Winer stellen sich die Einträge als kurze Notizen dar, die mit Links versehen sind (http://www.scripting.com/1997/04.html). Weblogeinträge können aber auch aufwendig illustrierte Artikel sein. Weil das Verfassen von Beiträgen nicht komplizierter ist als das Schreiben einer E-Mail und Beiträge mittels einer Kommentarfunktion von Lesern direkt diskutiert werden können, erfreut sich diese Publikationsform besonderer Beliebtheit – und dies schon seit Ende der 1990er-Jahre, als mit LiveJournal.com, Blogger (1999) und anderen leicht benutzbare Plattformen zur Verfügung gestellt wurden. Eine weitere Erleichterung war die Veröffentlichung von Software (z. B. Wordpress im Jahr 2003), die ein eigenes Weblog auf eigenem Server im Internet ermöglichte, unabhängig von Drittanbietern. Alternativen wie Thingamablog (ebenfalls 2003) ermöglichten das Erstellen von Beiträgen ohne Internetanbindung. Die Beiträge können somit zu einem späteren Zeitpunkt während kurzzeitiger Onlineaktivität hochgeladen werden. Dies war insofern von Bedeutung, als nun jeder, der eine eigene Webseite führte, dort auch direkt sein eigenes Weblog einbinden konnte – die Popularität stieg.

Aufgrund ihres Aussehens wurden diese digitalen Journale auch häufig mit Tagebüchern verglichen. Tatsächlich schreibt mancher Nutzer in sein Weblog, was er gerade zum Frühstück gegessen hat. In vielen Weblogs werden aber auch gesellschaftliche und politische Themen diskutiert oder Kuriositäten des Alltags gezeigt. In totalitären Staaten werden sie zudem als Fenster der Berichterstattung von Regimekritikern genutzt. Durch die Möglichkeit, mittels Verlinkungen auf Zeitungsartikel und andere Internetseiten zu verweisen, kann der Leser sich auch mühelos tiefer in das Thema einarbeiten.

Dennoch wird häufig die Oberflächlichkeit kritisiert, mit der in Weblogs schnell Meinungen kundgetan werden – Weblogs sind üblicherweise keine journalistisch betreuten Massenmedien. Stattdessen können sie jedoch Nischen besetzen, die von herkömmlichen Massenmedien aus Marketinggesichtspunkten nicht zu nutzen sind, beispielsweise mit Stadtteilberichten oder ausführlichen Berichten über Sportarten jenseits von Fußball oder Tennis, wie Unterwasserrugby, Hunde-Agility oder Jugger. Zugleich sind Weblogs damit ideale Umgebungen für einen realen »Bürgerjournalismus« – mit allen Vor- und Nachteilen. Immer wieder kommt es dabei zu verächtlichen Bemerkungen seitens professioneller Journalisten, denen mit dem Hinweis begegnet wird, diese würden gleichfalls und trotz ihres mehrfach artikulierten hohen Anspruchs unzählige Fehler machen, teilweise auch willentlich, um Interessengruppen entgegenzukommen und die öffentliche Meinung zu steuern.

Weblogs laden auch zur Selbstdarstellung ein. Da ein Weblog problemlos von jedem betrieben werden kann, offenbaren einige Nutzer, gerade in privaten Zusammenhängen, hier ihren täglichen Tagesablauf und schreiben öffentlich über persönliche Probleme und Sorgen. Besonders gefördert wird dieser Trend durch neue Schnellnachrichtendienste wie Twitter, bei denen

rasch eine Zeile hingeschrieben und wie eine im Internet einsehbare SMS veröffentlicht werden kann. In vielen der sogenannten Tweets von Twitter finden sich zuhauf Nachrichten im Stil von »Gehe jetzt aus dem Haus«, »Schlechten Tag gehabt heute«, »Der Honig war besonders lecker«. Die Wahrnehmung der Privatsphäre hat sich in dieser Hinsicht massiv gewandelt: Ein jeder kann geradezu wie ein Prominenter zur öffentlichen Figur werden, auch wenn diese Meldungen wohl eher in der Masse untergehen. Für Außenstehende werden solche Meldungen durch eine Verbindung zu Fotos oder privaten Weblogs der Schreibenden nachvollziehbar, womit die schreibende Person für Gegner – seien es neidische Schulkameraden, seien es böswillige Mitarbeiter – deutlich angreifbarer wird.

Gemeinschaftsblogs. Viele Weblogs werden von einem einzelnen Benutzer betrieben. Technisch gesehen ist dies jedoch keine Notwendigkeit. Und so existieren mittlerweile zahlreiche Gemeinschaftsblogs mit mehreren Autoren, die alle eigene Beiträge beisteuern. Einzelne Benutzer können hierbei unterschiedliche Verwaltungsrechte haben: Während es den einen nur erlaubt ist, Beiträge zu schreiben und zu veröffentlichen, können die anderen neben eigenen Beiträgen auch die Beiträge anderer als Moderatoren verwalten oder das Aussehen des Weblogs verändern. Ein Beispiel hierfür ist das »Hauptstadtblog« aus Berlin.

Metablogs. Eine weitere Spielart des Weblogs sind die Metablogs. Dabei handelt es sich im Grunde um Beitragssammlungen: In einer Variante kann die Weblogsoftware das Internet automatisch nach Beiträgen zu einem bestimmten Thema durchforsten. Findet es solche, erscheint ein Auszug der Beiträge mit Link zur Quelle im Metablog. Ein Beispiel ist »Owl content – Weblogs für Datenschutz«: Hier werden alle Beiträge anderer Blogs zum Thema Datenschutz und Informationsfreiheit dargestellt, die den Schriftzug »owl content« enthalten oder beim Metablog angemeldet sind. Ein Metablog kann also gleichsam mit einem Orientierungspunkt im Meer der Informationen verglichen werden.

Quelle: Owl content 2009, http://www.metaowl.de, Screenshot vom 1.12.2009

Miniblogs. Dienste wie Twitter ermöglichen das schnelle Notieren weniger Zeichen mit Verlinkung, die beispielsweise auch mit einem modernen Handy geschrieben werden können. Die in den Nachrichten verwendeten Wörter ergeben zugleich die Sachthemen, da beim Suchen üblicherweise Schlüsselwörter oder Benutzernamen eingegeben werden. Da die Bedienung etwa so schnell und einfach ist wie das Verfassen einer SMS, können solche Sofortnachrichten auch zum »hautnahen« Verfolgen von Katastrophen oder Unruhen dienen.

Seit ca. 2003: Online Freundschaften pflegen – Social Networks

Kurzfristig über Twitter und langfristig über Weblogs geben Nutzer umfangreiche persönliche Informationen preis und ermöglichen es, eine Einschätzung ihrer Persönlichkeit vorzunehmen. Über den Freundeskreis sagen beide Techniken je nach Nutzung nur bedingt etwas aus.

Dies hat sich mit dem Populärwerden der »Social Networks« geändert. Hier liegt der Reiz eben darin, sich einen Online-Freundeskreis aufzubauen bzw. reale Freunde auch dort als Freunde (öffentlich sichtbar) einzubinden und sich zu Interessengruppen zusammenzufinden. Diese Social Networks verbinden die Techniken der Diskussionsforen und Weblogs miteinander, laden zum Erstellen persönlicher Profilseiten und zum Einstellen von Bildern ein und bündeln so ein Maximum an persönlichen Informationen an einem Fleck.

Die von den Nutzern angebbaren Informationen reichen bis in sehr persönliche Bereiche, beispielsweise geben sie Auskunft über Status (verheiratet/Single/Lebenspartner), sexuelle Orientierung, Wohnort, Größe, Ethnie, Religion, Sternzeichen, Raucher/Trinker, Kinder(-wunsch), Bildungsstand, Beruf, besuchte Schulen (oft inklusive Jahreszahlen) und das ungefähre Einkommen.

Auch wenn natürlich keine dieser Angaben stimmen muss, so machen die Einträge häufig einen durchaus authentischem Eindruck. Zwar gibt es meist die Möglichkeit, Profile als »privat« einzustufen, womit sie nur für eingeladene Benutzer sichtbar sind; von dieser Funktion wird aber nur zum Teil Gebrauch gemacht. Obwohl bis in die 1990er-Jahre zurückreichend, wurden Social Networks erst nach der Jahrtausendwende populär, fanden dann aber – wie es inzwischen für Phänomene des Internets typisch geworden ist – innerhalb kürzester Zeit breiten Zuspruch und sind heute ein selbstverständlicher Bestandteil des WWW. Zu den Social Networks gehören beispielsweise Facebook, MySpace, StudiVZ, Ning, Xing neben zahlreichen weiteren. Eine Stärke von Social Networks ist die Kombination der verschiedenen Kommunikationsmöglichkeiten. Anstatt thematisch geordnete Diskussionsstränge darzustellen, wird hier jedem Nutzer die Möglichkeit angeboten, sich auf einer eigenen Internetseite vorzustellen. Je nach Art der Plattform können dazu Porträtfotos, ein Lebenslauf, aber auch Vorlieben und Wünsche, Lieblingsfotos, Musikrichtungen und dergleichen mehr hochgeladen werden. Auch das Angebot für eigene Weblogs, Diskussionsforen und Mailinglisten findet sich auf vielen Plattformen. Neben Plattformen, die als eine Art digitaler Arbeitsmarkt funktionieren – Personen stellen sich und ihre Qualifikationen vor und setzen sich mit anderen Personen in Verbindung, deren Qualifikationen die ihren ergänzen, Arbeitgeber suchen Arbeitnehmer –, gibt es auch rein »soziale« Seiten, die sich vor allem bei Jugendlichen großer Beliebtheit erfreuen. Interessengruppen können sich innerhalb der Plattformen eigene Bereiche mit eigenen Diskussionsforen und Mailinglisten schaffen.

Ein gutes Beispiel für die Kombination verschiedenster Techniken mit mehreren automatischen Neuigkeitenüberschriften von externen Seiten (»Feeds«) findet sich in einem Social Network namens .ning: Besucher dieser .ning-Gruppe sehen, welche Avatare (Benutzerbilder) Mitglieder gewählt haben (0), zu was/wem Kommentare erstellt worden sind (1), welche Termine aktuell anstehen (2), welche sonstigen Veranstaltungen angekündigt sind und wo das allgemeine Diskussionsforum zu finden ist (3), was im internen, nur für registrierte Benutzer zugänglichen Forum der Gruppe zuletzt geschrieben wurde (4), die Logos und Mitgliederzahl der verschiedenen Interessengruppen und Mannschaften innerhalb der Gruppe (5), die neuesten Fotos (6), die drei neuesten Einträge im Blog der Gruppe (7), die aktuellsten drei Überschriften aus zwei wichtigen externen Weblogs zum Thema (8), von Mitgliedern in die Gruppe eingestellte und für Mitglieder kommentierbare Fotos (9) und die neuesten Filme, die auf die Plattform YouTube zum Thema hochgeladen worden sind (10). (Zu Avataren und zum Umgang mit Social Networks siehe auch ▶ Kap. 4, ▶ Kap. 5 sowie ▶ Kap. 13).

Quelle: ning.com 2009, http://jugger.ning.com, Screenshot vom 4.12.2009

1.2.2 Identitätsverwechslung und Datenschutz

Legt sich ein Nutzer im selben Bereich ein ähnlich klingendes oder in einem anderen Bereich ein gleich klingendes Pseudonym wie ein bekannterer anderer Nutzer zu und gibt er im Profil vielleicht noch persönliche Daten des anderen an – Webadresse, Postadresse, Telefonnummer oder dergleichen –, kann er theoretisch diesem Nutzer direkt schaden: Durch Beiträge in Foren oder Sozialen Netzwerken, die beleidigend, ausfallend oder aggressiv sind, kann der Eindruck erweckt werden, die bekannte andere Person habe dies alles geschrieben. So kann zumindest kurzzeitig ein enormer Schaden für das Ansehen des unwissentlich Angegriffenen entstehen, ohne dass die Identität des Täters einfach feststellbar wäre. Ein Beispiel für Identitätsbetrug und rücksichtslose Profilsucht war die Eröffnung des »Murat Kurnaz Blogs« im Spätsommer 2007: Unter dem Namen des ehemaligen Guantanamo-Häftlings wurde hier ein Weblog mit einigen längeren Einträgen veröffentlicht. Mitte September stellte sich dann heraus, dass es sich um eine Fälschung handelte. Ein 23-Jähriger, der sich mit einer Publikation in einem kleinen Verlag als »Schriftsteller« bezeichnete, nannte das Ganze sinngemäß eine Kunstaktion. Letztlich löschte er aber das Weblog wieder. Dieser Aufwand, eine ganze Internetseite zu fälschen, ist bei Portalen wie Twitter nicht mehr notwendig. Dort genügt es, sich als eine andere Person zu registrieren und dann quasi in ihrem Namen zu schreiben.

Auch zivil- und strafrechtlich gibt es Hürden, die erst auf den zweiten Blick erkennbar sind. Vormals war das Risiko, als Privatperson eine »Abmahnung« zu erhalten, eher gering. Eine Abmahnung ist zumeist ein Anwaltsschreiben mit der Forderung, ein bestimmtes Verhalten zu unterlassen, das in der Verwendung bestimmter Inhalte, überwiegend in den Bereichen Verwertungs- und Markenrecht, besteht. Derartige Abmahnungen sind häufig mit einer dreistelligen Kostennote verbunden. Einige Anwälte bzw. Kanzleien haben sich darauf spezialisiert, Abmahnungen zu versenden, auch an Privatpersonen, wobei ein besonders aktiver Rechtsanwalt aus München bereits wegen seines Übereifers vor Gericht gestellt wurde. 2009 erhielten mehrere Privatpersonen von einer großen Firma für Outdoormode eine Abmahnung mit knapp vierstelligem Betrag, weil sie über einen Onlinehändler gebastelte Objekte mit den Abbildungen einer Tatze zum Verkauf angeboten hatten. In einem anderen Fall mahnte eine Journalistin einen privaten Weblogbetreiber ab, da dieser drei Absätze aus einer ihrer Zeitungsartikel zitiert hatte. Auch Jugendliche können auf diese Art schnell in die Gefahr einer Abmahnung kommen: Sei es, dass sie unbedacht einen Zeitungsartikel in ihr Weblog kopieren, der ihnen gefällt, sei es, dass sie ihre Webseiten mit verwertungsrechtlich geschützten Bildern ausstatten – sie laufen stets Gefahr, in die anwaltlichen Mühlen von Konzernen und Journalisten zu geraten, bei einer für Laien eher undurchsichtigen Rechtslage.

Ein weiterer Problemkreis ist der Datenschutz. Dieses Problem ist insofern von Bedeutung, als es auch Webpräsenzen betreffen kann, die gerade für besonders schützenswerte Personenkreise entworfen und empfohlen werden. Beispielsweise standen im Dezember 2009 auf einem Schülerportal intime, von den Nutzern eigentlich nur beschränkt zugänglich gemachte Informationen wie Fotos, Adressen, Freunde, Hobbys, Vorlieben und private Nachrichten von Schülern für jeden öffentlich einsehbar im Netz. Der Chaos Computer Club wies in diesem Zusammenhang auf ein Kernproblem hin: »Die Anbieter können nicht einmal ein Mindestmaß an Sicherheit gewährleisten und verfügen offenbar nicht über genügend Sachverstand. Erst nach mehreren Gesprächen wurde dem Schutz der Kinder wegen die löchrige Plattform vom Netz genommen« (CCC 2009, http://www.ccc.de/de/updates/2009/haefft-datenloch; 1.12.2009). Die Kompetenz der Betreiber wurde hier demnach nicht der Sensibilität der Daten gerecht. Da es sich keineswegs um einen Einzelfall handelt – Datensätze gelangten nicht nur in weiteren Social Networks für Kinder und Jugendliche, sondern auch bei großen Unternehmen und in England mehrfach sogar bei Behörden in die Hände Dritter –, ist eine sehr bewusste Verwendung, und somit eine hohe Medienkompetenz, essenziell.

Medienkompetenz wird jedoch derzeit weder in familiären noch in schulischen Bezügen in ausreichendem Maße vermittelt. Eine mit Sachverstand geführte gesellschaftliche Diskussion und schnellstmöglich einsetzende präventive Programme zur Stärkung unserer Jugend im sicheren Umgang mit Neuen Medien sind daher überfällig.

1.3 Mobiltelefonie

Das Telefonieren ohne heimischen Festnetzanschluss oder öffentliche Telefonzelle mittels handlicher Mobiltelefone ist mittlerweile eine Selbstverständlichkeit. Viele können sich kaum noch an eine Zeit ohne diese Geräte erinnern, und heutige Jugendliche sind bereits mit Mobiltelefonen aufgewachsen. Angesichts dieser Selbstverständlichkeit ist es erstaunlich, wie neu die Technik ist. Anfang der 1980er-Jahre folgten auf die schon länger im Einsatz befindlichen Autotelefone erste Modelle, die ohne Verkabelung mitgeführt werden konnten: die ersten »Handys«. Diese waren mit rund 800 g Gewicht und einer Länge von über 30 cm jedoch noch recht unhandlich und zudem sehr teuer. Anfang der 1990er-Jahre wurde das Mobilfunknetz rasch engmaschiger, die Geräte wurden kleiner und ihre Batterien langlebiger. Durch die kostengünstiger werdende Technik begannen sie sich langsam auf dem Massenmarkt auszubreiten. Das Mobiltelefon wandelte sich von einem Werkzeug für berufliche Zwecke mehr und mehr zu einem Alltagsgegenstand. Ein wichtiger Bestandteil war dabei die SMS (Short Message Service): Damit eignete es sich nicht allein zum Telefonieren, sondern auch zum Versenden von Kurznachrichten.

Fernsprecher, Kamera und Walkman in einem
Um die Jahrtausendwende wandelte sich der Charakter des Mobiltelefons drastisch. Durch die Ausstattung mit einer Kamera und der Funktion, Audiodateien abzuspielen, fungierte es zusätzlich als Kamera und als Walkman. Dadurch wurde das Handy für Jugendliche noch attraktiver und errang die Position eines Statussymbols. Zugleich aber erweiterte es die Möglichkeiten für Eltern, mit ihren Kindern auch dann ständig in Kontakt zu bleiben, wenn diese allein unterwegs sind. Die Sorge um das Wohlergehen der Kinder ist gegenüber früheren Zeiten eher noch gestiegen. Dank der größeren Kontrollierbarkeit müssen Eltern ihren Kindern scheinbar nicht mehr so viel zutrauen wie früher, wo die Kinder ohne Kontaktmöglichkeit beispielsweise auf Gruppenausflüge gingen, und tun dies also auch nicht (Lempp, 2009).

Fortentwicklung zum universellen medialen Taschenwerkzeug
Einen weiteren Meilenstein markierte die Durchsetzung des Smartphones, allen voran des iPhones (2007). Bereits zuvor gab es Geräte mit verschiedenen Anwendungen; hier jedoch stellt sich das Gerät mehr als winziger Computer denn als Telefon dar. Auf ihm können Filme angesehen und Internetdienste genutzt werden, und man kann mit ihm im Web surfen. Ebenso kann es als GPS-Navigationsgerät eingesetzt werden.

Der Bedeutungswandel des Mobiltelefons ist dramatisch: Diente es zuvor der einfachen Kommunikation, enthält es inzwischen Adressbuch, Kurzfilme und Fotos, E-Mail und Webbrowser, Spiele, Musik, Navigationssysteme, Luftaufnahmen via Google Earth und mehr. Es hat sich von einem Telefon zu einem »digitalen Schweizer Messer« gewandelt, das in der Lebenswelt des Einzelnen eine große Rolle einnehmen kann. Dies äußert sich auch in neuen Formen der Gewalt. Für die

Handykamera kann ein Mitschüler in eine kompromittierende Situation gebracht oder verprügelt werden, um ihn mithilfe der Aufnahmen anschließend vor anderen bloßzustellen. Das Handy ist hier zum Anlass oder zumindest zum bestimmenden Werkzeug für eine Tat geworden (siehe dazu auch ► Kap. 6 sowie ► Kap. 7).

1.4   Spiele

1.4.1   Konsolen- und Computerspiele

Die Haltung zu und die Nutzung von Spielen – von Kultspielen wie dem Pelota der Maya und Volkssportarten wie Fußball über Brettspiele bis hin zu Kinderspielen – verrät viel über sich wandelnde Interessen nicht allein Jugendlicher, sondern letztes Endes der ganzen Gesellschaft. Dank der extrem schnellen Entwicklung auf vielen Ebenen zeigt sich dies gerade bei Computerspielen (der Einfachheit halber werden hier alle digitalen Spiele unter einem Begriff zusammengefasst). Schon bei Kindern nehmen Computerspiele eine bedeutende Rolle ein. So zeigt die KIM-Studie des Medienpädagogischen Forschungsverbundes Südwest (mpfs, 2009) auf, dass im Jahr 2008 72 % der sechs- bis dreizehnjährigen Jungen und 50 % der gleichaltrigen Mädchen mindestens einmal pro Woche alleine Computerspiele spielten.

Beginn: Geschicklichkeitsspiele mit einfacher Grafik
Nach dem mittels Oszillographen zu spielenden »Tennis for Two« gehörte ein Ballerspiel zu den ersten Computerspielen: das ca. 1961 entwickelte »Spacewar«. Zwei Raumschiffe kreisen um einen über Anziehungskraft verfügenden Planeten und versuchen, sich gegenseitig mit Raketen zu zerstören. Bis Anfang der 1980er-Jahre waren Computerspiele noch so gut wie unbekannt. 1982 begann mit dem Sinclair ZX Spectrum und parallel dem Commodore 64 der Heimcomputer sehr populär zu werden. Fast vergessen ist die bedeutende Rolle der frühen Apple-Computer gerade bei Spielen. Mit einem Kassettenrekorder konnten Programme geladen und gespielt werden, darunter beispielsweise »Elite«, eine 1985 erschienene Weltraumsimulation. Trotz sehr einfacher Gitternetzgrafik konnten umfangreiche Gefechte gegen angreifende Raumschiffe gespielt werden. Der Schwerpunkt lag auf dem Frachthandel in einer von mehreren extrem großen Galaxien und auf dem Bestehen einiger Missionen.

Einen besonderen Reiz boten Konsolen und Heimcomputer mit von zwei oder mehr Spielern gleichzeitig und gegeneinander spielbaren Spielen wie den »Sum-

Quelle: Acornsoft, 1984: Elite, Screenshot vom 17.11.2009

mer Games« und »Winter Games« des C64. Hier traten die Spieler in verschiedenen Disziplinen – wie Rudern bzw. Langlauf – gegeneinander an. Während der überwiegend mit MS-DOS laufende PC zunächst noch eine beinahe reine Arbeitsmaschine war, waren für Jugendliche die Nachfolger des C64 mit grafischer Benutzeroberfläche, allen voran der Amiga 500, von Interesse. Hier ließen sich Spiele mit aufwendigerer Grafik und Musik spielen. Im Vergleich zu den heutigen Spielen muten sie zwar einfach an, beinhalteten aber schon Spielmechanismen, die bis vor Kurzem weitgehend unverändert geblieben sind. Ein Spiel musste auf eine Diskette von 800 Kilobyte passen – zum Vergleich: Heute haben Festplatten zwischen (gerundet) 500.000.000 und 1.000.000.000 Kilobyte. Grafisch aufwendige Spiele können 4.000.000 Kilobyte groß oder größer sein.

Da ein Computer immer noch eine große Investition darstellte, wurden speziell für bestimmte Spiele geeignete Konsolen hergestellt, auf denen teilweise ein einziges Spiel fest installiert war, beispielsweise »Pac-Man«; auch gerade scheckkartengroße Digitalspiele wurden günstig in Kaufhäusern angeboten. Ende der

1980er-Jahre kam der bekannte »Game Boy« auf den Markt. Bis heute sind die Nachfolger dieser Spielkonsole beliebte Objekte, für die auch exklusiv neue Spiele erscheinen. Die einfache Bedienbarkeit, die gute grafische Leistung und die auf die Spiele zugeschnittenen Steuerkonsolen bei Abwesenheit einer Tastatur machen ihren Reiz aus. Das Internet selbst hat einen enormen Einfluss auf die Spiele. So wird beispielsweise für das Spiel »Fallout 3« in zeitlichen Abständen neuer Spielinhalt (Landschaften mit neuen Missionen, Gegnerarten und Gegenständen) zum Download angeboten.

Nicht nur bezüglich des Nutzungsverhaltens, sondern insbesondere auch bezüglich der Inhalte wurde schon früh Kritik geübt. Vor allem stellte sich die Frage, wie kind- oder jugendgerecht eine Publikation ist. Eine Reaktion darauf war die Einrichtung bzw. Aktivierung der Unterhaltungssoftware Selbstkontrolle (USK) und der Bundesprüfstelle für jugendgefährdende Medien (BPjM), die eine entsprechende Alterseinteilung bzw. gegebenenfalls eine Indizierung vornehmen (siehe dazu ▶ Kap. 11 und ▶ Kap. 12).

Meilensteine der öffentlichen Debatte über die negative Wirkung von Computerspielen

1976   »Death Race« wird in den USA verboten: Bei diesem Spiel müssen Strichmännchen mit dem Auto überfahren werden.

1982   Ein 18-jähriger Amerikaner erliegt nach einem innerhalb von 15 Minuten errungenen Highscore-Eintrag am Spielautomaten »Berzerk« einem Herzinfarkt.

1984   »Battlezone«, ein Spiel, in dem auf geometrische Figuren geschossen werden muss, wird als erstes Computerspiel in Deutschland indiziert.

1994   Die US-Spieleindustrie richtet auf Druck der Öffentlichkeit das Entertainment Software Rating Board (ESRB) ein, das Altersgrenzen festlegt.

1998   Der Militärpsychologe Dave Grossman behauptet, Computerspiele hätten zwei Jugendliche für ihre an einer Schule begangenen Morde trainiert. Das Gericht folgt seinen Behauptungen nicht. Seine Argumentation wird jedoch in der weiteren Diskussion immer wieder aufgegriffen.

1999   Nach dem School Shooting in Columbine wird dem Ego-Shooter »Doom« eine Mitschuld zugeschrieben. Umfangreiche Schadensersatzklagen von Eltern der Opfer scheitern jedoch 2002. 2004 stellt eine Expertengruppe aus Psychologen fest, dass die Tat auf psychische Probleme der beiden Täter zurückgeht.

2001   Ein Jugendlicher erschießt sich, nachdem eine Therapie wegen seiner Abhängigkeit vom Spiel »EverQuest« erfolglos geblieben war.

2002   Durch das School Shooting am Erfurter Gutenberg-Gymnasium gerät das Spiel »Counter-Strike« in die öffentliche Kritik und wird auch von Politikern als wesentliche Ursache bezeichnet. Dabei tritt die umfassende Inkompetenz in der Sache und der gezielte Populismus der Urteilenden deutlich zutage. Die BPjS beugt sich nicht dem politischen Druck, dieses Spiel in seiner deutschen Fassung zu indizieren.

2002   Ein Südkoreaner und ein Taiwanese sterben an Erschöpfung, nachdem sie knapp vier bzw. anderthalb Tage in öffentlichen Computerspieltreffs fast ununterbrochen Onlinespiele gespielt haben.

2004   Das Spiel »Manhunt« wird in England als Ursache für den Mord eines Jugendlichen an seinem Freund bezeichnet. Der Täter besaß jedoch das Spiel gar nicht, vielmehr soll es sich um einen Raubmord im Zusammenhang mit Drogenhandel gehandelt haben.

2005   Ein 42-jähriger Mann in Shanghai ersticht einen Bekannten, der sich das virtuelle Schwert in einem Onlinerollenspiel von ihm geliehen und dann selbst verkauft hatte. Eine Klage des Mannes gegen den Bekannten war erfolglos gewesen.

2005   In Südkorea stirbt ein 28-Jähriger, nachdem er 50 Stunden lang das Strategiespiel »StarCraft« gespielt hat.

2005   Im Koalitionsvertrag zwischen CDU, CSU und SPD steht explizit das »Verbot von ›Killerspielen‹«.

2006   Weil der School Shooter von Emsdetten eigene Levels für das Spiel »Counter-Strike« gebaut hatte, schreiben Teile der Öffentlichkeit dem Spiel eine Mitschuld zu.

2007   Unter anderem die Bayerische Landesregierung greift den medienwirksamen Begriff der »Killerspiele« wieder auf und fordert gesetzliche Regelungen. Dabei werden von den Politikern Computerspiele und Freizeitbeschäftigungen wie Paintball, bei denen die Spieler real mit Farbkugeln aufeinander schießen, miteinander verwechselt oder in einen Topf geworfen.

2008   Der Bundesverband der Entwickler von Computerspielen wird Mitglied im Deutschen Kulturrat. Der künstlerische Aspekt und die Förderung von Künstlern durch Computerspieleherstellung werden vom Rat ausdrücklich positiv gewertet.

2009   Das Aktionsbündnis Winnenden ruft nach dem dortigen School Shooting zum demonstrativen Fortwerfen von »Killerspielen« auf. Im aufgestellten Container findet sich kaum eine Handvoll Spiele.

Gemeinsames Spielen vom heimischen Rechner aus: die Zeit der Onlinespiele

Neben Umfang und Detailreichtum der Spiele änderte sich auch ein wesentlicher Umstand: Mit dem vermehrten Aufkommen von »Multiplayer«-Spielen begannen die Spieler, ihre Rechner für Spieleabende mit Kabeln zu vernetzen und gegeneinander anzutreten, lange bevor das Internet mit schnellen Zugängen und fast universeller Verfügbarkeit aufwarten konnte. Solche »LAN-Partys« konnten sich über mehrere Tage erstrecken. LAN-Partys verlagerten sich später ins Internet; Rechner mussten nicht mehr umständlich von einem Ort zum anderen transportiert werden, der umständliche Aufbau eines Netzwerks entfiel. Jeder konnte sich jederzeit vom heimischen Schreibtisch aus ins Internet einklinken und gegen andere antreten. Da die Spieler üblicherweise unter Pseudonym angemeldet sind, spielt man, sofern man sich nicht mit Freunden für ein »Treffen« im Internet verabredet hat, gegen völlig Fremde. Bekannte Vertreter solcher Multiplayer-Spiele, die über LAN oder Internet spielbar sind, sind die sogenannten Ego-Shooter »Unreal Tournament« oder »Counter-Strike«, bei denen der Spieler durch die Augen seiner Spielfigur blickt, aber auch »FIFA«, eines der beliebtesten Fußballspiele mit mehreren eSport-Ligen, oder das Strategiespiel »Star-Craft«. Bei den beiden genannten Ego-Shooter-Titeln gilt es, durch strategisches und taktisches Vorgehen einzeln oder im Team bestimmte Ziele zu erreichen: In einem Fall zählt unter anderem das Stehlen einer Flagge oder die Zerstörung der gegnerischen Zentrale, im anderen beispielsweise das Entschärfen einer Bombe innerhalb einer bestimmten Zeit als Ziel. Dann ist die Runde vorbei, und eine neue Runde beginnt, zu der weitere Spieler online hinzustoßen können.

Eine neue Dimension gewannen Multiplayer-Spiele durch die Möglichkeit, die Spielwelt im Internet rund um die Uhr verfügbar zu machen. Viele dieser Spiele sind sogenannte Massively Multiplayer Online Games (MMOG; für Fantasyrollenspiele MMORPG – RP für »Role Playing«). Die prominentesten sind nicht rundenbasiert wie die vorgenannten Ego-Shooter, sondern finden in einer ständig »existierenden« Welt statt. Spieler können sich fast jederzeit in das Spiel einklinken und spielen die Figur an der Stelle weiter, wo sie mit ihr das letzte Mal aufgehört haben. Bekannte Beispiele aus verschiedenen MMOG-Genres sind das Fantasyrollenspiel »World of Warcraft«, die Simulation »Second Life« und das Science-Fiction-Weltraumspiel »Eve Online«. Alle genannten Spiele fördern das Zusammenarbeiten der teilweise bis zu mehreren Zehntausend online teilnehmenden Spieler:

Bei »World of Warcraft« (WoW), das Anfang 2009 über geschätzte 11,5 Millionen aktive Spieler aus allen Teilen der Welt verfügte, schlüpfen die Spielerinnen und Spieler in die Rolle einer Fantasyfigur wie der eines Dunkelelfen, Zwergs oder Minotaurus. Diese quasi dreidimensionale Figur steuert der Spieler durch eine ausgefeilte Fantasywelt, in der es Wälder, Bäche, Meere, Burgen, weit verzweigte Tunnelsysteme und dergleichen gibt. Die Spieler können sich online kurzzeitig zu Abenteurergruppen zusammenfinden oder sich auch zu »Gilden« zusammenschließen; hier sind eigene Gildetrachten mit Emblemen möglich, die die gemeinsame Identität bildlich darstellen. Das Spiel ist stark aufgabenorientiert: Über das Absolvieren sogenannter Quests erhalten Spieler Erfahrungspunkte, die ihnen wiederum neue Fertigkeiten verleihen können, und stoßen in weitere Spielumgebungen vor. Die Absprache der Spieler untereinander ist insbesondere für »Raids« wichtig, d. h., wenn eine ganze Gruppe gegen ein besonders mächtiges Monster oder auch gegen Gruppen anderer Spieler zu Felde ziehen will. Dann müssen die Teilnehmer im Vorfeld ihre realen Terminkalender auf diesen Termin abstimmen, um alle gleichzeitig online zu sein.

Bei »Second Life« können Spieler unter anderem Handel mit selbst designten Produkten und virtuellen Dienstleistungen treiben; die Währung kann über einen Umrechnungskurs unter Umständen auch in reale Dollar oder Euro umgewandelt werden. Vieles dreht sich in diesem Spiel um soziale Interaktion, um das Spiel mit der Phantasie in einer Beinahe-Realität, beispielsweise, wenn besonders ungewöhnliche Gebäude erbaut werden, die nicht etwa auf Vorgaben aus dem Spiel beruhen, sondern von den Spielern selbst geplant und geformt werden. Dieses Spiel ist allerdings bei Jugendlichen weit weniger populär, als häufig angenommen wird.

Bei »Eve Online« können Spieler in Weltraumgilden bestimmte Funktionen erfüllen, vom Frachterpiloten, der Waren zwischen Planetensystemen hin- und hertransportiert, über Minierschiffe bis hin zum Kommandanten winziger Späher und überwältigend großer Schlachtschiffe. Eine Besonderheit bei »Eve Online« ist, dass wie auf dem freien Markt der Preis für Rohstoffe und Waren nicht von einem Programm vorgegeben, sondern weitgehend durch die Spielergemeinde selbst gefunden wird, und zwar durch Angebot und Nachfrage. Ebenso ergeben sich viele Missionen aus der Interaktion mit anderen Spielern und deren Gilden, insbesondere, wenn es um die Führung von Kriegen gegen spielereigene Sonnensysteme und Weltraumbasen geht. An solchen spielergesteuerten Science-Fiction-Schlachten können über tausend Schiffe teilnehmen, von winzigen Jägern bis hin zu überragenden Sternenzerstörern, die fast alle von je einem realen Spieler vom

Schreibtisch aus gesteuert werden. Dementsprechend können sich solche Schlachten über Stunden hinziehen. Ähnlich wie bei Raids in »World of Warcraft« ist ein hohes Maß an Abstimmung notwendig, damit die betreffenden Spieler auch alle zum gleichen Zeitpunkt online am Spiel teilnehmen.

Gegenwärtige Entwicklungen

Vor einigen Jahren sorgte der Erfolg des Spiels »World of Warcraft« (WoW) für Schlagzeilen. Bei dieser Art von interaktiven Spielen bilden die Mitspieler zugleich eine soziale Gemeinschaft, in der der Einzelne Aufgaben und Verantwortung übernimmt. Diese kann er aber nur dann wahrnehmen, wenn er online am Spiel teilnimmt. Dadurch kann sich ein Betroffener zum übermäßig häufigen Mitspielen verpflichtet fühlen, um seine Kameraden nicht im Stich zu lassen und seine im Spiel wichtige Rolle wahrzunehmen. Gerade wenn er in der Hauptrealität des Alltags eher Schwierigkeiten mit zwischenmenschlichen Beziehungen hat, kann die Nebenrealität der Onlinewelt (Lempp, 2009) ihm als Ausweg erscheinen: Er beginnt sich möglicherweise immer stärker in eine Phantasiewelt hineinzuleben. Laut einer Studie aus dem Jahr 2009 von Rehbein und Kollegen »zeigt sich, dass die Intensität des Abhängigkeit erzeugenden Potenzials mit der Art der Spielstruktur und der Vergabe virtueller Belohnungen sowie der Einbettung in eine soziale und persistente Spielumgebung variiert [...] Hierbei zeigt sich, dass World of Warcraft mit deutlichem Abstand das größte Abhängigkeitspotenzial entfaltet«.

Allerdings schreiben die Forscher auch, dass es noch unklar sei, ob das Spiel selbst ein solches Spielverhalten bewirkt oder ob es bereits exzessiv spielende Benutzer anspricht. Aber auch in zahlreichen Internetforen und Weblogkommentaren finden sich Diskussionen und Berichte über eine solche Computerspielsucht mit WoW-Betroffenen. In einem ansonsten eher weniger bekannten privaten Weblog häuften sich binnen einiger Jahre über 1.400 Kommentare zur WoW-Sucht, vom ersten Kommentar am 25.8.2005, zwei Monate nach der mittäglichen Veröffentlichung des eigentlichen Blogbeitrags zur WoW-Sucht geschrieben, über mehr als 500 Einträge nach einem Jahr bis hin zu aktuelleren Kommentaren vom November 2009.

Doch die Wirkung von Computerspielen auf ihre negative Seite zu reduzieren ist unzulässig. Positive Aspekte lassen sich beispielsweise neuesten Entwicklungen abgewinnen, wie sie auf der GamesCon 2009 zu beobachten waren: Interaktive Spiele, bei denen man real vor der Konsole oder dem Computer agiert, erfreuen sich steigender Beliebtheit. Beispiele sind »Guitar

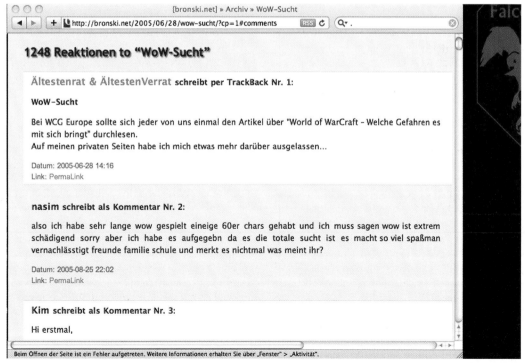

Quelle: Weblog bronski.net 2009, http://bronski.net/2005/06/28/wow-sucht/, Screenshot vom 17.11.2009

Hero«, wo die Teilnehmer reale, elektronisch vernetzte Instrumente nutzen – Gitarrensaiten wurden hier durch Knöpfe ersetzt –, oder Bewegungsspiele, bei denen der Rechner die Bewegungen des Spielers mittels einer Kamera analysiert und entsprechend ins Spiel überträgt. So schlägt eine Spielerin mit den Armen, um den Flügelschlag eines Vogels nachzuahmen.

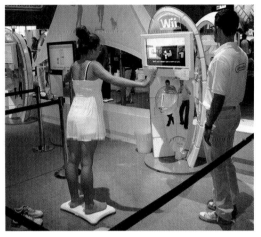

Nintendo wii, Foto: © Frank Robertz

Der Trend scheint hier auch immer stärker zu generationenübergreifenden Teilnehmerkreisen zu gehen, die nicht mehr, wie bei »World of Warcraft«, anonym übers Internet, sondern real gemeinsam in einem Raum das Spiel spielen. Das Bild des einsam vor dem Bildschirm sitzenden Spielers trifft für diese neue Art von Spielen nicht mehr zu. (Zum Thema Suchtgefährdung siehe ▶ Kap. 9).

1.4.2 Ego-Shooter

First-Person-Shooter werden von den Beitragsautoren in diesem Band oft auch mit dem verbreiteten Begriff »Ego-Shooter« belegt, der synonym gehandhabt wird. Hier blickt der Spieler sozusagen durch die Augen seiner Spielfigur. Trotz einfacher Grafik entstanden bereits Anfang bzw. Mitte der 1980er-Jahre mit »Battlezone« und »Midi-Maze« erste Vorreiter dieses Genres. Einen Durchbruch brachten die Spiele »Wolfenstein 3D« und »Doom«, die Anfang der 1990er-Jahre mit beinahe dreidimensionaler farbiger Grafik aufwarten konnten. Ging es hier noch darum, sich alleine durch eine digitale Welt zu kämpfen, wurde die Technik bald für Mehrspielervarianten entwickelt. Über LAN-Partys oder das Internet können nun Spieler einzeln oder

zu Teams zusammengeschlossen gegeneinander antreten.

Obwohl das Spiel »Counter-Strike« schon lange in Varianten auf dem Markt ist, ist es laut der Studie von Rehbein und Kollegen (2009) das bei Jungen beliebteste Spiel (27 % aller befragten Jungen). Zum Vergleich: »World of Warcraft« erreichte hier 10 %. Während Mädchen vor allem die Simulation »Sims« als ihr Lieblingsspiel angeben, zählt bei 2,4 % von ihnen auch »Counter-Strike« zu den Favoriten.

Manche Hersteller, wie Activision, geben First-Person-Shooter mit USK 18 selbst für sogenannte Handhelds heraus. Hierbei handelt es sich um tragbare Spielkonsolen wie den oben genannten Game Boy, bei denen etwa Lautsprecher und Bildschirm fest eingebaut sind. Diese Konsolen sind vor allem für Kinder konzipiert. Viel genutzt wird von Kindern vor allem das Nintendo-DSi-Handheld. Neben den herkömmlichen kindgerechten Spielen wie »Yu-Gi-Oh!« oder »Super Mario« erscheinen jedoch auch Spiele ohne Jugendfreigabe, wie etwa »Call of Duty: World at War«.

Quelle: Activision, 2008: Call of Duty: World at War, Screenshot vom 17.12.2009, Foto: © Frank Robertz

Da das identische Spiel in einer sehr viel besseren Auflösung und mit erweiterten Möglichkeiten auch auf größeren Konsolen verfügbar ist, wird zum einen der Bedarf nach erweiterten Spielmöglichkeiten und damit nach dem Kauf einer größeren Konsole geweckt. Zum anderen wird das Kind an Ego-Shooter herangeführt.

Auch wenn die USK-Alterskennzeichnung eigentlich verhindern sollte, dass das Spiel in die Hände von Kindern gerät, zeigt die Praxis, dass sorglose Eltern und

Quelle: Activision, 2008: Call of Duty: World at War, Screenshot vom 17.12.2009

Geschwister die Spiele dennoch zur Verfügung stellen. So spielen der Studie von Rehbein und Kollegen (2009) zufolge rund 8 % von 22.620 befragten Jugendlichen »Call of Duty« und 27 % das ab 16 Jahren freigegebene bzw. nicht mit Jugendfreigabe versehene »Counter-Strike«.

Spiele werden auch für Propagandazwecke genutzt. In den USA produzierte das Militär 2002 zu Rekrutierungs- und Werbezwecken den Shooter »America's Army«, der bei Registrierung auf der Rekrutierungswebseite kostenlos heruntergeladen werden kann. MIT-Mitarbeiter stellten in einer Veröffentlichung über den großen Einfluss des Spiels auf die Wahrnehmung von Jugendlichen fest, dass rund ein Drittel der 16- bis 24-Jährigen aufgrund dieses Spiels einen positiveren Eindruck von der Armee bekommen hätten »and, even more amazingly, the game had more impact on recruits than all other forms of Army advertising combined« (Edery & Mollick, 2009). Die Publikation ist allerdings wegen der geschäftlichen Tätigkeit der Autoren im Software-/Spielebereich kritisch zu lesen.

Waffen, Blut und (Alb-)Traumlandschaft: Ästhetik in Ego-Shootern

Bis heute geht von Gewalt in Spielen eine starke Faszination aus: Ego-Shooter verkörpern die quasi direk-teste Form der Gewalt im digitalen Spiel. Eine Rahmenhandlung oder Geschichte tritt gegenüber dem eigentlichen Reiz des Spiels, dem Kampf mit verschiedenen Waffen, zurück. Während die Handlung selbst zweitrangig ist und häufig eher dem Transport anderer Spielaspekte dient, kommt der Ästhetik dieser Spiele eine Schlüsselrolle zu. Schock- und Gruseleffekte benötigen ausgefeilte digitale Beleuchtungs- und Farbtechniken. Waffen sind einerseits in ihrer spieltechnischen Effektivität, andererseits aber auch in ihrer Gestaltung und den Effekten beim Abfeuern und Auftreffen ihrer Projektile oder Strahlen ein faszinierendes Element. Während die Gegner bei alten Spielen noch in grob verpixelter Darstellung und daher sehr abstrakt auftraten, sind sie inzwischen fast fotorealistisch dargestellt. Ebenso verhält es sich mit der Gestaltung der Spielumgebung, auf die beispielsweise bei dem Multiplayer-Spiel »Unreal Tournament« großer Wert gelegt wurde.

Dies gilt ebenso für die Darstellung von Verletzungen, wie beispielsweise in »Fallout 3«, wo Blutlachen, abgetrennte Arme und zerfetzte Körper zu sehen sind. Am Beispiel »Fallout« werden auch die veränderten Ansprüche deutlich: Die ersten beiden Teile von 1997 bzw. 1998 warten mit einer starken Atmosphäre in Darstellung und Musik auf. Der Schwerpunkt wurde auf eine komplexe, handlungsoffene Geschichte gelegt,

Quelle: GT Interactive, 2004: Unreal Tournament, Screenshot vom 24.11.2009

bei der der Spieler das Geschehen aus der Vogelperspektive sah. Das zehn Jahre nach dem zweiten Teil erschienene »Fallout 3« hingegen ist aus der Ich-Perspektive angelegt wie ein klassischer Ego-Shooter, und dies, obwohl die ersten beiden Teile geradezu Kultstatus errungen hatten. »Fallout 3« schien dank dieser Entscheidung erneut den – veränderten – Geschmack der Spieler zu treffen, denn es wurde ein enormer Verkaufserfolg.

Auch ist die Wirkung der Bilder durch die den Spielen inhärente Gewalt besonders stark, insbesondere für unbeteiligte Beobachter, die diese Spiele nicht selbst spielen. Während Vielspieler häufig äußern, die Grafik wäre ihnen weniger wichtig und sie würden die Qualität eher reduzieren, um eine schnellere Reaktionszeit ihrer Rechner zu erreichen – analog zum Brettspiel, wo eine schöne Aufmachung zwar den Betrachter anspricht, jedoch Spielfluss und -technik für die Spieler selbst wesentlich wichtiger sind –, nehmen Nichtspieler gerade diese hochwertigen Bilder zum Anlass ihrer Kritik.

Gewalt als Mittel der Werbung

Die Verbindung aus Bildästhetik und Gewaltdarstellung – der Spieler bewegt sich überwiegend schießend, oder mindestens feuerbereit, durch diese Bilder – lädt zu Tabubrüchen ein, die der Werbung für ein Spiel in aller Regel zugutekommen. Bei massiven Gewaltdarstellungen ist eine Indizierung durch die Bundesprüfstelle für jugendgefährdende Medien (BPjM) anzunehmen. Da eine Indizierung jedoch unter anderem zur Konsequenz hat, dass Spielejournale nicht mehr über diese Spiele berichten dürfen, wird vor der Indizierung mit umso größerer Intensität über die Spiele informiert. Ironischerweise steigert das wiederum die Aufmerksamkeit und Kauflust der Jugendlichen.

Um eine besonders hohe mediale Aufmerksamkeit zu erreichen, wird der Detailgrad der Gewaltdarstellung in den letzten Jahren immer weiter ausgefeilt. So wird das Abtrennen von Gliedmaßen mit hohen Blutfontänen immer detailgenauer wiedergegeben. Als Gegner dienen nicht mehr nur Monster und Aliens, sondern Menschen, darunter bisweilen auch Zivilisten. Das im November 2009 erschienene »Call of Duty – Modern Warfare 2« enthält beispielsweise eine Szene, bei der der Spieler als Undercoveragent einige russische Terroristen begleitet. Diese beginnen in einem Moskauer Flughafen damit, vor einer Klangkulisse aus Panikgeschrei wahllos Zivilisten zu erschießen, auch solche, die fliehen oder sich blutend über den Boden schleppen. Der Spieler kann sich in der internationalen Version an dem Massaker beteiligen, in der deutschen »nur« auf Sicherheitsbeamte feuern. Diese Szene hat dem Urteil von Spielern zufolge kaum erzählerischen Wert für die Handlung, was den Eindruck einer reinen Marketingstrategie noch verstärkt. Der mediale Aufschrei blieb jedoch nicht ungehört: Der Hersteller feierte mit dem Spiel international Rekordumsätze. Allein in den ersten fünf Verkaufstagen wurden angeblich 550 Millionen US-Dollar Umsatz erzielt.

Quelle: Activision, 2009: Call of Duty – Modern Warfare 2, Screenshot vom 20.12.2009

Eine weitere Steigerung des Tabubruchs ist dadurch erfolgt, dass vermehrt Kinder als Gegner in Ego-Shootern auftreten. Gab es bei »Doom 3« (2004) bereits eine Art Kreuzung aus Baby und Schmeißfliege, die mit quengelndem Greinen auf den Spieler einstürmte, bei »Prey« (2006) lachende Geisterkinder und bei »Bioshock« (2008) Mädchen mit Spritzen, so geht auch hier die Entwicklung weiter. 2010 soll das Spiel »Dantes Inferno« erscheinen, das im Vorfeld durch die Ankündigung Schlagzeilen machte, dass »ungetaufte Babys« mit Klingenarmen zu töten seien. In einem Demovideo ist der auch in den Körperbewegungen äußerst realistische Kampf gegen einen »Bossgegner« zu sehen, dem mit einer Sense die Augen ausgestochen werden und der dann jene Babys als Unterstützung gegen den Spieler herbeiruft. Wie wichtig den Herstellern diese Tabu-brüche sind, zeigt die Werbestrategie des Verlags von »Dantes Inferno«, Electronic Arts: Die Firma gab der Nachrichtenagentur AP gegenüber zu, Personen mit Transparenten ausgesandt zu haben, die *gegen* ihr neues Spiel protestieren sollten. Je schwieriger ein Tabubruch wird, desto findiger muss die Werbung vorgehen, um noch Aufmerksamkeit zu erringen, und desto grausamer und blutiger scheint die spielerische Darstellung werden zu müssen (zum Thema Ego-Shooter und verwandte Spiele ▶ Kap. 8).

Quelle: Electronic Arts, 2009: Dantes Inferno, Screenshot vom 20.11.2009

Weiterführende Literatur

Forsten, W. (2009). Spielkonsolen und Heimcomputer, 1972–
2009. Utting: Gameplan.

Hoeren, T. (2009). Internetrecht. Münster: Universität Münster.
Verfügbar unter: http://www.uni-muenster.de/Jura.itm/
hoeren/materialien/Skript/Skript_Maerz2009.pdf
[1.12.2009].

Lempp, R. (2009). Nebenrealitäten. Jugendgewalt aus Zukunftsangst. Frankfurt a. M.: Verlag für Polizeiwissenschaft.

Schaar, P. (2009). Das Ende der Privatsphäre: Der Weg in die
Überwachungsgesellschaft. München: Goldmann.

Schneier, B. (2008). Schneier on security. Indianapolis: Wiley &
Sons.

Politische Welten: Umgang mit neuartigen Medienangeboten

Grietje Staffelt und Stephan Kolbe

2.1　Einleitung

Mehrere Schüler stehen in einer Gruppe. Sie stecken die Köpfe zusammen. Die Blicke sind auf ein Handy gerichtet, das einer von ihnen stolz in die Runde hält. Auf dem Display flackert ein Film vorbei. Zu hören sind Pöbeleien, Schläge, Tritte und Schreie. Zu sehen ist, wie ein wehrloses Opfer zusammengeschlagen wird. Die Gruppe ist sichtlich amüsiert. Was es hier auf dem Handy zu sehen gibt, wollen sie auch gern auf ihren Handys haben, um es später ihren Freunden zu zeigen.

Die Rede ist von »Happy Slapping«, einem der neuesten und geschmacklosesten Phänomene im Bereich von Jugend- und Mediengewalt. Denn was verharmlosend mit »fröhliches Schlagen« übersetzt werden kann, ist kein Kavaliersdelikt, sondern eine Straftat: Beim »Happy Slapping« sucht sich eine Gruppe ein meist willkürliches Opfer, schlägt es gemeinschaftlich zusammen, filmt das Ganze, in erster Linie mit Handykameras, und verbreitet es dann weiter.

Fälle von »Happy Slapping«-Videos auf Schulhöfen haben die politische Diskussion über ein totales Handyverbot an Schulen wieder neu entfacht. Dieser radikale Vorschlag zeigt eines deutlich: Der Umgang mit neuartigen Medienformen, gerade in seinen negativen Auswüchsen, ist alles andere als gefestigt. Einheitliche Bewertungskriterien sind schwer festzulegen. Einige negative Schlagzeilen genügen meist, um Computerspiele, Handys und Co. öffentlich zu verdammen.

Doch eine Erfolg versprechende Lösung können pauschale Verbote nicht sein. Zwar muss unser bestehendes und schon jetzt äußerst umfangreiches Repertoire im Bereich des Jugend- und Jugendmedienschutzes ständig an neue Phänomene und Medienformen angepasst werden. Die Forderung nach Totalverboten, wie wir sie z. B. oft genug in Bezug auf sogenannte Killerspiele gehört haben, ist aber eher ein populistisches Polit-Placebo als ernst gemeinte Hilfe. Totalverbote sind nur in solchen Fällen gerechtfertigt, in denen die klaren Vorschriften des Strafgesetzbuches anwendbar sind. Daneben gibt es natürlich die Pflicht, unsere Kinder vor möglicherweise schädigenden Inhalten zu schützen. Deshalb sind bestimmte Medieninhalte zwar für Erwachsene zugänglich, für Minderjährige aber nicht.

Gewaltausbrüche wie der Amoklauf von Robert Steinhäuser lassen sich nicht einseitig mit dem Konsum bestimmter Medieninhalte erklären. Die Ursachen hierfür sind sehr komplex und individuell. Wer allein z. B. sogenannten Killerspielen die Schuld zuschiebt, verharmlost das Problem und bekämpft nicht die wirklichen Ursachen. Auch wer alle »Killerspiele« der Welt verbietet, wird damit keine Amokläufe verhindern können. Bestimmte Medienformen – und hier ist das Computerspiel das beste Beispiel – haben schlichtweg einen schlechten Ruf in Teilen der Gesellschaft und der Politik. Das Ergebnis sind pauschale Verbotsphantasien, die alle angebotenen Inhalte unabhängig von ihrer Bewertung träfen.

Wir müssen deshalb stärker denn je den sicheren Umgang mit Medien erlernen. Medien nehmen einen großen Platz in unserem Alltag ein. In den vergangenen Jahrzehnten sind sie in rasant steigendem Maße Teil unserer Alltagskultur und ein elementarer Bestandteil der Wissensgesellschaft geworden. Außerdem wird die Zahl immer neuer Mediengeräte – und damit verbunden das Inhalteangebot – weiter deutlich ansteigen. Wir können also vor medialen Inhalten in den verschiedensten Darstellungsformen nicht flüchten. Wir müssen stattdessen die Technik und die damit verbundenen Inhalte verstehen, gestalten und regulieren.

Aufgabe der Politik ist es, regelmäßig zu bewerten, ob die aktuellen gesetzlichen Regelungen – sei es im Bereich des Jugendschutzes oder im Strafrecht – mit den aktuellen gesellschaftlichen Entwicklungen und den sich daraus ergebenden Gefahren z. B. für Kinder und Jugendliche im Einklang stehen. Wenn dem nicht so ist, muss der Gesetzgeber je nach Zuständigkeit die Gesetze anpassen. Das darf aber nicht bedeuten, dass im Dschungel nationaler und föderaler Zuständigkeiten effektive Regelungen auf der Strecke bleiben. Dies gilt insbesondere im Bereich des Jugendschutzes. Denn der Schutz von Kindern und Jugendlichen vor potenziell schädigenden Inhalten ist eine dem Staat durch das Grundgesetz zugewiesene Aufgabe. Dem gegenüber steht das Elternrecht auf freie Erziehung. Deshalb ist es auch Aufgabe des Staates – und damit der gestaltenden Politik –, Eltern möglichst viele Hilfsmittel an die Hand zu geben und sie in ihrer Erziehungsaufgabe zu unterstützen.

2.2　Medienwelt – große Chancen, unterschätzte Risiken

Das Internet revolutioniert gesellschaftliche Kommunikation. Es ist ein rasant wachsendes Archiv des Weltwissens. Es vereinfacht und beschleunigt zwischenmenschliche Kontakte grundlegend. Wo früher Papier und Bleistift zur Hand genommen wurden oder erst ein Film im Fotoladen entwickelt werden musste, reicht heute ein Knopfdruck – zumindest für diejenigen, die Zugang zum Netz haben. Handys haben die persönliche Erreichbarkeit ubiquitär gemacht und sind inzwischen zum elektronischen Allroundgerät mutiert. Fotos, Musik, Terminkalender, Internet: Kommunikation, Information und Datenaustausch sind buchstäblich allgegenwärtig und beherrschen den Alltag der meisten Menschen in der industrialisierten Welt.

Wie in jeder neuen Technik liegt auch in der digitalisierten Welt die Möglichkeit des Missbrauchs. So werden heute gerade im Zusammenhang mit Internet und Mobiltelefonie immer wieder die Persönlichkeitsrechte von Menschen verletzt. Es wird zunehmend schwieriger, selbst zu bestimmen, wo die eigenen persönlichen Daten landen und wer wann was damit macht. Daher steht insbesondere der Datenschutz im digitalen Zeitalter vor neuen Herausforderungen, ebenso wie der Jugend- und Verbraucherschutz, der Schutz geistigen Eigentums oder die Wahrung der Bürgerrechte.

Daneben aber sind es allzu oft auch die Internetnutzer selbst, die ihre Daten viel zu unbekümmert freigeben, indem sie in ihren Profilen auf »Social Networking«-Portalen wie Facebook, MySpace oder StudiVZ Privates und Intimes freigeben.

Andererseits nimmt aber auch der Staat im Bereich des Datenschutzes inzwischen eine zweifelhafte Rolle ein. Bestes Beispiel ist die Vorratsdatenspeicherung, die die schwarz-rote Koalition Ende 2007 im Bundestag beschlossen hatte und die zum 1. Januar 2008 in Kraft getreten war. Seither wurden die Kommunikationsdaten aller Deutschen ohne jeden Verdacht ein halbes Jahr lang gespeichert. Dies ist ein abschreckendes Beispiel dafür, wie der Staat selbst mündige Bürger ihrer Grundrechte berauben kann. Denn der pauschalen, durch Gesetz vorgeschriebenen Speicherung dieser Daten kann sich auch der aufgeklärteste Bürger nicht widersetzen. Hier ist es deshalb vor allem Aufgabe aller oppositionellen Kräfte, zusammenzuarbeiten und die politischen Fehlentwicklungen klar und deutlich zu benennen. Dass dies erfolgreich sein kann, zeigt die Entscheidung des Bundesverfassungsgerichts vom März 2010, mit der das Gesetz für verfassungswidrig erklärt wurde.

2.2.1 Happy Slapping und Cyberbullying

Das eingangs erwähnte »Happy Slapping« stellt eine doppelte Rechtsverletzung dar. Zum einen haben wir es hier mit Gewaltanwendung zu tun, d. h., das Recht auf körperliche Unversehrtheit wird verletzt. Zum anderen wird diese Gewaltanwendung auch noch gefilmt und weitergesendet. Das verletzt das ureigenste Recht auf informationelle Selbstbestimmung, also das Recht auf den Schutz der persönlichen Daten. Denn das Weiterversenden des Videos wird mit Sicherheit nicht die Zustimmung des Opfers finden.

Beim sogenannten Cyberbullying handelt es sich um eine Art Mobbing im Internet. Dabei werden Menschen – vornehmlich Lehrerinnen und Lehrer oder Schülerinnen und Schüler – in einer peinlichen oder erniedrigenden Situation gefilmt. Dieses Video wird dann zum Abruf ins Internet gestellt, beispielsweise auf eine Videoplattform wie YouTube. Der klassische Schülerstreich wird damit zu einer weltweit abrufbaren Bloßstellung, die die Würde des Opfers zutiefst verletzt (zu Happy Slapping und Cyberbullying ▶ Kap. 6).

2.2.2 Pornografie am Beispiel von »Second Life«

Gefahren lauern auch im virtuellen zweiten Leben, in »Second Life«. Bei dieser Internetplattform handelt es sich um eine virtuelle Welt, durch die sich der Nutzer mithilfe eines virtuellen Ichs, des sogenannten Avatars, bewegen kann. Hier kann er auch mit anderen Avataren, die wiederum von anderen realen Personen gesteuert werden, in Kontakt treten, sprechen, handeln und sowohl Legales als auch Verbotenes tun – wie im realen Leben. So sind mittlerweile mehrere Fälle von Kinderpornografie in »Second Life« bekannt geworden. In einem Fall bot ein Mann Fotos an, in einem anderen Fall kam es zur Darstellung sexueller Handlungen durch einen erwachsen aussehenden Avatar an einem kindgleichen Avatar.

Leider ist nicht auszuschließen, dass diese Art der simulierten Kindesvergewaltigung in »Second Life« feste Strukturen bekommt. Es gibt Nutzergruppen, die offen oder verdeckt virtuelle Pädophilie betreiben.

Das hier oft vorgetragene Argument, damit würde der pädophile Drang auf »harmlose« Weise befriedigt werden können, zieht nicht. Im Gegenteil: Studien weisen darauf hin, dass bildliche Darstellungen sowohl den pädophilen Drang verstärken als auch die moralische Hemmschwelle senken, zumal wenn sie in Gesellschaft mit anderen konsumiert werden. Kinderpornografie ist kein spezielles Problem von »Second Life«, sondern ein Problem des Internets allgemein. »Second Life« bietet hierfür aber ein in diesem Fall potenziell gefährliches, weil qualitativ neuartiges Forum. Wie effektiv die Beteuerungen der Betreiberfirma, kinderpornografische Aktivitäten unterbinden zu wollen, wirklich sind, wird sich erst noch zeigen müssen.

Ebenso steht es mit Fällen simulierter Vergewaltigungen, bei denen Nutzergruppen teilweise sogar offensiv ihr angebliches Recht einfordern, die Menschenwürde verletzende Darstellungen in »Second Life« zu verbreiten. Häufig versuchen sich diese Gruppen über den Verweis auf »free speech« zu legitimieren. Diese

Doktrin ist in den USA recht verbreitet und will der Redefreiheit keinerlei Beschränkungen auferlegen. Darstellungen sexualisierter Gewalt können aber gerade nicht unter dem Banner der Demokratiebewegung legitimiert werden.

Natürlich wäre die ästhetische Beurteilung dieser Darstellungen, so geschmacklos und abstoßend sie auch sein mögen, kein hinreichender Rechtsgrund, sie zu verbieten. Keine Person kommt direkt durch sie zu Schaden. Dennoch sind sie in Deutschland gesetzlich verboten – und das zu Recht. Gewaltpornografische Darstellungen können durchaus als scheinbare Legitimation arrangiert und aufgefasst werden und zumindest als Ermunterung zu einer Straftat wirken. Auch der implizite und extrem frauenfeindliche Gestus gewaltpornografischer Darstellungen stellt eine so schwerwiegende Verletzung fundamentaler Prinzipien unseres demokratischen Rechtsstaats dar, dass ein Verbot nicht trotz, sondern gerade aufgrund unserer freiheitlichen Verfassung geboten erscheint.

Besonders problematisch ist, dass es für »Second Life« derzeit noch keinen wirksamen Jugendschutz in Deutschland gibt. Wer sich anmelden will, gibt einfach ein Geburtsdatum ein. Ob es stimmt oder nicht, wird nicht überprüft.

2.2.3 Foren, Chats und Plattformen

Vor altersbeschränkten oder gar verbotenen Inhalten sind insbesondere die unter dem Stichwort »Web 2.0« bekannten Internetplattformen nicht gefeit. Denn überall dort, wo die Nutzer die Medieninhalte selbst produzieren (»user generated content«), also beispielsweise Fotos oder Videos hochladen und Kommentare veröffentlichen, sind die Kontrollmechanismen zur Verhinderung ungeeigneter oder illegaler Inhalte per se niedrigschwelliger. Denn die grundsätzlich für jedermann zugänglichen Plattformen à la YouTube, Flickr und Co. können unerwünschte Inhalte von vornherein nur selten verhindern, da die Anbieter dieser Internetangebote nicht jeden hochzuladenden Inhalt zuvor prüfen und freigeben können. Dies ist aufgrund der massenhaften Nutzung dieser Portale und der damit einhergehenden Datenmengen schlichtweg nicht leistbar.

Hinzu kommt, dass die Anbieter dieser Seiten eben »nur« die Plattformen bereitstellen, aber die Inhalte nicht selbst herstellen. Lediglich nach Veröffentlichung im Web kann korrigierend eingegriffen werden, z. B. indem die Nutzer der Seiten den Plattformbetreiber auf ungeeignete Inhalte hinweisen, die dieser dann zu prüfen und gegebenenfalls zu entfernen hat. Denn nach laufender deutscher Rechtsprechung sind Foren- und Plattformbetreiber dazu verpflichtet, entsprechende Inhalte zu entfernen, sobald sie Kenntnis davon erlangt haben.

Ein weiteres Problem sind Internetchats und -foren, in denen selbstzerstörerische Handlungen bzw. Erkrankungen wie Bulimie oder Magersucht, im Extremfall sogar Selbstmord debattiert werden. Auch Jugendliche nutzen Foren in verstärktem Maße, bleiben mit den dort diskutierten Inhalten aber viel zu oft allein. Denn statt, wie oft behauptet, eine Hilfestellung anzubieten, können diese Seiten eine bestehende Selbstgefährdung der betroffenen Nutzerinnen und Nutzer noch verstärken. Die Auswirkungen können verheerend sein. Amokläufe oder Selbstmorde, zu denen das Internet beigetragen hat, indem es bestehende Tendenzen zu solchen Taten noch verstärkt hat, sind sicher die erschreckendsten Beispiele.

2.2.4 »Killerspiele«

Auch die sogenannten Killerspiele werden immer wieder gern im Zusammenhang mit Mediengewalt diskutiert. Wie auch bei »Second Life« wird hier zwar kein echter, identifizierbarer Mensch zum Opfer, sondern Pixel in Menschen- oder Monstergestalt. Dies bedeutet aber nicht, dass bestimmte Darstellungen in Computerspielen nicht trotzdem extrem grausam, menschenverachtend, verfassungsfeindlich oder schlicht jugendgefährdend sein können – und damit Altersbeschränkungen oder im extremsten Fall auch einem Totalverbot unterliegen können.

So stellt § 131 des Strafgesetzbuches die Herstellung und Verbreitung solcher Schriften (dazu gehören auch Computerspiele) unter Strafe, die »grausame oder sonst unmenschliche Gewalttätigkeiten gegen Menschen oder menschenähnliche Wesen« darstellen und damit Gewalttätigkeiten verharmlosen oder die Menschenwürde verletzen. Diese Regelung kann aber nur in Extremfällen zum Einsatz kommen, so z. B. beim Verbot des Spiels »Manhunt« im Jahr 2004.

Prinzipiell durchlaufen alle – auf einem Trägermedium vorliegenden – in Deutschland auf den Markt kommenden Computerspiele die Alterseinstufung durch die Unterhaltungssoftware Selbstkontrolle (USK). Hier wird geprüft, für welche Altersgruppe die Spiele geeignet sind. Hauptaspekt bei der Bewertung sind Gewaltdarstellungen. Im Normalfall erhält das Spiel dann eine Altersfreigabe gemäß dem Grad einer möglichen Jugendgefährdung.

Den Spieleherstellern ist natürlich daran gelegen, ihre Produkte auf den Markt zu bekommen. Daher werden Spiele gerade aufgrund der strengen staatlichen Vorgaben bezüglich Gewaltdarstellungen bereits so entwickelt, dass sie den USK-Test bestehen können, also eine für den Hersteller vertretbare Alterseinstufung erlangen, und eine Indizierung oder gar ein Totalverbot ausgeschlossen ist. Vor diesem Hintergrund hat sich das System der Alterseinstufung – im Zusammenspiel mit den Indizierungsmöglichkeiten der Bundesprüfstelle für jugendgefährdende Medien (BPjM) und dem Strafrecht – als prinzipiell effizient erwiesen, auch wenn hier zu Recht Nachjustierungen angemahnt werden. Die Evaluation des Jugendmedienschutzes, die vom Hans-Bredow-Institut im Auftrag des Bundesfamilienministeriums vorgenommen wurde, hat hierzu viele hilfreiche Anregungen gegeben.

2.2.5 Musik

Gefahren in den Medien lauern aber nicht allein in Computerspielen, Handys und dem Internet. Auch in einigen Formen der Musik hat sich Gewalt eingenistet. So geraten z. B. immer wieder auch Musiker in die Schlagzeilen, die in ihren Liedtexten zu Gewalt aufrufen oder mit rassistischen, sexistischen, fremden- oder schwulenfeindlichen Äußerungen Aufmerksamkeit auf sich ziehen. Dies zeigte sich äußerst deutlich in der Debatte um den sogenannten Hass-Hip-Hop und den »Skandalrapper« Bushido.

2.2.6 Medien und Sucht

Last but not least bergen Medien auch die Gefahr von Abhängigkeit. Onlinesucht, Computerspielsucht, Chatsucht usw. sind keine Randerscheinungen mehr. Bis zu eine Million Deutsche gelten beispielsweise als onlinesüchtig oder onlinesuchtgefährdet. Die Suchtmechanismen sind hier die gleichen, wie wir sie von »klassischen« Süchten kennen.

Dies anzuerkennen bedeutet in der Konsequenz, auch den Jugendschutz hinsichtlich des Suchtpotenzials bestimmter Medieninhalte anzupassen. Denkbar ist zum Beispiel, für Minderjährige eine wöchentliche Spielzeitbegrenzung bei Onlinerollenspielen einzuführen. Denn aufgrund der potenziellen Endlosigkeit dieser Spiele und der Verpflichtung zum Gildenspiel (d. h., wer sich einer Gilde anschließt, die gleichzeitig und gemeinsam spielt, kann besonders effektiv weiterkommen) wird Abhängigkeit geradezu befördert.

All diese Beispiele zeigen, dass mit den Chancen, die die digitale Medienwelt bietet, auch die Gefahren zahlreicher geworden sind, denen Politik begegnen

muss, ohne das Internet zu Tode regulieren zu wollen. Dazu kommt, dass Medien sehr dynamisch sind. Sie entwickeln sich stetig weiter, bringen damit zwangsläufig auch neue – ungewollte – Effekte mit sich. Hier ist die Politik gefragt, diese kritisch zu beobachten und dort einzugreifen, wo es notwendig ist.

2.3 Phänomen Internet: weltweites Angebot, nationales Recht

Viele der beschriebenen Entwicklungen stehen im engen Zusammenhang mit dem Internet. Obwohl es oft als freie Plattform für freie Bürger propagiert wird, ist zunehmend ein Trend hin zu einer stärkeren Regulierung spürbar – neben anderen Trends wie z. B. der inzwischen weitestgehenden Kommerzialisierung. Denn die Eigenschaften des Internets sind es, die unsere bisherigen Regulierungsmechanismen aushöhlen oder gänzlich auf den Kopf stellen. Das Internet ist momentan, zugespitzt gesagt, eine Welt permanenter Rechtsverletzungen, sei es im Bereich des Urheberrechts, des Datenschutzes, des Jugendschutzes oder des Strafrechts.

Um dem entgegenzutreten, kann die Antwort aber nicht per se lauten, die bestehenden Regelungen aus der analogen Welt einfach auf die digitale Welt zu übertragen. Dies wird nicht gelingen. Zwar ist es notwendig, Regulierungen auch auf das Internet auszuweiten. Grundsätzlich müssen aber auch neue Ansätze gefunden werden, um dem neuen Medium gerecht zu werden. Denn mit dem Internet sind Möglichkeiten in unser Leben getreten, die bis dato kaum denkbar waren und die das bekannte System aus Werten und Möglichkeiten sprengen. Dafür sind die im Folgenden erläuterten Eigenschaften des Internets verantwortlich.

Internationalität. Ein internationales Medium mit nationalen Gesetzen regulieren zu wollen käme dem Versuch gleich, einen Ozean mit einer Kaffeetasse trockenzulegen. Das Internet kennt keine Landesgrenzen. Jeder Nutzer kann grundsätzlich jeden weltweit angebotenen Inhalt abrufen, sieht man einmal von Einschränkungen dieser Freiheit ab, die z. B. für in Deutschland hergestellte und veröffentlichte Inhalte gelten. Im Umkehrschluss heißt das auch, dass jeder, der Inhalte anbietet, dies für ein globales Publikum tut, wenngleich natürlich Sprachbarrieren und national ausgerichtete Internetangebote die Zugriffsströme stark steuern. Noch nie zuvor war die Verbreitung von Waren – in diesem Fall: Inhalten in Form von Text, Ton und Bild – so einfach. Der Zugang zum Internet ist kinderleicht. Es bedarf lediglich eines Computers und eines Internetanschlusses. So lassen sich an jedem Punkt der Erde die gleichen Informationen abrufen. Jeder mit entsprechender Infrastruktur kann am Internet teilhaben.

Copy & Paste. Alles, was wir im Internet tun oder sehen, ist virtuell. Jede Information ist digital und basiert im Grunde auf Daten. All diese Daten lassen sich kopieren und an anderer Stelle wieder einfügen. So können Inhalte jeder Art und jeden Umfangs extrem schnell und beliebig oft im Internet verbreitet werden, z. B. über das Verlinken zu Angeboten auf anderen Inhalten, das direkte Einbetten fremder Inhalte auf der eigenen Webseite oder über die Bereitstellung und den Download von Inhalten in Tauschbörsen (»Filesharing«).

Medienkonvergenz. Das Internet sprengt die Definitionen bisheriger Mediengattungen. Zum einen nutzen »klassische« Medien wie Presse oder Rundfunk das Internet als neuen Verbreitungsweg, d. h., Texte und audiovisuelle Beiträge werden auch über das Internet angeboten. Die strikte Trennung in Presse und Rundfunk verwischt dabei zunehmend, wenn Zeitschriftenverlage auf ihren Internetseiten nunmehr auch Videoclips anbieten (z. B. Spiegel Online) oder wenn Rundfunkanstalten mit umfangreichen Textbeiträgen ins Netz gehen (z. B. tagesschau.de). Zum anderen aber bringt das Internet auch gänzlich Neues hervor. Bestes Beispiel ist der »user generated content«, also von den Internetnutzern selbst produzierte und angebotene Inhalte. YouTube, Flickr und Co. liefern hierfür nur die Plattform. Mit Leben gefüllt werden sie von den Nutzern, die ihre Fotos, Filme, Kommentare, Links usw. online veröffentlichen.

Eine Folge dieser Entwicklung ist die zunehmende Schwierigkeit, die Unterscheidung in Rundfunk und Telemedien aufrechtzuerhalten. Bisher fallen kommerzielle Internetangebote in der Regel unter die Regulierung für sogenannte Telemedien. Gemeint sind damit alle Angebote im WWW, die keine Live-Stream- oder Rundfunkangebote sind. Das heißt, Nachrichtenportale wie Spiegel Online oder E-Commerce-Angebote wie Amazon unterliegen den Regelungen des Telemediengesetzes.

Tatsächlich aber lässt sich kaum leugnen, dass viele Inhalte mittlerweile auch die – weit strengeren – Kriterien für Rundfunkangebote erfüllen, weil die Anbieter aufgrund der oben beschriebenen Konvergenz verstärkt Rundfunkinhalte auf ihren Seiten platzieren.

Das Wesen von Rundfunk in Deutschland aber ist, dass jeder Betreiber hierfür eine Lizenz braucht. Damit

sind zwangsläufig strengere inhaltliche Auflagen verbunden. Noch immer mangelt es an klaren rechtlichen Definitionen, welche Angebote unter welche Regulierung fallen. Die Verabschiedung des Telemediengesetzes im Januar 2007 hat hier nicht für Klarheit gesorgt. Inhalte- und Diensteanbieter müssen aber wissen, ob ihre Angebote nun unter die Regelungen für Telemedien, für Telekommunikation oder für Rundfunk fallen.

2.4 Die Gefahr der Zensur: Beschränkungen und Verbote sind notwendig

2.4.1 Die Bestimmungen des Grundgesetzes

Grundsätzlich gilt: In Deutschland findet keine Zensur statt. Die durch das Grundgesetz geschützte Meinungs- und Kunstfreiheit ermöglicht es jedem Einzelnen, »seine Meinung in Wort, Schrift und Bild frei zu äußern und zu verbreiten und sich aus allgemein zugänglichen Quellen ungehindert zu unterrichten« (Art. 5 Abs. 1 GG). »Kunst und Wissenschaft, Forschung und Lehre sind frei« (Art. 5 Abs. 3 GG).

Allerdings zeigt das Grundgesetz im gleichen Atemzug auch die Grenzen dieser Freiheiten auf: »Diese Rechte finden ihre Schranken in den Vorschriften der allgemeinen Gesetze, den gesetzlichen Bestimmungen zum Schutze der Jugend und in dem Recht der persönlichen Ehre« (Art. 5 Abs. 2 GG). Das heißt, die grundgesetzlich garantierte Meinungs- und Kunstfreiheit wirkt nur, wenn dadurch andere berechtigte Interessen und Werte wie Jugendschutz oder Menschenwürde nicht verletzt werden.

Somit steht die Freiheit des Einzelnen, eigene Inhalte frei zu erschaffen oder diese frei zu konsumieren, immer im Gegensatz zur Beschränkung oder zum Verbot bestimmter Medieninhalte. Denn neben der Bewahrung der Freiheit hat der Staat zum einen die Aufgabe, Kinder und Jugendliche vor sie beeinträchtigenden Inhalten zu schützen (Jugendschutz). Zum anderen hat er dafür Sorge zu tragen, dass der Schutz der Menschenwürde und die Einhaltung unserer Verfassung gewährleistet werden (Strafrecht). In jedem Einzelfall ist eine Abwägung zwischen diesen begründeten Interessen vonseiten des Staates und den ebenso begründeten Interessen vonseiten der Bürger vonnöten. Die Lösung kann aber nicht heißen: »Lieber etwas zu viel als etwas zu wenig verbieten.« Wer diesen Ansatz verfolgt, überschreitet schnell die Grenze zur Zensur.

2.4.2 Einschränkungen und Verbote durch das Strafgesetzbuch

Klar ist dennoch: Weder Internet und Computerspiele noch Handys sind rechtsfreie Räume. Die Freiheit des Einzelnen endet dort, wo die Freiheit anderer berührt ist. Aus diesem Grund gibt es Inhalte, die nach dem Strafgesetzbuch gänzlich verboten sind. Dazu gehören verfassungsfeindliche Propaganda (§ 86 StGB), Volksverhetzung und Verharmlosung des Nationalsozialismus (§ 130 StGB), Anleitung zu schweren Straftaten (§ 130a StGB), Gewalt- und Tierpornografie (§ 184a StGB) sowie Kinderpornografie (§ 184b StGB). Wer solche Inhalte herstellt oder verbreitet, gleich in welchem Medium, macht sich strafbar. Nur für Volljährige zugänglich gemacht und nicht beworben werden dürfen Pornografie (§ 184 StGB) und extrem gewaltverherrlichende und die Menschenwürde verletzende Darstellungen (§ 131 StGB). So ist das eingangs genannte Beispiel des »Happy Slapping« nicht nur vorsätzliche Körperverletzung, sondern meist auch eine Straftat nach § 131 StGB.

2.4.3 Die Regelungen des Jugendschutzes

Neben Totalverboten für bestimmte Inhalte nach den Regelungen des Strafgesetzbuches sind die Eingriffsmöglichkeiten im Bereich des Jugendschutzes in Deutschland sehr umfassend. Hier geht es in erster Linie nicht um das Totalverbot von Angeboten, sondern um die Einschränkung des Zugangs zu Inhalten, für die eine bestimmte Reife der Konsumenten als notwendig erachtet wird. Das heißt, Kinder und Jugendliche dürfen je nach Alter (und damit vorausgesetzter persönlicher Reife) nicht auf bestimmte Medieninhalte zugreifen. Je jünger der Konsument, desto höher die Schutzwürdigkeit. Die Alterseinstufungen in Deutschland sind wie folgt gestaffelt: »freigegeben ohne Altersbeschränkung« (entspricht »frei ab 0 Jahren«), »freigegeben ab 6 Jahren«, »freigegeben ab 12 Jahren«, »freigegeben ab 16 Jahren«, »keine Jugendfreigabe« (entspricht »frei ab 18 Jahren«). So ist es im Jugendschutzgesetz (§ 14) geregelt. Der Jugendmedienschutz-Staatsvertrag (JMStV) übernimmt diese Alterseinstufungen für Inhalte in Rundfunk und Telemedien (§ 12 JMStV).

Die Alterseinstufungen für einzelne Medien werden von staatlich anerkannten Organen der Selbstkontrolle vorgenommen: Für Filme ist das die Freiwillige Selbstkontrolle der Filmwirtschaft (FSK), für Computer- und Konsolenspiele die Unterhaltungssoftware Selbstkont-

rolle (USK). Im Rundfunk sind die Kontrollinstanzen aufgrund der föderalen Zuständigkeiten vielfältiger: Für den privaten Rundfunk sind in Jugendschutzfragen sowohl die Kommission für Jugendmedienschutz (KJM) als auch die Freiwillige Selbstkontrolle Fernsehen (FSF) verantwortlich. Die öffentlich-rechtlichen Sender sind aufgrund der ihnen verfassungsrechtlich zustehenden Selbstverwaltung selbst für die Einhaltung des Jugendschutzes verantwortlich. Der Jugendschutz im Internet obliegt gleich drei Institutionen: der KJM, dem Portal jugendschutz.net sowie der Freiwilligen Selbstkontrolle Multimedia-Diensteanbieter (FSM). Hinzu kommt die Bundesprüfstelle für jugendgefährdende Medien (BPjM), die eine Sonderstellung im gesamten Jugendschutz einnimmt, da sie Medien aller Art, seien es Schriften, Musikstücke, Onlineseiten usw. bei schwerer Jugendgefährdung indizieren und damit für Minderjährige unzugänglich machen kann.

Trotz der Erkenntnis, dass der Jugendmedienschutz in Deutschland im Grundsatz funktioniert – das wurde zuletzt erst wieder durch die Evaluation des Hans-Bredow-Instituts (2007) belegt –, bedarf es einer Weiterentwicklung der Instrumente und an manchen Stellen auch einer deutlichen Neuausrichtung. Die Medienlandschaft entwickelt sich permanent weiter, bringt neue Medienformen hervor und damit auch neue Medienprobleme mit sich. Daran muss auch das Instrumentarium angepasst werden.

2.5 Notwendige Interventionen: Was der Gesetzgeber leisten kann und muss

An oberster Stelle muss sichergestellt sein, dass Minderjährige keine Medieninhalte konsumieren, die nicht altersgerecht sind. Beispielsweise darf ein 14-Jähriger im Laden kein Computerspiel kaufen können, das erst ab 16 oder 18 Jahren freigegeben ist. Für das Internet heißt dies, dass Altersverifikationssysteme sicherstellen müssen, dass Minderjährige keine für sie verbotenen Inhalte aufrufen können.

Gesetzlich ist dies schon längst geregelt. Sowohl Jugendschutzgesetz und Jugendmedienschutz-Staatsvertrag als auch Strafgesetzbuch legen fest, welche Inhalte für wen zugänglich sein dürfen oder nicht. Zur besseren Durchsetzung können sich aber weitere gesetzliche Regelungen und Maßnahmen finden lassen, z. B. empfindliche Strafzahlungen bei Verstößen oder der Einsatz von ausgewählten geeigneten und geschulten jugendlichen Testkäufern. Klar muss sein: Ein Verstoß gegen den Jugendschutz ist kein Bagatelldelikt. Wer einem Minderjährigen beispielsweise hochprozentigen Alkohol oder äußerst gewalthaltige Computerspiele zugänglich macht, trägt zu einer möglichen Beeinträchtigung der noch nicht ausgereiften kindlichen oder jugendlichen Persönlichkeit bei. Die jugendliche Psyche hat der Staat zu schützen.

2.5.1 Problem Föderalismus

Ein Problem bei der Durchsetzung des Jugendmedienschutzes sind die oft undurchschaubaren Zuständigkeiten. Hier sind klarere Regelungen der Kompetenzen notwendig. Besonders bei der Regulierung von Internetangeboten werden Doppelzuständigkeiten und unklare Verantwortungen deutlich: Hier haben sowohl die Kommission für Jugendmedienschutz (KJM) als auch jugendschutz.net sowie die Freiwillige Selbstkontrolle Multimedia-Diensteanbieter (FSM), in besonderen Fällen auch noch die Bundesprüfstelle für jugendgefährdende Medien (BPjM) mitzureden. Diese Vielzahl hemmt die Handlungsfähigkeit.

Andererseits zeigt die Vielzahl der mit dem Jugendmedienschutz beauftragten Institutionen, dass das Thema in Deutschland – gerade im Vergleich zu anderen Staaten – einen ganz besonderen Stellenwert einnimmt. Gesetzliche Regelungen sind en masse vorhanden. Nur die Effizienz leidet unter der Vielzahl der Institutionen. Daher sollte es nicht um eine weitere Verschärfung der ohnehin schon strengen Gesetze gehen. Entscheidend ist vielmehr, den Zuständigkeitswirrwarr zu lichten und die bestehenden Regelungen konsequent umzusetzen.

2.5.2 Problem Internet

Eine besondere Herausforderung beim Jugendmedienschutz bleibt das Internet. Hier sind Verbote so gut wie wirkungslos. Was in Deutschland nicht zugelassen ist, kann an anderer Stelle problemlos aus dem Netz geladen werden. Hinzu kommt: Die zunehmende Medienkonvergenz wird künftig z. B. Fernsehen und Internet in wesentlichen Teilen verschmelzen lassen. Inhalte wie Nachrichten oder Filme können schon heute zeitsouverän als Video-on-demand-Angebote über das Internet abgerufen werden – jederzeit und weltweit. Das untergräbt beispielsweise die derzeit für das Fernsehen geltenden Regelungen, die für bestimmte Alterseinstufungen entsprechende Sendezeiten vorgeben. So dürfen z. B. in Deutschland Filme, die ab 16 Jahren freigegeben sind, erst ab 22 Uhr gesendet werden. Im globalen Internet funktioniert eine solche Zeitregelung nicht mehr.

Will man aber die an sich sinnvolle Altersstaffelung auch im Netz anwenden, bedarf es neuer Herangehensweisen. Das Internet ist ein »zeitloser« Raum, die Zugänge können nicht mehr über die Uhrzeit reguliert werden. Nötig sind deshalb wirkungsvolle Mechanismen zur Überprüfung des Alters der Konsumenten.

2.5.3 Problem Medienkonvergenz bei Computerspielen

Die Problematik der Medienkonvergenz zeigt sich insbesondere auch im Bereich der Computerspiele. Immer weniger Spiele liegen auf Datenträgern vor. Für die Unterhaltungssoftware Selbstkontrolle (USK), die für die Alterseinstufung zuständig ist, fallen damit immer mehr Spiele aus der Prüfung. Denn bisher ist das Prüfrecht an das Vorhandensein eines Trägermediums gebunden.

Mit der wachsenden Migration zahlreicher Medieninhalte von Datenträgern ins Internet fallen hingegen Prüf- und damit Reglementierungsmöglichkeiten weg. Dieses Problem wird sich zukünftig deutlich verschärfen, da die Übertragungsbandbreiten im Internet stetig wachsen und bald um ein Vielfaches höher liegen werden als heute. Damit ist jetzt schon abzusehen, dass Datenträger in ihrer Bedeutung abnehmen werden und der reine Onlinezugriff auf Daten massiv zunehmen wird. Eine Orientierung der Regelungsmechanismen an Datenträgern ist daher für die Zukunft unhaltbar. Es müssen dringend Regelungen gefunden werden, auch nur online vorliegende Spiele einer wirksamen Alterseinstufung zu unterziehen. Die Schaffung einer »USK Online« ist hier ein denkbarer Weg.

2.5.4 Problem Altersstufen

Auf den Prüfstand gehören die derzeitigen Altersstufen bei der Freigabe von Medieninhalten. Die Staffelung ist, auch hierauf weist das Hans-Bredow-Institut 2007 in seiner Evaluation des Jugendmedienschutzes hin, zu grob und wird den unterschiedlichen Reifegraden von Kindern und Jugendlichen kaum mehr gerecht. Dabei liegt eigentlich auf der Hand, dass z. B. ein 11-Jähriger einen anderen Entwicklungsstand als ein 6-Jähriger hat. Dennoch dürfen beide nur Medien mit der gleichen Altersfreigabe konsumieren. Klar ist aber, dass Grenzziehungen immer zu einem gewissen Grad willkürlich sein werden. Nichtsdestotrotz ist es angebracht, hier differenziertere Altersstaffelungen vorzunehmen.

2.5.5 Problem Altersverifikation im Internet

Wer gesetzlich vorschreibt, dass bestimmte Produkte und Medieninhalte nur für Erwachsene zugänglich sein dürfen, muss diese Gesetze auch sinnvoll durchsetzen. Es gibt keinen Grund, warum gefährdende Inhalte im Internet leichter zugänglich sein sollen als im Laden.

Genauso selbstverständlich sollte dies mit verlässlichen, aufeinander abgestimmten Kontrollsystemen passieren. Das alleinige Abfragen des Alters beim Besuch einer Internetseite, wie dies gerade bei ausländischen pornografischen Angeboten der Fall ist, reicht nicht. Denn mit einem Mausklick erhält hier jedermann Zugang zu Inhalten, die nur Volljährigen vorbehalten sind. Die Eingabe einer Personalausweisnummer ist nicht ausreichend, weil Kinder den Ausweis einfach von ihren Eltern »borgen« könnten. Ein ernstzunehmendes Altersverifikationssystem sieht anders aus.

Deutsche Gerichte und jugendschutz.net stellen an Anbieter jugendschutzrelevanter Inhalte im Netz allerdings sehr strenge Anforderungen, wenn es um die Altersverifikation geht. Der Anbieter muss eine »verlässliche Volljährigkeitsprüfung durch persönlichen Kontakt und eine sichere Authentifizierung bei jedem Nutzungsvorgang gewährleisten«, so jugendschutz.net. Das ist z. B. möglich über das sogenannte Post-Ident-Verfahren, bei dem der Nutzer seine Identität (und damit sein Alter) via Ausweis über den Postweg nachweisen muss.

Diese Verpflichtungen der Anbieter sind derzeit aber eher ein löchriges Feigenblatt als ein wirksamer Schutz. Seiten mit pornografischen Inhalten z. B. sind derzeit im weltweiten Netz frei und sogar kostenlos zugänglich – für jedermann. Wer nur entschlossen genug sucht, wird auch Darstellungen schwerer Gewalt ohne große Mühen finden. Der deutsche Jugendschutz ist hier bislang fast völlig machtlos, weil in anderen – insbesondere auch europäischen Ländern – Jugendschutzgesetze und ihre Durchsetzung viel liberaler gehandhabt werden, wenn sie denn überhaupt existieren.

Die Folge ist: Nationale Maßnahmen wie das Post-Ident-Verfahren treiben zwar inländische Firmen ins liberalere europäische Ausland, hindern junge Menschen in Deutschland aber nicht im Geringsten am Zugang zu jugendgefährdenden und verbotenen Inhalten im weltweiten Netz. Im Gegenteil: Der deutsche Alleingang bei der Altersverifikation hat durch die Auswanderung etlicher deutscher Unternehmen (z. B. der Erotikbranche) nicht nur mehrere Hundert Arbeitsplätze gekostet, er hat zudem diese Unternehmen aus dem Geltungsbereich des deutschen Jugendmedienschutzes getrieben und damit dessen Ziele ad absurdum geführt. Die Produkte vieler dieser Firmen sind heute über das Internet leichter für Kinder und Jugendliche zugänglich als vor der Einführung der strengen Altersverifikation in Deutschland.

Bei der Schaffung des offenen europäischen Binnenmarktes wurde in Sachen Jugendschutz nachlässig vorgegangen. Hätte man sich frühzeitig auf europäischer Ebene auf gemeinsame Regeln zum Jugendmedienschutz und zu seiner Durchsetzung geeinigt und hätte Deutschland seine Alleingänge unterlassen, könnte man Kinder und Jugendliche heute sehr viel effektiver vor ungeeigneten Inhalten im Internet schützen.

So dringend und wichtig diese Einigung in der EU wäre, sie reicht natürlich nicht aus. Kinder werden im weltweiten Netz nur durch weltweite Regeln geschützt werden können. Diese Regeln zu schaffen und weltweit auch durchzusetzen ist eine Herkulesaufgabe, die dennoch oder gerade deswegen schleunigst angegangen werden muss.

2.6 Fazit: Was getan werden kann – was getan werden muss

2.6.1 Internationales Recht für das Internet

Da das Internet kein rechtsfreier Raum ist und Interessengruppen und Staaten permanente Rechtsverletzungen auf Dauer nicht hinnehmen werden, wird es hier im Kern auf die Schaffung multinationaler Vereinbarungen ankommen. Wie auch das Urheberrecht über internationale Abkommen weltweit geregelt wird, muss es auch für andere Rechtsbereiche wie z. B. den Jugendmedienschutz internationale Vereinbarungen geben. Dass dies nicht kurzfristig global durchsetzbar ist, liegt an kulturell bedingt sehr unterschiedlichen Auffassungen darüber, vor welchen Inhalten Kinder und Jugendliche geschützt werden müssen und vor welchen nicht.

Die Europäische Union, die viele Rechtsbereiche bereits vereinheitlicht hat, kann hier aber Vorreiter sein und zumindest im europäischen Rahmen für homogene Regelungen sorgen. Die EU-Richtlinie für audiovisuelle Mediendienste, die Rundfunk und Internetdienste europaweit reguliert, enthält schon jetzt einige einheitliche Vorgaben zum Jugendschutz für alle Mitgliedstaaten der EU.

2.6.2 Auch Inhalteanbieter und Plattformbetreiber stehen in der Pflicht

Klar sollte auch sein, dass gerade Inhalteanbieter und Plattformbetreiber selbst eine gesellschaftliche Verantwortung tragen. Medien sind nun einmal keine Ware wie jede andere. So hat das Bundesverfassungsgericht beispielsweise dem Fernsehen aufgrund seiner Suggestivkraft, seiner Kraft der Bilder, eine besondere Rolle zugewiesen – und damit eine besondere Verantwortung auferlegt. Inhalteanbieter und Plattformbetreiber sind daher aufgerufen, auch selbst alles ihnen Mögliche zur Einhaltung von Jugendschutzbestimmungen zu unternehmen.

Wer beispielsweise eine Plattform auf Basis von »user generated content« bereitstellt, ist auch gehalten, größtmögliche Sicherheit der eingestellten Inhalte zu garantieren. Das kann zwar nicht heißen, dass die Plattformbetreiber jeden einzelnen Inhalt einer manuellen Prüfung unterziehen müssen. Es kann aber durchaus heißen, alle technischen Möglichkeiten zum Schutz vor unerwünschten Inhalten auszuschöpfen. Darüber hinaus, und so schreibt es ja auch die aktuelle Rechtsprechung fest, sind Betreiber von Plattformen, Foren oder Suchmaschinen dazu verpflichtet, jugendgefährdende oder illegale Inhalte zu entfernen, sobald sie davon Kenntnis erlangen. Die sogenannte Selbstreinigung im Netz, d. h., dass User den Plattformbetreiber auf kritische Inhalte hinweisen, wenn sie sie selbst entdecken, kann durchaus funktionieren, darf aber nicht einziger Pfeiler im Kampf gegen Rechtsverletzungen sein.

2.6.3 Was der Einzelne tun kann: technische Schutzmaßnahmen

Ein wichtiger Beitrag, um den Zugriff auf unerwünschte Inhalte zu kontrollieren oder gar auszuschließen, sind Filtersysteme. Interessant ist dieses Angebot vor allem für Eltern, die den Internetkonsum ihrer Kinder regulieren wollen. Zwar bieten auch solche Dienste keinen hundertprozentigen Schutz, dennoch lässt sich so das Gros unerwünschter Inhalte herausfiltern.

Viele Softwarehersteller ermöglichen schon heute Jugendschutzeinstellungen in der Betriebssoftware. So können Eltern bei Handys, Spielkonsolen oder Betriebssystemen von Computern individuelle Jugendschutzeinstellungen vornehmen, im Falle von Konsolenspielen z. B. festlegen, bis zu welcher Altersfreigabe Spiele überhaupt spielbar sind.

2.6.4 Gute Inhalte fördern

Über die Förderung »guter« Inhalte kann aber auch der Staat aktiv dazu beitragen, die Medienlandschaft ein Stück weit freundlicher zu gestalten, und zugleich Navigationshilfe leisten. Gerade weil Medien keine Ware wie jede andere sind, finden bestimmte Inhalte aufgrund ihrer kaum vorhandenen »Marktfähigkeit« wenig bis gar keine Verbreitung. So sind z. B. wertvolle Angebote für Kinder im Internet rar, weil Kinder schlichtweg keine kaufkräftige Zielgruppe darstellen. Dies ist zwar auch gut so, denn gerade sie sollen nicht mit kommerziellen Angeboten überflutet werden. Die Politik kann und sollte aber die Rahmenbedingungen dafür schaffen, dass eben auch nicht marktgängige, aber »wertvolle« Inhalte ihren etablierten Platz in der Medienlandschaft finden.

Bestes Beispiel ist die Computerspielbranche. Trotz enormer Umsätze und rasanter Wachstumsraten fehlt es an qualifiziertem Nachwuchs und hochwertigen Inhalten. Es muss Aufgabe des Staates sein, vor allem den kleinen Spieleentwicklern unter die Arme zu greifen, damit deren kreative Inhalte Verbreitung finden. Denn hier entstehen die innovativen Ideen, die sich aber aufgrund der enormen Kosten, die die Entwicklung eines Prototyps verschlingen kann, am Markt oft ohne Hilfe nicht durchsetzen können. Beim Film macht der Bund ja schon lange vor, wie das gehen kann.

2.6.5 Medienkompetenz ausbauen: Verstehen statt Verbieten

Am Ende bleibt einer der wichtigsten Aspekte im Umgang mit Medien und Medieninhalten: die Medienkompetenz. Ihre Vermittlung ist und bleibt eine zentrale Aufgabe in unserer Gesellschaft. Gerade vor dem Hintergrund zunehmender Medienvielfalt, d. h. insbesondere immer neuer Verbreitungswege, aber auch neuer Mediengattungen, können gesetzliche Regelungen den kritischen und selbstbestimmten Umgang mit Medien nicht ersetzen. Ein solches Vorgehen wäre von Anfang an zum Scheitern verurteilt, weil es der Realität nicht gerecht wird. Das Internet ist das beste Beispiel dafür, dass jedes noch so strenge Gesetz relativ einfach umgangen werden kann. Was heute in Deutschland verboten ist, ist es in anderen Ländern noch lange nicht und lässt sich in den meisten Fällen ohne allzu großen Aufwand über ausländische Webseiten aufrufen und herunterladen. Ausländische Webseitenbetreiber sind schlichtweg nicht an deutsche Gesetze gebunden – umgekehrt gilt das natürlich genauso.

Es ist daher überaus wichtig, dass die Nutzer selbst in der Lage sind – und in die Lage versetzt werden –, sich im »Mediendschungel« zurechtzufinden. Das beinhaltet auch, Medien bewusst abschalten zu können, d. h., entscheiden zu können, welcher Medienkonsum notwendig ist und welcher nicht. Medienkompetenz braucht im Übrigen nicht nur die medienaffine junge Generation, die per se mehr Zeit mit Neuen Medien wie dem Internet verbringt, sondern brauchen auch und gerade die Älteren unter uns. Eltern tragen die Verantwortung für die Erziehung ihrer Kinder. Dazu gehört auch der richtige Umgang mit Medien, denen man sich nicht entziehen kann und die in der heutigen Wissensgesellschaft unverzichtbar geworden sind. Doch wer den Umgang mit Medien vermitteln will, muss selbst entsprechende Kenntnisse mitbringen, die man sich wiederum angeeignet haben muss.

Die Vermittlung von Medienkompetenz ist eine gesamtgesellschaftliche Aufgabe. Hier stehen neben den Eltern auch die Bildungseinrichtungen wie Kindergärten, Schulen, Hochschulen usw., die Jugendeinrichtungen sowie die Arbeitgeber in der Pflicht. Die Politik muss hierfür die entsprechenden Rahmenbedingungen schaffen. Die Lehrpläne für Bildungsinstitutionen müssen auch den Umgang mit Medien enthalten. Arbeitgeber müssen ihren Arbeitnehmern die Vermittlung von Medienkompetenz im Rahmen von Weiterbildungen ermöglichen.

Darüber hinaus muss der medienpädagogischen Arbeit deutlich mehr Vertrauen geschenkt werden. Wer kritisch mit Medieninhalten umgehen soll, dem muss auch zugestanden werden, umstrittene Inhalte zu Gesicht zu bekommen. Unter pädagogischer Anleitung kann es durchaus sinnvoll sein, Internetauftritte z. B. von Neonazis auch in der Schule genauer unter die Lupe zu nehmen, um sich ernsthaft mit solchen Problematiken auseinandersetzen zu können.

Letztlich kann die Politik selbst Medienkompetenz fördern, denn der Bundestag entscheidet über nicht unerhebliche Summen, die beispielsweise in Projekte zur Medienkompetenzförderung fließen. So erhalten diverse medienpädagogische Internetangebote finanzielle Unterstützung – z. B. die Suchmaschine für Kinder www.blindekuh.de. Darüber hinaus betreibt auch der Bundestag selbst einen auf Kinder zugeschnittenen Internetauftritt unter www.kuppelkucker.de. Dieses Angebot ist nicht nur ein gutes Beispiel einer praktischen Vermittlung von Medienkompetenz, sondern auch eine sinnvolle Möglichkeit für Kinder und Jugendliche, mit der Welt der Politik in Kontakt zu kommen.

Weiterführende Literatur

Computerspiele: Was wird hier gespielt? Dokumentation des Fachgesprächs der Bundestagsfraktion Bündnis 90/Die Grünen vom 27.11.2006.

Entschließungsantrag der Bundestagsfraktion Bündnis 90/Die Grünen zum Entwurf eines Ersten Gesetzes zur Änderung des Jugendschutzgesetzes vom 07.05.2008. Bundestags-Drucksache 16/9118.

Gefangen im Netz: Wo beginnt die Sucht? Dokumentation des Fachgesprächs der Bundestagsfraktion Bündnis 90/Die Grünen vom 21.05.2007.

Hans-Bredow-Institut (Hrsg.). (2007). Analyse des Jugendmediendienstschutzsystems. Jugendschutzgesetz und Jugendmediendienstschutz-Staatsvertrag. Endbericht, Oktober 2007. Hamburg: Hans-Bredow-Institut für Medienforschung an der Universität Hamburg.

Hochwertige Computerspiele fördern und bewahren. Antrag der Bundestagsfraktion Bündnis 90/Die Grünen vom 27.11.2007. Bundestags-Drucksache 16/7282.

Medienabhängigkeit bekämpfen – Medienkompetenz stärken. Antrag der Bundestagsfraktion Bündnis 90/Die Grünen vom 23.01.2008. Bundestags-Drucksache 16/7836.

3

Wissenschaftliche Welten: die Medienwirkungsforschung

Lothar Mikos

Flugblätter, Romane, Comics, Filme, Fernsehsendungen, Rocksongs, Videos, DVDs, Computerspiele und Internetseiten – all diese Medien werden gerne bezichtigt, mit ihren Gewaltdarstellungen für Gewalttaten in der sozialen Realität verantwortlich zu sein. Der berühmte »Werther-Effekt«, d. h. das Phänomen, dass einige Leser von Goethes Werk »Die Leiden des jungen Werthers« nach der Lektüre Selbstmord beginnen wie der Protagonist, markiert den Beginn der neuzeitlichen Diskussion über die möglichen negativen Wirkungen von Mediengewalt. Heftige Diskussionen lösten vor allem extreme Gewalttaten von Jugendlichen an Schulen aus, wie die Amokläufe im US-amerikanischen Littleton an der Columbine High School (1999) oder in Blacksburg an der Virginia Tech (2007) bzw. in den finnischen Orten Jokela (2007) und Kauhajoki (2008) und in Deutschland in Erfurt (2002) oder Emsdetten (2006). In diesem Zusammenhang werden gern die Medien unter einen Pauschalverdacht gestellt und als Sündenbock missbraucht, um von den sozialen Ursachen abzulenken, die in Elternhaus, Schule und Beruf sowie in der Bezugsgruppe der Gleichaltrigen und in gesetzlichen Regelungen in den jeweiligen Ländern liegen. Die öffentliche Medienschelte fällt in der Regel auch recht heftig aus. Der Soziologe Waldemar Vogelgesang sieht dahinter ein enges normatives Medienverständnis der Medienkritiker und weist der Kritik eine bestimmte Funktion zu, denn die erbitterten Reaktionen der Medienkritiker »auf den jugendlichen Gewaltkonsum erinnern bisweilen an Kassandrarufe, deren Lautstärke, so legt die Vorurteilsforschung nahe, die eigenen Ängste und Inkompetenzen im Umgang mit bestimmten medialen Formen der Gewaltdarstellung und medienvermittelten Jugendkulturen offensichtlich überdecken sollen« (Vogelgesang, 2005). Diese aufgeregten öffentlichen Diskussionen dienen eher einer Skandalisierung von Gewalt in den Medien denn einer sachlichen Diskussion über die Ursachen von Jugendgewalt und der Bedeutung von Medien und medialen Gewaltdarstellungen im Alltag von Kindern und Jugendlichen.

Die Rolle von Gewaltdarstellungen in den Medien bezüglich der Entstehung von Jugendgewalt ist umstritten. Während in der Medien- und Kommunikationswissenschaft und der Sozialpsychologie zahlreiche Wirkungsthesen diskutiert werden, spielen Medien in soziologischen Abhandlungen und Untersuchungen zur Gewalt allgemein sowie zur Gewalt bei Jugendlichen kaum eine Rolle. Dies ist besonders vor dem Hintergrund bemerkenswert, dass Gewaltdarstellungen in den Medien im jugendlichen Medienkonsum eine nicht unwesentliche Rolle spielen. Diese Diskrepanz mag daher rühren, dass die Bedeutung der Medi-

en vor allem von denjenigen, die sich wissenschaftlich mit Medien befassen oder als Journalisten in ihnen arbeiten, gerne überschätzt wird. Sicher sind Medien heute ein wesentlicher Bestandteil unseres Alltags, aus dem sie nicht mehr wegzudenken sind. Aber unser Leben gestaltet sich im Wesentlichen über die sozialen Beziehungen, die wir eingehen. Das gilt bereits für das Aufwachsen bzw. die Sozialisation, wie es in der Erziehungswissenschaft und der Soziologie heißt. Neben dem Elternhaus, dem Kindergarten bzw. später der Schule, dem Beruf (bei Jugendlichen) und der Gruppe der Gleichaltrigen, der sogenannten Peergroup, gelten die Medien lediglich als eine von mehreren Sozialisationsinstanzen. Für ein gelingendes Aufwachsen ist ein ausgewogenes Verhältnis zwischen den Rollen von Elternhaus, Schule, Beruf, Gleichaltrigen und Medien wichtig – und dieses Verhältnis lässt sich anhand der Taten von Amokläufern wie in Erfurt oder Emsdetten auch in seiner Unausgewogenheit untersuchen.

> **Amokläufer** an Schulen, wissenschaftlich: »School Shooter«, sind Jugendliche, die über lange Zeit intensive Gewaltphantasien entwickeln und schließlich in die Realität umsetzen. Sie haben Probleme, Anerkennung zu erlangen, und zeigen häufig eine depressive Symptomatik. »Meist handelt es sich um Einzelgänger, die ihre Taten lange im Vorfeld planen, dabei offen oder verdeckt Warnhinweise verlauten lassen und kurz vor ihrer Tatumsetzung Schädigungen ihrer sozialen Beziehungen erleiden, die sie als sehr schwerwiegend wahrnehmen« (Robertz & Wickenhäuser, 2007). Zur Ausdifferenzierung ihrer Gewaltphantasien setzen sich diese Jugendlichen intensiv mit gewalthaltigen Medieninhalten auseinander. Diese Beschäftigung mit gewalthaltigen Medien sorgt in der öffentlichen Diskussion allzu oft für eine verkürzte Kausalitätsdiskussion, die sich auf die Medienwirkung konzentriert.

Im Folgenden werden zunächst die häufig diskutierten Wirkungstheorien dargestellt, bevor der Gewaltbegriff genauer dargelegt wird. Weiterhin werden einige Differenzierungen vorgenommen, die sich auf die Unterscheidung von realer und medialer Gewalt beziehen, ebenso wie auf die Unterscheidung von verschiedenen Gewaltformen und -mitteln, auf verschiedene kommunikative Formen der Aneignung, auf die soziale Einbettung von medialer Gewalt und auf die verschiedenen Diskurse über mediale Gewalt. Erst danach wird eine abschließende Einschätzung des komplexen Verhältnisses von medialen Gewaltdarstellungen und sozialem Handeln vorgenommen.

3.1 Wirkungstheorien medialer Gewalt

In der wissenschaftlichen Literatur lassen sich 14 Thesen zur möglichen Wirkung von Mediengewalt unterscheiden:

- Wirkungslosigkeit,
- Katharsis und Inhibition,
- Suggestion,
- Habitualisierung,
- Kultivierung,
- Angstauslösung,
- Lerntheorie,
- Rechtfertigung von Verbrechen,
- Excitation Transfer,
- Stimulation,
- Priming-Konzept,
- Skript-Theorie,
- General Aggression Model,
- kognitiv-psychologischer Ansatz.

Nachfolgend werden die einzelnen Thesen kurz dargestellt und erläutert. Für eine ausführliche Darstellung sei die Lektüre der entsprechenden Kapitel bei Kunczik und Zipfel (2006) empfohlen.

Die These von der *Wirkungslosigkeit* medialer Gewalt besagt, dass Gewaltdarstellungen in den Medien für Gewalt in der sozialen Realität bedeutungslos seien, da »bezüglich der Angemessenheit gewalttätigen Verhaltens in der Gesellschaft relativ klare normative Vorstellungen herrschten« (Kunczik & Zipfel, 2006). Allerdings bezieht sich die These lediglich auf sozial integrierte Menschen. Einzelfälle, in denen mediale Gewalt zu kurzfristigen Effekten geführt hat, werden eingeräumt. Die empirischen Belege für diese These werden von Kunczik und Zipfel jedoch als relativ dürftig bewertet.

Die *Katharsisthese* besagt, dass mediale Gewaltdarstellungen zu einer Verminderung der Aggression bei den Rezipienten beitragen. Die *Inhibitionsthese* geht davon aus, dass es durch mediale Gewalt zu einer Hemmung von aggressiven Tendenzen bei den Rezipienten kommt. Die empirischen Belege für diese Thesen werden als nicht unumstritten eingeschätzt, auch weil der Katharsisbegriff sehr unterschiedlich verwendet wird.

Die *Suggestionsthese* geht davon aus, dass es zu Nachahmungstaten von in den Medien dargestellten Selbstmorden, fremdenfeindlichen Straftaten, Massenmorden und Amokläufen kommt. In empirischen Studien lassen sich unter bestimmten Bedingungen ent-

sprechende Effekte aufzeigen. Es besteht also durchaus die Möglichkeit, dass Nachahmungstaten folgen. Allerdings bleibt unklar, aufgrund welchen Aspekts der Berichterstattung in den Medien und aufgrund welcher Rahmenbedingungen bei den Rezipienten es zu solchen Wirkungen kommen kann.

Nach der *Habitualisierungsthese* führt das Anschauen von Gewaltdarstellungen in den Medien zu einer Gewöhnung, die mit einer Abstumpfung gegenüber medialer und realer Gewalt einhergeht. Laut Kunczik und Zipfel (2006) liegen aber kaum sichere empirische Belege für diese These vor. Die beiden Wissenschaftler konstatieren einen großen Forschungsbedarf. Studien, die sich mit dem Gewaltkonsum von jugendlichen Fans befassen, legen eher den Schluss nahe, dass es aufgrund des häufigen Konsums zu einem ausgebildeten Wissen um mediale Gewaltdarstellungen kommt, sodass ein einzelner in den Medien dargestellter Gewaltakt nicht mehr so erregend ist. Die vermeintliche Abstumpfung entpuppt sich dann als kompetenter Umgang der Rezipienten mit medialen Gewaltdarstellungen.

Die *Kultivierungsthese* geht zunächst einmal ganz allgemein davon aus, dass Fernsehen ein relativ kohärentes Weltbild vermittle und Menschen, die viel fernsehen, dazu tendierten, dieses Weltbild zu übernehmen. In Bezug auf Gewaltdarstellungen wurde festgestellt, dass die sogenannten Vielseher die Welt als viel gewalttätiger einschätzen, als sie tatsächlich ist. Vielseher übernehmen daher das verzerrte Weltbild des Fernsehens. Weil sie die Gesellschaft für gewalttätig halten, sind sie auch ängstlicher als Menschen, die nur wenig fernsehen. Neben verschiedener methodischer Kritik an den Studien zur Kultivierungsthese gab es insbesondere Kritik an der einseitigen Kausalität. Danach könnte es sein, dass ängstliche Menschen eher zu Hause bleiben und deshalb mehr fernsehen. Zweifelsohne kommt es zu Kultivierungseffekten durch das Fernsehen (nicht nur in Bezug auf Gewalt, sondern auch in Bezug auf Emotionen, Geschlechterrollen, Familie, Politik etc.), doch kann nicht »von einer einfachen Übertragung der Fernsehrealität auf die Wirklichkeit« ausgegangen werden, so Kunczik und Zipfel (2006). Die Untersuchung von Kultivierungseffekten des Fernsehens ist daher ein bedeutender Zweig der Kommunikationswissenschaft geworden.

Die These von der *Angstauslösung* besagt, dass mediale Gewaltdarstellungen insbesondere bei Kindern Angst auslösen können. In verschiedenen Studien konnte gezeigt werden, dass vor allem realistische Darstellungen diesen Effekt hervorrufen. Allerdings gibt es alters- und geschlechtsspezifische Unterschiede. Mädchen tendieren mehr zu Angst als Jungen. In den verschiedenen Altersstufen werden die Kinder durch unterschiedliche Arten von medialen Gewaltdarstellungen geängstigt. Mit der Angst geht oft Empathie mit den Opfern einher. Das führt nach Ansicht verschiedener Wissenschaftler dazu, dass die Entstehung von Aggression gehemmt wird. Generell muss mit Kunczik und Zipfel (2006) festgehalten werden, dass Gewaltszenen nicht einfach mit Angstauslösung gleichgesetzt werden können, denn neben Alter und Geschlecht beeinflussen auch individuelle Eigenschaften und Erfahrungen der Zuschauer die Entstehung von Angst – bei der Film- und Fernsehrezeption ebenso wie bei der Lektüre von Büchern und dem Hören von Musik.

Die *Lerntheorie* geht vereinfacht davon aus, dass Menschen aus der Beobachtung von anderen Menschen in der Realität oder in den Medien Handlungsmuster lernen, die sie bei Bedarf anwenden. Das gilt auch für gewalttätiges Handeln. Zuschauer lernen also bei medialen Gewaltdarstellungen, wie man Gewalt anwendet. Kommen sie in der sozialen Realität in eine entsprechende Lage, werden sie diese gelernten Gewalthandlungsmuster anwenden. Ob es tatsächlich zu solchen Lerneffekten bei der Gewaltdarstellung in den Medien kommt, hängt aber auch von der Qualität der Gewaltdarstellung, den Persönlichkeitsmerkmalen und den situativen Bedingungen ab. Zudem muss bedacht werden, dass Medien nur einer von vielen Faktoren sind, die das Handeln von Menschen beeinflussen können. Die Ergebnisse verschiedener Studien deuten zumindest darauf hin, dass das Fernsehen einen Einfluss auf spätere Aggressivität von Rezipienten haben kann. Aber auch hier bleibt offen, ob Menschen, die viel Gewalt im Fernsehen verfolgen, deshalb aggressiv werden, oder ob aggressive Menschen sich verstärkt medialen Gewaltdarstellungen zuwenden.

Menschen können die Rezeption von Gewaltdarstellungen in den Medien auch zur *Rechtfertigung* von Verbrechen heranziehen. Damit wird die Verantwortung für das eigene Handeln abgegeben. Gewalttäter können sich so als Opfer von medialen Gewaltdarstellungen inszenieren – und stoßen dabei paradoxerweise wiederum besonders bei den Medien auf Gehör. Das führt zu einem Dilemma: Je mehr in der Öffentlichkeit auf den (vermeintlich) großen Einfluss medialer Gewaltdarstellungen auf Gewalttaten in der Realität hingewiesen wird, umso öfter können sich Täter darauf berufen. Kunczik und Zipfel stellen dazu fest: »Auf der einen Seite ist die Schaffung eines öffentlichen Bewusstseins für die Problematik der Mediengewalt erwünscht; auf der anderen Seite aber kann die Betonung der großen Gefahr von Mediengewalt offenbar auch gewaltsteigernd wirken« (2006).

Die *Excitation-Transfer-Theorie* geht generell davon aus, dass die Rezeption von Medien zu einer emotionalen Erregung der Zuschauer, Zuhörer oder Leser führen kann. Mediale Gewaltdarstellungen führen zu emotionaler Erregung, die wiederum dann kurzfristig zur Steigerung der Aggressivität beitragen kann. Empirische Studien konnten zeigen, dass die Zuschauer besonders nach dem Anschauen von erotischen Filmen, aber auch nach gewalthaltigen Filmen aggressiv wurden. Einige Studien ergaben aber auch einen umgekehrten Effekt: Das Ansehen eines gewalthaltigen Films führte zu einem hilfsbereiten Verhalten der Probanden. Eine emotionale Erregung durch den Konsum von Medien muss daher nicht zwangsläufig zu aggressivem Handeln führen.

Nach der *Stimulationsthese* führt eine allgemeine Frustration (▶ Kasten), die auch durch Medienkonsum ausgelöst werden kann, zu aggressivem Handeln. Experimentelle Studien kamen zu dem Ergebnis, »dass als gerechtfertigt präsentierte Gewalt in Verbindung mit emotionaler Erregung des Rezipienten im Labor die Wahrscheinlichkeit des Auftretens von Aggression erhöht – und zwar besonders dann, wenn beim Aggressionsopfer aggressionsbegünstigende Eigenschaften vorliegen« (Kunczik & Zipfel, 2006).

┌─ Infobox ─

Der umgangssprachliche Ausdruck »Frust«, der nahezu als Synonym für depressives Erleben steht, ist nicht mit dem hier gemeinten wissenschaftlichen Begriff der **Frustration** zu verwechseln. In der Psychologie steht der Begriff »Frustration« für Wunschversagungen. Wenn die Befriedigung von Verhaltensmotiven behindert wird, tritt durch die eigene Ohnmacht Enttäuschung ein. Durch dieses Erleben der Nichterfüllung eigener Erwartungen kann sich unter bestimmten Voraussetzungen Aggression entwickeln. Es sind jedoch auch andere Reaktionen auf Frustrationen möglich, wie etwa gesteigerte Anstrengungen zur Zielerreichung oder Sucht.

Beim *Priming-Konzept* wird davon ausgegangen, dass Kognitionen, Gefühle und Verhaltenstendenzen, die semantisch miteinander verbunden sind, im Gehirn durch neuronale Netze miteinander in Beziehung stehen. Sehen Menschen nun z. B. mediale Gewaltdarstellungen, können solche neuronalen Netze stimuliert werden, und die damit verbundenen Gedanken, Gefühle und Verhaltenstendenzen werden ebenfalls angeregt. Dadurch kann dann auch zumindest kurzfristig die Wahrscheinlichkeit von aggressivem Verhalten erhöht werden. In Experimenten konnten kurzzeitige Priming-Effekte durch Gewaltdarstellungen und durch die Darstellung von Waffen erhoben werden.

Die *Skript-Theorie* ist eng mit dem Priming-Konzept verbunden. Dabei wird davon ausgegangen, dass die Menschen in ihrem Gedächtnis sogenannte Skripts gespeichert haben, in denen typische Abläufe von Ereignissen (z. B. ein Restaurantbesuch oder die Fahrt zur Arbeitsstelle) abgespeichert sind, sodass diese Ereignisse dann mehr oder weniger automatisch ablaufen. In den Skripts können neben Ereignisabläufen aber auch typische Verhaltensweisen und Handlungen gespeichert sein. In Bezug auf Gewalt wird nun angenommen, »dass Kinder, die viel Gewalt ausgesetzt sind (in der Realität oder durch die Medien), Skripts entwickeln, die aggressives Verhalten als Problemlösungsstrategie vorsehen« (Kunczik & Zipfel, 2006). Mediale Gewaltdarstellungen können nun Skripts von Gewalthandlungen aktivieren. »Ob das in den Skripts nahegelegte Verhalten tatsächlich ausgeführt wird, hängt allerdings davon ab, als wie angemessen und Erfolg versprechend es jeweils angesehen wird bzw. inwieweit es den normativen Überzeugungen einer Person entspricht«, wie wiederum Kunczik und Zipfel feststellten. Ein eindeutiger empirischer Nachweis steht jedoch noch aus, auch wenn in einigen Studien Effekte gefunden wurden, die Annahmen der Skript-Theorie zu bestätigen scheinen.

Im *General Aggression Model* werden Elemente anderer Theorien bzw. Thesen wie die Lerntheorie, die Skript-Theorie, das Priming-Konzept und das Excitation-Transfer-Modell miteinander verbunden. Es wird davon ausgegangen, dass gewalttätiges Handeln auf dem Lernen, der Aktivierung und der Anwendung von Wissensstrukturen basiert, die sich auf Aggressionen beziehen. Ob es zur Ausübung von Gewalt kommt, hängt von der Person, der Situation, dem momentanen Zustand der Person und den Prozessen, die in der Situation ablaufen, ab. In Bezug auf Mediengewalt wird davon ausgegangen, dass sie die Aggressivität fördert. Kunczik und Zipfel (2006) stellen fest, dass das Modell »keinen wesentlichen Erkenntnisfortschritt gegenüber der Lerntheorie« bringe.

All diese Theorien und Konzepte beziehen sich in der Regel auf einzelne kurzfristige und/oder langfristige Effekte von medialen Gewaltdarstellungen. Wenn man jedoch davon ausgeht, dass der Zusammenhang zwischen Gewalt in den Medien und deren Auswirkungen auf die Zuschauer sehr komplex ist, dann bedarf es eines komplexeren Herangehens. Das liegt mit dem *kognitiv-physiologischen Ansatz* von Jürgen Grimm (1999) vor. Grimm versucht, die Motive der Mediennutzung und die Wirkungen von medialen Gewaltdarstellungen, die physiologische Erregung und die Kognitionen, die bei der Rezeption von Mediengewalt eine Rolle spielen, sowie die psychosozialen Wirkungen zueinander in Beziehung zu setzen. Außerdem plädiert er dafür, nicht allein die Täterperspektive in den Mittelpunkt von Untersuchungen zu stellen, sondern die Opferperspektive mehr zu betonen. Die vielfältigen Ergebnisse seiner Studien lassen sich so zusammenfassen, dass Mediengewalt verschiedene Wirkungen haben kann: »Von Gewaltrechtfertigung bis zur Gewaltablehnung, von der Angst bis zur unterhaltsamen Entspannung, von politischer Entfremdung bis zu gesteigertem Selbstbewusstsein« (Grimm, 1999). Generell stellt Grimm fest, dass es bei der Rezeption von Mediengewalt zu einer Art negativem Lernen kommt. Die Rezipienten stehen den Gewaltdarstellungen eher kritisch gegenüber, vor allem weil sie in der Rezeption nicht die Perspektive des Täters, sondern die des Opfers einnehmen. Dadurch kommt es seiner Ansicht nach eher zu einer Schwächung von aggressivem Handeln und nicht zu einer Stärkung. Außerdem kommen in seinen Ergebnissen zahlreiche Aspekte der zuvor behandelten Theorien und Ansätze vor, von der Katharsisthese bis hin zur Stimulation. Diese Theorien seien eher einseitig, weil sie sich auf einzelne, spezifische Wirkungen konzentrieren würden. Der kognitiv-physiologische Ansatz von Grimm stellt das bisher komplexeste Modell zur Untersuchung des Zusammenhangs von Mediengewalt und Gewalthandlungen in der sozialen Realität dar. Dabei zeigt sich, dass es zwar kurzfristig zu Effekten gesteigerter Aggressivität kommen kann, langfristig aber eher das negative Lernen überwiegt. Allerdings hängen die Auswirkungen von medialen Gewaltdarstellungen sowohl von den dramaturgischen Bedingungen ab – was auch auf die Rolle der Ästhetik von Gewalt hinweist – als auch von den Rezipienten und deren Lebensbedingungen.

3.1.1 Exkurs: Wirkungen von Musik und Musikvideos

Wenn über die Auswirkungen von Gewalt in populärer Musik gesprochen wird, dann müssen drei Aspekte unterschieden werden:

- Gewalt in den Texten von Liedern,
- Musikrichtungen, mit denen Gewalt assoziiert wird,
- Gewaltdarstellungen in Musikvideos.

Die ersten beiden Aspekte fallen oft zusammen. In den meisten Studien, die sich mit den Auswirkungen von Musik befassen, wird von einer monokausalen Wirkung auf die Hörer ausgegangen. In den Blickpunkt geraten vor allem Musikrichtungen wie Heavy Metal, Punkrock und Gangsta-Rap. Diese Musikstile verbinden eine gewisse musikalische Härte mit Songtexten, die von Tod, Satanismus, Gewalt, Rassismus und Sex handeln. Die meisten Befunde, z. B., dass Heavy-Metal-

Fans ein problematisches Verhältnis zu ihren Eltern haben und schlecht in der Schule sind, »werfen die Frage auf, ob die entsprechende Musikrichtung tatsächlich Problemverhalten verursacht oder ob sich entsprechend prädisponierte Jugendliche dieser Musik besonders stark zuwenden«, schreiben Kunczik und Zipfel (2006). So konnte Wegener in einer Studie zur Nutzung von Hip-Hop und Rap durch Jugendliche feststellen, dass eine Sichtweise, die die Medien für unerwünschtes Verhalten verantwortlich mache und Rap-Musik als Ursache für einen gesellschaftlichen Werteverfall sehe, zu kurz greife. »Die Hoffnungslosigkeit der Jugendlichen, die mit einem Schulabschluss verbunden ist, der keine beruflichen Perspektiven aufzeigt, die Frage, worüber sich Identität definiert, wenn nicht über (gesellschaftlich normierte) Zugehörigkeit, Erfolg und Anerkennung, zeigt ein weiteres Problemfeld« (Wegener, 2008). Hier ermöglichten der Rap bzw. die ausführenden Musiker »Identifikation und symbolisieren gleichzeitig Omnipotenz. Sie unterstützen eine deprivierte Weltsicht auf diese Weise, kultivieren – sicherlich nicht immer wünschenswerte – Modi der Anerkennung wie auch der Abwertung anderer und greifen so handlungsleitende Themen Jugendlicher auf, die sich im Kontext sozialer Benachteiligung verschärfen« (ebd.). So könne die Hinwendung zum Rap auch zu einer Legitimation eigenen aggressiven Handelns führen.

Neben gewalthaltigen Songtexten und entsprechend martialisch auftretenden Sängern kann sich eine gewalthaltige Rap-Ästhetik auch in Darstellungen auf CD-Covern und Fanseiten sowie in Spielen wie dem Action-Shooter »50 Cent: Blood on the Sand« niederschlagen: Dieses Spiel wirbt mit den Schlagworten »packender, hoher Bodycount« oder »neues, hartes Counterkill-System«, hinterlegt von Rapmusik des US-amerikanischen Sängers 50 Cent, der im Spiel als Protagonist auftritt und sich dort primär mit Waffengewalt durchsetzt. Blutflecken und Schusswaffen aller Art sind Merkmale der Gestaltung.

Quelle: THQ Entertainment, 2008: 50 Cent: Blood on the Sand, Screenshot vom 30.6.2009

Untersuchungen zu Gewaltdarstellungen in Musikvideos und deren Wirkungen wurden vor allem unter Rückgriff auf die Kultivierungsthese, das Priming-Konzept und die Lerntheorie durchgeführt. Sie kommen jedoch zu keinen einheitlichen Ergebnissen und stehen vor denselben Problemen wie die Studien zur Gewalt in Film und Fernsehen, die den oben genannten Wirkungstheorien folgen.

> ⌐ **Infobox** ────────────
>
> Unter **Korrelationen** werden Beziehungen zwischen statistischen Variablen verstanden. Solche Korrelationen werden oft benutzt, um zu prüfen, ob zwei statistische Größen ursächlich miteinander in Zusammenhang stehen. Wenn eine Korrelation vorliegt, bedeutet das aber nicht notwendigerweise, dass ein direktes Ursache-Wirkungs-Verhältnis zwischen den jeweiligen Werten besteht. Es handelt sich lediglich um einen statistischen Zusammenhang, mit dem eine Zu- oder Abnahme prognostiziert werden kann.

Die verschiedenen Wirkungstheorien zeigen, dass simple monokausale Beziehungen, die auf Mediengewalt als Ursache und gewalttätiges Handeln bzw. Aggressivität als Wirkung abheben, nicht zutreffen, vor allem, weil oft lediglich Korrelationen (▶ Kasten) gemessen werden, die aber nichts über die Richtung der kausalen Beziehung aussagen. Auf eine kurze Formel gebracht: Es bleibt unklar, ob Mediengewalt Menschen zu Gewalttätern macht oder ob Gewalttäter einfach nur mehr Mediengewalt konsumieren und die Ursachen für gewalttätiges Handeln woanders liegen. Außerdem wurden die meisten Theorien und Thesen durch Laborstudien und -experimente untersucht. Ob im Labor gewonnene Ergebnisse aber auf die soziale Realität übertragen werden können, ist stark anzuzweifeln. Denn im Alltag sind die Menschen den verschiedensten Einflüssen und Bedingungen ausgesetzt, an denen mediale Gewaltdarstellungen lediglich einen geringen Anteil haben. Komplexere Studien, wie sie dem kognitiv-physiologischen Modell zugrunde liegen, kommen zu differenzierteren Ergebnissen. Dennoch kann man zusammenfassend zu den Wirkungsstudien sagen, dass Mediengewalt unter gewissen Bedingungen auf Rezipienten wirkt, einerseits auf verschiedene Menschen unterschiedlich, andererseits hängen die Wirkungen von der Art (der dramaturgischen und ästhetischen Inszenierung) der Mediengewalt ab. Allerdings gibt es neben der methodischen Kritik zwei weitere Kritikpunkte: Mit Ausnahme des kognitiv-physiologischen Ansatzes gehen die Wirkungstheorien undifferenziert mit dem

Gewaltbegriff um, und sie treffen keine Unterscheidung zwischen realer Gewalt und den symbolischen Darstellungen von Gewalt in den Medien.

3.1.2 Der Gewaltbegriff

Zunächst einmal muss festgestellt werden: »Gewalt ist einer der schillerndsten und zugleich schwierigsten Begriffe der Sozialwissenschaft« (Imbusch, 2002). Grundsätzlich ist zu berücksichtigen, dass sich das Gewaltverständnis historisch wandelt und in verschiedenen Gesellschaften sowie in verschiedenen sozialen Gruppen innerhalb einer Gesellschaft unterschiedlich sein kann.

Grundsätzlich kann Gewalt als ein spezifischer Modus der Interaktion angesehen werden. Man kann z. B. andere Menschen mit Argumenten überzeugen, man kann aber auch Gewalt anwenden. Gewalt ist in der sozialen Realität eine Handlungsalternative unter anderen. »Dadurch, dass der Mensch nicht Gewalt ausüben muss, aber immer gewaltsam handeln kann, gewinnt Gewalt ihren beunruhigenden Charakter: Als eine Handlungsoption, als Möglichkeit des Handelns ist Gewalt jederzeit einsetzbar, sie setzt keine dauerhaft überlegenen Machtmittel voraus, weil ihre Mächtigkeit ganz elementar aus der Verletzbarkeit des menschlichen Körpers resultiert«, so Imbusch (2002). Dieser beunruhigende Charakter der Gewalt zielt auf die allgemein anerkannten Normen und Werte. Gewalt stellt damit immer eine potenzielle Bedrohung der gesellschaftlichen Ordnung dar. Sie zeigt zugleich an, dass weder staatliche Ordnungsmacht noch soziale Kontrolle eine Gewalttat verhindern können.

Gewalt als eine Form sozialer Interaktion ist in soziale, ökonomische, politische und kulturelle Strukturen eingebettet. Gewalttätige Interaktion ist dadurch gekennzeichnet, dass es einen oder mehrere Täter und ein oder mehrere Opfer gibt, die Schaden an Leib und/ oder Leben genommen haben. Grundsätzlich kann man nach Imbusch zur genaueren Bestimmung einer gewalttätigen Interaktion die sieben W-Fragen stellen:
1. Wer übt Gewalt aus? (Frage nach dem/den Täter/n)
2. Was geschieht, wenn Gewalt ausgeübt wird? (Frage nach den Tatbeständen und den Abläufen)
3. Wie wird Gewalt ausgeübt? (Frage nach der Art und Weise und den eingesetzten Mitteln, z. B. Waffen, sowie Dritten, die Gewalt ermöglichen oder verhindern)
4. Wem gilt die Gewalt? (Frage nach den Objekten einer Gewalthandlung, den Opfern)
5. Warum wird Gewalt ausgeübt? (Frage nach den allgemeinen Ursachen und konkreten Gründen)
6. Wozu wird Gewalt ausgeübt? (Frage nach Zielen, Absichten, Zwecken und möglichen Motiven)
7. Weshalb wird Gewalt ausgeübt? (Frage nach den Rechtfertigungsmustern und Legitimationsstrategien)

Erst wenn all diese Fragen in Bezug auf eine Gewalthandlung beantwortet sind, bekommt man ein differenziertes Bild von dem, was vorgefallen ist. Eine weitere Unterscheidung ist an dieser Stelle wichtig: Man kann als Täter oder Opfer Teilnehmer an einer Gewalthandlung sein, man kann aber auch lediglich als Beobachter einer Gewalthandlung beiwohnen. Im ersten Fall ist man direkt beteiligt, im zweiten ist man unbeteiligter Zuschauer. Wenn allerdings die Frage nach den Dritten gestellt wird, dann muss z. B. beachtet werden, ob die Beobachter eine Gewalthandlung nur beobachten, ob sie den oder die Täter anfeuern oder ob sie versuchen, das Opfer zu schützen bzw. die Täter zu vertreiben. Auch ist zu beachten, ob die Ausübung der Gewalt sich speziell an die Zuschauer richtet, d. h. auch, dass sie nur deswegen stattfinden kann, weil Zuschauer zugegen sind.

Gewalttaten stellen eine große Bedrohung für Menschenrechte wie die Unverletzlichkeit des Körpers und die Freiheit des Willens dar, denn sie gehen mit einer physischen Schädigung einher, die absichtlich gegen den Willen des Opfers herbeigeführt wurde. In diesem Sinn ist Gewalt grundsätzlich als physische Gewalt zu verstehen, wie sie auch die Gewaltkommission des Bundestages definiert hat: »Gewalt ist die zielgerichtete, direkte physische Schädigung von Menschen durch Menschen«, schreiben Schwind und Kollegen 1990. Andere Formen von Gewalt, die diskutiert werden, z. B. psychische oder strukturelle Gewalt (▶ Kasten), stellen eine Ausweitung des Gewaltbegriffs dar, die dessen Konturen verschwimmen lässt. Während der Tatbestand psychischer Gewalt nicht eindeutig festgestellt werden kann, bleibt der Begriff der strukturellen Gewalt zu undifferenziert, weil er sich einerseits nicht auf ein Handeln und dessen Folgen, sondern auf ein Unterlassen bezieht und andererseits auf »strittige Probleme« (Nunner-Winkler, 2004) verweist. In der öffentlichen Diskussion wird der Gewaltbegriff oft ausgeweitet. So wird z. B. gerade in die Diskussion über Gewalt an Schulen bzw. unter Schülern vor allem psychische Gewalt einbezogen, obwohl vollkommen unklar ist, wie und durch welche verbalen Akte es zu einer psychischen Schädigung kommen kann. Gertrud Nunner-Winkler weist denn auch auf einen wesentlichen Unterschied zwischen physischer und psychischer Gewalt hin, der darin bestehe, »dass im prototypischen Fall physische Gewalt monologisch, d. h. vom Täter allein vollzogen werden kann, während psychische Gewalt ein interaktives Geschehen ist, d. h., der Täter ist für den Erfolg auf die Mitwirkung des Opfers angewiesen« (Nunner-Winkler, 2004).

Infobox

Der Begriff »**strukturelle Gewalt**« wurde 1971 von dem norwegischen Friedensforscher Johan Galtung eingeführt und fand international große Beachtung. Galtung versteht unter struktureller Gewalt eine vermeidbare Beeinträchtigung grundlegender menschlicher Bedürfnisse. Hierzu zählen beispielsweise die ungleiche Verteilung von Ressourcen, Umweltverschmutzung oder auch Diskriminierung. Gewalt wird demzufolge nicht nur von Individuen ausgeübt, sondern basiert auf Strukturen einer Gesellschaftsform und ist abhängig von Machtverhältnissen.

Die Verletzlichkeit des menschlichen Körpers und der menschlichen Seele ist einer der Gründe, warum Gewalttaten und ihre Folgen auf starke öffentliche Wahrnehmung stoßen. Ein anderer ist der Umstand, dass Gewalt nicht eindeutig ist. Gewalt ist ein komplexes soziales Phänomen, das von einer Vielzahl von Faktoren beeinflusst wird. Denn das, was in einer Gesellschaft als legitime oder illegitime Gewalt verstanden wird, ist von zahlreichen kulturellen und sozialen Faktoren abhängig, z. B. von den jeweiligen Normen und Werten, dem Grad der Sensibilität, Wahrnehmungsmustern, sozialen und ökonomischen Strukturen. Kurz: In unterschiedlichen gesellschaftlichen, kulturellen und historischen Kontexten gibt es ein unterschiedliches Verständnis von Gewalt. So bildete sich z. B. der Gewaltbegriff, wie er heute bekannt ist, erst im 17. Jahrhundert aus. Es hat verschiedene Versuche gegeben, Gewalt zu definieren. Doch wie Dubet (1997) anmerkt, ist nichts »so zweifelhaft wie die Definition der Gewalt.« Auch wenn man sich auf oben genannte Definition der Gewaltkommission einigen kann, muss man doch mit Dubet konstatieren, »dass mit dem Begriff der Gewalt extrem unterschiedliche Verhaltensweisen bezeichnet werden. Sie reichen vom Krawall zur organisierten Aggression, von der Drohung zu Schlägen, von privaten zu öffentlichen Gewalttaten, von geduldeter Gewalt zu illegalem Verhalten, von Straffälligkeit zum Aufstand usw.«. Auch die rechtliche Definition der Gewalt sei, so Dubet weiter, »höchst zweideutig: Sie hängt von den jeweiligen Situationen und den Absichten der Handelnden ab. Zugegebenermaßen ist die Charakterisierung der Gewalt sehr subjektiv. Das gleiche Verhalten wird als gewalttätig oder nicht-gewalttä-

tig interpretiert, je nach Kontext, den beteiligten Akteuren, der Qualität der Zeugen und der Verkettung von Umständen, die zur Gewalt geführt haben«. Das verleihe der Gewalt eine strukturelle Mehrdeutigkeit.

Zwei Beispiele mögen diese Kontextabhängigkeit verdeutlichen. Eine Form der Gewalt, die noch im vorigen und zu Beginn dieses Jahrhunderts als legitimierte, vielleicht auch nur geduldete Art galt, war das Duell. Es war eine Form der Auseinandersetzung, bei der durch die Verletzung des Gegners die Ehre eines beleidigten Ehrenmannes wieder hergestellt werden konnte. Noch heute sind die Mensuren, die sich Studenten in schlagenden Verbindungen beibringen, in dieser Tradition zu sehen und gehören zu den geduldeten Formen von Gewalt – allerdings in einem fest gefügten Rahmen sozialer Vergemeinschaftung. Sie gehören zu den sozialen Regeln und Ritualen dieser Gemeinschaft und werden dort selbst nicht als Gewalt wahrgenommen. Das gilt auch für die Beobachtung von gewalttätigen Handlungen, denn auch die Wahrnehmung von Gewalt ist ja von historischen, sozialen und kulturellen Kontexten abhängig. Wenn im 16. und 17. Jahrhundert das Volk zu öffentlichen Hinrichtungen strömte, so mag dies heute moralisch als perverses Schauspiel gelten, doch die Menschen damals haben diese Hinrichtungen nicht als Gewalt empfunden, sondern als gerechte Strafe für Mörder und Diebe. Die Kontextualisierung von Gewalt ist unabdingbar, will man die Uneindeutigkeit reduzieren. Das ist aber in der Regel nicht im Sinne der Interessengruppen, die moralische Paniken (▶ Kasten) inszenieren.

Infobox

Die Bezeichnung »**moralische Panik**« wurde vor allem durch den US-amerikanischen Soziologen Stanley Cohen (1972) bekannt. Mit diesem Begriff wird eine unproportional heftige und feindliche soziale Reaktion auf eine scheinbare Bedrohung der bestehenden sozialen Ordnung bzw. der gesellschaftlichen Stabilität beschrieben. Gemäß Goode und Ben-Yehuda (1994) ist zudem die Annahme relevant, dass die Bedrohung einem breiten Konsens zufolge real sei. Eine moralische Panik kann demzufolge beispielsweise durch eine vereinfachende und einseitig stigmatisierende Berichterstattung der Medien gefördert oder hervorgerufen werden.

Gewalt ist aufgrund ihrer Komplexität nur schwer fassbar und daher auch kaum zu verhindern. Das ist ein wesentliches Merkmal der Uneindeutigkeit. Zu dieser Uneindeutigkeit gehöre auch, so Heitmeyer und Hagan 2002, »dass wir nur wenig gesichertes und prognostisches Wissen über die *Logiken des Aufbrechens* von Gewalt besitzen und nicht wissen, ob sich Gewalt *regelhaft* oder *regellos* entwickeln wird«. Der Verlauf von Gewalthandlungen sei von einer großen Zahl alternativer Handlungsmöglichkeiten abhängig, »da Gewalt eine für jede Person jederzeit verfügbare Ressource darstellt. Kommen z. B. expressive Varianten der Gewalt zum Zuge, denen es auf den Gewaltakt selbst oder auf den Rausch der Gewalttätigkeit ankommt, sind die Opfer beliebig und kaum noch durch ›Vorwarnzeiten‹ geschützt. Wird sie eher instrumentell ausgeübt, erscheint sie häufig als berechen- oder kalkulierbarer«. Gewalt könne, so die Autoren, auch durch Unterlassen »verstetigt, verstärkt oder verhindert« werden. Damit werde zugleich »die Aufmerksamkeit auf die Motive, aber auch auf motivloses Handeln gelenkt. Gewalt hat dann entweder rational nachvollziehbare Ursachen oder sie wird in den Kontext des Unerklärlichen gerückt«. Gewalttaten stoßen daher in der Regel auf moralische Empörung, weil sie den Normen und Werten einer zivilisierten Gesellschaft zuwiderlaufen. Dadurch wird auch der Blick darauf verstellt, dass sich mediale Gewalt grundsätzlich von Gewalt in der sozialen Realität unterscheidet.

3.1.3 Mediale Gewalt

Mediale Gewalt kann als eine bestimmte Form der symbolischen Darstellung in den Medien angesehen werden, die sich von anderen Formen der Darstellung unterscheidet. Sie wird als eine möglich erscheinende reale Gewalt innerhalb einer möglichen dargestellten Welt von dargestellten Tätern ausgeübt. Grundsätzlich muss dabei zwischen abgebildeter realer Gewalt, inszenierter realer Gewalt und fiktionaler Gewalt unterschieden werden. Bei der *abgebildeten realen Gewalt* handelt es sich um Gewalthandlungen in der sozialen Realität, die für die Darstellung im Medium aufbereitet wurden. Es handelt sich um mediale Bearbeitungen von realer Gewalt zum Zwecke der Präsentation für Leser, Hörer oder Zuschauer. *Inszenierte reale Gewalt* tritt dann auf, wenn Medien gewalttätige soziale Interaktionen im Rahmen von Game- oder Talkshows für ein Publikum inszenieren. *Inszenierte fiktionale Gewalt* liegt dann vor, wenn es sich um eine erfundene Geschichte handelt, die in einem Medium für ein Publikum mit ästhetischen Mitteln aufbereitet wird. Die Inszenierung von realer und fiktionaler Gewalt ist auf ein Publikum gerichtet und speziell daraufhin gestaltet. Die Inszenierung von fiktionaler Gewalt muss dabei so erfolgen, dass sie im Rahmen der erzählten und dargestellten Welt glaubwürdig ist, d. h., sie muss als eine Form realer Gewalt innerhalb der Fiktion erscheinen.

Die mediale Gewalt als symbolische Darstellung kann auch nach den jeweiligen Medien und ihren Symbolformen differenziert werden. Gewaltdarstellungen in der gesprochenen oder geschriebenen Sprache sind abstrakt und zielen auf andere Wahrnehmungsformen und kognitive Verarbeitungen als audiovisuelle Darstellungen, die viel konkreter sind und daher bei den Zuschauern einen intensiveren Eindruck hinterlassen. Außerdem muss zwischen verschiedenen ästhetischen Gestaltungsweisen von medialen Gewaltdarstellungen unterschieden werden. Gewaltdarstellungen in Cartoons, Comics und Zeichentrickfilmen sind künstlich überhöht und verlassen manches Mal die Grenzen des realistisch Erscheinenden. Die ästhetische Gestaltung macht mediale Gewaltdarstellungen auch voneinander unterscheidbar. Eine Bedrohungsszene ist in einem Horrorfilm anders gestaltet als in einem Thriller oder Western; Gewalt in einem Actionfilm oder einer Actionserie folgt anderen dramaturgischen und ästhetischen Gesetzen als Gewalt in einer Krimireihe; Gewalt in Musikvideos ist in der Regel ästhetisch überhöht, um Schockeffekte hervorzurufen und den »guten Geschmack« herauszufordern. Es ist daher grundsätzlich notwendig, zwischen Gewalt bzw. Gewalttätigkeit und ihrer Darstellung zu unterscheiden. Die Inszenierung wie auch die mediale Bearbeitung von Gewalt folgen den Konventionen der Darstellung, die in den jeweiligen Genres vorherrschen. In diesem Sinn müssen Gewaltdarstellungen immer auch im Rahmen ästhetischer Kontexte gesehen werden. Sie sind nicht einfach nur als Inhalte der Medien zu betrachten, sondern als Repräsentationen, die in historische, kulturelle und gesellschaftliche Kontexte eingebunden sind.

Das verweist auf einen anderen Aspekt. Für Gewaltdarstellungen in den Medien ist nicht so sehr entscheidend, was normativ als Gewalt definiert wird, sondern was die Zuschauer aufgrund ihres lebensweltlichen Wissens als Gewalt wahrnehmen und verstehen. Das Wissen um Gewalt ist ein Wissen um Instrumente der Gewalt (Waffen), Formen der Gewalt, Affekte und Emotionen der Gewalt, Folgen der Gewalt, Intensität und Arten der Gewaltausübung, Muster der Gewaltentstehung (z. B. Alkoholkonsum verstärkt die Neigung zu Aggression), Modelle der Eskalation von Gewalt sowie Situationen der Gewalt. In ausdifferenzierten Gesellschaften mit vielfältigen Milieus, Szenen und Lebensstilen herrschen verschiedene Verständnisse von Gewalt und medialen Gewaltdarstellungen vor. Vor allem Unterschiede in der Sozialisation mit Medien führen zu verschiedenen Wahrnehmungs- und Verständnisweisen. Medien sind zudem ähnlich wie Gewalt von Uneindeutigkeit gekennzeichnet. Sie sind in das komplexe soziale, kulturelle, ökonomische und politische Gefüge der Gesellschaft integriert. Ihre Auswirkungen in der und auf die Gesellschaft lassen sich nicht mit monokausalen Ursache-Wirkungs-Zusammenhängen erklären. Daher kann man auch bei den Medien sagen, dass sie im Kontext des Unerklärlichen zu sehen sind. Das macht sie generell verdächtig, besonders wenn es um ein zu schützendes Gut wie Kinder und Jugendliche geht. Denn Medien stehen unter dem Generalverdacht, für abweichendes Handeln von Kindern und Jugendlichen verantwortlich zu sein.

3.2   Formen und Mittel der Gewalt

Die Bandbreite der Einteilungen von Gewaltformen ist immens. Ihre genaue Definition würde in diesem Kontext zu weit vom Thema abführen, doch seien einige Differenzierungen hier beispielhaft aufgelistet: In der medien- und kommunikationswissenschaftlichen Diskussion ist vor allem zwischen personaler und struktureller Gewalt unterschieden worden, wobei die personale Gewalt noch einmal in physische und psychische differenziert wird. Weitere Differenzierungen finden sich bei Merten (1999), der noch legitime und illegitime, individuelle und kollektive, expressive und instrumentelle, aktive und reaktive, intentionale und nicht intentionale sowie manifeste und latente Gewalt unterscheidet. Dagegen differenziert Früh (2001) zwischen folgenden normativen Gewalttypen, die auf eine Schädigung von Personen, Tieren, Pflanzen oder Sachen zielen: personale, antisoziale, institutionelle und kulturelle Gewalt sowie subversive Systemgewalt und assimilierte Alltagsgewalt.

Die Auflistung zeigt, dass diese Unterscheidungen auf verschiedenen Ebenen angesiedelt sind. Während sich die Unterscheidung von psychischer und physischer Gewalt auf spezifische Arten der Ausübung von Gewalt und der dadurch eintretenden Schädigung beziehen, bezieht sich die Differenzierung zwischen legitimer und illegitimer Gewalt auf die Rechtfertigung von Gewalthandlungen.

Zugleich fällt an den medien- und kommunikationswissenschaftlichen Bestimmungen von Gewalt und deren Differenzierungen auf, dass der Gewaltbegriff einerseits sehr weit gefasst ist und andererseits in der Regel statisch benutzt wird, d. h., die Kulturabhängigkeit von Gewaltdefinitionen gerät kaum in den Blick. Die eingeführten Differenzierungen orientieren sich dann eher instrumentell an den Forschungs- oder Verwertungsinteressen. Der Soziologe Peter Imbusch (2002) hat dagegen den Versuch unternommen, den Gewaltbegriff und seine Dimensionen zu bestimmen, indem er die bisherige Gewaltforschung (nicht Medien-

gewaltforschung) aufgearbeitet hat. Er unterscheidet zwischen einem Kernbereich des Begriffs- und Bedeutungsfeldes von Gewalt sowie zwei Randbereichen: der Gewalt im übertragenen Sinn und der Gewalt im ritualisierten Sinn. Gewalt im übertragenen Sinn meint den metaphorischen Gebrauch des Begriffs, z. B., wenn von einem gewaltigen Ereignis, einer Naturgewalt oder einem gewaltigen Bauwerk die Rede ist.

Unter ritualisierter Gewalt versteht er »jene Formen der kommunikativen (geselligen) Gewalt, die, wenn überhaupt, im Grenzbereich zur manifesten physischen Gewalt anzusiedeln sind, weil sie gerade keine Zwangseinwirkung auf eine andere Person mit dem Ziel der Überwindung eines Widerstands bzw. einer Schädigung und Verletzung darstellen [...], sondern die Gewalt in eine Handlung oder ein Interaktionsgeschehen als Ritual eingebaut und auf ein anderes Ziel hin ausgerichtet ist« (Imbusch, 2002). Dabei sei Gewalt »ganz wesentlich Inszenierung, die entweder über rein symbolisch vermittelte oder ganz ohne Über- und Unterordnungsprozesse gewaltsamer Machtaktionen mit ihren klar erkennbaren Opfer- und Täterrollen und v.a. ohne bösartige Verletzungsabsicht auskommt und auf der Freiwilligkeit und Egalität der Teilnehmer beruht«. Darunter fallen spielerische Formen von Gewalt in sportlichen Wettkämpfen sowie spezifische subkulturelle Praktiken, z. B. Tanzpraktiken wie Pogo beim Punk oder Moshen und Slamdancing bei Hardcore-Konzerten (▶ Kasten) ebenso wie Sexualpraktiken, etwa Sadomasochismus.

Gewalt als Inszenierung: Pogo, Moshen, Slamdancing

Pogo ist eine Tanzform, die sich in den 1970er-Jahren innerhalb der Punkszene entwickelt hat. Ging es ursprünglich nur um ein impulsiv-unkontrolliertes gemeinsames »In-die-Luft-Springen«, zielt der Pogo heute auf einen meist kurzen, aber heftigen Körperkontakt der Tanzenden untereinander. Dieser kann je nach Art und Intensität durchaus schmerzhaft sein. Die einzelnen Stile des Pogo sind nicht immer klar voneinander zu trennen und fanden auch Eingang in die Metal-Szene.

Als Unterformen des Pogo können beispielsweise der Slamdance und das Moshen verstanden werden: Unter einem »Slam« versteht man einen unkontrollierten, schmerzhaften Sturz. In dieser rauen Ausprägung des Pogo werden Mittänzer besonders heftig angerempelt und gestoßen. Es

▼

geht jedoch nicht darum, anderen Verletzungen zuzufügen, im Gegenteil: Der ungeschriebene Ehrenkodex verlangt, Gestürzten wieder auf die Beine zu helfen. Das Moshen ist besonders im Hardcore-Punk und im Thrash Metal gebräuchlich. Hier springen die Tänzer nicht wie beim ursprünglichen Pogo in die Höhe, sondern schubsen sich gegenseitig im Pulk an Armen und Schultern.

Zum Kernbereich des Gewaltbegriffs zählt Imbusch (2002) die Dimension der kulturellen oder symbolischen Gewalt, die sich auf kulturelle Praktiken wie z. B. in die Sprache eingelassene Gewalt bezieht und dazu dient, Gewalt zu legitimieren, zu beschönigen, zu verschleiern oder unsichtbar zu machen. Dazu gehören z. B. Herabwürdigungen von Personen durch Sprache wie im Wort »Sozialschmarotzer«, durch das ein tatsächliches sozial und ökonomisch bedingtes Machtverhältnis verschleiert wird. Tatsächliche Gewalt, die sich in verschiedenen Graden manifestieren und in unterschiedlichem Ausmaß intendiert sein kann, wird

a) mittels eines *Akteurs* ausgeübt – dabei handelt es sich um direkte physische oder psychische Gewalt, die sich gegen Personen oder Sachen richtet und offen sichtbar oder verdeckt ausgeübt wird;

b) mittels *Institutionen* ausgeübt – dabei handelt es sich um physische oder psychische institutionelle Gewalt, die legal oder illegal, legitim oder illegitim, progressiv oder reaktionär ist;

c) mittels *Strukturen* ausgeübt – dabei handelt es sich um physische oder psychische strukturelle Gewalt, die unsichtbar oder verdeckt sein kann und sich nicht immer auf ein konkretes Objekt beziehen muss.

Von diesen Formen der Gewalt sind die Mittel der Gewalt zu unterscheiden. Gewalt kann körperlich angewendet werden, z. B. durch Fäuste, Füße oder Kopf. Sie kann mittels Sprache ausgeübt werden. Sie kann mit Waffen – von einer einfachen Schere über Messer, Hammer, Pistole, Gewehr, Raketenwerfer, Panzer bis hin zur Atombombe – ausgeübt werden. Hier ist zwischen Waffen, die zum Zwecke der Gewaltausübung hergestellt wurden, und Gegenständen, die als Waffen benutzt werden, zu unterscheiden. Mit beiden Arten der Waffenanwendung sind möglicherweise unterschiedliche Intentionen der Gewaltanwendung in unterschiedlichen situativen Zusammenhängen verbunden.

All diese Formen und Mittel der Gewalt können auch in den Medien vorkommen, sowohl bei Darstellungen realer Gewalt als auch bei Darstellungen inszenierter realer und fiktionaler Gewalt. In den fiktionalen Genres sind sie glaubwürdig in die erzählten sozialen Welten eingebunden. Allerdings lassen sich auch bei den medialen Gewaltdarstellungen verschiedene Formen unterscheiden. So ist die Art der Inszenierung von Gewalthandlungen von den Konventionen des jeweiligen Genres abhängig, zu dem ein Film oder eine Fernsehsendung zählt. Während es z. B. im Thriller weniger um die explizite Darstellung von Gewalt als vielmehr um die Inszenierung einer Bedrohung für die Filmfiguren und einer imaginierten Bedrohung für die Zuschauer geht, werden im Horrorfilm, insbesondere in der Variante des Slasherfilms, grausamste Metzeleien in aller Ausführlichkeit gezeigt. Beispielsweise wirkt der Film »Dawn of the Dead« aus dem Jahre 1978 bzw. 2004 durch eine besonders real anmutende Darstellung von zerfetzten Zombies.

In Science-Fiction-Filmen wird der Kampf der Menschen gegen Außerirdische häufig durch äußerst brutale Aktionen der Aliens motiviert – in diesem Fall hat die durch die Aliens ausgeübte Gewalt eine dramaturgische Funktion. In dem bekannten Film »Alien« beispielsweise wird detailliert gezeigt, wie ein junges Alien »schlüpft«, indem es aus dem Brustkorb seines Wirts – eines menschlichen Astronauten – bricht. Die blutigen Szenen illustrieren die Fremdartigkeit und »unsichtbare« Bedrohung durch ein außerirdisches Wesen, die für Dramaturgie und Funktion des Films von grundlegender Bedeutung sind.

In Familienserien und Melodramen spielen alltägliche physische und psychische Gewalthandlungen im Rahmen von interpersonalen Beziehungsstrukturen eine große Rolle. In Nachrichtensendungen werden häufig Opfer gezeigt, und es wird nur verbal über Gewalttaten berichtet, da die Kameras selten live dabei sind. In Beiträgen von Boulevardmagazinen werden Gewalttaten filmisch und verbal rekonstruiert, wobei sich die Autoren häufig an Genrekonventionen – vom Melodram über den Thriller bis hin zum Horrorfilm – orientieren.

Wie diese Differenzierungen zeigen, ist weder in der sozialen Realität noch in der Medienwelt Gewalt gleich Gewalt. In der medien- und kommunikationswissenschaftlichen Forschung muss daher sowohl zwischen den verschiedenen Gewaltformen und -mitteln unterschieden als auch die spezifische narrative Einbettung und ästhetische Inszenierung der Gewalt berücksichtigt werden.

3.2.1 Kommunikative Aneignungsformen

Für die Untersuchung der Rezeption und Aneignung medialer Gewalt ist es wichtig, die verschiedenen sozialen Prozesse, die dabei eine Rolle spielen, zu berücksichtigen. Dabei ist grundsätzlich zu beachten, dass Filme und Fernsehsendungen nicht nur zum Wissen der Rezipienten hin geöffnet sind, sondern auch zu ihren Emotionen und Affekten, ihrem praktischen Sinn und zu ihrer sozialen Kommunikation. So macht es z. B. einen Unterschied, ob eine junge Zuschauerin einen Horrorfilm abends kurz vor dem Zubettgehen alleine sieht oder ob sie ihn zusammen mit Freundinnen und Freunden bei einem geselligen Videonachmittag betrachtet. In der ersten Situation ist die Rezipientin auf sich und ihre psychophysische Befindlichkeit zurückgeworfen. Sie handelt die Bedeutung des Films auf der Basis ihres Wissens, ihrer emotionalen Befindlichkeit, ihres praktischen Sinns und der Anforderungen der sozialen Kommunikation aus. Wenn sie z. B. ein ängstlicher Mensch ist und diesen Horrorfilm mehr oder weniger per Zufall eingeschaltet hat, wird sie anders damit umgehen, als wenn sie regelmäßige Konsumentin von Horrorliteratur und -filmen ist, dies gerne vor dem Einschlafen tut, um sich zu entspannen (also einen praktischen Sinn für diese Rezeptionsform entwickelt hat), und möglicherweise am kommenden Tag in der Schule bei den Gleichaltrigen im Mittelpunkt stehen kann, weil sie von dem Film erzählen und sich mit anderen unterhalten kann (z. B. über die Spezialeffekte, mit denen das Monster dargestellt wurde).

Gerade in der Gruppe der Gleichaltrigen kann der gemeinsame Konsum beispielsweise von Horrorfilmen rituellen Charakter haben. In der Gruppe kann man sich gegenseitig versichern, »wie stark, mutig und hartgesotten man ist«, stellt Vogelgesang 1991 fest. Zugleich finden Aushandlungsprozesse in der Gruppe statt, bei denen sowohl die sozialen Positionen der einzelnen Gruppenmitglieder als auch individuelle Fähigkeiten und Wissen Gegenstand sein können. So schreibt Winter 1995: »Insgesamt bilden die Fans eine alternative Gemeinschaft, in der intensiv Gefühle, Freundschaften und Formen von Kreativität erprobt und erlebt werden können. Es handelt sich um eine Form der persönlichen Sinngebung«. Vor allem als kommunikative Ressource sind viele sogenannte Gewaltfilme unter Jugendlichen wichtig. Die Filme bekommen nach Barker und Brooks (1998) die Funktion einer »sozialen Münze«, die als Währung in der sozialen Kommunikation dient. Daraus resultiert u. a. das Vergnügen der Jugendlichen an Action-, Science-Fiction- und Horrorfilmen.

Wenn man sich differenziert mit der Rezeption und Aneignung von medialer Gewalt durch Kinder und Jugendliche befassen will, dann muss man sich mit den verschiedenen Formen der Rezeption und der sozialen Aneignung von Filmen und Fernsehsendungen auseinandersetzen und genau untersuchen, zu welchem Wissen, zu welchen Emotionen, zu welchem praktischen Sinn und welchen sozialen Kommunikationsformen einzelne Filme oder bestimmte Genres in Beziehung stehen.

3.2.2 Soziale und lebensweltliche Einbettung medialer Gewalt

Die Rezeption und Aneignung von medialer Gewalt findet im Rahmen sozialer und lebensweltlicher Zusammenhänge statt, sie kann nicht unabhängig davon gesehen werden. Menschen sind nicht von Geburt an Medienkonsumenten, sie werden im Verlauf ihrer Sozialisation dazu. Menschen sind auch nicht immer und überall Medienkonsumenten, sie werden das in bestimmten Situationen, z. B. im Kino oder vor dem Fernseher. Wenn sie einkaufen gehen, ihren beruflichen Tätigkeiten nachgehen oder in der Freizeit Sport treiben, sind sie Käufer, Berufstätige oder Sportler, aber nicht Medienkonsumenten. Die Prozesse, die bei der Rezeption und Aneignung von Medien allgemein und von medialer Gewalt im Besonderen eine Rolle spielen, können nur angemessen verstanden werden, wenn die soziale und biografische Situation der Zuschauer im Rahmen ihres lebensweltlichen Kontextes berücksichtigt wird.

In Studien, die sich mit den biografischen Bedingungen der Rezeption von medialer Gewalt befassen, zeigt sich, wie stark die biografischen Erfahrungen der Jugendlichen und ihre Sozialisationsbedingungen zwischen Elternhaus, Schule und Gleichaltrigen sich auf die Rezeption bzw. die Vorliebe für oder die Ablehnung von medialer Gewalt auswirken. So konnte Hopf (2001) zeigen, dass die Bewertung filmischer Gewalthandlungen von filmischen Kontexten abhängt und eigene Gewalterfahrungen einen Einfluss auf die Rezeption haben:»Die zu Gewalttätigkeit neigenden Jugendlichen sind in ihrer Gewaltbilligung expliziter und beziehen ihre eigenen Gewalterfahrungen in die Interpretation und Bewertung gewalttätiger Filmhandlungen ein«. Wenn die dargestellte Gewalt bei solchen Zuschauern auf Zustimmung stößt, kann die Gewaltbereitschaft bei gewaltbereiten Vielsehern verstärkt werden. Zugleich ist es nach Hopf aufgrund der Ergebnisse aber auch unwahrscheinlich, »dass Gewaltbereitschaft im Kindesalter eine Folge medialer Einflüsse ist«. Es zeigt sich deutlich, wie die Rezeption von medialer Gewalt in die sozialen und lebensweltlichen Bedingungen eingebettet ist.

Doch selbst dann sind keine generellen Aussagen durch allgemeine Zuordnungen z. B. nach dem Muster ›Kinder aus problematischen Verhältnissen neigen aufgrund eigener Gewalterfahrungen zu Gewalttätigkeiten‹ möglich. Eine Fallstudie von Schulte Berge und Kollegen (2002) zu zwei männlichen Jugendlichen aus akademischen Elternhäusern zeigte, wie unterschiedlich sich beide aufgrund der familiären Bedingungen auch in ihren medialen Vorlieben entwickeln. Während einer der Jugendlichen durch die Übernahme elterlichen Medienverhaltens das Fernsehen generell und Gewaltfilme im Besonderen ablehnt, obwohl er eigene Gewalterfahrungen im Elternhaus gemacht hat, besitzt der andere einen eigenen Fernseher und sieht bevorzugt Actionserien, Cartoons und Sitcoms (▶ Kasten), auch um gegen die Mutter zu rebellieren. In einer eindrücklichen Analyse werden in dieser Studie die familiären Beziehungen und Gewalterfahrungen, die gegenwärtigen Haltungen zum Fernsehen und zur Fernsehrezeption, insbesondere zur Rezeption von Gewaltdarstellungen, in ihren biografischen Bedingungen aufgeschlüsselt. Das Fazit der Analyse lautet: »Wenn Medienkompetenz zentraler Bestandteil eines ›gesellschaftlich handlungsfähigen Subjekts‹ sein soll, dann kann der Kauf eines Fernsehers und die Rezeption von Gewaltfilmen im Fernsehen in diesem Sinne ein ›kompetenterer‹ Umgang mit diesem Medium sein als die bloße Reproduktion der elterlichen Fernsehabstinenz und Ablehnung von Fernsehgewalt« (Schulte Berge et al., 2002).

Die Studie zeigt, dass ein genauer Blick auf die soziale und lebensweltliche Einbettung und die biografische Bedingtheit der Rezeption von medialer Gewalt Einsichten in die Zusammenhänge zwischen Gewaltdarstellungen in den Medien und deren Rezeption und Aneignung einerseits und realer Gewalt in den sozialen Strukturen, in denen Jugendliche leben, andererseits hervorbringt, die tiefer gehen, als es sozialpsychologische Studien, die auf monokausale Erklärungen aus sind, je könnten. Hopf schreibt 2001 hierzu: »Wenn filmische Gewaltdarstellungen je nach biografischen und sozialen Gegebenheiten unterschiedlich interpretiert und beurteilt werden, wenn sie das Gefühlsleben der Zuschauer je nach affektiven Voraussetzungen in unterschiedlicher Weise berühren, dann müssen solche Unterschiede in die Analyse einbezogen und kontrolliert werden«. Nur dann sind differenzierte Ergebnisse zu gewinnen, die auch der Komplexität medialer Gewalt und ihrer Formen gerecht werden. Gerade im Zusammenhang mit dem Konsum gewalthaltiger Medien durch Kinder und Jugendliche kann daher nicht einfach von den Medieninhalten auf bestimmte Wirkungen geschlossen werden. Denn grundsätzlich gilt nach Keppler (1997): »Wer vor dem Fernsehen oder im Kino Gewaltszenen verfolgt, nimmt nicht darin schon an einem Gewaltverhältnis teil«.

> **Infobox**
>
> **Sitcom** ist eine Abkürzung für »situation comedy«. Sie steht für humoristische Bühnenshows, die im Studio aufgezeichnet und dann im Fernsehen übertragen werden. In der Regel werden Sitcoms in Form von Serien ausgestrahlt. Charakteristisches Merkmal sind schnell aufeinanderfolgende Witze und komische Momente, die sich auf momentan vorliegende Situationen beziehen und in eine dramatische Gesamthandlung eingebunden sind. Oft werden diese ursprünglich US-amerikanischen Sendungen in der deutschen Ausstrahlung mit eingespielten Lachern unterlegt.

3.2.3 Diskurse über mediale Gewalt

Nicht nur die öffentlichen Debatten, sondern teilweise auch die medienwissenschaftlichen Studien über mediale Gewaltdarstellungen und deren Auswirkungen geraten nach Heitmeyer (1995) manchmal in die Thematisierungsfallen der Gewaltdiskussion. Das liegt u. a. daran, dass oft mit einem undifferenzierten Gewaltbegriff gearbeitet wird. Zugleich ist Gewalt sehr ambivalent, weil sie ein komplexes Phänomen ist, das Ordnung sowohl zerstören als auch begründen kann. Ohne Differenzierungen hinsichtlich des Gewaltbegriffes, der Formen und Mittel sowie der situativen Bedingungen von Gewalt besteht die Gefahr, zu vereinfachen und im Rahmen von Thematisierungsfallen nach Imbusch (2002) »Gewalt in ihrem Sinngehalt umzudeuten, durch einfache Täter-Opfer-Dichotomien Betroffenheitsdiskurse zu erzeugen oder die komplexen Ursachen von Gewalt auf individuelle Eigenschaften zu reduzieren«. Heitmeyer und Hagan (2002) nennen dies eine »Umdeutungsfalle«, bei der Gewalt »exklusiv personalisiert, generell pathologisiert oder gar biologisiert wird, weil damit von allen sozialen Ursachenzusammenhängen abgesehen und eine moralische Selbstentlastung wie politische Erleichterung von Herrschenden betrieben wird, die repressiven administrativen Maßnahmen Vorschub leisten«. Daneben nennen sie die »Skandalisierungsfalle«, in die man gerät, wenn man sich auf spektakuläres Gewaltvokabular einlässt, um z. B. in den Medien Aufmerksamkeit zu bekommen; die »Inflationsfalle«, die dann entsteht, wenn der Gewaltdiskurs im Alltag so ausgedehnt wird, »dass der Eindruck entsteht, es gebe kaum noch gewaltarme oder gewaltfreie Zonen«; die »Moralisierungsfalle«, bei der Gut und Böse klar zugeordnet sind und Betroffenheit erzeugt wird; die »Normalitätsfalle«, bei der Gewalt in bestimmten Zusammenhängen als natürlich angesehen wird, und die »Reduktionsfalle«, bei der einfache Erklärungen und Personalisierungen zur Erklärung der Komplexität des Phänomens herangezogen werden.

In der Debatte um mediale Gewalt lassen sich alle Thematisierungsfallen finden. Das hat nach Eisermann (2001) seinen Grund u. a. darin, »dass der Diskurs über Mediengewalt gesamtgesellschaftlich eine norm- und ordnungsgenerierende Funktion übernimmt. Mit der Diskussion um die Gefahren der Gewaltdarstellung in den Medien hat ein gesellschaftlicher Aushandlungsprozess über moralische Standards eine moderne Ausdrucksform gefunden«. Daher kommt Eisermann auch zu dem Schluss: »Die Wirkung von Gewalt in den Medien ist offenbar nicht im direkten Einfluss auf das Publikum zu sehen. Sie geht vielmehr von denjenigen aus, die negative Effekte von Gewaltdarstellungen auf andere zu beobachten glauben oder diese erwarten« (2001).

In der Diskussion um den möglichen Zusammenhang zwischen medialer Gewalt und der Gewalttätigkeit von Jugendlichen wird entsprechend der Moralisierungs-, der Reduktions- und der Umdeutungsfalle die komplexe Thematik auf einfache angenommene Wirkmechanismen reduziert, eine einfache Täter-Opfer-Beziehung hergestellt und das Phänomen im Sinne einer Personalisierung und Pathologisierung umgedeutet. So ist es beispielsweise schon bemerkenswert, dass ein Großteil der sozialpsychologischen Wirkungsstudien die Auswirkungen medialer Gewaltdarstellungen auf Kinder und Jugendliche untersucht. Erwachsene sind viel seltener Gegenstand der Forschung. Offenbar fällt es leichter, ein institutionelles Gewaltverhältnis zwischen den Medien als Tätern und den Kindern und Jugendlichen als Opfern zu unterstellen, wobei Letztere allzu häufig – in den Worten von Althoff (1999) – als »Reaktionsdeppen« gesehen werden. Die Debatte um mediale Gewalt stellt sich als pädagogischer Diskurs heraus, wie Wulff (1995) feststellt, »in dem das Verhältnis der Erwachsenen zu den Stoffen, Bildern und Geschichten, mit denen sich Kinder und Jugendliche umgeben, geklärt wird: meistens zuungunsten der Jüngeren«. Und die werden, sofern sie Gewaltfilme und -sendungen konsumieren, durch Umdeutung einerseits vorschnell pathologisiert oder kriminalisiert, andererseits aber auch moralisch betroffen als Opfer der Medien gesehen. Das führt dann umso mehr zu moralischer Entrüstung, wenn die vermeintlichen ›unschuldigen‹ kindlichen Opfer der Medien selbst zu Tätern werden.

Denn die Legitimität der Gewaltanwendung liegt bei den Erwachsenen.

Wenn in angemessener Weise über Gewalt in der sozialen Realität und mediale Gewalt diskutiert werden soll, dann müssen die genannten Thematisierungsfallen vermieden werden, und es muss nicht nur ein genauer Blick auf die Formen und Mittel realer und medialer Gewalt geworfen werden, sondern auch die Rezeptions- und Aneignungsweisen medialer Gewalt sowie die alltäglichen Gewaltverhältnisse müssen differenziert betrachtet werden.

3.3   Schlussbemerkung

Die genannten Differenzierungen sind wichtig, wenn man sich mit dem Zusammenhang von Gewaltdarstellungen in den Medien und Gewalt in der sozialen Realität auseinandersetzt. So können Thematisierungsfallen vermieden, Rezeptions- und Aneignungsprozesse medialer Gewalt genauer erfasst, die Formen und Mittel medialer Gewaltdarstellungen differenziert analysiert und letztlich die Ursachen von Jugendgewalt genauer in den Blick genommen werden. Vor allem die Unterscheidung von medialer und realer Gewalt ist wichtig, denn nach Keppler (2006) ist die Beachtung dieser Unterscheidung »die Voraussetzung dafür, dass die Komplexität des Verhältnisses von Gewalt und dargebotener Gewalt erkannt und analysiert werden kann«. Dabei ist auch zu beachten, dass symbolische Darstellungen in den Medien u. a. die Funktion haben, den Lesern, Hörern und Zuschauern zu gestatten, Dinge in der Phantasie durchzuführen, die in der sozialen Realität nicht möglich, nicht erlaubt oder sozial nicht geachtet sind – vom Ehebruch über ein ausschweifendes Luxusleben bis hin zu Gewalttaten. Darauf hat der Sozialpsychologe George Herbert Mead bereits in den 1930er-Jahren ausdrücklich hingewiesen, als er erklärte, dass sich unser Vergnügen an Literatur, Film und Kunst vor allem daraus ableite, dass wir in der Phantasie unsere Möglichkeiten erweitern könnten. Dieser Aspekt macht vor allem eines deutlich: Der Zusammenhang von Gewalt und Medien kann nicht ausschließlich ausgehend von den Annahmen der Wirkungstheorien untersucht werden, sondern muss berücksichtigen, dass Rezipienten sich aktiv bestimmten Medien und deren Inhalten zuwenden. In diesem Sinn werden Gewaltdarstellungen in den Medien von den Rezipienten als symbolischer Ausdruck für individuelle und soziale Befindlichkeiten und zum Ausdruck von handlungsleitenden Themen genutzt. Medien sind nicht nur Eindrucks-, sondern auch Ausdrucksmedien.

Zugleich ist zu berücksichtigen, dass in der soziologischen Forschung zu Gewalt unter Jugendlichen

Medien nur eine untergeordnete Rolle spielen, wenn sie denn überhaupt berücksichtigt werden. In seiner Studie zu Gewaltkarrieren von jugendlichen Tätern kommt der Soziologe Ferdinand Sutterlüty (2002) zu dem Schluss, dass vor allem eigene Gewalterfahrungen in der Kindheit sowie mangelnde soziale Anerkennung als Ursachen für späteres gewalttätiges Handeln gelten können. Das darf aber auch nicht zu dem Schluss verleiten, dass jedes Kind, das Gewalt erlebt und missachtet wird, später zu Gewalttätigkeit neigt. Gewaltdarstellungen in den Medien sind so in der Regel nicht die Ursache für gewalttätiges Handeln von Jugendlichen in der sozialen Wirklichkeit. Sie können aber zu Auslösern werden, wenn der Leidensdruck und die Gewaltbereitschaft bereits vorhanden sind, die allerdings meist auf die genannten Ursachen – Missachtung und mangelnde soziale Anerkennung – zurückgehen. In der Diskussion um Jugendgewalt sollten nicht vorschnell die Medien als Sündenböcke missbraucht werden, denn das verstellt nur den genauen Blick sowohl auf das komplexe Verhältnis von medialer und realer Gewalt als auch auf die sozialen, ökonomischen oder politischen Ursachen von Gewalt.

Die Studien zu den Wirkungen von medialer Gewalt kommen, weil sie sich meist auf einzelne Wirkungstheorien stützen, zu sehr einseitigen, oft nicht auf den Alltag übertragbaren Ergebnissen. Es werden monokausale Zusammenhänge hergestellt, die in der Mediengewalt die Ursache für Gewalt in der sozialen Realität sehen. Ein derartiger einseitiger Zusammenhang ist jedoch nicht haltbar und in einigen jüngeren Publikationen (z. B. Grimes et al., 2008) als ideologisch entlarvt worden. Aus dieser Perspektive enthalten die Wirkungsstudien in der Regel bereits die Vorannahme, dass Gewalt in den Medien negative Auswirkungen vor allem auf Kinder und Jugendliche hat. Diese Annahme wird nach David Trend (2007) vor allem durch die Hysterie der Medien bei aufsehenerregenden Gewalttaten und eine generelle Kultur der Angst geschürt. Zugleich dient diese Annahme der Legitimation nicht nur der Forschung selbst, sondern auch politischer und regulatorischer Maßnahmen. Der öffentliche und wissenschaftliche Diskurs über Gewalt in den Medien muss daher aufrechterhalten werden. Zugleich hat dieser Diskurs aber auch die Funktion, moralische Entrüstung über Gewalt und Medien sowie Kinder und Jugendliche aufzufangen und zu kanalisieren. Das Unverständnis Erwachsener für kindlichen und jugendlichen Medienkonsum findet hier seinen Platz, auch um von der eigenen Verantwortung für Gewalttaten von Jugendlichen abzulenken.

Doch auch wenn die Auswirkungen von medialer Gewalt auf aggressives Handeln und Gewalt in der sozialen Wirklichkeit im Vergleich zu anderen Faktoren wie der Peergroup oder den Eltern als eher gering einzuschätzen sind, heißt das nicht, den Gedanken des Jugendschutzes und der politischen Regulierung von medialen Gewaltdarstellungen aufzugeben. Es ginge vielmehr darum, die positiven und negativen Aspekte des Medienkonsums auszuloten und dessen Rolle für die Sozialisationsprozesse von Kindern und Jugendlichen in den Blick zu nehmen. Aus einigen hier beschriebenen komplexen Studien liegen dazu bereits differenzierte Ergebnisse vor, die in eine politische und medienpädagogische Kultur der Empfehlungen überführt werden müssen. Nur so kann man dem (fast ewigen) Kreislauf von simplen Wirkungsstudien und regulatorischer Kontrolle entkommen. Dass Medien – und damit auch Gewaltdarstellungen in den Medien – Auswirkungen auf Rezipienten haben, ist unumstritten. Aber sie haben dies nur im Zusammenhang mit aktiven Rezipienten, die in spezifische individuelle und soziale Lebensbedingungen eingebunden sind. Es sind diese Lebensbedingungen, die Gewalt in der sozialen Realität verursachen. Mediale Gewaltdarstellungen sind da nur ein Faktor unter vielen anderen.

Weiterführende Literatur

Brosius, H.-B. & Schwer, K. (2008). Die Forschung über Mediengewalt. Deutungshoheit von Kommunikationswissenschaft, Medienpsychologie oder Medienpädagogik? Baden-Baden: Nomos.

Grimes, T., Anderson, J. A. & Bergen, L. (2008). Media violence and aggression. Science and ideology. Los Angeles: Sage.

Kunczik, M. & Zipfel, A. (2006). Gewalt und Medien. Ein Studienhandbuch. Köln: Böhlau.

Mikos, L. (2008). Film- und Fernsehanalyse (2., überarbeitete Aufl.). Konstanz: UVK.

Trend, D. (2007). The myth of media violence. A critical introduction. Malden: Blackwell.

Philosophische Welten: Blicke jenseits des Realen

Wolfgang Bergmann

Schon immer haben die Bilder die Menschen bewegt, und jede neue Bildtechnik hat ihre Phantasien und Träume durchdrungen und verändert. Solche tiefgreifenden Veränderungen sind nicht sofort augenfällig, man kann sie auch kaum oder nur unzureichend empirisch erfassen. Das macht die Debatten um die Wirksamkeit und die ästhetische Bedeutung der neuen Technologien für Einzelne und die Kultur so schwierig.

In fast seltsam anmutender Weise wird die Wirkungskraft der digitalen Technologien verkannt. Jeder kennt die Schlagworte »Globalisierung« und »globale Wirtschaft«. Sie werden in der Alltagswelt kaum sichtbar. Das hat nicht zuletzt mit der technologischen Verfassung der digitalen Übertragungsräume zu tun. Eine globale Wirtschaft gäbe es nicht ohne das Internet, das unsere Lebensbedingungen bis in die »Falten des Alltags« verändert.

Aber die Debatte um mediale Wirkungen klebt an Oberflächenphänomenen. »Machen Computerspiele aggressiv?« ist so eine geläufige, in Medien und Wissenschaften durchbuchstabierte Fragestellung, die nur auf dem Hintergrund komplexer gesamtkultureller und wirtschaftlicher Umwälzungen annähernd zu interpretieren wäre. Dasselbe gilt für die psychischen Aspekte. Entwicklungsgeschichtlich sollten die Veränderungen der seelischen Verhältnisse, des symbolischen Erfassens und Handelns, des tagträumenden Agierens im Netz entfaltet werden, bevor Folgeprobleme wie »Aggression« in quantifizierenden Studien vernünftig aufgenommen und sinnvoll interpretiert werden können.

4.1 Grundlagen

Das Zusammenwirken von wirtschaftlichen und kulturellen Veränderungen bis hin zu den Auswirkungen auf die Familien und auf die individuellen Wahrnehmungsordnungen und Symbolisierungsprozesse, auf Lernen und Kommunikationen ist freilich in Kürze nicht darzustellen. Ich greife daher zentrale Aspekte heraus.

Beginnen wir mit den wirtschaftlichen Veränderungen, die es ohne das Internet nicht gäbe. Joseph Weizenbaum, einer der wichtigsten Vordenker und Konstrukteure des Internets, sagte mir einmal in einem privaten Gespräch: »Das Internet wird höchstens von sieben Leuten auf der ganzen Welt begriffen.« Ich bin sicher, dass er sich selbst dazu zählte. Mich eher nicht. Mit beiden Einschätzungen hatte er recht.

Das heißt nun freilich, dass wirtschaftliche und globale Gesamtprozesse der kollektiven und individuellen Reflexion weitergehender entzogen sind als je zuvor in der Menschheitsgeschichte. Was unseren Arbeitsplatz sichert und gefährdet, was die Finanzmärkte reguliert

und damit die Kapitalausstattung und langfristige Planung noch des kleinsten Handwerksbetriebs bestimmt, ebenso die Verlagerung von Produktionsstätten aufgrund von extrem verbesserter Logistik oder Auslagerungen von Verwaltungen wie bei DaimlerChrysler, dies alles wäre ohne digitale Datenverflechtungen nicht machbar und wird gleichwohl von unserem individuellen Verstehen nicht durchdrungen. Wir sind auch in dieser Hinsicht nicht »Herr im eigenen Haus«. Damit stellen sich Grundfragen der Individualität und Selbstverantwortung und nicht zuletzt Fragen zu den Chancen von familiärer Erziehung, Vorbildwirkungen und zum Charakter moderner Bildungsprozesse ganz neu.

Globale Wirtschaft – ich habe es in einer Analyse für eine deutsche Universität, in der es konkret um die kulturellen Hintergründe des sogenannten Zappelphilipp-Syndroms (ADHS) geht, zusammengefasst – ist folgendermaßen gekennzeichnet:

»Die Finanzströme und damit die Kapitalausstattungen großer Konzerne ebenso wie vieler mittelständischer Unternehmen werden gleichsam in Nanosekunden rund um den Erdball geworfen, das Börsengeschehen, weltweit vernetzt, ist für den menschlichen Verstand kaum mehr fassbar und greift gleichwohl entscheidend in die Existenz großer und mittlerer Unternehmungen ein; der sog. Shareholder-Value, an dem sich der Aufbau und die Vernichtung von Arbeitsplätzen orientiert, ist eine unmittelbare Folge der digitalen Technologie und wäre ohne sie nicht möglich (ebenso die grotesken Summen, die manche Manager sich als Abfindungen von planvoll betriebenen, aber letztlich undurchschaubaren Prozessen selber zuerkennen). Nichts ist mehr sicher, und so mag man zu der Konsequenz gelangen, dass just der nervöse, hyperaktive, impulsiv in alle Himmelsrichtungen ausgreifende Charakter, der den ADHS-Kindern zugeschrieben wird, der Phänotypus des Erfolgreichen der Zukunft ist.

Das Geld ist zu einem Abstraktum neuer Art geworden, ›Geld heckt Geld‹ prognostizierte schon Marx, und so ist es gekommen – die Geldbewegungen beziehen sich kaum mehr auf reale Werte, konkrete Produktionsstätten und Märkte, sondern in ihren wesentlichen Funktionen auf das immanente Finanzgeschehen. Die Börsen ähneln Computerspielen, vernichten Tausende von Arbeitsplätzen an einem und errichten ebenso viele an einem anderen Ort – wobei Landschaften und Orte immer austauschbarer, verwechselbarer werden –, sie wälzen die Lebensgrundlagen der Familien bis hin in die Bindung von Eltern und Kindern um. Kurzum, die Finanztransfers im digitalen Übertragungsraum, die die Nationalökonomien erschüttert haben, führen zu einer Abstraktifizierung der realen Dinge und einer Erschütterung der Alltagsvernunft« (Bergmann, 2007).

Nein, wir sehen und erkennen solche Abhängigkeiten, in die wir alle verstrickt sind, in unserem Alltag nicht. Der Erwerb von Medienkompetenz durch Kinder, mit Effekten für ihre Zukunftsfähigkeit, ihre sozialen Kompetenzen, die in einer veränderten Welt gefragt sind, findet bis heute keinen Niederschlag in der Methodik und Didaktik unserer Schulen – von einigen randständigen Informatikkursen an Gymnasien und wohlbestallten Internaten einmal abgesehen. Auf Tagungen der Grundschullehrer wird nach wie vor das »richtige Atmen«, der plaudernde »Morgenkreis« vorgetragen und Wissensvermittlung im Wesentlichen formelhaft »eingeübt« (als gäbe es immer noch eine begrenzte, hierarchisch gegliederte Pyramide des Wissens, die man sorgfältig von unten nach oben ordnen und »erlernen« kann, statt den mittels digitaler Übertragungsräume unablässig anwachsenden Strom divergenter Wissensbestände zu analysieren, die ganz neue kognitive und emotionale Fähigkeiten erfordern).

Die Kinder und Jugendlichen und jungen Erwachsenen schöpfen ihre Wirklichkeitserfahrungen weitgehend aus anderen Quellen, und meist ist ihnen nicht bewusst, dass sie sich dabei in eine neue Informations- und Wissenskultur einüben, dass ihre Wahrnehmungen bereits von ihr durchdrungen, ihre Intelligenz von ihr gespeist, ihre Zukunftsträume von ihr gebildet worden sind. Sie fühlen sich in Computerspielen und in besonderer Weise in den Onlinerollenspielen, die eine schier unbegrenzte Plastizität von Phantasie und Handeln, Kontakten und Tagträumen ermöglichen, »zu Hause«. In ihren Spielen begegnen sie in der Tat einer Organisation von Realität, die der des »sozialen Nahraums« nicht entspricht.

4.2 Anmerkungen zur technisch-ästhetischen Beschaffenheit der digitalen Medien

Alles ist anders geworden, wir haben nur extrem lange gebraucht, bis wir das verstanden haben. Die Organisation der Sinne, das Körper- und Raumempfinden, der Bedeutungscharakter der Schrift, das Handeln im digitalen Übertragungsraum insgesamt, alles hat einen neuen Charakter angenommen. Ich will versuchen, ihn schrittweise zu umreißen.

Mechanik. Mechanik konnten wir verstehen, jedenfalls konnten wir sie entlang unserer Realitätserfahrungen und Körpergefühle nachvollziehen. Mechanik, das war die Erweiterung von Körperkräften in Zeit und Raum, eine Potenzierung der Kräfte des Körpers. Deshalb gibt es heute noch Männer, die persönlich gekränkt sind, wenn ihr Auto kaputt ist. Die Wirksamkeit

der digitalen Vorgänge entzieht sich jeder Vorstellung. Objektdarstellungen und symbolisches Handeln im Internet sind in enormer Rechengeschwindigkeit gefügte (computerisierte) Lichtsignale. Sie bewegen sich in einem elektromagnetischen Feld, während wir sie in einer räumlich-perspektivischen und zeitlichen Ordnung aufnehmen. Die Vermengung unterschiedlicher Symbolordnungen führt zu sinnlichen Irritationen, die einen hohen Reiz ausüben: Im Netz bewegen wir uns nicht in einer räumlich-perspektivischen Ordnung, sondern in einem *allumfassenden Ungefähren*. Die aus diesem raum-zeitlich unbeschriebenen »Ungefähren« auftauchenden Objekte haben die eindringliche Evidenz des »plötzlichen« Erscheinens. Insgesamt entsteht eine »Überwältigungsästhetik«, die unsere an Realitätsvoraussetzungen gebundenen Sinnesordnungen begrenzt erscheinen lässt.

Licht. Digitale Technologie ist eine des Lichts, und Licht (▶ Kasten) ist geheimnisvoll. Es bereitet der Physik nach wie vor Rätsel. »Ich werde den Rest meines Lebens damit zubringen, das Geheimnis des Lichts zu lösen«, schrieb Einstein; es ist ihm nicht gelungen. Licht umhüllt, Licht wirkt symbiotisch, es ist nicht »hier« und »dort« und nie einfach »gegenüber«, es ist *überall*. Real, gewiss, aber kein Gegenstand – insofern scheint es eine enge assoziative Verbindung zwischen Lichtphänomenen und der Stimulierung regressiver Verschmelzungswünsche und -phantasien zu geben.

Die **Kulturgeschichte des Lichts** führt von der frühchristlichen Mystik – »Das fließende Licht der Gottheit« von Mechthild von Magdeburg, Höhepunkt der weiblichen Mystik des Mittelalters – bis zur Düsternis der Poe'schen Großstadtalbträume, die ohne das Licht der Gaslaternen nicht denkbar wären, von Platons »Höhlengleichnis« zu Schopenhauers Lichtmetaphern, mit denen er die Idee der Selbstüberwindung des Willens zu fassen versuchte. Diese Kulturgeschichte taucht teils unbewusst, teils als Zitat in den angesagten Onlinespielen auf.

Daten. Rein technisch sind die in Lichtpunkten dargestellten Daten unbegrenzt konvertibel: Objekte können in Töne, Schriftzeichen in Farbe usw. übergehen. Dieses Unbestimmbare haftet im Netz wie eine Vergegenwärtigung der schier unendlich erscheinenden Plastizität des menschlichen Gehirns. So sehr dieses »Morphing« der datengebundenen Objekte unsere täuschbaren Sinne narrt, so sehr erscheint hier ein symbolisch-bildhaftes Medium des abstrakten, über das Reale hinausgreifenden Erfassens und Denkens vorzuliegen, das in weiter entwickelter Weise komplexe philosophische Systeme ebenso wie analytische Zugänge zu psychischen Strukturen ermöglicht und sie in einen dynamischen hochartifiziellen Zusammenhang in einer Art magischer Evidenz kleidet.

Übertragungsräume. Mittels digitaler Übertragungsräume kommunizieren wir – weil das Räumliche nicht dargestellt wird – über Fernräume, die ganz nah sind. Aber das ist nur ein Teil der Wahrheit. Wenn ein einjähriges Kind sich mit aller körperlicher Anstrengung an einem Tischbein hochzieht, dann schreibt es in die Feingliedrigkeit seiner Empfindungen und Bewegungen die Eigenart von Objekt, Körper und der veränderten Raumordnung ein – ganz verinnerlicht, ganz erfahrungszugänglich wird dieser Erwerb aber erst dann, wenn das Kleine von Mutter oder Vater oder einer vertrauten und geliebten Person würdigend angeschaut wird. Jetzt erst, im Einklang mit frühen Bindungen, sind die neuartigen Perspektiven, die sich mit der erweiterten Kompetenz des Körpergefühls im Raum auftun, ganz im kindlichen Selbst verankert und zur Gewissheit geworden. Der Nahraum hingegen, der in digitalen Übertragungen entsteht, erzeugt ebenfalls Nähe, aber es ist nicht die Nähe der Biografie, nicht die Nähe der Kindheit.

Schriftzeichen. Dieser technisch-ästhetische Modus prägt auch den Bedeutungscharakter von Schriftzeichen im Netz. Heute schon herrschen in unserem Alltag digitalisierte Schriftzeichen (Handy, Computer, Teletext) vor. Für eine aufgeklärte abendländische Kultur, die auf dem geschriebenen Wort basiert, hat dies weitreichende Folgen, die seltsamerweise kaum diskutiert werden. Schrift im Buch hatte einen eigenen Bedeutungsdrang. Sie war gleichsam mit dem Signum der Wahrheit ausgestattet, die zugleich – dem autodidaktischen autonomen Individuum der Neuzeit entsprechend – jedermann zur Verfügung stand und seiner Reflexion zugänglich war. Zugleich ermöglichte die Textimmanenz – vielfältige interne Verweise des geschlossenen Schriftstücks – eine hohe Komplexität. Diese Bedeutungskontingenz der Schrift wird im Netz weitgehend in fortlaufende aktuelle Kommunikationen aufgelöst; ohne gefügten Rahmen und Struktur ist sie beliebig veränderbar, wird fortlaufend ergänzt und fortgeführt, ohne Begrenzung. Luthers »Das Wort sie sollen lassen stahn« würde das geschriebene »Wort« auf einen der hinteren Ränge in den Suchmaschinen verbannen.

Avatare. Für den Chat und also auch für einen wichtigen Teil der Onlinespiele hat dieser veränderte Schriftcharakter eine hohe Bedeutsamkeit. Während im Chat zwei anonymisierte Individualitäten als »Avatare« (▶ Kasten), als Codierungen einer Selbst-Erfindung, in Kontakt treten, wirkt die bedeutungssichernde Tradition des geschriebenen Wortes weiterhin nach. Die Anonymität des »Gegenübers« *und* der verbürgende Charakter der Schrift machen die gleichzeitige Intimität und Fremdheit der Netzkommunikation aus – eine Verschränkung von Vertrautheit *und* Bindung ans Anonyme, die in dieser Weise in unserem »alten« Verständnis von Kommunikation undenkbar wäre.

Infobox

Unter einem **Avatar** versteht man den grafischen Stellvertreter eines Menschen in der virtuellen Welt – also beispielsweise kleine Bilder in Diskussionsforen,

Quelle: http://www.razyboard.com/system/
morethread-tvb-beitrag-in-citylife-vom-8908-
dobanjai-1583609-5394014-0.html, Screenshot vom
17.9.2009

Ebenso werden Programme unter diesen Begriff gefasst, die so intelligent sind, dass ein User mit ihnen durch natürliche Sprache kommunizieren kann – so etwa in der Automobilnavigation. Der Begriff »Avatar« bezeichnet aber auch künstliche Figuren, wie in der Simulation »Second Life«, die durch virtuelle Welten geführt werden und durch die der PC- oder Videospieler mit anderen Spielern interagieren kann.

4.3   Onlinespiele

Damit sind wir bei den Onlinespielen. Die phantastisch-magischen Stoffe und die omnipotente Gestalt der Heroen vereinigen sich mit diesen regressiven Wünschen und erzeugen – bei gleichzeitiger Aufrechterhaltung einer hohen funktionalen und planenden, aber weitgehend emotionsarmen Intellektualität – ein eigenwilliges Spielmilieu.

Es sind vor allem Onlinespiele, die Jugendliche in ihren Bann ziehen. Per Onlinetelefonie und Chat wird »durchgespielt«, denn diese Spiele haben kein Anfang und kein Ende, sie dauern 24 Stunden am Tag. »World of Warcraft« und »Call of Duty« sind im deutschen Sprachraum angesagt, die Spielversion von »Herr der Ringe« wird wohl dazukommen. Im Fachjargon spricht man von einem »Massively Multiplayer Online Role Playing Game« (MMORPG).

Zu den Eigenarten dieser Spielform gehört u. a., dass die spielenden Jugendlichen sich wie selbstverständlich im Strom der elektronischen Daten bewegen, virtuell kämpfen und töten, Gemeinschaften bilden und sie wieder verlassen, per Netztelefon oder Chat gemeinsam Taktiken ausbrüten, die die Gegner aus dem Feld schlagen. Und zuletzt reicht das Beenden des Programms mit einem Klick, um all die Kontakte, die Feinde, die Phantasmen und die Magien wieder verschwinden zu lassen, als hätte es sie nie gegeben. Die Grenze zwischen Erscheinung und Verschwinden, zwischen Sein und Nichtsein verläuft in diesen digitalen Technologien durchlässiger als irgendwo sonst auf der Welt (von altenglischen Spukschlössern einmal abgesehen).

Die Bildinhalte sind banal: Elfen, Drachen, Zauberer, Cyberhelden, manchmal in absurd gepanzerter Rüstung, manchmal im kindischen Rittergewand. Das alles wirkt wie die Phantasiewelt eines kleinen Jungen, der Krieg oder Weltuntergang, Zauberer und Ritter spielt. Sehr bildhaft stellt sich diese Art der Gewandung beispielsweise im Onlinerollenspiel »World of Warcraft« dar, wo sie comicartig überzeichnet wird. Nur ist auf dem Monitor alles in aktuellen Bildern präsent, in schwirrenden Symbolen, die aus Lichtpunkten errechnet (computerisiert) worden sind – der Spieler versinkt in die Lichtgelände und Kampfspiele, jetzt und wieder jetzt. Allzeit, Allraum, das mit dem Körper-Selbst verknüpfte Zeit- und Raumempfinden schwindet, je länger und ausdauernder gespielt wird.

Ein kaltes, weites Szenarium dehnt sich vor den Augen des Spielers aus, in dem jedoch, wie ein heimliches Versprechen für seine abrufbereiten Aggressionen, Feinde lauern. Versteckt sind sie, noch unsichtbar, aber jede Sekunde können sie hervorbrechen. Er ist, während er noch chattet oder redet, kommuniziert, immer innerlich auf dem Sprung, hoch angespannt, stundenlang. Das ist wie ein Rausch.

Wenn sie dann hervorbrechen, die feindlichen Scharen, dann lässt der Spieler ein Urgewitter aus Laserstrahlen und vernichtender Technologie auf die Gegner los – mal allein, meist in Abstimmung mit seiner »Gilde«. Es zuckt und wirbelt; es flackert und blendet. Die Destruktionen feiern ein artifizielles Fest.

Quelle: Blizzard Entertainment, 2005: Word of Warcraft, Screenshot vom 4.11.2009

Die »Selbsterfindungen« im Spiel werden bereitwillig als Identitätsmaterial angenommen, die »Heroen« im Spiel haben in aller Regel keine Geburt, keine Biografie, nicht einmal ein individuelles Gesicht – anders gesagt, alles Biografisch-Besondere ist in ihnen ausgelöscht. Diese Kinder und Jugendlichen greifen danach wie nach einer unvergleichlichen Tröstung. Diese Spielwelt wird als Nicht-Selbst und doch in einer perfekt funktionierenden, omnipotenten Weise agiert und erlebt.

4.4   Virtuelle Omnipotenz

Die jungen Spieler wissen durchaus zwischen Alltagsrealität und virtueller Realität zu unterscheiden – aber ihr spielerisches Selbst erfährt eine äußerste Potenz seiner emotionalen und intellektuellen Kapazitäten. Das Reale und Soziale verblasst demgegenüber und wird als unattraktiv, aufdringlich und letztlich bedrohlich empfunden.

Die Jungen sind nach meiner therapeutischen Erfahrung im frühen Kindesalter von ihren Eltern, oft von den Müttern, »idolisiert« worden, nun behandeln sie ihr Selbst wie ein Objekt, das perfekt funktionieren muss. Regelhaft ist dieses Verhaltensbild verbunden mit einer hohen Kränkbarkeit, aber auch einer ausgeprägten Begabung im Umgang mit ästhetischen Phänomenen. Stark an Mütter gebundene Jungen entfalten in aller Regel eine begrenzte Lösung von den kleinkindhaften triebdynamisch stimulierten Allmachtsphantasien. Diese werden zwar unter der Einwirkung der Realität aufgeweicht, bleiben aber durch die oft sehr ausgeprägte psychische Präsenz von Mama wirksam. Die Aufspaltung der Psyche in ein »realitätsfähiges Ich« einerseits und ein ideales, ein idolisiertes Selbst andererseits ist hier angelegt. Die Zusammenhänge zur technisch-ästhetischen Ausstattung der Spiele sind offensichtlich.

Sobald die unbewusst an omnipotente innere Bilder angelehnte Bindung an das Mütterliche – bei gleichzeitigem Mangel an verinnerlichter Väterlichkeit und männlichem Selbstbewusstsein – etwa ab dem zwölften Lebensjahr einer natürlichen Trennung unterliegt, verstricken sich Mutter und Sohn in endlose Konflikte, die von beiden Seiten mit Erbitterung geführt werden. Der Junge tröstet sich über diese Kränkung, indem er in den Lichtgeländen der virtuellen Spielwelten seine Omnipotenz, das »innere heile Bild«, wiederfindet, ohne den Realitätskontakt ganz aufzugeben und ohne seine kognitiven und funktionstüchtigen Potenzen zu verlieren.

4.5   Schlussbemerkung

Will Wright, einer der einflussreichsten Spieleentwickler, erklärte mir in einem Gespräch: »Diese Jungen spielen den Traum der kleinen Götter vor ihren Monitoren.« Ein Menschheitstraum: Frei agieren im durchscheinenden Glanz des Lichtes, wie Ikarus – unsere Kultur bewegt sich auf diesem widerspruchsreichen Weg. Den Geist losreißen von den Bedingungen des Realen, davon träumen nicht nur Marvin Minsky und andere Pioniere der digitalen Kultur; jene oft verdruckste, oft ins Depressive gekehrte Idealisierung des Selbst, die in uns allen wohnt, träumt diesen Traum im Vorbewussten in uns ein Leben lang. Die Jungen sind ihm näher gerückt, als wir Erwachsene es für uns selbst je zu hoffen wagten. Ob dieser Menschheitstraum in einer unfasslichen Befreiung oder im kollektiven Wahnsinn endet, ist freilich noch ganz und gar unentschieden.

Ikarus (▶ Kasten) floh mit seinem Vater aus der verwirrenden Erdschwere des minotaurischen Labyrinths. Mithilfe der Naturgesetze, die er sich gefügig machte, hatte der Vater Schwingen entwickelt, die die Windströmungen nutzbar, die Gleitbewegungen berechen- und kontrollierbar werden ließen – die Beherrschung der Natur gelang. Aber Ikarus wollte weiter, ganz hinauf jenseits der Naturgesetze, ganz entbunden, hinein in das reine, gleißende, durchdringende Dasein, das Sonnenlicht, während die mahnende väterliche Stimme hinter ihm zurückblieb. Ikarus, wie wir wissen, stürzte ab.

In der griechischen Mythologie wurde **Ikarus** gemeinsam mit seinem Vater Daedalus gefangen gehalten. Daedalus erfand Flügel, indem er Federn mit Wachs an einem Gestänge befestigte. Mit diesen Flügeln wollten er und sein Sohn fliehen. Daedalus schärfte Ikarus ein, nicht zu hoch zu fliegen. Ikarus wurde jedoch übermütig und flog so hoch, dass die Sonne das Wachs seiner Flügel schmolz und er abstürzte. Dies wird meist als Strafe der Götter für seinen unangemessenen Griff nach der Sonne gedeutet.

Problemlagen

5

Cyberstalking

Jens Hoffmann

5.1 Definition und Grundlagen des Stalkings

Stalking ist ein Phänomen, das so alt ist wie die Menschheit selbst. Dabei wird unter diesem Begriff die wiederholte Verfolgung oder Bedrohung einer anderen Person gegen deren Willen verstanden. Das englische Wort »Stalking« entstammt ursprünglich der Jagdsprache und bedeutet dort, einem Wild auf die Spur zu kommen und es zu verfolgen. Kulturelle und technologische Neuerungen führen auch beim Stalking dazu, dass menschliches Verhalten die Ausdrucksform wandelt. So ist es kein Wunder, dass in den letzten Jahren das sogenannte Cyberstalking an Bedeutung gewinnt. Cyberstalking bezeichnet die obsessive Verfolgung oder Belästigung einer anderen Person in der virtuellen Welt. Den Ort des Geschehens bilden das Internet, E-Mails, Intranets oder ähnliche elektronische Medien.

Worum handelt es sich grundsätzlich beim Thema Stalking? Zunächst: Es existiert keine in jedem Fall auftretende Stalking-Verhaltensweise. In der Regel handelt es sich um ein Bündel von Verhaltensweisen, hinter dem sich unterschiedlichste Motive, psychische Besonderheiten und Emotionen verbergen können. Im Kern geht es um ein einseitiges Kontaktstreben. Eine Person versucht, in einen Kontakt mit einem anderen Menschen zu treten, der dies nicht will und diese Versuche auch nicht unterbinden kann. Es handelt sich also um eine Interaktion, die von einer klaren Asymmetrie geprägt ist.

Immer geht es dabei um Beziehung. Stalker wollen von dem anderen wahrgenommen werden, eine intime Beziehung oder auch nur eine Freundschaft eingehen. Sie möchten den Bruch einer für sie emotional bedeutsamen Beziehung ungeschehen machen, oder sie möchten sich für vermeintliche oder reale Unbill rächen.

Somit lassen sich zwei Grundtendenzen im Stalking ausmachen: das Beziehungsstalking, bei dem die Suche nach Nähe vorherrschend ist, und das Rachestalking, welches häufig in einem Muster von Psychoterror Ausdruck findet. Diese beiden Dynamiken sollen anhand von zwei Fallbeispielen exemplarisch dargestellt werden.

Fallbeispiel Beziehungsstalking

Im Sportverein gestand ein Teenager einer gleichaltrigen Kameradin seine Liebe und fragte, ob sie beide ein Paar werden könnten. Die junge Frau lehnte dies klar ab. Da ihr die ganze Angelegenheit unangenehm war, vermied sie jede weitere direkte Begegnung. Der junge Verehrer setzte seine Bestrebungen indes fort. Er hinterließ ihr regelmäßig kleine Präsente an ihrem Fahrrad und schickte ihr mehrere E-Mails pro Tag mit Gedichten oder Links zu Webseiten, die er als besonders schön und harmonisch empfand. Da die junge Frau nie auf seine Kontaktversuche reagierte, nahm die Frequenz seiner Mailkontakte allmählich ab, bis er ihr nach einem Jahr nur noch sehr vereinzelt Nachrichten sendete.

Fallbeispiel Rachestalking

Ein 14-jähriger Junge war in ein Mädchen verliebt, das in seiner Parallelklasse war. Er kannte sie lediglich vom Sehen und wusste nur ihren Namen. Da der Schüler gehemmt und schüchtern war, sprach er sie nie an. Er trat jedoch in einem Internetschülerforum mit ihr in Kontakt, allerdings unter einem falschen Namen, der keinen Rückschluss auf seine wahre Identität zuließ. Es gelang ihm eine Zeit lang, mit seiner Schulkameradin sehr allgemein gehaltene Nachrichten in diesem Forum auszutauschen. Einige Wochen später wurde der Tonfall des Jungen jedoch fordernd, und er begann auch sexualisierte Äußerungen zu tätigen. Das Mädchen reagierte erbost und machte dies – mit einigen abfälligen Bemerkungen – in dem Forum öffentlich. Der Schüler war daraufhin so gekränkt und wütend, dass er einen Rachefeldzug startete. Er stellte Namen, Postadresse und Telefonnummer dieser Schulkameradin auf eine Internetseite und gab dort an, dass sie eine Prostituierte sei, die ihre Dienste anbiete. In der Folge kam es zu zahlreichen Anrufen bei dem Mädchen und ihren Eltern, bei denen nach Terminen für sexuelle Kontakte gefragt oder Obszönitäten mitgeteilt wurden. Zum Erschrecken der Familie klingelten gelegentlich sogar Männer an der Haustür und fragten, den Namen des Mädchens nennend, ob die junge Frau gerade »frei sei«.

Das letzte Fallbeispiel macht deutlich, dass es sich bei Stalking oftmals um ein dynamisches Geschehen handelt, bei dem sich das Verhalten rasch ändern kann. Ein zurückgewiesener Kontaktversuch kann zu Aggression führen, Beziehungsstalking kippt um in Rachestalking.

Drei Ebenen. Zugleich ist für beide Beispiele aus psychologischer Sicht eine Fixierung auf das Opfer kennzeichnend. Insgesamt lassen sich in der Psyche und dem Verhalten des Verfolgers drei Ebenen ausmachen, die für das Stalking konstituierend sind:

1. Die kognitive oder gedankliche Ebene: Markant ist hier, dass der Stalker in aller Regel fest davon überzeugt ist, dass seine Handlungen angemessen sind. Er glaubt beispielsweise, dass das Opfer ihn provoziert hat oder dass beide füreinander bestimmt sind. Es ist also die einseitige Vorstellung vorhan-

den, dass eine Beziehung, sei sie positiver oder negativer Art, vorhanden, berechtigt oder erwünscht ist.

2. Die emotionale Ebene: Der Stalker ist auch von seinem Gefühl her auf das Opfer ausgerichtet. Diese Fixierung kann emotional unterschiedlich getönt sein. Sie mag beispielsweise positiv geprägt sein, etwa durch ein Gefühl von Liebe und ein Bedürfnis nach Nähe. Sie kann nach einer Zurückweisung oder Trennung aber auch von Niedergeschlagenheit bestimmt sein oder von Wut und Hass gespeist werden.

3. Die Handlungsebene: Das phänomenologische Kerncharakteristikum von Stalking besteht darin, dass das Verhalten sowohl länger andauert als auch wiederholt auftritt. Die Art der Handlungen kann sehr unterschiedlich sein, ihr Ziel ist jedoch letztlich immer, irgendeine Art von Eindruck bei dem Opfer zu hinterlassen.

Es ist wichtig, dass Stalking nicht generell mit einer psychischen Krankheit gleichzusetzen ist. Zwar sind Stalker häufig emotional labiler als andere Menschen, doch ist nur in wenigen Fällen bei jugendlichen Stalkern eine schwere Psychopathologie, wie beispielsweise eine Wahnerkrankung, festzustellen.

Die obsessive Verfolgung und Belästigung eines anderen Menschen ist als Handlungsmöglichkeit tief in der menschlichen Psyche verwurzelt. Schon Kleinkinder heften sich in einer bestimmten Entwicklungsphase regelrecht an die Fersen ihrer Eltern und versuchen, sich durch rüdes Verhalten in den Fokus zu rücken – vor allem dann, wenn sie glauben, dass sie nicht genug Aufmerksamkeit erhalten. Wir haben es hier also mit grundlegenden Verhaltensweisen zu tun, welche zum einen mit der Suche nach Nähe, zum anderen aber auch mit Aggression zusammenhängen, wenn der Eindruck entsteht, dass man nicht genug Aufmerksamkeit erhält. Verselbstständigt sich dieses Handlungsmuster, spricht man von Stalking.

Es finden sich daher in der überlieferten Menschheitsgeschichte immer wieder Berichte über Vorfälle, die wir heute als Stalking bezeichnen würden. So auch in der Bibel im hebräischen Mythos von Josef und Zuleika. Josef wurde als Sklave in Ägypten an einen Kämmerer des Pharaos verkauft. Dessen Frau verliebte sich in ihn und begann, Josef unentwegt zu traktieren. »Und es begab sich danach, dass seines Herrn Frau ihre Augen auf Josef warf und sprach: Lege dich zu mir! Er weigerte sich aber [...] Und sie bedrängte Josef mit solchen Worten täglich. Aber er gehorchte ihr nicht, dass er sich zu ihr legte und bei ihr wäre« (1. Mose 39, 7–10). Erzürnt über die fortwährende Abweisung, beschuldig-

te die Frau Josef schließlich, sie sexuell belästigt zu haben, worauf er ins Gefängnis geworfen wurde. Schon hier findet sich also das typische Stalkingmuster, dass Verehrung und Verfolgung rapide in Wut umschlagen können, wenn sich das Opfer dem Wunsch nach Nähe widersetzt.

Über die Jahrtausende hat Stalking offenbar deutlich zugenommen. So berichten junge Menschen signifikant häufiger als früher darüber, schon einmal Opfer von Stalking geworden zu sein. Dies hat mehrere Gründe: Zum einen entstehen viele Stalkingfälle aus einer Trennungs- bzw. Zurückweisungssituation heraus. Solche Situationen treten heute häufiger auf, denn in früheren Zeiten heirateten die Menschen früher und blieben nach der Heirat üblicherweise für den Rest ihres Lebens zusammen. Zudem treten soziale Entwurzelung und Anonymität infolge einer höheren Mobilität und eines häufigeren Wechsels von Arbeitsbedingungen heutzutage häufiger auf. Entwurzelung fördert das Bedürfnis, Nähe aufzubauen, und in einigen Fällen führt dies auch zu Stalking. Als ein weiterer wichtiger Faktor sind neue Technologien zu nennen, die schlichtweg mehr Stalkingaktivitäten möglich machen. Dies begann mit der leichteren Verfügbarkeit von Transportmitteln wie dem Auto oder dem Zug, die eine physische Verfolgung des anderen Menschen erleichterten. Die Verbreitung von Telefonen und später Handys erlaubte eine neue Form von Kommunikationsterror. Nun sind wir beim Cyberstalking angekommen, bei dem ohne jeden Aufwand und jederzeit Kontakt mit einem anderen aufgenommen werden kann, Informationen über ihn recherchiert werden können oder sein Ruf in der virtuellen Welt beschädigt werden kann. Die Möglichkeiten des Stalkings haben sich also potenziert – eine Entwicklung, die sich mit dem rasanten technologischen Fortschritt weiter fortschreiben wird.

5.2 Stalking bei Jugendlichen

Stalking ist ein Massenphänomen. Von dessen schwerster Ausprägung, bei der die Betroffenen um ihre körperliche Unversehrtheit fürchten, sind etwa 2 % aller Männer und 8 % aller Frauen in ihrem Leben einmal betroffen. Obwohl für Jugendliche keine repräsentativen Zahlen vorliegen, ist davon auszugehen, dass auch hier regelmäßig Stalking auftritt. Zugleich gibt es offenbar auch Unterschiede. Sind bei den Erwachsenen vier von fünf Stalkern männlichen Geschlechts, so geht das Zahlenverhältnis bei Jugendlichen stärker in Richtung Gleichverteilung. Auch gibt es bei Jugendlichen öfter gleichgeschlechtliches Stalking, wobei hier nur in vereinzelten Fällen eine sexuelle Motivation vorherrscht.

In den Teenagerjahren besitzt das Thema Verliebtheit hohe Signifikanz. Das einfache »Verschossensein« und »Schwärmen« muss jedoch von Stalking unterschieden werden. Stalking beinhaltet immer auch eine markante Handlungsebene, wobei die Handlungen länger andauern, von dem Opfer nicht erwünscht sind und die sozial üblichen Grenzen überschreiten.

Die systematische Erforschung obsessiver Verfolgung und Belästigung bei Jugendlichen ist bislang selten. In einem ersten großen Projekt untersuchte die forensische Psychologin Rosemary Purcell gemeinsam mit Kollegen in Australien dieses Feld (Purcell et al., 2009). Dabei analysierten die Wissenschaftler Fälle, bei denen Jugendliche wegen Stalkings mit dem Gesetz in Konflikt geraten waren. Es handelte sich also um eine Extremgruppe. Erschreckend war, wie häufig in dieser Gruppe Aggressionen auftraten. In drei von vier Fällen kam es zu Drohungen, in mehr als der Hälfte der Fälle wurde körperliche Gewalt ausgeübt. Das Risiko einer Eskalation lag somit sogar noch höher als bei erwachsenen Stalkern. Und auch die psychischen Auswirkungen auf die Betroffenen erwiesen sich als dramatisch. Gerade wenn Stalker und Opfer auf der gleichen Schule waren, herrschte bei den Betroffenen gehäuft Angst vor, die zu Leistungseinbrüchen und erhöhten Fehlzeiten führte. Über 10 % der Betroffenen berichteten sogar über schwere Depressionen und Selbstmordgedanken.

5.3   Cyberstalking bei Jugendlichen

Die virtuelle Welt ist bei Jugendlichen in den vergangenen Jahren wie selbstverständlich zu einer sozialen Welt von zentraler Bedeutung geworden. Vermutlich zeichnet sich hier infolge der digitalen Revolution ein Bruch zwischen den Lebenswelten der Eltern- und der Kindergeneration ab, der historisch einmalig ist. Ältere haben selten ein differenziertes Verständnis oder auch nur einen ungefähren Einblick in diese Welt, die für junge Menschen heute vielleicht zu dem sozialen Marktplatz überhaupt geworden ist. Vor diesem Hintergrund ist nachvollziehbar, dass auch Cyberstalking mit großer Wahrscheinlichkeit stark zugenommen hat.

Worum handelt es sich bei Cyberstalking überhaupt? Cyberstalking bezeichnet zunächst ein Stalkingverhalten, welches sich eines vernetzten Computers bedient. Cyberstalking kann völlig eigenständig auftreten, aber auch Teil eines Stalkingvorfalles sein, bei dem zusätzlich herkömmliche Stalkingverhaltensweisen wie Telefonanrufe oder physische Annäherungen zu beobachten sind.

Trotz vieler struktureller Ähnlichkeiten existieren doch spezifische Unterschiede zwischen der virtuellen und der herkömmlichen Form wiederholter Verfolgung und Belästigung. Wenngleich auch beim »klassischen« Stalking Medien wie Telefon, Faxe oder Briefe die Überwindung einer größeren geografischen Distanz zwischen Verfolgern und Verfolgten ermöglichen, ist dies mit den Mitteln der elektronischen Kommunikation deutlich einfacher zu bewerkstelligen. Zu jedem Zeitpunkt kann eine Nachricht ohne nennenswerten Aufwand auf den Weg gebracht werden – und dies über eine beliebige Entfernung. Musste man vor gar nicht langer Zeit dabei noch zu Hause vor dem Computer sitzen, so ist es durch die Verbreitung von internetfähigen Handys inzwischen auch unterwegs möglich, jederzeit Kontakt mit dem jeweiligen Stalkingopfer aufzunehmen. Die neue Technologie potenziert somit die Handlungsmöglichkeiten des Stalkers.

Ein weiteres besonderes Merkmal der virtuellen Belästigung ist, dass der Stalker über das Internet auch eine Öffentlichkeit schaffen und so dritte Personen ermutigen kann, sich an einer Kampagne gegen das Opfer zu beteiligen, z. B., indem er etwa in Internetforen oder auf Homepages entsprechende Nachrichten lanciert.

Als ein weiteres Charakteristikum des Cyberstalkings ist zu bemerken, dass die Hemmschwellen vergleichsweise niedrig angesiedelt sind. Es ist nicht nötig, dem Opfer persönlich aufzulauern, noch müssen Schreiben zum Briefkasten gebracht oder muss darauf gewartet werden, dass die Zielperson am anderen Ende der Telefonleitung abhebt. Zudem ist es beim Cyberstalking relativ einfach, in völliger Anonymität zu agieren.

Es erscheint plausibel, dass die wahrgenommene Anonymität auf dem Display des Handys oder auf dem Computerbildschirm sowie die dort bestehende Armut an sensorischen Reizen bestimmte psychische Prozesse begünstigen. Beim Cyberstalking sieht, hört, riecht und berührt man die andere Person nicht, noch erspürt man sie im direkten Gegenüber. Der in der Anonymität vorherrschende Mangel an sozialer Kontrolle kann etwa bewirken, dass bestimmte Emotionen wie Wut und ein Bedürfnis nach Macht nicht unterdrückt werden und aggressives Stalking somit erleichtert wird. Dabei spielt auch das Fehlen von nonverbalen Rückmeldungen eines Interaktionspartners, die in der direkten Kommunikation sozial regulierend wirken können, eine Rolle. Signale wie Gesichtsausdruck, Körperhaltung oder Tonfall haben oftmals einen dämmenden Effekt auf auftauchende Aggressivität und Feindseligkeit.

Der Mangel an sensorischen Eindrücken und die Zurückgezogenheit am Computerbildschirm vermögen auch die Phantasietätigkeit zu erhöhen. Ein Stalker ist in der Lage, elektronisch in jede beliebige Identität zu schlüpfen und sein Opfer in seiner Phantasie allmächtig zu kontrollieren oder zu beeindrucken. So wird aus Sicht des Stalkers virtuell eine befriedigende Beziehung konstruiert, und er erlebt sich selbst in einer Annäherung an eine narzisstische Perfektion, welche als Verstärker für eine Fortsetzung seines Stalkingverhaltens wirken kann. Dabei kann es auch zu einem Verschwimmen der Grenzen zwischen Realität und Phantasie sowie zu einer für den Stalker immer wichtiger werdenden Pseudointimität mit dem Opfer kommen.

5.4   Ausdrucksformen des Cyberstalkings

Oberflächlich scheint es so, als könne Cyberstalking seinem Wesen nach nur über eine sehr begrenzte Anzahl von Verhaltensfacetten verfügen. Die Erfahrung hat jedoch gezeigt, dass genau das Gegenteil der Fall ist: Die technischen Möglichkeiten des Internets erlauben eine Vielfalt von Handlungsmustern obsessiver Belästigung oder Bedrohung (▶ Kasten).

Aufbauend auf den Erkenntnissen der US-amerikanischen Kommunikationswissenschaftler Brian Spitzberg und Gregory Hoobler (2002), können beim Cyberstalking vielfältige **Handlungsmuster** konstatiert werden:

- wiederholtes und unangemessenes Äußern von Gefühlen oder Drohungen über E-Mails, elektronische Postkarten etc.,
- Weitergabe von privaten Informationen über das Opfer an andere über Chaträume, Massen-E-Mails, Internetseiten etc.,
- Versenden oder Veröffentlichen von Grafiken oder Fotomontagen, in denen das Opfer in aggressiver, sexuell beleidigender oder auf andere Weise verunglimpfender Art dargestellt ist,
- Verbreitung von Gerüchten und übler Nachrede über das Opfer,
- Raub der Identität des Opfers und die Aufnahme schädigender Kontakte unter dessen Namen,
- Kontaktaufnahme mit dem Opfer unter einem elektronischen Alias, also mit vorgetäuschter Identität,
- systematisches Verfolgen der Onlineaktivitäten des Opfers,
- Abfangen von elektronischer Kommunikation des Opfers, z. B. E-Mails,
- Versuche, den Computer, das Handy oder andere Geräte des Opfers auszuspionieren,
- Versuche, internetfähige Geräte des Opfers zu schädigen, beispielsweise durch Viren,
- Manipulation der elektronischen Identität des Opfers, etwa durch Veränderung seiner Signatur oder seiner privaten Homepage,
- systematische Internetrecherche, um an private Informationen über das Opfer zu kommen.

Obsessive Kontaktversuche mittels E-Mails stellen vermutlich die häufigste Variante des Cyberstalkings dar. Auf der Verhaltensebene besteht hier die größte strukturelle Ähnlichkeit mit den »klassischen« Handlungsmustern des Stalkings, die etwa wiederholte Telefonate und Briefkontakte beinhalten. Und tatsächlich lässt sich E-Mail-Stalking vielfach als durch den technologischen Fortschritt bedingte Erweiterung eines bereits vorhandenen Verhaltensrepertoires begreifen.

Obgleich E-Mails eine distanzierte Form der Kommunikation darstellen, vermögen sie doch die Privatsphäre der Opfer zu verletzen und psychische Belastungen zu verursachen. Gerade die exzessive Wiederholung, d. h. die Häufigkeit, mit der die elektronischen Nachrichten von Stalkern im virtuellen Briefkasten vorgefunden werden, kann Gefühle der Verunsicherung, Ohnmacht und Wut hervorrufen. Für viele Menschen sind E-Mails inzwischen ein ebenso gebräuchliches Medium der Kommunikation wie das Telefon und spielen damit im sozialen Leben eine bedeutsame Rolle. Daher ist auf dieser

Ebene eine spezifische, sehr persönliche Verwundbarkeit gegeben.

Das Medium Internet hat in der Informationsrecherche völlige neue Dimensionen eröffnet. Dabei lassen sich nicht nur allgemeine, sondern häufig auch private Daten ermitteln. Es ist wenig überraschend, dass sich in zahlreichen Fällen auch Stalker diese Informationsquelle zunutze machen und Hinweise auf ihre Zielpersonen aus dem Internet ziehen.

Das Internetstalking wird auch dadurch begünstigt, dass viele Surfer im World Wide Web ihre Anonymität massiv überschätzen. Tatsächlich hinterlässt jede Aktivität im Netz individuelle Spuren, die von dritter Seite unerkannt beobachtet werden können. So lassen sich Informationen über die Seiten, welche eine Person im Internet besucht hat, oder Details über den von ihr genutzten Computer relativ leicht erfassen. Es gibt sogar kommerzielle Anbieter, die diese virtuellen Spuren systematisch auswerten und individuelle Profile erstellen, welche sie dann etwa für Marketingzwecke gemeinsam mit der E-Mail-Adresse des Users verkaufen. Obwohl regelmäßig Berichte über derartige Praktiken auch in den Massenmedien erscheinen, ist für viele Menschen die Illusion, im Internet privat und unerkannt bleiben zu können, so mächtig, dass aufkeimende Bedenken leicht weggeschoben werden.

Auch die Sorglosigkeit, mit der gerade Jugendliche private Daten ins Netz stellen, erleichtert das Internetstalking. Diese Daten sind meist sogar mit einer Fülle sensibler persönlicher Angaben versehen. Stolz werden Anschriften, aber auch private Fotografien im Internet veröffentlicht, die geeignet sind, bei manchem Betrachter Phantasien über eine intime Nähe auszulösen. Mehr als einmal nahm eine lange Stalkingperiode mit dem zufälligen Anklicken einer privaten Homepage ihren Anfang.

In einem anderen Teilgebiet des Internetstalkings setzt der Stalker bewusst auf die Öffentlichkeitswirksamkeit des elektronischen Mediums – ein deutlicher Unterschied zur intimeren, weil nur zweiseitigen Form der Kommunikation beim E-Mail-Stalking. Wie bereits aufgeführt, kann diese Vorgehensweise Diffamierungen beinhalten, etwa durch die Veröffentlichung kompromittierender Informationen und Bilder bis hin zu Aufforderungen an andere Internetnutzer, das Opfer ebenfalls zu belästigen.

Als weiterer für Stalking relevanter Bereich des Internets sind Foren und Chatrooms zu nennen. Hier findet sich ein bestimmter Delikts- und Tätertypus. Der Verlauf bei dieser Form des Cyberstalkings sieht typischerweise folgendermaßen aus: Der Cyberstalker trifft das Opfer in einem Forum und entwickelt dort seine Obsession. Sodann versucht er, in eine enge Beziehung zu seinem nichts ahnenden Opfer zu treten. Falls er zurückgewiesen wird, reagiert er mit einer regelrechten Kampagne von Belästigungen, die von der virtuellen in die reale Welt übergehen können, falls die entsprechenden persönlichen Angaben wie Adresse oder Telefonnummer des Opfers dem Stalker zugänglich sind.

In seltenen Fällen greift ein jugendlicher Cyberstalker online auf den Computer des Betroffenen zu. Dies kann etwa das Löschen oder Verändern von Daten bedeuten, das gezielte Herunterladen von persönlichen Dateien wie etwa Textdokumenten oder das »Abhören« des Opfers, um beispielsweise zu erfahren, mit wem es E-Mails austauscht. Das Eindringen in den Computer stellt zwar die seltenste Form der virtuellen Belästigung und Verfolgung dar, kann aber, etwa wenn der Stalker für das Opfer unmittelbar erkennbar die Herrschaft über dessen Rechner übernimmt, zu einem besonders ausgeprägten Gefühl des Kontrollverlustes führen.

5.5 Umgang mit Cyberstalking

Sensibler Umgang mit persönlichen Daten

Cyberstalking ist ein Bereich, in dem präventives Handeln und ein gezieltes Fallmanagement möglich sind. Als wichtiger Punkt ist zunächst der vorsichtige und bewusste Umgang mit der Veröffentlichung persönlicher Informationen im Internet zu nennen. Adressdaten, Orte, an denen man sich bevorzugt aufhält, Freunde und Bekannte – all dies sind Beispiele für Angaben, die einem Cyberstalker von Nutzen sein können. Hier gilt es auch, die zunehmenden Möglichkeiten der Internetrecherche im Auge zu behalten. Vermutlich lassen sich ins Internet eingestellte Fotografien schon bald mit einer Bilderkennungsanwendung durchsuchen, sodass auch nicht betitelte Aufnahmen mit anderen Bilddaten in Zusammenhang gebracht werden können. Es kann sich zudem lohnen, den eigenen Namen in Suchmaschinen einzugeben, um zu sehen, ob nicht andere Personen sensible Informationen über einen ins Netz eingestellt haben. Dies geschieht oft ohne schlechte Absicht. Die schlichte Bitte, solche Angaben wieder zu löschen, hat sich vielfach als effektiver Weg bewährt.

Vorsicht bei der Selbstdarstellung im Internet

Eine weitere Empfehlung betrifft die Selbstdarstellung im Internet. Die Wahl einer geschlechtsneutralen E-Mail-Adresse oder eines neutralen Nicknames in Foren verringert die Wahrscheinlichkeit, Zielobjekt einer potenziell unangenehmen Kontaktaufnahme zu werden. Auf keinen Fall sollten aufreizende oder sexuell eingefärbte Namen gewählt werden. Auch sollte kein einfacher Rückschluss von dem virtuellen auf den realen Namen möglich sein, um ein Übergreifen der Belästigungen von der virtuellen auf die physische Welt zu erschweren.

Vorsicht bei persönlichen Treffen mit Internetbekanntschaften

Vorsicht ist geboten, wenn ein persönliches Treffen mit Bekanntschaften aus dem Internet im realen Leben angedacht wird. Was man über die nur virtuell bekannte Person weiß, ist nicht sehr sicher, kann sie doch in der elektronischen Kommunikation ihre Motive, ja sogar ihr Geschlecht oder ihr Alter verfälscht haben. Deswegen sollte ein derartiges Zusammenkommen in einem öffentlichen Raum und in Anwesenheit anderer Menschen stattfinden, wenn möglich tagsüber. Zudem ist es vorteilhaft, im Vorfeld Freunden oder der Familie von dem Treffen zu erzählen und auch den Ort des Treffens bekannt zu geben.

Konsequenter Abbruch unangenehmer Kommunikation

Allgemein gilt, dass unangemessene oder belästigende Onlinekommunikation sofort abgebrochen werden sollte. Foren, in denen Derartiges passiert, sollten verlassen werden. Stalker sind oft gut darin, bei ihren Opfern eine gezielte Reaktion hervorzurufen. Dies gelingt ihnen etwa durch das Aussprechen von Beleidigungen oder den Versuch, dem Gegenüber Schuldgefühle einzureden. Jedwede Reaktion des Opfers führt jedoch letztlich zu einer Bestätigung des Stalkers, da dessen psychologisches Kernmotiv darin liegt, Aufmerksamkeit zu erhalten. Dies bedeutet, dass auch eine Klarstellung einer diffamierenden Äußerung oder eine scharfe Antwort des Opfers auf eine geäußerte Drohung potenziell Stalking begünstigt.

Anfertigen einer juristisch verwertbaren Dokumentation

Ist man zum Opfer eines Cyberstalkers geworden, gilt es, wie bei anderen Formen obsessiver Belästigung auch, das gesamte Stalkingverhalten zu dokumentieren, um eventuelle spätere juristische und polizeiliche Schritte zu erleichtern. Dies bedeutet oftmals, eine Art Tagebuch über die Belästigungen eines Stalkers zu erstellen. Außerdem besteht manchmal die Gelegenheit, Screenshots von den Onlineaktivitäten des Stalkers anzufertigen, die seine Grenzüberschreitungen dokumentieren.

Unterstützung suchen

In den letzten Jahren wurde (Cyber-)Stalking im deutschsprachigen Raum endlich als ernst zu nehmendes Problem anerkannt. Dies bedeutet, dass es zum Glück mittlerweile vermehrt Personen im Umfeld von Jugendlichen gibt, die zumindest schon einmal etwas von Cyberstalking gehört haben. Zudem haben lokale Hilfsangebote für Betroffene zugenommen, und auch die Polizei ist häufiger aufgeklärt. Es ist deshalb sinnvoll, als Opfer von Cyberstalking aktiv und gezielt nach lokalen Fachpersonen zu suchen, die in die Thematik eingearbeitet sind.

Weiterführende Literatur

Hoffmann, J. (2006). Stalking. Heidelberg: Springer.

Meloy, J. R. (Ed.). (2008). The psychology of stalking. San Diego: Academic Press.

Pathé, M. (2002). Surviving stalking. Cambridge: Cambridge University Press.

Purcell, R., Flower, T. & Mullen, P. E. (2009). Adolescent stalking. Trends & Issues in Crime and Criminal Justice, 369, 1–6.

Spitzberg, B. H. & Hoobler, G. (2002). Cyberstalking and the technologies of interpersonal terrorism. New Media & Society, 4 (1), 71–92.

Jugendgewalt 2.0: über Cyberbullying und Happy Slapping

Frank J. Robertz

Die Kommunikation mithilfe von Neuen Medien ist in den letzten Jahren eine der populärsten Formen geworden, Kontakte zwischen Kindern und Jugendlichen zu knüpfen und aufrechtzuerhalten. Während der Internetzugang am heimischen Rechner diesbezüglich in erster Linie als alltägliches Gebrauchsmedium genutzt wird, um sich zu informieren, sich selbst darzustellen und sich miteinander auszutauschen, ist vor allem das Mobiltelefon zum universellen Alltagsbegleiter geworden. Es dient nicht nur zum Telefonieren, sondern auch dazu, wichtige Momente mittels Bild, Ton oder Film festzuhalten und mit anderen auszutauschen, die Lieblingsmusik zur Untermalung des Alltags griffbereit zu haben, sich mit Spielen die Zeit zu vertreiben und per Adressbuch den Kontakt zu den Freunden jederzeit aufrechterhalten zu können. Damit ist das Mobiltelefon für Jugendliche ein überaus wichtiges Werkzeug, dessen Verlust bedrohlich wirkt. Die Tochter eines Freundes stürzte beispielsweise kürzlich eine Treppe hinunter und erlitt dabei nicht unerhebliche Blessuren. Was sie jedoch schützend – und triumphierend – in die Höhe hielt, als sie am Fuß der Treppe aufschlug, war ihr unversehrt gebliebenes Handy. Die Urangst des Menschen, alleine zu sein, wird durch die (zumindest theoretisch ununterbrochen mögliche) Erreichbarkeit via Handy ein Stück weit aufgehoben. So nannte die französische Psychoanalytikerin Delphine Miermont das Handy schon vor Jahren in Interviews nicht umsonst eine »Nabelschnur« zum Beziehungspartner. Im Falle von Jugendlichen stellt es heute eine Nabelschnur zur Peergroup dar. Die ständige Erreichbarkeit signalisiert Sicherheit und Geborgenheit.

Doch leider hat diese ständige Erreichbarkeit auch Nachteile. Hiermit ist noch nicht einmal der Prototyp des beständig laut telefonierenden Busnachbarn, das Klingeln des Handys im Unterricht oder die Ablenkung durch das Telefonieren im Straßenverkehr gemeint. Die ständige Erreichbarkeit selbst kann ins Negative umgekehrt werden. Will man seinem Mitmenschen Böses, dann erlauben Neue Medien dies weit wirkungsvoller umzusetzen. So kann etwa das seit langem bekannte Phänomen des Mobbings bzw. Bullyings mithilfe Neuer Medien ungleich schädigender betrieben werden.

Der Begriff »**Mobbing**« umfasst im deutschen Sprachgebrauch das fortgesetzte und zielgerichtete Schikanieren eines Menschen. Erstmals nutzte der aus Deutschland ausgewanderte schwedische Arzt und Psychologe Heinz Leymann 1984 den Terminus in seiner heutigen Bedeutung. Er fokussierte hierbei auf das Verhalten am Arbeitsplatz, obwohl der Begriff mittlerweile auch in Bezug auf Vorkommnisse in der Politik, dem Militär und der Schule genutzt wird.

Zur besseren Abgrenzung bürgerten sich in den letzten Jahren jedoch spezialisierte Begriffe ein. In Bezug auf Mobbing im Kontext von Sportteams oder dem Militär spricht man etwa von »Hazing« (die Durchführung ritueller Tests, die vor allem der Demütigung der zu initiierenden Sportler oder Soldaten dienen), in Bezug auf Schulen dagegen von »Bullying«.

Der Begriff »**Bullying**« beschreibt mithin wiederholt und über einen längeren Zeitraum ausgeführte gewalttätige Handlungen, die dazu dienen, jemanden zu schädigen. Ausschlaggebend für die Nutzung des Begriffs ist oftmals zudem ein ungleiches Machtverhältnis zwischen dem Opfer und dem oder den Täter(n). Sozialer Kontext ist stets die Schule. Unterscheidbar sind vor allem folgende Formen:

- physisches Bullying (schlagen, treten, schubsen, beschädigen, erpressen),
- verbales Bullying (spotten, beleidigen, beschimpfen, sich lustig machen),
- relationales Bullying (ignorieren, isolieren, Gerüchte streuen, unbeliebt machen),
- sowie als neue Form das in diesem Artikel thematisierte Cyberbullying.

6.1 Merkmale von Cyberbullying

Herkömmliches Bullying war meist im Kern auf den Ort Schule beschränkt. Neue Medien erlauben jedoch das Durchbrechen der häuslichen Barriere: Beständige Anrufe, SMS oder E-Mails mit negativen Inhalten wirken zermürbend, während verleumderische Webseiten umfassend präsent und recherchierbar sind. Die Flucht vor solchen Verhaltensweisen gestaltet sich als nahezu unmöglich, denn selbst im heimischen Umfeld ist das Opfer nicht mehr vor den Nachstellungen und Demütigungen sicher. Gravierende Verschärfungen des Bullyings durch Neue Medien werden beispielsweise deutlich durch:

- die fehlende Notwendigkeit einer direkten Konfrontation: Es ist nicht mehr notwendig, dem Opfer physisch entgegenzutreten. Ohne dass das Opfer etwas bemerkt, kann es beispielsweise gefilmt und fotografiert werden. Dieser Inhalt kann dann gefälscht, in einen anderen Kontext eingebunden und das Opfer auf diese Weise im Internet diskreditiert werden. Ebenso kann es in sozialen Netzwerken verspottet oder über anonyme SMS beschimpft werden.

- die Tatsache, dass der Täter häufig die Fortwirkung seiner Handlungen nicht kontrollieren kann: Hat ein Täter einmal beleidigende oder peinliche Fotos bzw. Filme versandt, kann er die Verbreitung kaum rückgängig machen. Selbst wenn er die Aufzeichnungen von seinem eigenen Handy und seinem Internetaccount löscht, besteht der Inhalt außerhalb seines direkten Einflussbereichs auf anderen Geräten fort.
- die Vervielfachung der Wirkungsdauer: Während die Wirkungszeit beim herkömmlichen Bullying auf die Tatsituationen und die Erinnerungen der Beteiligten beschränkt ist, erlauben Aufzeichnungen mittels Neuer Medien ein konstantes Erinnern der quälenden Erlebnisse. Ebenso können die Aufzeichnungen verfremdet und in anderen Kontexten genutzt werden und somit für neue Aufmerksamkeit sorgen.
- die Vervielfachung des Zuschauerkreises: War die Anzahl der Zeugen von Demütigungen zuvor auf die Schüler beschränkt, welche in der Situation anwesend waren, so wird der Zuschauerkreis durch die Nutzung Neuer Medien vervielfacht. Vor allem das Internet erlaubt eine schnelle und breite Streuung der Informationen über soziale Netzwerke, populäre Web-2.0-Angebote oder eigene Webseiten. In Extremfällen, wie im Fall des »Star Wars Kid« (▶ Kasten), handelt es sich um einen weltweiten Zuschauerkreis.

Unter dem Namen »**Star Wars Kid**« wurde im Jahr 2002 ein kanadischer Schüler bekannt. Der Jugendliche war Fan der »Star Wars«-Filme und hatte mit Zischgeräuschen und einer wild geschwungenen Golfballangel versucht, seine Lieblingsfilmfigur »Darth Maul« zu imitieren, und dies per Video festgehalten. Aufgrund seiner Körperfülle und der unrhythmisch-hektischen Bewegungen wirkte die Aufnahme jedoch eher belustigend, statt die von ihm erhoffte »coole« Wirkung zu erzielen. Er ließ das Videoband im Schneideraum der Schule zurück. Einige Monate später wurde es dort von anderen Schülern gefunden. Einer der Jugendlichen platzierte es auf der Internettauschbörse KaZaA und auf einer privaten Webseite, woraufhin es sich innerhalb weniger Tage über zahlreiche andere Webseiten verbreitete und mit herablassenden bis bösartigen Bemerkungen versehen wurde. Bald kamen veränderte Fassungen hinzu, die mit Musik unterlegt waren und mit Lichteffekten ein Laserschwert simulierten. Vier Jahre später wurde die Menge der verbreiteten Videos bereits auf weltweit 900 Millionen geschätzt. Das Star Wars Kid wird seither in viele aktuelle Filmtrailer von Hollywood-Blockbustern, wie etwa »Kill Bill« oder »Matrix«, hineinkopiert.

Dem Schüler selbst gelang es nicht mehr, den Dauerbelästigungen und dem über alle Medien auftauchenden Spott auszuweichen. Weder Schulwechsel noch psychiatrische Behandlung erbrachten eine Linderung, sodass seine Familie die Mitschüler verklagte, welche den Film im Internet in Umlauf gebracht hatten. 2006 kam es zu einer außergerichtlichen Einigung. Dennoch wird der Schüler sich ein Leben lang mit den Filmen auseinandersetzen müssen.

6.2   Definition von Cyberbullying

Bis vor kurzem hat sich die Forschung schwer getan, die Parameter von Cyberbullying zu definieren. Weiter verkompliziert wird dies durch die Notwendigkeit, Cyberbullying von anderen Phänomenen abzugrenzen, die ebenfalls im Zusammenhang mit der Nutzung Neuer Medien auftreten, etwa einer hitzigen Onlinediskussion oder dem kurzzeitigen »Flaming« eines Kommunikationspartners.

Infobox

Unter »**Flaming**« wird ein überbordend emotionaler oder polemischer Austausch in Diskussionsforen oder mittels Instant-Messaging-Systemen (IM-Systemen) verstanden, der sich mitunter über politische oder religiöse Ansichten entspinnt. Typischerweise folgen unsachlich-hitzige Beiträge und Beleidigungen unmittelbar aufeinander, erkalten jedoch ebenso schnell wieder. Es ist nicht Ziel des Flamings, eine einzelne Person über einen längeren Zeitraum zu belästigen oder zu diskreditieren.

Als Definition wird mittlerweile weitgehend die ursprüngliche Beschreibung von Bill Belsey genutzt, der schon seit 2000 auf einer kanadischen Webseite das Phänomen des Cyberbullying analysiert. Ihm zufolge ist Cyberbullying »die absichtliche, wiederholte und feindselige Nutzung von Informations- und Kommunikationstechnologien durch ein Individuum oder ein Gruppe, um damit anderen zu schaden« (Übers. F. Robertz). Hinduja und Patchin fassen dies 2009 etwas knapper als »absichtliche und wiederholte Schädigung unter Nutzung von Computern, Mobiltelefonen oder anderen elektronischen Geräten«. Robert Slonje (2006) folgend, sollte hier ggf. zur besseren Abgrenzung der eingangs geschilderten Problematik ein »Ungleichgewicht von Macht, bei dem die weniger machtvolle Person zum Opfer wird« in die Definition integriert werden.

6.3   Ausmaß von Cyberbullying

Im internationalen Überblick zeigt sich, wenig überraschend, dass Cyberbullying direkt mit der Verfügbarkeit der entsprechenden Technologie in Verbindung steht. Es ist also vor allem ein Phänomen der Industrienationen. Erste Studien finden sich aus den USA, Großbritannien und Kanada über Australien bis hin zu Japan, China und Korea. Insbesondere Ellen Kraft (2006) und Shaheen Shariff (2008) zeigten auf, dass Studien über Opferzahlen sich meist in einer Bandbreite zwischen 10 und 42 % bewegen. In Ausnahmefällen und bezogen auf spezifische kulturelle Erscheinungen erreichen sie auch höhere Zahlen, wie etwa McMillin (2005) sowie Jainshankar und Shariff (2008) von einer Studie aus Indien berichten, der zufolge 65 % der indischen Schüler Opfer von Cyberbullying unter Nutzung von Telefonen geworden sind. Bei genauerem Hinsehen erweisen sich derart hohe Zahlen jedoch kulturbedingt. So weist Jaishankar darauf hin, dass Bullying in Indien als akzeptable Verhaltensform zwischen Personen aus unterschiedlichen Kasten gilt und dass es eine ebenso kulturell akzeptierte Sonderform gibt, die sich gegen junge Frauen richtet und sich »Eve teasing« (»eine Jungfrau necken«) nennt. Konsequenterweise existieren in Indien keine Normen und Gesetze gegen diese Verhaltensweisen, und sie treten vermehrt auf.

Doch selbst Zahlen zwischen 10 und 42 % sind enorm hohe Werte, die nicht recht zu den in Studien über generelles Bullying an verschiedenen Schulformen in Deutschland genannten Opferzahlen passen wollen. Übereinstimmend weisen aktuelle Studien nach der Analyse von Hayer und Scheithauer (2008) für traditionelles Bullying an deutschen Schulen Werte zwischen

5 und 11 % auf. Repräsentative und damit verwertbare Zahlen zu Cyberbullying existieren hierzulande noch nicht. Wird Cyberbullying also in Deutschland nicht im selben Maße bemerkt, da seine Formen häufig verdeckter sind als beim klassischen Bullying? Steigen die Zahlen so rasant, dass sie noch nicht in Studien zu klassischem Bullying integriert werden konnten? Liegt das Phänomen in Deutschland einfach noch nicht in demselben Umfang vor wie in anderen Staaten? Oder ist ein stark unterschiedliches Forschungsdesign für diese Diskrepanz verantwortlich? Diese Fragen werden erst mit dem Vorliegen von Längsschnittstudien in Deutschland zu klären sein. Eine erste, nicht repräsentative und vom Studiendesign problematische Erhebung, die Riedel 2008 publizierte, misst bei einer Onlinebefragung von Schülern zwischen 6 und 19 Jahren insgesamt 22,4 %, die »in den letzten zwei Monaten achtmal oder öfter Opfer geworden sind«, während im gleichen Zeitraum nur 5,5 % der Schüler Opfer von Cyberbullying wurden. Selbst wenn die Werte stabil bleiben sollten und »nur« jedes zwanzigste Kind Opfer von Cyberbullying wird, ist im Schnitt mehr als ein Kind pro Schulklasse von Cyberbullying betroffen.

6.4   Ausprägungsformen von Cyberbullying

Typische Beispiele für Formen des Cyberbullyings, die betroffene Kinder und Jugendliche zu erleiden haben, sind folgende Vorkommnisse:

- *Veröffentlichung peinlicher Fotos:* Mitunter werden Fotos oder Filme gezielt angefertigt, um vom Opfer als peinlich empfundene Szenen festzuhalten. Meist entstehen die Aufnahmen jedoch spontan mit dem Handy und werden zunächst ohne böse Absicht an Freunde versandt und in Sozialen Netzwerken im Internet weiterverbreitet. Dort können sie recherchiert und in einen anderen Kontext gesetzt werden. Bearbeitungsprogramme erlauben es, die Fotos und Filme zu verändern. Anschließend werden sie veröffentlicht.
- *Sexuelle Belästigungen:* Oftmals handelt es sich bei den gefälschten Fotos um nachgestellte Nackt- oder Sexszenen, in die das Konterfei des Opfers hineinkopiert wurde. Werden freizügige Fotos von den Betreffenden selbst oder durch einen verlassenen Expartner aus Rache ins Netz gestellt, können diese mit gefälschten Unterschriften weiterverwendet werden (Beispiel: »Ich ficke mit jedem. Ruft mich an unter …«). Auch werden fremde Identitäten genutzt, um sich mit sexuell expliziter Ausdrucksweise einem Mitschüler zu nähern.

- *Rufschädigung:* Vor allem über Soziale Netzwerke können gezielt verleumderische Gerüchte gestreut werden. Dies ist jedoch auch über den schnellen Versand von Dutzenden SMS, IM, E-Mails usw. möglich. Die Vorgabe einer anderen Identität wird dabei genutzt, um die Quelle der Gerüchte zu verschleiern.
- *Identitätsdiebstahl:* Es kann auch die Identität des Opfers angenommen werden, um in Sozialen Netzwerken ein gefälschtes Profil anzulegen, welches nahelegt, das Opfer habe peinliche Informationen selbst eingegeben. Neben Falschinformationen können auch Beschimpfungen im Namen des Opfers ausgesprochen werden oder anzügliche Waren über das Internet bestellt und an Dritte verschickt werden.
- *Sozialer Ausschluss, Beleidigungen:* Auch herkömmlichere Vorgehensweisen des Bullyings können mithilfe der Neuen Medien genutzt werden. Der Ausschluss aus Sozialen Netzwerken, das direkte Diskreditieren über Kommentarfunktionen zu Fotos und Videos des Opfers, boshafte Kommentare auf herkömmlichen Webseiten, Anrufe mit verstellter Stimme oder das Verspotten über direkte Nachrichten können anonym und innerhalb von Sekunden umgesetzt werden.
- *Bewusste Gefährdung des Opfers:* Seltener kommt es zu Vorfällen, bei denen Kinder oder Jugendliche persönliche Informationen über das Opfer in Chaträumen von Pädophilen angeben, im Namen des Opfers und mit seinen Daten extremistische Äußerungen tätigen oder das Opfer auf Sexseiten anbieten. Die Cyberjuristin Parry Aftab (2000) bezeichnet diese Vorgehensweise als »Cyberbullying by Proxy« (indirektes Cyberbullying), da der Angriff auf das Opfer in der Folge online und offline durch Personen erfolgt, die irregeführt worden sind.
- *Cyberstalking:* Auch das wiederholte Aussprechen expliziter Drohungen bzw. das methodisch-zielgerichtete Belästigen einer Person über einen längeren Zeitraum hinweg (»Stalking«) mithilfe von Neuen Medien zählt als Form des Cyberbullyings (siehe hierzu auch ► Kap. 5).
- *Happy Slapping:* Eine besondere Spielart des Cyberbullyings wurde unter dem Begriff »Happy Slapping« bekannt. Hierbei filmt ein Jugendlicher mit seinem Handy eine bewusst zu diesem Zweck inszenierte Schlägerei oder Körperverletzung und macht diese Aufnahmen im Internet publik bzw. verteilt sie unter Nutzung der Bluetooth- oder Infrarotschnittstelle seines Mobiltelefons an Bekannte. Neben eher spielerisch-harmlosen Klapsen in der Frühphase des Happy Slapping werden zunehmend Gewaltexzesse bekannt, bei denen die Opfer bis zur Bewusstlosigkeit geschlagen oder vergewaltigt werden.

6.5 Sonderform Happy Slapping

Unter allen Ausprägungsformen des Cyberbullyings wirkt das Happy Slapping besonders verwirrend. Warum finden einige Jugendliche es lustig, andere Menschen zu schlagen, dies aufzunehmen und die Aufnahme dann einem Publikum zur Verfügung zu stellen?

Dankenswerterweise haben Judith Hilgers und Patricia Erbeldinger 2008 eine deutsch-britische Studie zu dieser Thematik abgeschlossen, von der mittlerweile erste Befunde publiziert sind. Ihre Forschergruppe an der Universität Trier nutzte neben internationalen Presseartikeln, Sichtungen von Videos und Experteninterviews vor allem qualitative Leitfadeninterviews mit jugendlichen Tätern und Opfern, um eine erste Annäherung an die Motivlage und subjektiven Deutungsmuster der Täter zu finden. Besonderes Augenmerk wurde dabei auf die Gewaltinteraktionen Jugendlicher gelegt. Dabei gelang es den Forscherinnen, drei Motivlagen zu differenzieren:

- Das *Erlebnismotiv:* Die Täter wollen außeralltäglich erlebte Action nach- und wiedererleben. Eine typische Aussage in diesem Kontext lautet: »Ich will mir das noch mal angucken, wie das dann wieder so aussieht, weil das ist ja dann wieder ein geiles Gefühl.«
- Das *Geltungsmotiv:* Hier fungieren Gewaltclips als kontrollierbare Anerkennungsressource und Abschreckungsinstrument. Dies betrifft sowohl den Jugendlichen, der direkt Gewalt ausübt, als auch denjenigen, der filmt. Eine Aussage zu diesem Motiv lautet etwa: »Ich fühl mich einfach stolz, wenn die anderen lachen und da auf mein Display sehen, was das ist. Und ich kann erzählen, was passiert ist.«
- Das *Leistungsmotiv:* Die Aufnahme wird hier als visueller Kompetenzcheck verstanden. Die eigene Fähigkeit zur Gewaltausübung kann überprüft und gesteigert werden. Jugendliche bezeichneten dies als: »Also ich hab das Video auf dem PC, damit ich seh, was ich falsch gemacht hab. Ich guck dann, was ich besser kann.« (Zitate aus Hilgers & Erbeldinger, 2008)

Die Befragten entstammten meist sogenannten gewaltaffinen Gruppen in London und in Trier. Mithilfe von Schulsozialarbeitern, Lehrern und Polizisten sprachen die Forscherinnen jene Jugendlichen direkt an. Diese sahen Gewalt meist als eine »adäquate Bearbeitungsstrategie« in Konfliktsituationen, hielten sich im öffentlichen Raum auf (»hingen rum«) und konsumierten Alkohol. Ein Teil der Befragten übte kriminelle Aktivitäten aus und stammte aus »Problemfamilien«.

Doch können die Motivationen solcher gewaltaffiner Jugendgruppen wirklich stellvertretend für deutsche Schüler stehen? Nach den Ergebnissen der aktuellen, repräsentativen JIM-Studie (mpfs, 2009) haben immerhin 41 % Prozent der an der Befragung teilnehmenden Hauptschüler auf die Frage, ob sie schon einmal mitbekommen hätten, dass eine Schlägerei mit dem Handy aufgezeichnet worden sei, mit »Ja« geantwortet. Daraufhin befragt, ob es sich um eine echte Prügelei gehandelt habe, antworteten 34 % aller Hauptschüler mit »Ja«. An Realschulen und Gymnasien lagen die Werte wie in den vorangegangenen Jahren etwas niedriger. Der prozentuale Anteil von Jugendlichen, die mit »Ja« geantwortet haben, ist dabei kontinuierlich von Jahr zu Jahr gestiegen. Mithin handelt es sich nicht etwa um ein Außenseiterphänomen gewaltaffiner Jugendlicher, sondern ein großer Anteil der Jugendlichen hat dieses Phänomen schon miterlebt und oftmals zumindest passiv unterstützt.

Welche Motivation ist auf einer solch breiten Basis denkbar? Neben dem Erlebnismotiv, dem Geltungsmotiv und dem Leistungsmotiv ist in Zukunft durchaus auch zu erforschen, ob Happy Slapping in seinen leichteren Formen tief in jugendtypischen Verhaltensweisen verankert ist. Die Suche nach Anerkennung und Selbstinszenierung kommt zum Teil bereits in der deutsch-britischen Studie zum Ausdruck. Auch das Brechen von Tabus und die Suche nach Grenzerfahrungen gehören untrennbar zur Lebensphase Jugend. Durch Happy Slapping können diese Bedürfnisse in scheinbar idealer Weise befriedigt werden. Doch warum geschieht das ausgerechnet auf diese gewalttätige Weise?

Eine kritische Reflexion der Erwachsenenwelt führt schnell zu medialen Erzeugnissen, die ein solches Verhalten nicht nur aufzeigen, sondern (wenn auch in anderen Kontexten) sogar noch gesellschaftlich zu legitimieren scheinen: So wird in der Fachliteratur oft ein Werbespot der britischen Limonadenfirma Tango von 1993 für das Entstehen von Happy Slapping verantwortlich gemacht. In diesem Spot lief laut Richard und Kollegen (2008) ein comicartig dargestellter, orangefarbener Mann auf einen anderen Mann zu, der gerade eine Dose »Tango Orange« trank, und ohrfeigte den überraschten Konsumenten, was symbolisch für

den unerwartet säuerlichen Geschmack der Limonade stehen sollte. Mit der Einblendung des Wortes »Replay« und Kommentaren von Reportern aus dem Off wurde der Slapstickcharakter des Fernsehspots betont. Diese Werbeidee kam bei Kindern in Großbritannien so gut an, dass sie damit begannen, die Szene nachzuspielen und unerwartet Mitschüler und Eltern zu ohrfeigen.

Auch in Deutschland finden sich zahlreiche Belege in der Populärkultur, die von Jugendlichen als Bestätigung ihres Tuns interpretiert werden können:

- Eine bekannte Zeitung der Regenbogenpresse betreibt fortlaufenden »Leserjournalismus« und zahlt 500 Euro für das aufsehenerregendste Foto oder Video, das sie dann bundesweit abdruckt oder auf ihrer Website darstellt. Einzig der Warnhinweis: »Die Arbeit von Rettungsdiensten oder Polizei darf nicht behindert werden« weist auf das grundlegende Problem hin, dass der Fotograf für das Ablichten leidender Opfer mit einem Geldbetrag und der Ehre des Abdrucks belohnt wird.
- Heimvideosendungen oder Pannenshows, oft mit dem Einsatz einer versteckten Kamera verbunden, machen Unfälle und Missgeschicke anderer zum Gegenstand des Amüsements, indem zu den Schmerzen verunglückender Menschen Lachen eingespielt wird.
- Eine TV-Show mit jugendlich wirkendem Moderator hat Schadenfreude als TV-Konzept etabliert, indem Menschen immer wieder in kurzen Einspielern in peinlichen Situationen gezeigt und lächerlich gemacht werden.
- Eine TV-Casting-Show lässt ihren populären Hauptjuror fortgesetzt hämische und verletzende Bemerkungen über schlechte Darbietungen machen.
- Das TV-Format »Jackass« lässt jugendlich wirkende Darsteller schmerzhafte Handlungen vollziehen, wie etwa, sich mit nacktem Oberkörper in aufgestellte Mausefallen zu werfen oder sich von einem Boxer zusammenschlagen zu lassen. Auch dies wird mit Lachern hinterlegt.
- Während Richard und Kollegen (2008) für den englischsprachigen Raum etwa auf die Sendungen »Wildboyz« und »CKY« sowie mit Abstrichen auch »Dirty Sanchez« aufmerksam machen, die Anregungen für Happy Slapping beinhalten, ist im deutschen Sprachraum beispielsweise auf die Sendung »Fist of Zen« (▶ Kasten) hinzuweisen.

6.6 Wege aus dem Cyberbullying

Da die derzeitigen Forschungsergebnisse noch kein klares Profil der »Cyberbullies« erkennen lassen, fallen die Täter im Vorfeld meist nicht als Risikogruppe auf. So bleibt als logische Konsequenz zunächst die Reaktion auf bereits erfolgte Vorkommnisse.

Intervention
Zunächst muss ein Vorfall bemerkt werden, bevor eingegriffen werden kann. Es gibt verschiedene Möglichkeiten, diese Wahrscheinlichkeit zu steigern: Lehrer können sensibel das Klassenklima, Umgangsweisen von Schülern im Kontext von Unterricht, Pausen bzw. Schulveranstaltungen oder auch Andeutungen in Aufsätzen bzw. Zeichnungen beobachten. In diesem Rahmen bemerkte Warnsignale, wie Außenseiterpositionen, Anpassungsprobleme und in der Folge vielleicht Verschlossenheit, bedrückte Stimmung, Leistungsabfall können zum Anlass genommen werden, um mit den Schülern über das soziale Miteinander ins Gespräch zu kommen. Auch ein »Beschwerdekasten« in der Schule oder als E-Mail-Postfach kann helfen, an Informationen über Bullyingvorfälle zu kommen.

Eine umfassende Intervention ist in erkannten Fällen ausdrücklich anzuraten. Die Schulleitung sollte hierbei mit den Beteiligten reden, Normen verdeutlichen und auf Wiedergutmachung hinwirken. Dabei sollten die Eltern nicht außen vor gelassen, sondern aktiv per Elternabend darüber informiert werden, welche Tragweite das vorgefallene Cyberbullying hat. Auch die Lehrer sollten einbezogen werden, um den Vorfall aufzuarbeiten. Außerdem sind Weiterbildungen zu dieser Thematik im Kollegium anzuregen, um für spätere Fälle besser vorbereitet zu sein. Es ist nicht zu erwarten, dass die Thematik des Cyberbullyings in den nächsten Jahren verschwinden wird. Vor allem sollte die Schulleitung die zuständigen Schulpsychologen bzw. Schulsozialarbeiter involvieren sowie ggf. einen Beratungslehrer oder schulbezogen arbeitenden Polizeibeamten hinzuziehen, um von den jeweiligen Kompetenzen zu profitieren. Gibt es an der Schule bereits ein Krisenteam (▶ Kasten), ist dieses in idealer Weise dazu geeignet, die Aufarbeitung solcher Vorfälle zu unterstützen.

> Das Sendeformat »**Fist of Zen**« basiert auf Mutproben von fünf Jugendlichen an einem öffentlichen Ort, wie etwa einer Bücherei, einem Museum oder einer Kirche. Dabei muss jeweils ein zufällig ausgewählter Jugendlicher eine Prüfung bestehen, indem er bei einer unangenehmen oder schmerzhaften Prozedur keine Lautäußerung von sich gibt. Als Belohnung bekommt die Gruppe einen Geldbetrag. Typische Aufgaben sind etwa, dem Kandidaten gespannte Gummis ins Gesicht zu schnalzen, ihn unangenehmen Gerüchen auszusetzen oder Metallklammern an seinem Körper zu befestigen, die von einem Gewicht abgerissen werden. Begleitet wird diese Prozedur von dem fortwährenden Kichern der Mitspieler.

Die gezeigten Beispiele beinhalten Belohnungen für das Aushalten, Aufzeichnen oder Zufügen von Leid bzw. setzen dies in den Kontext von Humor. Betrachtet man zusätzlich die Prinzipien von Nachahmungstaten, welche bei selbst- und fremdschädigendem Verhalten zu beobachten sind, wird diese Tatsache noch gravierender: Der Grad der Ähnlichkeit mit der gezeigten Person entscheidet mit darüber, ob ein Zuschauer sich mit einem Protagonisten identifizieren kann und seine Handlung imitiert. Ebenso erhöhen Protagonisten den Nachahmungseffekt, wenn sie positiv dargestellt werden oder prominent sind. Es ist daher anzunehmen, dass die jugendlichen oder jugendlich wirkenden und prominenten Darsteller in den meisten der genannten Beispiele ein Nachahmungsverhalten verstärken. Ebenso sind Sinnzuweisungen und die Darstellung konkreter Handlungen relevant. Wird also das Handeln von Jugendlichen durch Geldbeträge oder den Abdruck bzw. die Ausstrahlung eigener Aufnahmen belohnt, so kann sich auch dies verstärkend auf die Bereitschaft zur Nachahmung der dargestellten Szenarien auswirken. Somit ist der eigentliche Auslöser von Happy Slapping möglicherweise nicht eine grenzenlos oder gar gewalttätiger gewordene Jugend, sondern es sind vielmehr jene Signale, die wir Erwachsene unserer Jugend senden.

Zum gegenwärtigen Zeitpunkt ist noch kein wissenschaftlich stichhaltiger Beweis für diese Annahme geführt worden, doch sollte dieser Kontext in späteren Forschungen und bei der Reflexion unseres eigenen Handelns mit Jugendlichen nicht außer Acht gelassen werden.

> Schulische **Krisenteams** ermöglichen einen schnellen und effektiven Umgang mit problematischen Schulsituationen, indem notwendige Hilfsstrukturen bereits vor Eintritt einer Krise geschaffen werden. Auf diese Weise wird die Hand-
> ▼

lungssicherheit in Krisensituationen gestärkt und letztlich das Auftreten von Folgeschäden vermieden.

Krisenteams bestehen in der Regel aus einem Kernteam von meist fünf bis sieben Personen mit einem Leiter aus der erweiterten Schulleitung. Zentral für die Arbeit des Kernteams ist eine gut geführte Expertenliste, die eine gute Vernetzung mit Spezialisten für Krisensituationen sichert. Gut ausgebildete Krisenteams können generell Aufgaben bei der Gefährdungseinschätzung, beim Umgang mit akuten Krisensituationen und in der Nachsorge übernehmen. Schwerpunkt ihrer Arbeit ist jedoch die Prävention und gezielte Kontaktierung von Experten.

Prävention

Ein Fokus auf der Intervention bedeutet jedoch, dass Jugendliche bereits zum Opfer geworden sind und ihre Psyche möglicherweise bleibenden Schaden davonträgt. Ratsam ist es daher vor allem, bereits im Vorfeld mit primärpräventiven Möglichkeiten einzusetzen. Durch das flächendeckende Stärken von medialen Kompetenzen kann Cyberbullying entgegengewirkt werden.

Hilfreich ist es, auf Schulebene klare Verhaltensvereinbarungen zu treffen und eine verständliche Schulordnung zu erstellen, in der Cyberbullying und seine Konsequenzen thematisiert werden. Normsicherheit wird dabei nicht allein durch das Aufstellen der Regeln erreicht, sondern vor allem durch ihre beharrliche Umsetzung. Jedem Schüler muss nahegebracht werden, dass bestimmte Verhaltensweisen nicht erlaubt sind und auch konsequent geahndet werden.

Teil dieser Verhaltensvereinbarung muss auch das Ziel einer positiv-wertschätzenden Schulkultur sein. Dazu ist es nötig, vertrauensvolle Beziehungen nicht nur zwischen den Schülern selbst, sondern auch zwischen Lehrern und Schülern zu schaffen. Ziel muss es sein, das Klima in den einzelnen Klassen zu verbessern, denn Bullying tritt vor allem in Klassen auf, in denen die Klassengemeinschaft wenig ausgeprägt ist, in denen Umgangsregeln fehlen, Außenseiter existieren und die Gruppeninteraktion das Ansprechen von Konflikten nicht erlaubt. Gruppenbasierte Übungen und projektbezogene Lernformen können sich in diesem Zusammenhang hilfreich auswirken.

Auf Klassen- bzw. Individualebene ist es wichtig, Schüler mit den Grundkompetenzen des sozialen Miteinanders auszustatten. Es geht darum, einerseits die Empathiefähigkeit der Schüler zu steigern, damit sie Verletzungen wahrnehmen, und andererseits das Selbstbewusstsein der Schüler zu stärken, damit sie gelassener mit schwierigen Situationen umgehen können. Eine Verbesserung der Zivilcourage und der Konfliktlösungskompetenz helfen, Mobbingsituationen innerhalb der Klassengemeinschaft zu unterbinden. Auch eine Steigerung der Medienkompetenz ist sinnvoll. Mit ihrer Hilfe können beispielsweise die Änderung von Zugangsdaten, die Sicherung von Beweisdateien und die Anzeige von negativen Inhalten bei der Schulleitung bzw. der Polizei effektiver bewerkstelligt werden.

Es gibt nach derzeitigem Wissensstand auch keinen Grund, daran zu zweifeln, dass nachweislich wirksame schulische Präventionsprogramme im Bereich des klassischen Bullyings sich auch in Bezug auf eine Reduzierung des Cyberbullyings positiv auswirken. Die meisten Programme setzen bei der Verbesserung des Schul- und Klassenklimas sowie bei der Steigerung sozialer Kompetenzen an. Hier sind vor allem die wissenschaftlich evaluierten Programme von Dan Olweus (Anti-Mobbing-Programm, 2006), Barbara Maines und George Robinson (No Blame Approach, 1997) sowie von Nina Spröber und Kollegen (ProACT+E, 2008) zu nennen.

Auf der Ebene des Elternhauses sind das Interesse an medialen Aktivitäten der Kinder, die Zusicherung von Orientierung und Schutz sowie die Stärkung der Beziehung zu den eigenen Kindern von erheblicher Bedeutung.

Auf gesellschaftlicher Ebene sollte dagegen Handlungssicherheit durch klare gesetzliche Vorgaben zum Umgang mit Cyberbullying in Schulrecht, Jugendschutz und Strafrecht geschaffen werden. Noch stärker sind kultusministerielle Vorgaben zur stärkeren Berücksichtigung von Medienkompetenz und sozialer Kompetenz an Schulen notwendig. In diesem Rahmen sollte ebenso auf die Stärkung von Medienkompetenz bei Lehrern und Eltern Wert gelegt werden, damit die Lebenswelt der Kinder und Jugendlichen überhaupt angemessen verstanden wird.

Weiterführende Literatur

Grimm, P. & Rhein, S. (2007). Slapping, Bullying, Snuffing! Zur Problematik von gewalthaltigen und pornografischen Videoclips auf Mobiltelefonen von Jugendlichen. Schriftenreihe der Medienanstalt Hamburg/Schleswig-Holstein, Bd. 1. Berlin: Vistas.

Kirsh, S. J. (2006). Children, adolescents, and media violence. A critical look at the research. Thousand Oaks: Sage.

Kowalski, R., Limber, S. & Agatston, P. (2008). Cyberbullying. Oxford: Blackwell.

Schröder, M. & Schwanebeck, A. (2008). Schlagkräftige Bilder. Jugend, Gewalt, Medien. München: Reinhard Fischer.

Shariff, S. (2008). Cyber-bullying. Issues and solutions for the school, the classroom and the home. London: Routledge.

Sex sells.
Über die Sexualisierung
in den Neuen Medien

Rita Steffes-enn

7.1   Einleitung

Der Zugang zur digitalisierten und virtuellen Welt mit PCs, Laptops und Handys ist Bestandteil unseres alltäglichen Lebens. So ist etwa der Telefonanschluss mit Flatrate und DSL-High-Speed-Internetzugang zunehmend zur Normalität in deutschen Haushalten geworden. Zudem werden immer mehr Handys mit Verträgen inklusive Internetflatrates angeboten. Hierdurch sind der Internetzugang sowie das umfangreiche Herunterladen von Bild- und Videodateien aus dem Internet direkt auf das Mobiltelefon kostengünstig und nahezu von jedem Ort aus möglich.

Das gesamte Thema der Neuen Medien und der virtuellen Welt betrifft demzufolge im besonderen Maße die Lebenswelt der Jugendlichen. Laut der JIM-Studie (▶ Kasten) aus dem Jahr 2009 sind die Handys junger Menschen insgesamt auf einem hohen technischen Stand: 94 % verfügen über eine integrierte Kamera, 85 % sind internet- und bluetoothfähig, ebenfalls 85 % der Handys haben einen integrierten MP3-Player. Diese technischen Ausstattungen sind u. a. für das Herstellen, Beschaffen und Verbreiten von Bild- und Videodateien dienlich. Jugendliche verbringen ihrer eigenen Einschätzung nach die Hälfte ihrer Internetnutzungszeit mit »Kommunikation«. Der Rest verteile sich nahezu gleichmäßig auf die Bereiche »Information«, »Spiele« oder auf »Unterhaltungsangebote« (Musik, Videos, Filme etc.). Außerdem zeigte die JIM-Studie (mpfs, 2009), dass 72 % der Internetnutzer im Alter von 12 bis 19 Jahren bereits mehrfach pro Woche Soziale Netzwerke im Internet nutzen. Als besonders problematisch wird aufgezeigt, wie unbedarft junge Menschen auf Internetplattformen Informationen in Schrift und Bild über sich und ihr Leben weitergeben. So haben 83 % Informationen über ihre Hobbys und Tätigkeiten hinterlegt, 69 % eigene Fotos und 51 % Fotos der eigenen Familie oder Freunde. Ähnliche Ergebnisse zeigen sich auch im Rahmen von Präventionsprojekten mit Jugendlichen. Die damit einhergehenden Risiken sind den meisten jungen Menschen nicht geläufig oder werden als Bestandteil der virtuellen Welt gesehen – und erscheinen ihnen somit nur fernab des eigenen »Real Life« existent.

Die **JIM-Studie** ist eine jährliche Studie zum Thema »Jugend, Information, (Multi-)Media«, kurz: JIM, die seit 1998 vom Medienpädagogischen Forschungsverbund Südwest, kurz: mpfs, in Zusammenarbeit mit der Stiftung Lesen herausgegeben

▼

---

wird. Sie informiert über aktuelle Trends im Medienumgang junger Menschen in Deutschland. Als Grundlage dient eine repräsentative telefonische Befragung von 1.200 Personen zwischen 12 und 19 Jahren. Die **KIM-Studie** beschäftigt sich analog zur JIM-Studie seit 1999 mit dem Medienalltag von Kindern im Alter von 6 bis 13 Jahren (weitere Informationen sowie die Studien als pdf-Download finden Sie unter: http://www.mpfs.de).

Unter diesem Aspekt sind auch Seiten wie beispielsweise »Wer kennt wen« (meist verkürzt als »wkw« bezeichnet) genauer zu betrachten. Die Besonderheit von wkw besteht darin, dass durch wenige Mausklicks eine Vielzahl an Informationen über das (soziale) Netzwerk einer Person erhoben werden kann. Die Betreiber werben auf ihrer Homepage u. a. mit folgenden »Fähigkeiten« der Community:

- zu erfahren, wer wen (woher) kennt,
- in Erfahrung zu bringen, was die entsprechenden Personen tun, welche Interessen sie haben,
- zu sehen, über wen gemeinsame Bekannte vorhanden sind, ohne dass ein persönlicher Kontakt erforderlich wäre, und
- sich die Route zu einer Zielperson mit einem Klick anzeigen zu lassen.

Inzwischen sind nach Angabe der Betreiber 5,8 Millionen Mitglieder registriert.

Laut dem Bundesverband Informationswirtschaft, Telekommunikation und neue Medien e. V. (BITKOM) verfügten Ende 2006 bereits 37 % der deutschen Haushalte über einen schnellen DSL-Internet-Zugang. Zum Vergleich: Ende 2003 waren es 12 %. Nach damaligen BITKOM-Schätzungen sollte die Marke von 50 % 2008 überschritten werden. Für den hohen Zuwachs der schnellen Internetzugänge wird der zunehmende Wettbewerb unter den Anbietern als ursächlich erachtet, der zu immer niedrigeren Preisen bei zeitgleich steigenden Übertragungsgeschwindigkeiten führt. Durch die stetig steigende Übertragungsrate ist das Herunterladen zahlreicher Bilddateien sowie großer Videodateien mit keinem großen Zeitaufwand mehr verbunden. Bilder können in einem Bruchteil von Sekunden auf den eigenen Rechner heruntergeladen oder vom Rechner ins Internet hochgeladen werden. Dazu zählen in beachtlichem Maß auch Dateien mit pornografischem Inhalt. Dass Pornografie ein gewichtiger Bestandteil des Internets ist, zeigt sich auch daran, dass eine Google-Suche bei deaktiviertem SafeSearch-Filter (▶ Kasten) bei der Eingabe von »sex xxx«

15.300.000 Treffer erzielt. Die Trefferzahl bei Eingabe bestimmter Suchbegriffe bedeutet zwar nicht, dass es sich durchweg auch um die hier mit dem jeweiligen Begriff verbundenen Inhalte handelt. Ein gewisser Anteil der Treffer besteht immer aus Inhalten, die in anderem Zusammenhang aufgeführt werden. Doch bietet die Anzahl der Treffer mindestens einen groben Eindruck vom Ausmaß der hier gesuchten Inhalte.

> **Infobox**
>
> Der **SafeSearch-Filter** ist eine in der Rubrik »Einstellungen« vorhandene ausschaltbare Filterfunktion der Suchmaschine Google, die Seiten mit offenkundig pornografischem Inhalt bei der Trefferanzeige blockiert.

7.2 Internet- und handyrelevante Begriffe

Bei der Beschäftigung mit dem Thema »Pornografie und Neue Medien« tauchen einige Begriffe immer wieder auf. Im Folgenden wird ein Überblick über Begriffe gegeben, die sich auf Handys beziehen und dem Verständnis des Kapitels dienlich sind (Erläuterungen zu Begriffen aus dem Themenbereich Internet finden sich in ▶ Kap. 1).

Video- und Bilddateien können auf verschiedenen Wegen auf ein Handy gelangen: Durch eigene Herstellung, mittels Übertragung von einem Handy auf das andere, durch Herunterladen vom PC auf das Handy oder auf dem direkten Weg aus dem Internet auf das Handy.

- WLAN ist die Kurzform für »Wireless Local Area Network«. Es ermöglicht die drahtlose Verbindung zwischen Geräten und kann auch mit dem Handy genutzt werden, sofern dieses über die entsprechenden technischen Voraussetzungen verfügt. Die lokalen Netzwerke haben hierbei mitunter eine Reichweite von bis zu 300 m.
- Das WPAN (Wireless Personal Area Network) ermöglicht die Datenübertragung von einem Handy zum anderen in einer Reichweite von meist 10 m. Bluetooth gehört ebenso wie die Infrarotdatenübertragung zum Bereich des WPAN.
- Das WMAN (Wireless Metropolitan Area Network) ist das Funknetz mit der größten Reichweite. Hier sind drahtlose Datenübertragungen in einem Stadtgebiet oder einer Region möglich.
- Der Internetzugriff mittels Handy wird in der Regel über GPRS-, EDGE- oder UMTS-Standard und entsprechenden Browsern ermöglicht.
- Mittels WAP (Wireless Application Protocol) bzw. i-mode können die themenbezogenen MMS-Dienste des mobilen Internets genutzt werden. MMS-Dienste stellen u. a. Videodienste und Erotikdateien zur Verfügung.

> **Wichtige Abkürzungen**
>
> MMS: Übertragung multimedialer Nachrichten wie Bilder oder Videos.
>
> SMS: Übertragung von Textnachrichten.
>
> SMS-Chat: dient z. B. als Kontaktbörse via Textnachrichten.
>
> EDGE, UMTS, GPRS: dienen der Beschleunigung der Datenraten.

Die SMS-Funktion kann nicht nur zum Versenden und Empfangen von Textnachrichten zu Kommunikationszwecken, sondern beispielsweise auch zum Abrufen von Handyspielen genutzt werden. Von verschiedenen Anbietern werden spezielle Erotikspiele angeboten. Hier geht es, wie auch in anderen Spielen, um das Sammeln von Punkten. Diese werden z. B durch das Ausführen geforderter sexueller Handlungen innerhalb des Spiels erzielt. Das Herunterladen von Audiodateien auf das Handy wird durch die MP3-Player-Funktion ermöglicht.

7.3 Sexualisierung und Verbreitung von Pornografie in den Neuen Medien

Zwar ist die Beschäftigung Jugendlicher mit Pornografie keine für die jüngste Zeit spezifische Verhaltensweise, dennoch wurde der Zugang zu allen Formen der Pornografie durch die Neuen Medien um ein Vielfaches erleichtert. Dies hebt auch das Triple-A-Modell nach Cooper (2002) hervor, das die Vorzüge des Internetsex wie folgt zusammenfasst:
- Accessibility (leicht zugänglich),
- Affordability (erschwinglich),
- Anonymity (anonym).

> **Definition**
>
> Der Bundesgerichtshof (BGH) definiert **Pornografie** folgendermaßen: »Als pornografisch ist eine Darstellung anzusehen, wenn sie unter Ausklammerung aller sonstigen menschlichen Bezüge sexuelle Vorgänge in grob aufdringlicher, anreißerischer Weise in den Vordergrund rückt und ihre Gesamttendenz ausschließlich oder überwiegend auf das lüsterne Interesse des Betrachters an sexuellen Dingen abzielt.« (BGH St 23,44; 37,55)

Das Genre Pornografie unterteilt sich wiederum in Subgenres:

- *Softcore- und Erotikfilme* zeigen zumeist keine Großaufnahmen der primären Geschlechtsteile. Vielmehr steht eine Erotikstory im Vordergrund.
- Wesentlich bei *Hardcorepornos* sind dagegen Großaufnahmen der Geschlechtsteile der Akteure in verschiedenen Stellungen und Techniken.
- *Homosexuellenpornos* stellen die gleichgeschlechtliche sexuelle Beziehung zwischen Männern oder Frauen dar. Im Unterschied zu anderen Subgenres, in denen sexuelle Handlungen zwischen Gleichgeschlechtlichen gezeigt werden, liegt hier das Hauptaugenmerk auf der Homosexualität.
- *Sadomasochistische Pornos* sind ein wesentlicher Teil des pornografischen Angebots. Schwerpunkt ist die Darstellung stark asymmetrischer sexualisierter Kontakte: Dominanz versus Unterwerfung/Ausgeliefertsein, Herrschaft versus Versklavung.
- *Bizzarpornos* beschäftigen sich mit sexuellen Praktiken wie Koprophilie, Transvestismus, Fetischismus, Schwangerensex.
- In *Parodien* wird die herkömmliche Pornografie parodiert. Nicht selten wird dies mit Motiven aus bekannten Märchen oder Filmklassikern verbunden.
- Im Bereich der *Privatpornos* lassen sich alle anderen Subgenres finden. Wichtig ist hierbei eine möglichst amateurhafte Aufnahmequalität, wodurch der Eindruck der Authentizität betont wird.
- Im Bereich der *Zeichentrickpornos* haben in den letzten Jahren auch in den westlichen Ländern sogenannte Hentai-Filme aus Japan an Bedeutung gewonnen. »Hentai« bedeutet, aus dem Japanischen übersetzt, »Abweichung« und bezeichnet Mangas (japanische Comics) und Anime (japanische Animationsfilme) mit pornografischem Inhalt. Wie im Sektor der Privatpornos werden auch hier alle Themen der anderen Subgenres aufgegriffen.
- Als letzte Subgenres sind *Kinder- und Jugendpornografie/Teenporn* sowie *Tierpornos* zu nennen. Diese sind aufgrund ihrer in Deutschland strafrechtlichen Relevanz besonders hervorzuheben. Kinder- und Jugendpornografie/Teenporn sowie Tierpornos zählen in Deutschland ebenso wie Gewaltpornografie zur sogenannten qualifizierten Pornografie, besitzen also strafrechtliche Relevanz. Hingegen ist die Verbreitung »einfacher« Pornografie in geschlossenen Internetforen mit Mindesteintrittsalter erlaubt.

Auch wird das Internet genutzt, um jungen Menschen sexuelle Trends zu suggerieren. Hierdurch können selbst Ausnahmeerscheinungen plötzlich wie Massenphänomene wirken. Als Beispiel ist hier etwa die DVD-Serie »Girls Gone Wild« zu nennen. Dort werden betrunkene Jugendliche bei sexuellen Ausschweifungen auf Partys dargestellt und so als Amateur-Pornostars aus dem »Real Life« in Szene gesetzt. Vorrangig werden hier sogenannte Blowjobs (Oralverkehr am männlichen Genital) und Gangbangs dargeboten (letztere Bezeichnung stand ursprünglich für Gruppenvergewaltigung, wird heute unter Jugendlichen jedoch überwiegend für konsensuellen, also einvernehmlich durchgeführten Gruppensex verwendet). Im Vordergrund steht allerdings die öffentliche Zurschaustellung der eigenen Sexualität, eine neue Form des Exhibitionismus. Das Ganze wird auf Internetplattformen und in Foren als ein weit verbreiteter Trend dargestellt, wonach der öffentliche Sex eine Art »way of life« und letzte Chance der Jugendrebellion in einer ansonsten nahezu tabulosen Welt sei. Das Filmen von öffentlichen, aber auch von privaten sexuellen Handlungen nimmt unter Jugendlichen ebenso zu wie die Verbreitung dieser Videos im Internet oder über Handy. Sobald das Material im Netz steht, kann es auch von den Eltern der dort gefilmten Jugendlichen und irgendwann auch von deren eigenen Kindern gesichtet werden. Dieser Entwicklung soll insbesondere eine im November 2008 verabschiedete Gesetzesänderung Rechnung tragen, wodurch die bis dato legale Verbreitung von Jugendpornografie (▶ Kasten) unter bestimmten Voraussetzungen unter Strafe gestellt wurde.

Jugendpornografie ist seit dem 1.11.2008 strafbar:

»§ 184c StGB – Verbreitung, Erwerb und Besitz jugendpornographischer Schriften

(1) Wer pornographische Schriften (§ 11 Abs. 3), die sexuelle Handlungen von, an oder vor Personen von vierzehn bis achtzehn Jahren zum Gegenstand haben (jugendpornographische Schriften),

1. verbreitet,
2. öffentlich ausstellt, anschlägt, vorführt oder sonst zugänglich macht oder
3. herstellt, bezieht, liefert, vorrätig hält, anbietet, ankündigt, anpreist, einzuführen oder auszuführen unternimmt, um sie oder aus ihnen gewonnene Stücke im Sinne der Nummer 1 oder Nummer 2 zu verwenden oder einem anderen eine solche Verwendung zu ermöglichen,

▼

wird mit Freiheitsstrafe bis zu drei Jahren oder mit Geldstrafe bestraft.

(2) Ebenso wird bestraft, wer es unternimmt, einem anderen den Besitz von jugendpornographischen Schriften zu verschaffen, die ein tatsächliches oder wirklichkeitsnahes Geschehen wiedergeben.

(3) In den Fällen des Absatzes 1 oder des Absatzes 2 ist auf Freiheitsstrafe von drei Monaten bis zu fünf Jahren zu erkennen, wenn der Täter gewerbsmäßig oder als Mitglied einer Bande handelt, die sich zur fortgesetzten Begehung solcher Taten verbunden hat, und die jugendpornographischen Schriften ein tatsächliches oder wirklichkeitsnahes Geschehen wiedergeben.

(4) Wer es unternimmt, sich den Besitz von jugendpornographischen Schriften zu verschaffen, die ein tatsächliches Geschehen wiedergeben, oder wer solche Schriften besitzt, wird mit Freiheitsstrafe bis zu einem Jahr oder mit Geldstrafe bestraft. Satz 1 ist nicht anzuwenden auf Handlungen von Personen in Bezug auf solche jugendpornographischen Schriften, die sie im Alter von unter achtzehn Jahren mit Einwilligung der dargestellten Personen hergestellt haben.

(5) § 184b Abs. 5 und 6 gilt entsprechend.«

Die Welt des Internets bietet die Möglichkeit des Zugriffs auf Seiten von Anbietern aus aller Welt. Somit können wir von überall auch Seiten aus Ländern aufrufen, in denen (auch »qualifizierte«) Pornografie straffrei ist oder die Strafverfolgungsbehörden sich nicht mit der Thematik befassen. Darstellungsformen der Pornografie umfassen Schriften, Tonträger, Bilder und Filme/Videos. Renner schätzte bereits 2004, dass etwa 1,3 Millionen Webseiten mit ca. 260 Millionen Einzelseiten Sex- und/oder Pornografieangebote enthalten. Konrad Weller weist 2009 darauf hin, dass jede achte Webseite und 10 bis 25 % der Suchmaschinenanfragen sowie 35 % der Downloads im Internet pornografischer Natur sind. Dies können aufgrund der schwer greifbaren Natur von Internetdatenströmen jedoch nur grobe Schätzungen sein.

Um die Trefferquoten bei Suchmaschinen zu erhöhen, hat die Internetpornoindustrie sehr schnell den X-Platzhalter für die eigenen Zwecke entdeckt. Bei der Verwendung von Suchmaschinen kann »xxx« als Platzhalter genutzt werden, wenn nur Teile eines Suchbegriffs bekannt sind oder Unsicherheit bezüglich der Schreibweise besteht. In der Filmindustrie wird das sogenannte X-Rating entsprechend der Erfüllung von Kriterien wie »Gewalt« und »Nacktaufnahmen/Sex« eingesetzt. Auf Pornoseiten ist »XXX« als Gütesiegel im Sinne von »nicht jugendfrei« zu verstehen. Somit werden bei Verwendung des Platzhalters von der Suchmaschine auch Seiten mit pornografischem Inhalt als Treffer erkannt.

7.4 Zugang von Jugendlichen zu Pornografie in Neuen Medien

Obwohl sich die weitaus meisten Studien zur Nutzung von Pornografie im Internet auf Erwachsene beziehen, finden sich zumindest einige Hinweise auf die Nutzung durch Jugendliche. So berichten Flood und Hamilton 2003 in einer repräsentativen Umfrage des Australian Institutes, dass sich 84 % der Jungen und 60 % der Mädchen nach eigenen Angaben zufällig bzw. unabsichtlich auf Seiten und Angebote mit pornografischen Inhalten verirren.

In einer Studie von Alstötter-Gleich (2006) an über 1.300 Schülern der Altersklasse 11 bis 18 Jahre aus weiterführenden Schulen in Rheinland-Pfalz beantworteten mehr als 60 % der Teilnehmer Fragen in Bezug auf ihre Gefühle im Umgang mit Pornografie im Internet. Der Züricher Tagesanzeiger berichtete in der Ausgabe vom 1.4.2009 von einer nicht benannten in Großbritannien veröffentlichten Studie, derzufolge sogar neun von zehn Jugendlichen zwischen 14 und 17 Jahren die Frage nach dem Konsum von Pornos bejahen, wobei jeder Fünfte angibt, regelmäßig Pornos zu konsumieren. 25 % der Befragten wurden ungefragt Hardcorebilder per Mail oder Handy zugesandt.

Schirrmacher (2008) führt hierzu von der amerikanischen Kaiser Family Foundation erhobene Daten auf, die sich im Wesentlichen mit den zuvor genannten Studienergebnissen decken. Hervorzuheben ist hier noch das in den USA ermittelte Durchschnittsalter bei Erstkontakt mit Internetpornografie, das mit elf Jahren beziffert wird. Auch weist die Gruppe der 12- bis 17-Jährigen in den USA dieser Studie zufolge den höchsten Konsum von Internetpornografie auf.

Krafft-Schöning und Richard gelangen in ihrer 2007 publizierten Arbeit zu der Überzeugung, den Jugendlichen werde durch die starke Sexualisierung des Alltags, insbesondere der Neuen Medien, mehr oder minder die Möglichkeit des eigenen Erlebens genommen und durch den Konsum vorgefertigter Meinungen über Sexualität und zwischenmenschliche Beziehungen ersetzt. Besonders kritisch wird die starke Koppelung von Gewalt und Pornografie gesehen.

7.4.1 Schnelle Klicks zu »heißen« Seiten

Nur einen Klick von der Startseite entfernt, dort aber bereits als Rubrik angekündigt, gelangt man selbst bei renommierten Webseiten wie z. B. RTL, Freenet oder T-Online auf Erotikseiten mit eindeutigen Inhalten. Auf manchen Webseiten wird bereits im unteren Teil der Startseite mit eindeutigem Posingbild für das »Girl des Tages« und die dazugehörigen Seiten geworben. Die RTL-Seite erscheint nicht zuletzt durch »Deutschland sucht den Superstar« (DSDS) und ihre populären Daily Soaps für junge Menschen interessant. Freenet und T-Online sind häufig vertretene Webmailanbieter. Auf der Erotikstartseite von jamba! wird mit eindeutigen Bildern geworben. Diese Seite wird als eigenes Register aufgeführt und ist nur einen Mausklick von der Startseite entfernt.

Quelle: Fox Mobile Distribution GmbH, 2009, http://www.jamba.de/jcw/goto/erotic/games/prtid-8129398/doc-20081849/info-page?jhs=856, Screenshot vom 29.3.2009

Selbst zu Seiten, die sich devianter Pornografie widmen, ist der erste Zugang nicht schwierig. So werden bei deaktiviertem Schutzfilter für den Suchbegriff »teenporn« 7.510.000, für »Lolitaporn« 907.000, für »Kiddiesporn« 579.000 und selbst für »Babyporn« 126.000 Google-Hits angezeigt. Alleine die Playlist von YouTube ergibt zum Suchbegriff »Sodomie« 777 Treffer, zum Begriff »Zoophilie« führt sie 81 Treffer. Das Herunterladen entsprechender Bild- und Videodateien bedarf jedoch des Anklickens, also einer bewussten Aktivität durch den User, und macht in der Regel auch einen vorgeschalteten Log-in, also eine Anmeldung durch den User notwendig.

7.4.2 Die Sexualisierung der Medien und die weiblichen Jugendlichen: ein feministischer Aufschrei?

Die Antwort auf diese Frage ist recht schnell gegeben, wenn man sich den aktuellen Jugendtrend anschaut. Sie lautet demzufolge: Nein. Zumindest ist der Aufschrei nicht deutlich hörbar.

In einer von MTV auch im Internet übertragenen Show wird die »große Liebe« für eine bisexuelle Frau gesucht. 16 Lesben und 16 Heteromänner werben in der selbst von MTV als »Skandalsendung« bezeichneten Show um die Gunst der bisexuellen Hauptfigur. Zu sehen sind die aktuellen Folgen einmal wöchentlich im Vorabendprogramm mit entsprechenden Erotikszenen und Wettkämpfen unter Mitführung zuvor von den Kandidaten aufzublasender Gummipuppen. Online sind die Folgen und/oder entsprechende Ausschnitte als Download rund um die Uhr zu sichten.

Auch sogenannte Girlfights (▶ Kasten) gewinnen an Popularität. Solche Trends lassen sich auf der Plattform YouTube gut beobachten. So ergab die YouTube-Begriffsuche am 4.4.2009 40.600 Treffer zum Begriff »girl fight«, 9.100 zu »girlfight« und 10.000 zu »sexy girl fight«. Selbst wenn sich nur ein Teil den Girlfights in diesem Sinne widmet, ist die Anzahl beachtlich.

Infobox

Girlfights zeigen junge Frauen, die – insbesondere bei sogenannten Erotik-Girlfights – sehr figurbetont, mit extremen Miniröcken oder knappen Triangel-Bikinis bekleidet, zumeist verabredete Kämpfe miteinander durchführen. Schmerzverzerrte Gesichter sind hier ebenso zu sehen wie – im Falle von Streetfights – blutende Wunden.

Auffallend ist, dass bei den Amateuraufnahmen mehrheitlich männliche Zuschauer die Kämpfe mit Handys oder Camcordern aufnehmen und durch Filmen der primären und sekundären Geschlechtszonen häufig

eine Erotisierung des Kampfes bewirken. Diese Filme sind oft erst nach Anmeldung bei YouTube zugänglich, mit dem Hinweis: »Damit du dieses Video oder diese Gruppe anzeigen kannst, musst du bestätigen, dass du mindestens 18 Jahre alt bist, indem du dich anmeldest.«

Ein weiteres Beispiel für die Sexualisierung der Medien durch Frauen selbst stellt das Romandebüt von Charlotte Roche dar. Hierzu finden sich zahlreiche Lese- und Hörproben im Internet, etwa auf der Onlineseite der Frauenzeitschrift »Brigitte«. Bereits auf den dort als Leseprobe abgelegten ersten Buchseiten findet man detaillierte Beschreibungen der sexuellen Vorlieben der 18-jährigen Hauptfigur, die seit ihrem fünfzehnten Lebensjahr »erfolgreichen« Analverkehr erlebt und das trotz der zuvor plastisch beschriebenen Hämorrhoiden. So freut sich die Hauptfigur ihres Orgasmus, obwohl »der Schwanz nur in meinem Arsch steckt und sonst nix berührt wird« (http://www.brigitte.de/liebe-sex/sex-flirten/feuchtgebiete-leseprobe-566936/2.html; Datum des Zugriffs: 23.2.10).

Auch sonst bieten die Neuen Medien den weiblichen Kunden der Sexindustrie eine Fülle von Möglichkeiten: Mittels SMS-Bestellung gibt es Software zu erwerben, die das Handy zum Dauervibrator umfunktioniert. Es finden sich eigene Porno- und Erotikseiten für Frauen im

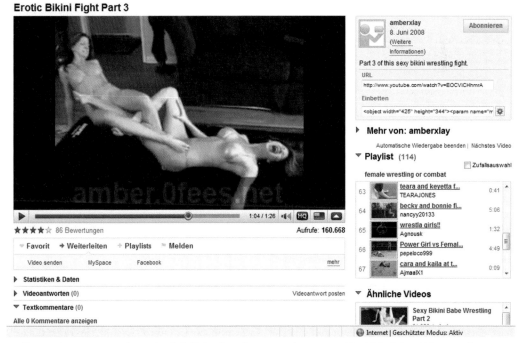

Quelle: YouTube, 2009: Beispiel eines Erotik-Girlfights, http://www.youtube.com/watch?v=EOCViCHhmrA&feature=PlayList&p=B91EA1CF6BE8AF45&playnext=1&playnext_from=PL&index=61, Screenshot vom 29.3.2009

Internet sowie eine zunehmende Zahl von Onlinesexshops und »Frauenpornos«. Hingegen wurde der Versuch von Beate Uhse, im »Real Life« eine eigene Kette von Frauen-Sexshops zu etablieren, wieder eingestellt, die Modellfilialen wurden geschlossen. Somit kann auch bezüglich der Sexualisierung der Neuen Medien mit der Zielgruppe weibliche User das eingangs erwähnte Triple-A-Modell als bestätigt erachtet werden.

7.4.3 Die Sexualisierung der Musik

In diesem Zusammenhang ist auch die Mainstream-Musik genauer zu betrachten. In der Popmusik setzen sich viele Girlbands und einzelne Interpretinnen in stark erotisierter Weise, getreu dem Motto »Sex sells«, in Szene. Ein gutes Beispiel bietet die sehr erfolgreiche Girlband Pussycat Dolls. »Pussy« steht im Englischen für das weibliche Geschlechtsteil und kann mit »Muschi« übersetzt werden. In einem Song der Pussycat Dolls wird ein Mann von der Sängerin aufgefordert, mit ihr ins Bett zu gehen, und gefragt, ob er sich nicht wünsche, dass seine Freundin so sexy und frisch sei wie sie.

Weibliche Hip-Hopper oder Skandalrapper stellen zwar nach wie vor Ausnahmen dar, betrachtet man aber Plattformen wie beispielsweise YouTube, findet man zahlreiche Videoclips entsprechender weiblicher Interpreten, die hinsichtlich der in den Songs verwendeten Vulgärsprache ihren männlichen Kollegen in nichts nachstehen: Es werden »Bitches« besungen, die noch nicht einmal zum »Durchficken« taugen, die man »plattmachen« sollte und die »gedisst« (abgewertet) werden. Interpretinnen wie beispielsweise Lady Scar, Guisy und andere befassen sich in ihren Songtexten intensiv mit solchen Koppelungen von Gewaltandrohungen und sexuellen Beleidigungen. Diese beziehen sich insbesondere auf Mädchen und junge Frauen, denen sie Verachtung zollen.

In Videoclips von angesagten männlichen Musikinterpreten wie Sido, Bushido oder Frauenarzt tanzen leicht bekleidete junge Frauen die Interpreten an, während in Vulgärsprache sexuelle Handlungen und Gewalt besungen werden. Sido ist ein bei jungen Menschen gleich welchen Geschlechts begehrter Musikinterpret, der in einem seiner Songs einen blutigen »Arschfick« mit »vibrierendem Negerdildo« und anal eingeführter Hand sowie einer vor Schmerz schreienden Sexualpartnerin besingt (»Arschfick-Song«). Von Frauenarzt wird u. a. die »dumme Fotze« besungen, die aus dem Haus fliegt, wenn sie sich nicht »die Latte in den Mund stecken« lässt, und die »Nutte«, die die »Beine spreizen« soll, wobei »es Latte ist«, ob sie will oder nicht (»Spreiz deine Beine«). Bushido besingt in einem Song, der sowohl Ruhe als auch

Gemütlichkeit im Titel suggeriert, »Hurensöhne«, die Bushidos »Arsch lecken« wollen, worauf er ihnen anbietet, ihren »Arsch zu ficken« (»Ruhe und Gemütlichkeit«). Er bezeichnet diese Personen als »Missgeburten«, Frauen als »Flittchen« und bekennt sich zum Koksen und zu seiner Präferenz für »Gangbang«.

Bushido wurde 2007 für den »besten Hip-Hop national« mit dem Echo ausgezeichnet. Sido tritt in zahlreichen TV-Shows auf, die zumindest in Auszügen online nachzusehen sind, so u. a. 2008 bei »Menschen bei Maischberger«. Frauenarzt wiederum zählt zur Kategorie des Pornorap. Pornorap ist als eigenes Subgenre im Bereich des Rap zu werten. Selbst Formen sexuell abweichenden Verhaltens, wie z. B. Nekrophilie (▶ Kasten), sind Thema verschiedenster Interpreten, etwa der Band Rammstein, die es in ihrem Song »Heirate mich« aufgreift.

> **Infobox**
>
> Der Begriff **Nekrophilie** (griechisch »nekros« = Toter, »philia« = Zuneigung) bezeichnet sexuelle Handlungen an Toten oder Leichenteilen. Häufiger äußert sich Nekrophilie in verschleierter Form, so kann beispielsweise eine besondere Lust empfunden werden, wenn sich der Mensch, an dem sexuelle Handlungen vorgenommen werden, bewegungs- und reaktionslos zeigt. Parallelen finden sich zur sogenannten Somnophilie, bei der sexuelle Handlungen an Schlafenden oder sich schlafend stellenden Personen als besonders lustvoll erlebt werden.

Auch die Rockband Böhse Onkelz besingt die sexuelle Anziehungskraft des »toten, kalten Fleischs« und den »betörenden Fäulnisgeruch« in einem Lied mit dem Titel »Nekrophil«. Einzelne Black- und Death-Metal-Bands beschäftigen sich ebenso wie Horror-/Psychorapper in ihren Songs u. a. mit Vergewaltigung und Nekrophilie, was zur Folge hatte, dass in Deutschland einige Songs und Alben indiziert wurden. Im Internet lassen sich jedoch problemlos und teils auf frei zugänglichen Plattformen Videoclips und Songtexte aller Interpreten finden, auch jene, die auf dem Index der Bundesprüfstelle für jugendgefährdende Medien (BPjM) stehen.

7.4.4 Die Pornowelt der Handys

Das Versenden anzüglicher SMS und MMS hat inzwischen ein solches Ausmaß erreicht, dass es hierfür auch einen eigenen Begriff gibt: »Sexting«. Grimm und Rhein befragten im Jahr 2007 804 Kinder und Jugendliche aller formalen Bildungsgrade im Alter von 12 bis 19 Jahren bezüglich ihrer Kenntnis von Sexvideos speziell für das Handy. Das Ergebnis zeigte, dass 71 % der Jungen und 66,6 % der Mädchen hiervon Kenntnis besaßen. Auffallend war, dass das Wissen um Sexvideos für das Handy proportional zum formalen Bildungsgrad anstieg. Speziell nach der Kenntnis von Sexvideos mit sodomistischem Inhalt, also dargestelltem Sex mit Tieren, befragt, bejahten dies 33,4 % der Jungen und 36,5 % der Mädchen. Dass die Kombination von humoristischen SMS mit pornografischen Darstellungen und/oder sexuellen Motiven unter Jugendlichen häufig verwandt wird, stellten Ling und Yttri bereits 2002 fest.

Ein weiterer Markt der Sexindustrie wurde speziell für Handys modifiziert: sogenannte Sexgames. Hier geht es beispielsweise darum, durch das Lösen von Aufgaben eine dargestellte Person schrittweise zu entkleiden oder einen Sexualpartner »aufzureißen«, mit dem dann je nach Level verschiedene sexuelle Stellungen vollzogen werden.

Quelle: Deutsche Telekom, 2009, http://handys.t-online.de/handyspiele/beschreibung/Dirty+Jack+-+Sex+Games/5090603/, Screenshot vom 4.4.2009

Die Welt der Mangas oder Anime stellt wiederum einen eigenen Trend dar. Hier wird wirklichkeitsnahes Geschehen in Form von Comics gezeigt. Die Handlungen der Mangas reichen von normalen Liebesgeschichten über Science-Fiction- und Fantasystorys bis hin zur harten und abweichenden Sexualität (sogenannte Hentais). Dieser Markt wird insbesondere auf privaten Fernsehsendern nach 22 Uhr als SMS-Dienst beworben, findet sich aber auch auf eigenen Webseiten zum Herunterladen von Klingeltönen oder auf speziellen Mangaseiten im Internet.

7.4.5 Die sexualisierte Form des Mobbings

»Du bist so lieb, du bist so nett, doch fürs Bett bist du zu fett!!!« so lautet einer von vielen sexualisierten SMS-Sprüchen, die im Internet heruntergeladen werden können. Sie eignen sich durchaus dazu, im Rahmen von Mobbing eingesetzt zu werden. Bei Präventionsprojekten konnte in den letzten zwei Jahren eine deutliche Zunahme sexualisierter Beleidigungen unter Jugendlichen verzeichnet werden. Auch hört heute das Schülermobbing nicht mit dem Verlassen des Schulhofs auf, sondern fängt außerhalb des Schulbereichs häufig erst richtig an. Die Bühne bieten Communitys, Chats und Foren im Internet. Sexuelle Beleidigungen sind nach Angaben der Schüler an der Tagesordnung. Immer häufiger seien dort auch gefälschte Bilder zu finden, die Jugendliche in sexuell peinlichen oder demütigenden Situationen zeigen.

In extremen Fällen von Mobbing zeigt sich häufig, dass sexuelle Handlungen oder sexualisierte Demütigungen des Opfers, wie z. B. ein erzwungener Oralverkehr oder auch das anale Einführen von Gegenständen, mit dem Handy aufgezeichnet und schließlich ins Netz gestellt werden.

Im Rahmen durchgeführter Schülerprojekte wurden zudem Fälle bekannt, in denen Fotos von Jugendlichen digital bearbeitet wurden, sodass aus einer alltäglichen Situation eine pornografische Darstellung wurde. Inhaltlich sind die Bilder in diesen Fällen zumeist so bearbeitet, dass sie der weiteren Verunglimpfung des Mobbingopfers dienen. Zu diesem Zwecke wird die Person z. B. in sodomistische oder homosexuelle Handlungen »eingearbeitet«.

Auch selbst gedrehte Videos von realen Sexualkontakten, die ursprünglich mit dem Einverständnis der Akteure gedreht wurden, finden sich zunehmend im Nachgang zur allgemeinen Besichtigung im Internet. Nicht selten wurde bei mindestens einer der dargestellten Personen kein Einverständnis zur Veröffentlichung

eingeholt. Der prominenteste Fall in dieser Richtung ist wohl Paris Hilton. Ein einvernehmlich hergestellter Film, der Paris Hilton mit ihrem Exfreund Rick Salomon 2003 beim gegenseitigen Oralverkehr und Geschlechtsverkehr in einem Hotelzimmer zeigt, wurde nach der Trennung des Paares im Jahr 2004 von Salomon selbst im Internet veröffentlicht. Aufgrund des großen Interesses wurde der Clip in der Bildqualität überarbeitet und unter dem Namen »1 Night in Paris« auf DVD veröffentlicht. 2005 wurde der Film mit drei AVN Awards, einem Filmpreis der US-Erotikbranche, ausgezeichnet und gelangte 2006 sogar in das Erotikprogramm des TV-Senders Premiere.

7.4.6 »Humoristische« Pornografie

Im Internet und auch für das Handy findet sich eine Vielzahl von Verknüpfungen zwischen »Humor« und Sexualität. Es bestehen eigene Seiten, die damit werben, lustige Sex-SMS-Sprüche zum Herunterladen anzubieten. Beispiele für solche SMS-Sprüche sind:
»Willst du mit mir gehen??
☐ Ja
☐ Nein
☐ nur poppen«

oder: »Jede Frau die hat 2 Seiten, man kann sie von vorn wie auch von hinten spalten«.

Darüber hinaus finden sich im Downloadbereich zahlreiche Hinweise auf eine starke Verknüpfung zwischen »Humor« und Sexualität bis hin zur harten, teils qualifizierten Pornografie: Ein Liedtext, in dem eine Frau, die man ansprechen will, mit den Worten »hallo Nutte, ich bin ein Proll« begrüßt wird, soll laut einem Onlinerezensenten zeigen, wie »Schimpfwörter bis zur Karikatur eingesetzt« werden können, sodass man nicht anders könne, als sich »vor Lachen zu schütteln«. Wiederum zeigt die Seite »Hans-Wurst«, die sich nach eigener Beschreibung mit dem »täglichen Blödsinn des Internets« beschäftigt und bei Kindern und Jugendlichen durchaus bekannt ist, auf dem oberen Teil der Startseite ein erotisches Foto der Kategorie »Posing« und führt direkt daneben eine Liste von Partnerseiten auf. Hier wird auch namentlich für »Trendhure.com« geworben, eine Seite, die sich mit skurrilen Kurzfilmen beschäftigt, auch solchen, die keinen sexuellen Inhalt haben. Des Weiteren gibt es von der »Hans-Wurst«-Startseite aus auch eine Direktverlinkung zu Verboten. to, wo Fun-Erotik-Filme an erster Stelle zu finden sind.

Weiterhin finden sich zahlreiche Parodien. So existiert etwa ein aktuell beliebter Kurztrailer sowohl für das Handy als auch im Internet, der einen Griechen zeigt, der offenkundig gegen seinen Willen von einem Esel »bestiegen« wird. In der unter Jugendlichen und Kindern gängigsten Variante für das Mobiltelefon wurde das Video digital bearbeitet und nachträglich mit einem griechischen Volkslied vertont. Des Weiteren gibt es Handyvideos, die z. B. einen Lesbenporno mit Oralverkehr in Großaufnahme zeigen. In der bearbeiteten Form wird das Stöhnen im Originalton von eingespielten »Furzgeräuschen« unterbrochen.

Bei jojos-cartoons.de findet sich in der Rubrik »Anzügliches« laut Google-Treffer eine Unterrubrik »babyporn« (Stand: 04.04.2009). Auf YouTube.com findet sich ein Trailer mit dem Titel »The baby porn remix«, der u. a. mit den Worten eines Bewerters »Oh! Gay baby porn« kommentiert wird. An diesen beiden Beispielen wird deutlich, wie allein durch die Einordnung, z. B. in den Bereich des Cartoons, oder die Titelauswahl eine Herabsetzung von Hemmschwellen selbst für Themen wie Babypornografie erfolgen kann: Durch die Verknüpfung von Humor und Pornografie können selbst dargestellte sexuelle Devianzen an Schärfe verlieren und bei häufiger Sichtung zu einer gewissen Gewöhnung und Enthemmung führen. In Präventionsprojekten zeigt sich auch, dass dargestellte sexuelle Demütigungen insbesondere bei humoristischer Unterlegung überwiegend nicht als sexuelle Delinquenz bewertet werden. Dies gilt insbesondere für den Bereich des extremen Mobbings. Diese Beobachtung konnte bei männlichen und weiblichen Jugendlichen gleichermaßen gemacht werden.

7.4.7 Koppelung von Gewalt und Sex

Hardcorepornografie, die sich durch eine starke Koppelung von Gewalt und Sexualität auszeichnet, ist in der Regel nur über Log-in-Bereiche zu sichten und zu beziehen. Hier kann der Zugang direkt über eine Pornoseite oder über eine Gewalt darstellende Seite erfolgen. Ein Beispiel dafür bietet rotten.com.

Boeringer (1994) typologisiert Pornografie nach dem Grad der dargestellten Gewalt. Neben gewaltfreien Kategorien, wozu er Soft- und Hardcorepornografie zählt, unterscheidet er zwei weitere Kategorien: Gewaltpornografie, die zwar Gewaltdarstellungen darbietet, bei der die Gewalt aber von allen Darstellern einvernehmlich als Bestandteil der sexuellen Handlung akzeptiert wird, und Vergewaltigungspornografie.

Grimm und Rhein (2007) verweisen auf eine Studie von Bjørnstad und Ellingsen aus dem Jahr 2004,

wonach mehrheitlich Jungen im Alter von 12 bis 13 Jahren den ersten Kontakt mit Pornografie über Material mit gewalttätigem (sadistischem), sodomistischem oder koprophilem Inhalt finden. Mögliche Erklärungen hierfür könnten sein, dass deren Sichtung als »Mutprobe« dient und/oder diese Bereiche häufig »humoristisch« unterlegt werden. So gaben 41 % der Befragten in der Studie von Altstötter-Gleich (2006) an, sich mit ihren Freunden über das gesichtete pornografische Material auszutauschen. Grimm und Rhein haben in ihrer ein Jahr später publizierten Untersuchung zu Handyvideos mit problematischem Inhalt Jugendliche nach ihrer Einschätzung möglicher Motive für den Besitz dieses Materials befragt. Anzumerken ist, dass zum problematischen Inhalt selbst hergestellte und bezogene Videos mit sowohl gewaltverherrlichendem als auch pornografischem Inhalt zählten. Das Hauptmotiv wurde hier von 84,3 % der Befragten in der Prahlerei gesehen; immerhin 66,7 % glaubten, dass das Material dem Tausch diene, und 43,5 % waren überzeugt, dass die Besitzer durch die Videos »angetörnt« würden.

Eben diese Studie zeigte auch, dass 33 % der befragten Kinder und Jugendlichen zwischen 11 und 18 Jahren Bekanntschaft mit Softpornos gemacht hatten. Immerhin 16 % der Befragten hatten bereits Pornografie mit Inhalten aus den Bereichen sexuelle Verstümmelung, Kinderpornografie, Vergewaltigung, Sodomie und Nekrophilie gesehen. 6 % der Befragten hatten Inhalte aus dem SM-Bereich und beispielsweise Praktiken wie »Bukkake«, d. h. die Ejakulation ins Gesicht, Dehnungen und »Fisting«, also das Einführen einer Faust oder mehrerer Finger in Vagina oder Anus, sowie sexuelle Praktiken mit Fäkalien gesehen.

7.4.8 Die Verführung der Anonymität und das Gefühl, nicht anders zu sein

Die im bereits genannten Triple-A-Modell aufgeführten Vorteile und die damit verbundene niedrige Zugangsschwelle sind durchaus als signifikante Faktoren für die Nutzung von Internetpornografie zu werten. Das anonyme Besuchen selbst bizarrer Welten von einem vertrauten Ort aus, z. B. dem heimischen Schreibtisch, ermöglicht vielen Usern die Neutralisierung: Das Interesse wird nicht als abweichend, bizarr oder deviant erlebt. Vielmehr entsteht allein durch die hohen Trefferquoten zu bestimmten Suchbegriffen beim Konsumenten das Gefühl, seine sexuellen Bedürfnisse zwar allein ausleben zu können, zugleich aber nicht der Einzige zu sein, der Vorlieben für solche

Stimulationsformen hat, vielmehr kann sich der User als Teil eines großen Ganzen betrachten. Dieser Aspekt sollte, was die Überwindung von Eingangshemmungen bezüglich bestimmter Themen wie z. B. Kinderpornografie betrifft, nicht unterschätzt werden. Auch kann der Täter – in einer Form des Selbstbetrugs – sein sexuelles Interesse hinter einer angeblichen Neugierde auf ein doch recht weit verbreitetes Phänomen verstecken.

Die große Verlockung der Internetpornografie wird nach Hill und Kollegen (2006) durch folgende Aspekte verstärkt:

- die Mannigfaltigkeit des Materials in Text, Bild, Videoformat, im Austausch mit Dritten usw.,
- den grenzenlosen und sich ständig erneuernden Markt,
- fließende Grenzen zwischen Konsum, Produktion und Anbieten,
- Pornos mit devianten und gewalttätigen Inhalten,
- interaktive Kommunikation unter wechselseitiger Bedingung von Phantasie und realem Verhalten,
- Experimentiermöglichkeiten,
- Erhalt einer virtuellen Identität,
- die Möglichkeit, in die Rolle einer anderen, meist erfundenen Person zu schlüpfen,
- die Erleichterung des Auslebens von Suchtverhalten
- unbegrenzte und einfache Vernetzungsmöglichkeiten,
- ein geringes Entdeckungsrisiko.

7.4.9 Spezifische Welten mit »offenem« Zugang

Im Internet wird selbst spezifischen und sexuell abweichenden Bedürfnissen Rechnung getragen. Hierbei erscheint es gleich, ob es sich um Sadomasochismus (SM), Fetischismus, erotisierte Fesselungen (Bondage), Voyeurismus, Exhibitionismus, Nekrophilie, die Verwendung von Kot (Koprophilie) o. Ä. handelt, also Vorlieben, die großteils als Störungen der Sexualpräferenz gewertet werden (► Kasten). Der Zugang wird häufig offen oder in Vorschauform, ansonsten zumeist mittels eines einfachen Log-ins ermöglicht.

Störungen der Sexualpräferenz, sogenannte Paraphilien, nach dem ICD-10 (Dilling et al., 2005):
»Es treten über einen längeren Zeitraum – mindestens 6 Monate – ungewöhnliche sexuelle erregende Phantasien, sexuell dranghafte Bedürfnisse oder Verhaltensweisen auf, die sich
1. auf ungewöhnliche nichtmenschliche Objekte,
2. auf Leiden oder Demütigungen von sich selbst oder anderen Menschen oder
3. auf Kinder oder Personen beziehen, die nicht einwilligungsfähig oder -willig sind.

Diese Phantasien, Bedürfnisse oder Verhaltensweisen verursachen in unterschiedlichen Funktionsbereichen Leiden und Beeinträchtigung bei den Betroffenen oder ihren Objekten«.
(ICD-10 ist das Kürzel für »International Statistical Classification of Diseases and Related Health Problems« in der 10. Revision, erstellt von der Weltgesundheitsorganisation WHO).

Die den Seiten häufig angegliederten Foren und Chatrooms bieten einen direkten Zugang und Austausch mit Gleichgesinnten. Sogenannte »shocksites« zeigen Bilder wie »hello.jpg«, auf dem ein Mann mit beiden Händen seinen After dehnt, oder das Bild »tubgirl.jpg« auf rotten.com, auf dem eine extreme Form von Koprophilie dargestellt ist. Von den Betrachtern der Bilder werden gerne »reaction videos« gedreht, in denen sich Menschen bei der ersten Betrachtung des Bildes selbst filmen oder gefilmt werden. Eine Vielzahl solcher »reaction videos« findet sich z. B. bei YouTube. Ebenfalls dort zu finden ist das Video »2 girls 1 cup«, welches Koprophilie zwischen zwei jungen Frauen zeigt und die Grundlage vieler »reaction videos« bei YouTube bildet.

Zu den häufigsten **Paraphilie-Formen** zählen:
- Fetischismus: sexuelle Fixierung auf unbelebte Objekte.
- Fetischistischer Transvestismus: sexuelle Stimulation durch Anziehen der Kleidung des anderen Geschlechts.
- Exhibitionismus: öffentliches Zeigen des eigenen Genitals, nicht selten gekoppelt mit Selbstbefriedigung.
- Voyeurismus: Erregung durch das Beobachten Dritter bei sexuellen Handlungen oder Masturbation.

▼

- Pädophilie: sexuelle Erregung an prä- oder früh peripubertären Kindern.
- Sadomasochismus: sexuelle Erregung durch aktives oder passives Zufügen von Schmerzen, Erniedrigungen oder durch Fesseln, hierzu zählt auch der sexuelle Sadismus.

Beispiele für sonstige Störungen der Sexualpräferenz sind:
- Frotteurismus: Pressen des eigenen Körpers an andere Menschen in Ansammlungen von Menschen oder in öffentlichen Verkehrsmitteln.
- Zoophilie: sexuelle Handlungen an Tieren, auch unter dem Begriff Sodomie bekannt.
- Acrotomophilie und Apotemnophilie: sexuelle Erregung durch bestimmte anatomische Abnormitäten, z. B. amputierte Gliedmaßen.

Besondere Praktiken, wie z. B. Urolagnie (Erregung durch Verwendung von Urin) und Koprophilie werden als Anteile der zuvor aufgeführten Paraphilien gewertet. Auch können bestimmte Masturbationsrituale, wie beispielsweise die Selbststrangulation, in den Bereich der Abweichung eingeordnet werden, wenn sie in ihrer Qualität gebräuchliche sexuelle Praktiken ablösen.

Die Sichtung solcher Filme und Bilder kann bei einem Betrachter, der keine entsprechende Neigung empfindet, extremen Abscheu und Ekel erzeugen. Insbesondere bei kindlichen und jugendlichen Betrachtern kann dies eine totale emotionale Überforderung zur Folge haben. Aus diesen Gründen werden solche Bilder und Videos gerne gezielt als Schocker und für Mutproben unter Jugendlichen, aber auch unter Kindern eingesetzt. Das Motiv des Schockens vermuten laut der Studie von Grimm und Rhein (2007) 66,1 % der Befragten für den Besitz von Videos mit allgemein problematischen Inhalten, d. h. dargestellte Gewalt und/oder Pornografie.

7.4.10 Kennenlernen in der virtuellen Welt, Treffen im »Real Life«

In den Foren und Chats, die pornografischen und/oder gewaltverherrlichenden Seiten zugehörig sind, finden sich schnell Kontakte zu einzelnen Gleichgesinnten, aber auch zu ganzen Szenen. Der tiefere Einblick in diese spezifischen Szenen erfolgt in der Regel aufgrund einer gewissen Faszination. Den Charakter von Mutproben besitzt dieser Einblick zumeist nicht mehr, oder er vermischt sich zunehmend mit echtem Interesse an diesem (Sub-)Genre. Nicht selten entstehen in der virtuellen Welt bizarr anmutende Kontakte, die durchaus zu einem Treffen im wirklichen Leben führen können. Einer der in Deutschland wohl bekanntesten Fälle ist der von Armin M., der als »Kannibale von Rotenburg« bekannt wurde: Armin M. hatte über das Internet nach jungen Männern gesucht und auf diese Weise Kontakt zu Bernd Jürgen Armando B., seinem späteren Opfer, gefunden. Im März 2001 trafen sich die beiden Männer, wobei es zu kannibalistischen Handlungen zum Nachteil von B. sowie zu dessen Tötung kam. B. hatte bereits im Vorfeld der Tat um seine Tötung durch M. gebeten. Die Tat als solche wurde auf einem Video mit ca. viereinhalb Stunden Länge dokumentiert. Erst 2002 wurde M. von der Polizei gefasst, als er erneut eine einschlägige Suchanzeige im Internet schaltete.

Aber auch in den normalen Chats zwischen jungen Menschen kann es zu folgenschweren Kontakten kommen. Sehr anschaulich wird dies in dem von Jugendlichen selbst produzierten Film »Blind Date« dargestellt. Hierin wird beschrieben, wie der Kontakt in der virtuellen Welt aufgebaut wird und Sicherheitsbedenken des späteren Opfers abgebaut werden. Der Film wird vom LKA Hamburg in Kooperation mit Dunkelziffer e.V. im Rahmen einer Aufklärungskampagne für Jugendliche über den Umgang mit Neuen Medien eingesetzt. Bei Präventionsprojekten mit Jugendlichen ist das schnelle Verabreden zu Treffen mit nur aus dem Internet bekannten Personen ebenso ein großes Thema wie die Herausgabe persönlicher Informationen.

7.5 Kinderpornografie in den Neuen Medien

Auf das Thema der Kinderpornografie wird im Folgenden aus drei Gründen näher eingegangen:
1. Es handelt sich um einen Bereich, mit dem die jungen Menschen in der virtuellen Welt konfrontiert werden können.
2. Opfer können dort mitunter auf Bilder des dokumentierten eigenen sexuellen Missbrauchs stoßen.
3. Die Präventionsarbeit widmet sich vielfach dem Thema sexueller Missbrauch, berücksichtigt aber oftmals nur am Rande den Aspekt der Kinderpornografie.

Des Weiteren kann der Polizeilichen Kriminalstatistik (PKS) aus dem Jahr 2007 entnommen werden, dass insgesamt 5,5 % aller Tatverdächtigen im Bereich des Besitzes und der Verschaffung von Kinderpornografie gemäß § 184b Abs. 2 und 4 StGB unter 21 Jahre alt sind. Insgesamt sind hinsichtlich des Tatbestandes der Verbreitung kinderpornografischer Schriften 13,1 % aller männlichen und 13,7 % aller weiblichen Tatverdächtigen unter 21 Jahre alt. Auch wenn im Folgenden von »Tätern« gesprochen wird, sei ausdrücklich darauf hingewiesen, dass hier auch weibliche Täter einbezogen sind.

Die Themen »sexueller Missbrauch« und »Kinderpornografie« emotionalisieren in der Regel sehr stark, und es existieren vielfältige Hypothesen und Mythen über die Taten und die Täter. Zunächst sei der Begriff der Kinderpornografie definiert. Die gesetzlichen Bestimmungen in Deutschland haben zu diesem Thema in den letzten Jahren einige Änderungen durchlaufen. So wurden 1997 auch Bild- und Tonträger, Datenspeicher, Abbildungen und andere Darstellungen, die den sexuellen Missbrauch von Kindern zum Gegenstand haben, in den Begriff »Schriften« des § 184b StGB integriert, der sich mit »Verbreitung, Erwerb und Besitz kinderpornographischer Schriften« befasst. Verboten ist hiernach die Darstellung tatsächlichen und wirklichkeitsnahen Geschehens wie sie z. B. auch in Mangas, mitunter auch auf sogenannten Fakebildern (selbst erzeugten Darstellungen; »Fake« steht für Imitat, Fälschung oder Betrug) zu sehen ist.

Kinderpornografie zählt neben Jugendpornografie, Gewalt- und Tierpornografie zur harten, qualifizierten Pornografie. In diesen Bereichen ist die Herstellung und Verbreitung verboten. Der Besitz selbst ist jedoch lediglich bei Kinderpornografie verboten.

Rechtlich handelt es sich bei der bloßen Abbildung des nackten Kindes (z. B. FKK-Bilder) nicht um Kinderpornografie. Laut dem BGH ist ein Material auch dann nicht als Kinderpornografie zu werten, »wenn ein Kind in natürlicher, normaler Pose nackt auf dem Bett liegt« (Urteil des BGH, AZ 3 StR 567/97 vom 17.12.1997).

Großes Aufsehen erregte das Urteil des BGH vom 2.2.2006, AZ 4 StR 570/05, wonach bloßes »Posing« nicht strafbar war: »§ 176 Abs. 3 Nr. 2 StGB i. d. F. des 6. StrRG setzt voraus, dass der Täter das Kind dazu bestimmt, dass es an seinem eigenen Körper sexuelle Handlungen vornimmt; es reicht nicht aus, dass der Täter das Kind lediglich dazu bestimmt, vor ihm in sexuell aufreizender Weise zu posieren.«

Dieses Urteil bedeutete, dass das dargestellte Kind zumindest »mit Berührungen verbundene Manipula-tionen am eigenen Körper« vornehmen musste, was beim bloßen Einnehmen einer geschlechtsbetonten, sexuell aufreizenden Pose nicht der Fall ist. Erst 2008 kam es in Deutschland zu einer gesetzlichen Neubewertung des sogenannten Kiddie-Posings und zur juristischen Relevanz der Jugendpornografie. Das »Gesetz zur Bekämpfung der sexuellen Ausbeutung von Kindern und der Kinderpornografie« wurde am 20. Juni 2008 verabschiedet. Seither sind auch Posingdarstellungen der Kinderpornografie zuzuordnen. Täter, die vor dem Erlass dieses Gesetzes verurteilt wurden, konnten straffrei sogenannte »Erotic Posing«-Bilder verschaffen, besitzen und verbreiten.

Unabhängig von juristischen Begriffsdefinitionen wird immer wieder Kritik an dem Begriff »Kinderpornografie« geübt. Begründet wird diese Kritik insbesondere mit folgenden Argumenten:

- ethische Bedenken,
- Widersprüchlichkeit bei der Zusammenführung der Begriffe »Kind« und »Pornografie«,
- der Aspekt der Gewalt fehlt gänzlich,
- Sexualisierung des Kindes und Bagatellisierung des Missbrauchs,
- der Täter und seine Tat sind »unsichtbar«.

Zuletzt ist noch der Begriff der Serien zu erklären. Auf dem kinderpornografischen Markt tauchen immer wieder sogenannte Serien in Form mehrerer Kurzfilme, Folgen oder Fotostrecken auf. Serien dokumentieren einen lang anhaltenden sexuellen Missbrauch, bei dem man die Entwicklung des Kindes mitunter mehrere Jahre lang beobachten kann. Es gibt auf dem heutigen Markt Serien, die aus den 1980er-Jahren stammen, weiterhin sehr beliebt und inzwischen auch digitalisiert erhältlich sind. Vollständigen Serien wird ein höherer Wert zugeschrieben, auch da Vertreiber zunächst nur einen kleinen Teil auf den Markt bringen. Wird das Material angenommen, kann sich der Marktwert für die noch zurückgehaltenen Teile deutlich erhöhen.

7.5.1 »Big smile. Don't forget: You must look happy!«

Solche Anweisungen eines erwachsenen Regisseurs finden sich gelegentlich auf kinderpornografischen Videos. Denn insgesamt erscheint es besonders wichtig, das (nackte) glückliche und befriedigte Kind im Rahmen eines sexuellen Aktes darzustellen. Der Eindruck von Echtheit wird durch die Privatmosphäre der Umgebung und eine amateurhafte Kameraführung erzeugt. Weniger interessant erscheint professionell abgedrehte Kinderpornografie. Ob professionell oder laienhaft erzeugt: Bilder und Filme, die einmal im Netz freigegeben werden, bleiben mitunter für immer dort. Dies belegen vielzählige Beispiele kinderpornografischen Materials aus den 1970er- und 1980er-Jahren.

Kuhnen (2007) verweist auf Erhebungen von Kind sowie Taylor und Quayle aus dem Jahr 2003, wonach die Altersstruktur der Opfer in neuen Materialien hauptsächlich zwischen 9 und 12 Jahren liegt. Es wurde jedoch auf die sinkende Altersstruktur und auf zunehmende Funde von Material verwiesen, auf dem ca. sechs Monate alte Babys zu sehen sind. Schuhmann führte 2008 anhand beschlagnahmter Materialien eine qualitative Bildanalyse von kinderpornografischen Darstellungen aus dem Internet durch. Hierzu wurden insgesamt 735 Bilder ausgewertet. Sofern das Alter mithilfe der Darstellung eingeschätzt werden konnte, waren in 60 % der Fälle Kleinkinder und Kinder im Grundschulalter, in 27 % der Fälle pubertierende Kinder und in 8 % der Fälle Säuglinge zu sehen. Bezüglich der sexuellen Darstellungen konnten 12 % in die Kategorie des modellhaften Posierens eingeordnet werden. Es handelte sich hierbei um Material zum Ködern neuer Konsumenten oder neuer Tauschpartner. Im Bereich der sexuellen Handlungen war in 13 % der Materialien Oralverkehr beim erwachsenen Interakteur, in 12 % Masturbation beim Kind sowie in 27 % Oralverkehr, Vaginalverkehr und Analverkehr ersichtlich. In 24 % des Materials wurden Fetische mit Schwerpunkt auf kindlichen Symbolen und Unterwäsche gezeigt. Bei 5 % des Materials bildeten paraphile Darbietungen in Form von Sadomasochismus, Zoophilie und Urolagnie einen Schwerpunkt der Darstellung, und in 2,3 % des Materials wurden (gefälschte) Snuff-Darstellungen (▶ Kasten) gefunden.

> **Infobox**
>
> **Snuff-Videos** sind filmische Aufzeichnungen (ritueller) Tötungshandlungen bzw. authentischer Sexualmorde. Die umgangssprachliche Wendung »to snuff someone out« bedeutet so viel wie »jemanden auslöschen«.

Hinsichtlich der Geschlechterverteilung der Opfer lässt sich in der Gesamtschau verschiedenster Studien und klinischer Erfahrungen sagen, dass es bis zum Alter von ca. zehn Jahren ein in etwa ausgewogenes Verhältnis zwischen Jungen und Mädchen gibt. Danach überwiegen die weiblichen Opfer.

7.5.2 Die Konsumenten

Sowohl in der Prognostik als auch in der klinischen Arbeit mit den Tätern werden u. a. sogenannte Tätertypologien herangezogen. Die Gefahr bei der Anwendung von Typologien liegt in der Verleitung zum Absolutismus, denn klassische »Reinformen« von Tätern lassen sich in aller Regel nicht finden. Typologien eignen sich jedoch zur Hypothesenbildung.

Lanning (2001) unterteilt die Täter in zwei Haupttypen, den situations- und den präferenzmotivierten Typus, bei denen sich wieder Untertypen finden lassen. Diese Typologie bezieht sich stark auf die Inhalte und auf die Beschaffungsstrategien des Täters.

Eine Typologie, die sich primär auf das Konsumverhalten selbst bezieht, wird 2008 von Schuhmann vorgestellt. Zugrunde lag hier eine Klassifikation nach Mayring, die sich mit dem Konsumverhalten von Horrorfilm-Usern beschäftigte und entsprechend modifiziert wurde. Demnach lassen sich folgende Kategorien feststellen:

- »Der Fremde« wird von einer diffusen Neugier angetrieben, im Rahmen derer entsprechendes Material gesichtet wird. Die Reaktion ist negativ, bis hin zum Ekel. Es kann keine Bindung an das Genre eruiert werden.
- »Der Tourist« sucht Abwechslung und ein gewisses Maß an Außeralltäglichkeit. Die Reaktion ist hier mehr vom »Reiz des Verbotenen« gekennzeichnet. Eine Verknüpfung zwischen gelebter Sexualität und dem gesichteten pornografischen Material findet nicht statt.
- »Sammlertypen der 1. Kategorie« können als »wahre Fans« bezeichnet werden. Die Pornonutzung ist ritualisiert und bedient die eigenen sexuellen Bedürfnisse und Phantasien. Das Material wird in Sammlungen abgelegt.
- »Sammlertypen der 2. Kategorie« verfolgen langfristig die Realisierung des Gesehenen und suchen zu diesem Zweck verdeckt Kontakt zu Opfern oder haben bereits eines verfügbar. In den Taten werden die Phantasien drehbuchartig ausgelebt. Die Bindung zum Genre ist eng, und es bestehen (Internet-)Kontakte zu Gleichgesinnten.
- Als »Zwanghafter Typ 1« wird bezeichnet, wer exzessiv konsumiert und auf die Suche nach Opfern geht. Der Kontakt zu den Opfern wird selbst gesucht und kommerziell genutzt. Dieser Typus stellt auch selbst erzeugtes Material ein. Die Bindung zum Genre ist fundamental.
- Den »Zwanghaften Typ 2« zeichnet ein hohes Maß an krimineller Energie aus. Im zwischenmenschlichen Kontakt zeigt er sich sehr manipulativ, und es erfolgt eine interaktiv-paraphile Nutzung des Mediums.

Die Typologie nach Alexy und Kollegen (2005) unterscheidet grundsätzlich in »Trader« (Händler) und »Traveller« (Reisende). Demnach sammeln, verbreiten und produzieren »Trader« Kinderpornografie. Der »Traveller« hingegen versucht, Jugendliche und Kinder online zu manipulieren, um sie aus sexuellem Interesse real zu treffen. Ein typischer »Traveller«-Tatverlauf beginnt mit dem Ansprechen der Kinder im Chat und anschließendem Locken in den für den Täter sichereren Bereich des Internet-Relay-Chats (IRC). Im Anschluss erfolgt das sogenannte Grooming, also das Sich-vertraut-Machen, wobei hier noch keine sexuellen Anspielungen erfolgen müssen. Aus der klinischen Arbeit sind Fälle bekannt, in denen die Phase des Groomings über Monate, teils über Jahre hinweg andauerte. Als Grooming sind nach Wolak und Kollegen (2005) alle Aktivitäten zu werten, die darauf abzielen, das Vertrauen des Kindes zu gewinnen, sich mit ihm anzufreunden und es letztlich den (sexuellen) Wünschen eines Erwachsenen zugänglich zu machen. Schließlich kommt es zu sogenannten Webcam Attacks (▶ Kasten) und der Einforderung eines realen Treffens zwischen Täter und Opfer.

Infobox

Unter **Webcam Attacks** versteht man den Einsatz der Webcam als Tatwaffe. Die Opfer werden hierbei entweder via Internet mit exhibitionistischen Handlungen des Täters konfrontiert oder selbst zu Posing oder sexuellen Handlungen manipuliert, mitunter auch unter Drohungen dazu gezwungen.

Im Rahmen des Groomings wird das Gespräch zumeist langsam, aber zunehmend und in der Regel manipulativ auf die Sexualität gelenkt. Nicht selten werden vom Täter sowohl Posingbilder als auch Hardcore-(Kinder-)Pornografie eingesetzt, um eine Enthemmung beim Opfer zu bewirken. Gerade im Hinblick auf die vom Täter möglicherweise geplanten Treffen im »Real Life« ist die Herausgabe persönlicher Daten und Informationen im Internet mit einem besonders hohen Risiko belegt. Die Erfahrungen in der Täterarbeit zeigen aber auch, dass sämtliche private Informationen Anwendung finden können, um das Kind zu manipulieren, einzuschüchtern oder ihm im Falle der Widersetzlichkeit gar zu drohen. Dies bezieht sich immer wieder auch auf die Form der Webcam Attacks, bei denen das Kind Handlungen an sich vornehmen soll.

Zusammenfassend lässt sich aus den aktuellen Befunden bezüglich der Merkmale männlicher Täter nach Sheldon und Howitt (2007) festhalten: Männer, die im Internet kinderpornografisches Material konsumieren und sammeln, sind in der Mehrzahl pädophil. Sie sind mehrheitlich keine isolierten Einzelgänger, sondern befinden sich in Beziehungen mit Erwachsenen. Sie verfügen über einen zumeist guten Bildungsgrad, sind stabil berufstätig und weisen wenig bis keine Vorstrafen auf.

7.5.3 Begriffe der Szene

Insgesamt ist nach Erfahrungen im deutschsprachigen Raum der größte Teil der Täter nicht Mitglied einer organisierten Struktur im Sinne eines kriminellen Rings. Oftmals agieren sie als Einzeltäter, die, sofern sie überhaupt Cyberkontakte mit Gleichgesinnten unterhalten, eher Zweckgemeinschaften mit Einzelpersonen pflegen. Ein Grund hierfür kann z. B. die starke Überschneidung der Interessensgebiete sein, wodurch der Tausch von Material besonders effektiv gestaltet werden kann. Insofern wird der Begriff der »Szene« verwendet, da er eine lose, auch aber eine feste Bindung an das Genre und die einschlägigen Cyberkontakte implizieren kann.

Die Szene rund um die Kinderpornografie nutzt teils eine eigene Sprache bzw. Insiderbegriffe. So ist als Beispiel eines der wohl bekanntesten Kürzel zu nennen: »Lo(-Filme)«, »LoL« oder »Loli« werden pornografische Filme mit Mädchen unter 14 Jahren genannt. »Lo« und »LoL« stehen als Kürzel für Lolita (nicht zu verwechseln mit »lol« im alltäglichen Chat, das für »laughing out loud« steht; zu Chatkürzeln ▶ Kap. 1). Kinderpornografisches Material wurde bereits in den 1960er-Jahren als »Chickenporns«, »Kiddies« oder »Kiddieporns« bezeichnet.

Täter, die auf Jungen stehen, bezeichnen sich als »Boylover« (kurz: BL), wer auf Mädchen steht, nennt sich einen »Girllover« (kurz: GL). Der Suchbegriff »Boylover« bringt bei Google 1.870.000, der Begriff »Girllover« 3.130.000 Treffer, jeweils bei ausgeschaltetem SafeSearch-Filter. Weitere Titel, die sich Pädophile selbst geben und die in der Szene als Erkennungszeichen dienen, lauten u. a. »Sammler«, »Liebhaber«, »Kenner« oder »Kinderfreund«.

In Bezug auf Hentais, also im Bereich der Mangas, gibt es weitere für das Genre relevante Begriffe: »Shotacon« steht für »Shotaro-Complex« (Shotaro ist ein beliebter japanischer Jungennamen) und impliziert zunächst die sexuelle Fixierung auf minderjährige Jungen, bei welcher ursprünglich der Sex zwischen männlichen Kindern im Vordergrund stand. Es finden sich mittlerweile jedoch zunehmend Shotacons, die Sex zwischen Erwachsenen und Kindern zum Inhalt haben. Zumeist wird das Ganze eingebettet in eine romantisierte Liebesgeschichte.

»Lolicon« ist die Abkürzung für »Lolita-Complex« und bezeichnet den Sex zwischen oder mit weiblichen Kindern, die ungefähr 8 bis 13 Jahre alt sind bzw. so aussehen. Bei deaktiviertem SafeSearch-Filter zeigt Google bereits auf den vordersten Seiten das Standbild eines Trailers auf YouTube.com mit entsprechendem Titel, das zeigt, wie realitätsnah die Zeichnungen teilweise sind.

AnonIB : **Lolicon** ✦ - [Diese Seite übersetzen]
12 Einträge
Anyone know what happened to **lolicon** 3D? The board seems to have been deleted. ... I found
this set at http://playchan.org/**lolicon** but you need a pass. ...
www.anonib.com/_**lolicon**/ - 56k - Im Cache - Ähnliche Seiten

Lolicon - Suche - DaWanda ✦
DaWanda ist der Marktplatz für Geschenke, Unikate, Handgemachtes und Besonderes mit Herz.
Hier können Sie ausgefallene Geschenke und handgemachte Produkte ...
de.dawanda.com/search?q=**Lolicon**&fields=product_tags - 27k - Im Cache - Ähnliche Seiten

Lolicon - Wikipedia, the free encyclopedia ✦ - [Diese Seite übersetzen]
Some critics claim that the **lolicon** genre contributes to actual sexual abuse of children, [7] [8]
while others claim that there is no evidence for this, ...
en.wikipedia.org/wiki/**Lolicon** - 103k - Im Cache - Ähnliche Seiten

Video-Ergebnisse zu **lolicon**

  Original **Lolicon** ✦
4 Min. und 9 Sek.
www.youtube.com

  Boku wa Lolicon ! ✦
2 Min. und 20 Sek.
www.youtube.com

Verwandte Suchvorgänge: **lolicon**

lolicon shotacon   **lolicon** illegal   **lolicon** cute   **comic** lolicon

Goooooooooogle ▶
1 2 3 4 5 6 7 8 9 10   Vorwärts

───

lolicon   [Suche]

Quelle: Google-Trefferseite zum Suchwort »Lolicon«, http://www.google.de/search?sourceid=navclient&ie=UTF-8&rlz=1T4TSEA_deDE298DE299&q=lolicon, Screenshot vom 29.3.2009

»Toddlercon« ist ein weiterer im Westen gebräuchlicher Szenebegriff im Bereich der Hentais. Im Wesentlichen bezeichnet er die Kategorie Lolicon, allerdings mit sehr jungen Mädchen, zumeist im Kleinkindalter (engl. »toddler«), teilweise aber auch im Babyalter. Die Differenzierung wurde getroffen, um Toddlercon leichter vom »normalen« Lolicon unterscheiden zu können. Die unterschiedlichen Altersgruppen der Kinder sprechen auch unterschiedliche Kunden an.

7.5.4 Die Nutzung des Internets in der Szene

Sexualisierte Chatforen mit Titeln wie »sohn su reife mutter«, »Vater und Tochter« oder »Sommerkleidchen« dienen dem Aufspüren potenzieller Opfer, dem »Antesten« durch sexuelle Themen, dem Grooming und/oder Dating.

Private Chats können im IRC nur schwer kontrolliert werden und sind deshalb eine beliebte Plattform für Pädophile. So zeigte Haide (2003) einen Fall auf, bei dem die Mitglieder eines IRC-Privatchats einem Täter zusehen und ihm Kommandos geben konnten, während dieser live ein Mädchen missbrauchte und die Tat mit seiner Webcam am PC übertrug. Der Kanal trug den Namen »Orchide Club«.

Die sogenannten Pinboards im Chat werden genutzt, um z. B. Passwörter, die aktuell in der pädosexuellen Szene Anwendung finden, sowie spezifische Schlüsselwörter und Codes auszutauschen. Alternativ werden die Begriffe via E-Mail in der Szene verbreitet.

Der Austausch von Datensätzen über Peer-to-Peer-Netzwerke durch Freigabe des Zugriffs auf den eigenen PC wird gleichfalls zum Tausch und Vertrieb kinderpornografischen Materials genutzt. Voraussetzung ist, dass beide Partner ein spezifisches Tauschprogramm der jeweiligen Tauschbörse installiert haben. Zudem müssen beide PCs online sein, während der Austausch erfolgt. Dieser Austausch erfordert für beide Seiten nur eine sehr kurze Internetpräsenz, da der eigene PC Client und Server zugleich ist und somit auch große Datenmengen in kürzester Zeit übertragen werden können. Außerdem erfolgt keine Ablage auf einen zwischengeschalteten Server. Diese Voraussetzungen machen die Kontrolle und die polizeiliche Ermittlungsarbeit sehr schwierig.

Der leichte Zugang zur Pornografie ist auch im Hinblick auf sexuelle Kontaktdelikte als problematisch zu erachten. Denn laut einer 2004 von Langevin und Curnoe präsentierten Studie gaben 13 % der dort befragten Sexualtäter an, sich vor der Tat mit Pornografie stimuliert zu haben, 55 % der Täter zeigten dem Opfer während der Tat pornografisches Material. Der Hauptgrund war hiernach der Versuch der Verführung, in manchen Fällen diente diese Maßnahme der Einschüchterung. 37 % der Täter fertigten Aufnahmen von ihrem Opfer an.

7.5.5 Moderne Tatwaffen: Handy, Webcam & Co.

Camcorder, (Live-)Webcams und Handys können, wie bereits erwähnt, im Rahmen des realen sexuellen Missbrauchs – und auch bei jedem anderen Sexualdelikt – als Tatwaffe eingesetzt werden. Die Aufnahmen können darüber hinaus der Anreicherung sexueller Phantasien, der Trophäensammlung und der Produktion von Tauschmaterial dienen, aber auch für den klassischen Vertrieb wie auch für spätere Racheakte und Demütigungen im Nachtatverhalten genutzt werden. Teils gehört das Filmen aber auch zum Handlungsmuster des Delikts. Dementsprechend sind Webcams, Camcorder, insbesondere aber die stets mitgeführten Handys im Kontext der Jugendsexualität kritisch zu betrachten.

7.5.6 Sexueller Missbrauch in Spielform

Einer der bekanntesten Fälle dargestellten sexuellen Missbrauchs in Spielform bezog sich auf das interaktive Onlinerollenspiel »Second Life«. Hier wurden in manchen SIMs (Simulatoren) virtuelle Plätze für Sex mit Kindern eingerichtet. Als Beispiel ist hier ein Spielplatz namens »Wonderland« für sogenannte Age-Play-Aktivitäten zu nennen. In »Second Life« trifft sich eine virtuelle, 3D-simulierte Spielgemeinschaft. 2007 waren bei »Second Life« mehr als 3,8 Millionen Personen angemeldet, darunter auch Kinder und Jugendliche. Auch wenn sich hinter dem virtuellen Kind, das für die sexuellen Handlungen hergenommen wurde, tatsächlich ein erwachsener Spieler befindet, sieht der Betrachter eine wirklichkeitsnahe Darstellung eines sexuellen Missbrauchs. Die Bereiche wurden nach Bekanntwerden vom Betreiber umgehend geschlossen, die Mitglieder ermittelt und ausgeschlossen.

Auch für das Handy finden sich mithilfe gängiger Suchmaschinen nach Deaktivierung von Schutzfiltern entsprechende Sexgames. Zum Teil werden bereits in der Kurzbeschreibung der Suchmaschinen »Lolicon rape sex games« für das Handy feilgeboten.

Pornografie und die Bedeutung von fiktionalen Schriften mit narrativem Charakter

Eine bei Boylovern sehr beliebte literarische Figur ist Peter Pan (▶ Kasten), Protagonist mehrerer Anfang des 20. Jahrhunderts entstandenen Werke von James Matthew Barrie. Mit dieser Figur können sich viele Pädophile zumindest insoweit identifizieren, als sie sich gerne als Anführer einer Jungengruppe sehen würden. Die Gruppenmitglieder müssen mit den ersten Bestrebungen des Erwachsenwerdens die Gruppe verlassen, der Leiter bleibt, und neue Kinder rücken nach.

> Die von James Matthew Barrie geschaffene literarische Figur **Peter Pan** lebt im Nimmerland (engl. »Neverland«), einer fiktiven Insel, auf der es Piraten, Indianer, Elfen und vor allem Kinder gibt. Peter Pan ist der Anführer der »verlorenen Jungs« (engl. »The Lost Boys«). Als Einziger von ihnen wird er niemals erwachsen und muss deshalb nicht wie die anderen die Insel verlassen. Es kommen jedoch immer wieder neue Kinder nach, sodass Peter Pan die Gruppe der »verlorenen Jungs« nicht aufgeben muss.

In der Täterarbeit begegnet man immer wieder Klienten, die zu starker Romantisierung und Verniedlichung des sexuellen Missbrauchs neigen. Unter den beschlagnahmten Materialien finden sich durchaus auch selbst geschriebene Erotik- und Sexromane, die teils mit Zeichnungen, zunehmend auch mit digital bearbeiteten und/oder erstellten Dateien zu einer Bildgeschichte weiterverarbeitet werden. Nicht selten werden heimlich aufgenommene Fotos eingebaut, die Kinder in alltäglichen Situationen zeigen. Manchmal ist auch der Täter selbst mittels digitaler Bearbeitung in die Geschichte eingebaut. Dies ist vergleichbar mit den aus

7.6 · Die virtuelle Welt als Schnittstelle von Phantasie und Realität?

97   **7**

Kinderbekleidungskatalogen erstellten Collagen. Als Vorteile der selbst erstellten Geschichten und Bilder gelten aus Sicht des Täters u. a. die Möglichkeiten der

- intensiven und aktiven Beschäftigung mit der devianten Phantasie und entsprechenden Handlungen, ohne dass es eines Kontaktdeliktes bedarf,
- detaillierten Abstimmung des visualisierten und verschriftlichten Materials auf die eigenen sexuellen Belange,
- Bagatellisierung des dargestellten sexuellen Missbrauchs mit dem Hinweis auf reine Fiktion,
- Ästhetisierung des sexuellen Missbrauchs durch die Erstellung eines literarischen Pseudokunstwerks.

Speziell die letzten beiden Aspekte verdeutlichen, welche besondere Bedeutung Mangas bzw. Hentais beizumessen ist. Untermauert wird dies durch Beiträge aus Foren deutscher Mangaseiten zu sexualisierten Mangas mit Kindern. Dort lässt sich feststellen, dass zumeist kein Problem in dieser Darstellungsform gesehen wird. Als Begründung wird wiederholt angeführt, dass man zwischen Realität und Fiktion unterscheiden müsse. Auch wird Hentais mit Kindern eine hohe Toleranz entgegengebracht, wenn diese – wie häufig – in eine »süße Lovestory« eingebettet sind. Gleiches gilt, wenn ausschließlich sexuelle Handlungen zwischen Kindern, sprich: ohne erwachsene Akteure, gezeigt werden. Solche Äußerungen finden sich sowohl bei männlichen als auch weiblichen Diskussionsteilnehmern. Diese Toleranz erlaubt Personen mit entsprechender Präferenz die eingehende Beschäftigung mit ihren devianten Phantasien. Dies kann dem Betrachter durchaus zur Neutralisierung und somit zur Überwindung eigener Schuld- und Schamgefühle dienen. Demzufolge ist der gesamte künstlerische Bereich, der sich solchen Themen in Bild und Ton widmet, als möglicher Ausdruck und/oder Verstärker sexuell devianter Phantasien kritisch zu hinterfragen.

7.6 Die virtuelle Welt als Schnittstelle von Phantasie und Realität?

Marshall und Eccles (1993) stellten fest, dass reales sexuell deviantes Erleben einen stärkeren Einfluss auf künftiges Verhalten hat als die eigenen devianten Phantasien. In der Fachwelt wird deshalb diskutiert, ob der realitätsnahen Internetpornografie eventuell ein besonderer Bedeutungsgrad beigemessen werden muss.

Da Marshall und Eccles den Einfluss der Phantasie hinsichtlich künftigen devianten Verhaltens nicht als bedeutungslos werten und es Hypothesen der gegensei-

tigen Bedingung gibt, ist es auch notwendig, sich mit möglichen Wirkungsweisen der Phantasie zu befassen. Phantasie kann sich sehr unterschiedlich ausgestalten. Sie kann aktiv herbeigeholt oder unwillkürlich ausgelöst, in Extremfällen gar zum besitzergreifenden Selbstläufer werden. Die damit verbundenen Emotionen können die gesamte Bandbreite von Ekel bis Lust, von Angst bis Gier, von Trauer bis Freude umfassen. Die inhaltliche Ausgestaltung devianter Phantasie ist dabei für die Arbeit mit den Tätern ebenso relevant wie die Frage, inwieweit sich Träume und reales Erleben vermischen.

Der Rolle sexuell devianter Phantasien werden verschiedene Bedeutungen beigemessen. Beispielhaft können hier benannt werden:

- Durchplanen der Tat im Vorfeld,
- Phantasie als Stimulus für das Auslösen oder die Verstärkung sexueller Erregung,
- Verstärkung der Phantasie durch die Tat und nicht umgekehrt,
- allgemeine Affektregulation durch die Phantasie,
- Phantasie als Bewältigungsstrategie,
- Erhöhung der Steuerungsfähigkeit durch die Phantasie,
- Überwindung von Hemmungen,
- Verminderung der Deliktmotivation,
- Selbstregulation spezifischer Problembereiche (Selbstwert, Selbstvertrauen usw.).

7.6.1 Der Weg von der Phantasie zum »Kontaktdelikt«

Sheldon und Howitt fassten 2007 die Ergebnisse verschiedener Untersuchungen zum Thema zusammen. Empirisch konnte nicht belegt werden, dass der Konsum von Kinderpornografie zwangsläufig zu Kontaktdelikten führt. Jedoch zeigten Internet-Sexualstraftäter die höchste Phantasietätigkeit mit pädophilem Inhalt.

Das Modell der »Spiral of Sexual Abuse« nach Sullivan (2002) veranschaulicht sehr gut den (langen) Weg von einem motivationalen Auslöser, z. B. einem wiederkehrenden Unzulänglichkeitsgefühl in erwachsenen Sexualkontakten, hin zu einem sexuellen »Hands-on«-Delikt, also einem Kontaktdelikt im wirklichen Leben. Auch sind auf diesem Weg vom Täter immer wieder Hürden in Form eigener Ängste und/oder Schuldgefühle zu nehmen. Hierbei spielt neben kognitiven Verzerrungen auch die sexuell deviante Phantasie eine zentrale Rolle. Ein klassisches Beispiel für kognitive Verzerrungen zur Überwindung eigener Schuldgefühle ist das Bild des glücklichen und befriedigten Kindes im Rahmen des dargestellten sexuellen Missbrauchs oder der »Auftrag zur sexuellen Befreiung« des Kindes.

Um das Nähren dieser Phantasien zu erschweren, hat das Bundeskabinett am 25.3.2009 einen Gesetzentwurf zur Änderung des Telemediengesetzes verabschiedet, der die Sperrung des Zugangs zu kinderpornografischen Inhalten im Internet regelt. Damit soll der Zugang zu Internetseiten erschwert werden, die auf Servern im Ausland liegen. Zur Abschreckung und zum Aufbau bzw. zur Aufrechterhaltung von Hemmschwellen wird der User automatisch auf eine »Stopp-Seite« umgeleitet und auf den Grund des Stopps hingewiesen. Dies kann durchaus User, die keine feste Bindung an das Genre haben, bremsen bzw. den Prozess der kognitiven Verzerrung sowie das Gefühl der Anonymität erschweren.

Dennoch gibt es im Internet bereits jetzt Hilfestellungen, die einen »störungsfreien Konsum« garantieren. Es wird damit geworben, dass eine Registrierung genüge, um z. B. Warnhinweise zum Verbot von Lolicon auszublenden. Es erfolgt dann eine Weiterleitung, ohne dass man den Warnhinweis lesen kann bzw. muss.

Bezüglich des Einflusses von Pornografiekonsum auf Sexualstraftäter im Allgemeinen weisen Hill und Kollegen (2006) auf eine Metaanalyse hin. Darin wird herausgestellt, dass Sexualdelinquente zwar nicht häufiger Pornografie konsumieren, aber nach dem Konsum verstärkte sexuelle Aktivitäten zeigen, u. a. auch in Bezug auf nicht konsensuellen Sex. Zudem war der Erregungsgrad durch den Pornografiekonsum bei der Gruppe der Sexualtäter höher; besonders signifikant war der Unterschied beim Konsum von Gewaltpornografie. Bei dargestelltem konsensuellen Sex konnte wiederum ein höherer Erregungsgrad bei der nicht devianten Kontrollgruppe verzeichnet werden.

Im Rahmen einer Erhebung von Rich im Jahre 2003 gaben 51 % der dort befragten jugendlichen Sexualtäter an, der Pornografiekonsum habe einen Beitrag zu ihrem sexuell devianten Verhalten geleistet.

Gestützt von den bereits erwähnten wissenschaftlichen Studien und entsprechenden klinischen Erfahrungen in der Arbeit mit Sexualdelinquenten ist dem Konsum von Pornografie eine nicht unwesentliche Rolle als Brücke zwischen Phantasie und Realität beizumessen. Vor diesem Hintergrund erscheint es unerlässlich, dem Thema im Rahmen von Präventionsprojekten einen entsprechenden Raum zu geben.

7.7   Empfehlenswerte Schwerpunkte für die Präventionsarbeit

Eine sexualpädagogische Aufklärung ist bei der Bearbeitung des Themas »Sexualisierung in den Neuen Medien« unumgänglich und sollte bereits vor der Ado-

leszenz erfolgen, wobei stets auf altersangemessene Vermittlungsmethoden zu achten ist und die Erziehungsberechtigten eingehend über die erachtete Notwendigkeit informiert sein müssen.

7.7.1   Berücksichtigung von Risikofaktoren im Hinblick auf Opfer und Täter

Bei Präventionsprojekten mit Jugendlichen hat sich die Vermittlung von Strategien im Umgang mit Opfern und (potenziellen) Tätern als äußerst wichtig erwiesen. Diese Strategien sollen Jugendliche für Gefahren und tatsächliche Gefährdungsmomente sensibilisieren. Das plötzliche Konfrontiertwerden mit extremen pornografischen Darstellungen stellt für viele Menschen, deren Stimulus sich nicht mit den dargestellten Handlungen deckt, eine emotionale, teils auch eine ethische Überforderung dar. Insbesondere im Hinblick auf die emotionale Überforderung lassen sich Schock und Ekel beobachten. Diese Reaktionen können nachhaltige Beeinträchtigungen wie Schlaflosigkeit, Unruhe, aber auch das in alltäglichen Situationen plötzliche,

Cover des Aufklärungsfilms »Blind Date«

nicht kontrollierbare Auftauchen der Bilder vor dem geistigen Auge zur Folge haben. Darüber hinaus erscheint es unerlässlich, auch kriminogene Risikofaktoren bezüglich einer Täterschaft zu berücksichtigen. Den Teilnehmern sollte Mut gemacht werden, auch in diesem Bereich rechtzeitig hinzuschauen und zu handeln – selbst wenn die besten Freunde zu Tätern werden. Eine rechtliche Aufklärung erscheint auch schon vor dem Erreichen der Strafmündigkeit sinnvoll. Hierbei können die strafrechtlich relevanten Tatbestände aufgezeigt werden, es kann über die aktuelle Gesetzeslage informiert werden, und Aspekte aus dem Bereich der Opferentschädigung können dargelegt werden.

> Bezugsquelle für das Medienpaket »Blind Date«:
> Landeskriminalamt Hamburg
> LKA 121 – Polizeiliche Kriminalprävention
> Bruno-Georges-Platz 1
> 22297 Hamburg
> E-Mail: kriminalpraevention@polizei.hamburg.de

7.7.2 Vermittlung von Medienkompetenz

Gerade bei diesem Aspekt der Präventionsarbeit ist es wichtig, sowohl professionelle Kräfte als auch die Haupterziehungspersonen im Umgang mit Neuen Medien zu schulen. Der Elternarbeit ist im Bereich der medialen Präventionsarbeit eine zentrale Rolle zuzuschreiben. Dennoch ist auch die entsprechende Qualifikation von Fachkräften insbesondere im Hinblick auf jene Kinder und Jugendliche wichtig, deren Haupterziehungspersonen ihrer Verantwortung nicht nachkommen bzw. nicht nachkommen können.

Bezüglich des technischen Umgangs mit dem Internet verweisen Hill und Kollegen (2006) auf Empfehlungen für Erziehungspersonen nach Longhin, wonach
- kein Computer mit Internetzugang in den Kinderzimmern stehen sollte,
- Sicherheitssoftware (auch zur Rekonstruktion der Userspuren) für das Kind installiert sein sollte,
- Hilfestellung bei der Entdeckung der virtuellen Welt geleistet werden sollte,
- der sichere Umgang mit persönlichen Daten und Informationen trainiert werden sollte,
- auf Kontakte, die als unangenehm, feindselig, belästigend oder unangemessen empfunden werden, niemals reagiert werden sollte,
- Eltern die Onlinebekanntschaften der Kinder und Jugendlichen persönlich kennenlernen sollten,
- Eltern ihren Kindern kein Chatzugang ermöglichen oder sie dabei kontrollieren sollten,
- die Computer- und Internetzeiten von Anfang an zeitlich begrenzt werden sollten.

7.7.3 Bewusstmachung der Opferfolgen

Neben den klassischen Opferfolgen, wie beispielsweise Schulängsten und -versagen, sollte erfahrungsgemäß auch die »Kraft und Haltbarkeit« der Bilder thematisiert werden. Ein hierzu sehr gut einsetzbares und eindrucksvolles Zitat von Carmen Kerger, Dunkelziffer e.V., zeigt die Dramatik, die sich hinter den Bildern verbirgt, deutlich auf: »Im Kontakt mit Menschen, die pornografisch ausgebeutet wurden, wird immer wieder deutlich, dass durch die Existenz der Bilder diese Ausprägung sexueller Gewalt als lebenslanger, nicht endender Missbrauch bezeichnet werden muss« (Kerger, 2007). In der Präventionsarbeit sollte ins Bewusstsein gerückt werden, dass selbst einsichtige »Up-Loader« von Bildern und Videos zumeist keine Möglichkeit mehr haben, das einmal in das Internet eingestellte Material wieder gänzlich zu entfernen. Nicht zuletzt die Tatsache, dass es sich mitunter um einen internationalen Zuschauerkreis handelt, führt dazu, dass belastende Wirkungen auf das Opfer in manchen Fällen auch noch Jahre nach dem Ereignis deutlich erkennbar sind.

Suchtprävention

Auch auf die Suchtgefahren im Kontext von Internet, Pornografie und Cybersex und die jeweiligen Folgen sollte ein Fokus gelegt werden. Auch wenn die exzessive Nutzung von Neuen Medien und deren Inhalten noch nicht offiziell als Sucht anerkannt ist, so berichten insbesondere ambulante Suchtberatungsstellen, bei Hilfesuchenden zunehmend mit dieser Thematik konfrontiert zu sein. Anhaltspunkte für einen destruktiven Gebrauch von Medien mit suchtartigem Charakter können sein:
- ein unwiderstehliches Verlangen bezüglich Pornokonsum, Cybersex oder Internetnutzung,
- verminderte Kontrollfähigkeit, was den Beginn, die Beendigung und die Dauer der Mediennutzung betrifft,
- Entzugserscheinungen wie Nervosität, Unruhe, Schlafstörungen,
- Toleranzentwicklung (Steigerung der Häufigkeit oder Dauer),
- fortschreitende Vernachlässigung anderer Interessen,

— anhaltendes exzessives Spielen trotz eindeutiger schädlicher Folgen wie Konzentrationsschwächen und Leistungsabfall in Schule/Beruf, Mangelernährung, Schlafmangel usw.

7.8   Schlusswort

Zusammenfassend lässt sich eine Zunahme des öffentlichen Auslebens sexueller Bedürfnisse und der Zurschaustellung des eigenen sexuellen Stimulus beobachten. Dies könnte man als eine Art »virtuellen Voyeurismus und Exhibitionismus« bezeichnen, dessen mittel- und langfristige Folgen sich von vielen jugendlichen Usern der Neuen Medien nicht hinreichend abschätzen lassen bzw. ausgeblendet werden.

Dennoch gehören Tabubrüche und Grenzerfahrungen mit Selbstinszenierungen und Experimenten typischerweise zum Jugendalter. Hier bieten sich die Neuen Medien geradezu als Mittel der Verstärkung an, da Kinder und Jugendliche hinsichtlich der Handhabung und der Möglichkeiten dieser Medien in der Regel einen erheblichen Wissensvorsprung gegenüber ihren Eltern haben. Kritisch zu betrachten sind diese grundsätzlich jugendtypischen Verhaltensweisen in Bezug auf Pornografie mit deviantem Inhalt besonders dann, wenn sie zunehmend dem »sensation seeking« dienen, d. h., wenn sich Jugendliche durch das Material angesprochen fühlen, sodass entsprechende Phantasien gefördert und/oder ausgebaut werden und in besonders gravierenden Fällen der Wunsch nach Nachahmung immer stärker wird – bis hin zur Umsetzung des zuvor Gesehenen.

Letztlich lässt sich festhalten, dass das Motto »Sex sells« keine Neuheit ist, die erst mit dem Internet Einzug hielt. Jedoch werden die rein erotischen Darstellungen zunehmend von extremer werdenden Pornodarstellungen abgelöst, die einem immer jüngeren und größer werdenden Publikum zugänglich sind. Demnach müsste inzwischen richtigerweise von »Pornografisierung« statt von Sexualisierung gesprochen werden. Und damit eigentlich eher von: »Porn sells«.

Weiterführende Literatur

Altstötter-Gleich, C. (2006). Pornographie und neue Medien. Eine Studie zum Umgang Jugendlicher mit sexuellen Inhalten im Internet. Mainz: Pro Familia, Deutsche Gesellschaft für Familienplanung, Sexualpädagogik und Sexualberatung e. V., Landesverband.

Hesselbarth, M.-C. & Haag, T. (2004). Kinderpornografie. Frankfurt a. M.: Verlag für Polizeiwissenschaft.

Junkermann, I. (2006). Kinderpornografie. Gesellschaftliche, gesetzliche und politische Umgehensweisen. Saarbrücken: VDM.

Kuhnen, K. (2007). Kinderpornographie im Internet: Medium als Wegbereiter für das (pädo-)sexuelle Interesse am Kind? Göttingen: Hogrefe.

Stiftung Deutsches Forum für Kriminalprävention (Hrsg.). (2006). Internet-Devianz. Berlin: DFK.

Digitale Kämpfe. Über gewalthaltige Computerspiele

Esther Köhler

8.1   Einleitung

Den klassischen Computerspieler gibt es nicht. Klischees, die durch Politik und Medien verbreitet werden – beispielsweise, Computerspieler seien jung, männlich und hätten einen niedrigen Bildungsstand –, sind nicht mehr haltbar. Denn Computerspiele werden zunehmend auch von Älteren und Frauen gespielt. Auch Jugendliche mit einem hohen Bildungsgrad spielen immer mehr. Die Spiele entwickelten sich zu einer Art Breitensport, erklärt Jeffrey Wimmer von der Universität Bremen, Herausgeber und Mitautor des Buches »Die Computerspieler. Studien zur Nutzung von Computergames«, der Berliner Zeitung im Februar 2008.

Laut dem Bundesverband Interaktive Unterhaltungssoftware (BIU) e.V. verzeichnete das Geschäft mit interaktiven Spielen »im ersten Halbjahr 2008 enorme Zuwächse. Der Umsatz mit Computer- und Videospielen stieg im ersten Halbjahr um 16 % gegenüber dem Vorjahreszeitraum. Insgesamt wurde mit Computer- und Videospielen ein Umsatz von 645 Mio. € gegenüber 557 Mio. € im Vorjahr erwirtschaftet«. Mittlerweile sei bereits jeder dritte Spieler weiblich, »im Handheldbereich machen weibliche Spieler mit einem Anteil von 54 % sogar erstmals die Mehrheit aus«. BIU-Geschäftsführer Olaf Wolters geht sogar davon aus, dass ein entscheidender Umbruch auf dem Markt geschieht: »Die Begeisterung für Unterhaltungssoftware kennt kein Geschlecht oder Alter, und genau hier liegen die Chancen für die nächsten Jahre« (Bundesverband Interaktive Unterhaltungssoftware e.V., 2009).

Obwohl oder gerade weil es immer mehr Computerspieler gibt, bleibt die öffentliche Debatte negativ gefärbt. Hier finden sich vor allem allgemeine Befürchtungen, welche die Mediendebatte auch bislang schon prägten, wenn ein neues Medium den Markt eroberte. Lesen beispielsweise gilt heute als pädagogisch wertvoll, doch das war nicht immer so. Im 19. Jahrhundert kam eine »Lesesucht-Diskussion« auf, in welcher es hieß, Lektüre überreize die Phantasie, es komme zu einer regelrechten Lesesucht, neben der alltägliche Pflichten vernachlässigt würden; Lesen könne zudem der geistigen und körperlichen Gesundheit schaden. So galt das Lesen noch bis zu Beginn der Fernsehzeit als bedenklich.

Diese Gefährdungsprognosen erinnern an aktuelle Fälle, nur die Medien, für die sie diskutiert werden, verändern sich. In dieser Tradition beschäftigt sich ein Teil der klassischen Medienwirkungsforschung mit solchen Befürchtungen – darunter: Neue Medien machten generell dumm, dick, wären schlecht für die Augen und raubten den Kinder die Kreativität, würden zu Ersatzfreunden, machten also einsam, wirkten sich negativ auf das Sprachniveau aus, stählen Zeit, mach-

ten süchtig und aggressiv. Diese Argumentation geht zurück auf Autoren wie Neil Postman, Joseph Weizenbaum oder Hartmut von Hentig. Sie geht von einer mehr oder weniger allgemeinen, isolierten und generalisierbaren Wirkung gewalthaltiger Darstellungen und von einem relativ passiven Mediennutzer aus. Sie fragt also eher danach, was die Medien mit uns machen. Diese Wirkungsrichtung findet bis heute viele Befürworter in verschiedenen Fachdisziplinen, wie beispielsweise Werner Glogauer (1998, 1999), Dave Grossman und Gloria DeGaetano (2002), Manfred Spitzer (2005) und Christian Pfeiffer (Pfeiffer et al., 2005, 2006). Sie leiten erhebliche negative Wirkungen auf Kinder und Jugendliche ab, bis hin zu Delikten jugendlicher Täter mit Schusswaffengebrauch.

Abgesehen von dieser Verallgemeinerung, etabliert sich seit den 1970er-Jahren mehr und mehr eine Forschungsrichtung, welche der Frage nachgeht, was die Menschen eigentlich mit den Medien machen. So geht die Mediennutzungsforschung beispielsweise der Frage nach, warum ein aktives Individuum spezielle Medien und deren Inhalte überhaupt auswählt und welche Motive, Bedürfnisse, Stimmungen und eigene Lebensthemen sowie soziale und personale Faktoren diese Auswahl leiten beziehungsweise die Intensität und Häufigkeit der Nutzung beeinflussen.

Diese hohe Komplexität des Medienrezeptionsprozesses, auf welche die Mediennutzungsforschung verweist, berücksichtigen kognitionspsychologische und am Konstruktivismus orientierte Konzepte der Medienrezeptionsforschung, die in den letzten Jahren in den Vordergrund gerückt sind. Während die klassische Medienwirkungsforschung die Bereiche Nutzung und Wirkung eher getrennt voneinander betrachtet, versucht die konstruktivistische Betrachtungsweise beide Bereiche zu einem sinnvollen Ganzen zu integrieren.

Diese moderne Medienwirkungsforschung ist besonders für Computerspiele bedeutsam, da durch den Einfluss des Spielers auf den Spielverlauf eine andere Interaktivität zwischen Spieler und Computerspiel erwartet wird, als dies beim Fernsehen oder anderen Medien der Fall ist. So erzeugt z. B. auch das Fernsehen die Illusion einer Face-to-face-Beziehung zwischen Zuschauern und Darstellern. Zuschauer reagieren gegenüber medialen Personen in ähnlicher Weise wie in realen zwischenmenschlichen Interaktionsprozessen. Der Zuschauer tritt in gewisser Weise mit dem Hauptdarsteller in Beziehung und durch diesen auch mit anderen Medienfiguren. Tatsächlich fehlt aber die Gegenseitigkeit der Beziehung, da der Zuschauer weder die Medienperson noch den Filminhalt beeinflussen kann. Dieses Phänomen wurde von den amerikanischen Psychiatern Donald Horton und Richard R. Wohl 1956 untersucht und als »parasoziale Interaktion« bezeichnet. Mit diesem Konzept lehnten Horton und Wohl die damals verbreitete Vorstellung vom Zuschauer als passivem Beobachter des Geschehens ab.

Medien und Menschen interagieren jedoch nicht nur individuell miteinander, sondern auch auf höherer, gesellschaftlicher Ebene. So sind Medien Produkte der Menschen und verändern sich mit den gesellschaftlichen Strukturen. Daher treffen Neue Medien wie der Computer und die Computerspiele sowohl in technischer als auch in inhaltlicher Hinsicht den Zeitgeist. Technisch schafft es der Computer, sämtliche Funktionen anderer Einzelmedien zu verbinden, und inhaltlich repräsentiert und erfüllt er zeitgemäße Funktionen und Ansprüche wie Schnelligkeit, Zuverlässigkeit, ständige Verfügbarkeit und Einsatzbereitschaft, Berechenbarkeit und Höchstleistung auf bleibendem Niveau.

Eine Gesellschaft hat die Medien, die zu ihr passen. Sie produziert Bedürfnisse, die durch Neue Medien abgedeckt werden. Neue Medien

- kreieren extreme Welten und Helden, mit denen man Abenteuer erleben kann. Dies befriedigt die Sehnsucht nach intensiven Erlebnissen, in einer Welt, die immer schnelllebiger und oberflächlicher wird;
- werden als Gesellschaftsersatz immer wichtiger, denn Kinder müssen sich oft und viel alleine beschäftigen. Die Erwachsenen sind zusehends mit ihrer individuellen Lebensplanung beschäftigt. Die Vereinbarkeit von Familienleben und Berufstätigkeit ist schwierig, auch werden mehr und mehr alternative Lebensformen gewählt, sodass die klassische Vater-Mutter-Kind-Familie nicht mehr die dominierende Lebensform ist;
- erzeugen neue Einbindungsmöglichkeiten auf dem Konsum- und Medienmarkt für Kinder und Jugendliche und damit neue Möglichkeiten, die gefürchtete Langeweile zu vertreiben;
- dienen als früher Zugang zu Alternativen der Erwachsenenkultur, und der Erfahrungsspielraum kann spielerisch erweitert werden;
- sind als Kommunikationsmedium wichtig geworden; man kann telefonieren, sich E-Mails schicken oder sich im Netz zum gemeinsamen Spielen treffen;
- ermöglichen durch ihre Raum- und Zeitunabhängigkeit mehr Autonomie für Kinder und Jugendliche;
- können der Aufnahme in eine Gemeinschaft dienen, denn über den Besitz z. B. von speziellen Computerspielen oder Filmen drücken sich ähnliche Interessen aus;
- bieten den Kindern und Jugendlichen Rollenmuster und Vorbilder an, die oft weit weg von der manchmal belastenden und eintönigen Realität sind und von außerhalb stammen, nicht aus der Familie oder der Schule – so ermöglichen sie Distanz und Protest;
- erlauben die Fortführung der Patchwork-Identität. In der modernen Gesellschaft aufzuwachsen heißt, widersprüchlichen Vorgaben gerecht werden zu müssen. Traditionelle Werte und Normen, Kirche und Parteien verlieren an Bedeutung. Wir leben in einer pluralistischen Werteordnung, die viele Lebensoptionen zu Verfügung stellt. Ein Weg, damit umzugehen, ist die Ausbildung einer Patchwork-Identität: Man identifiziert sich partiell mit verschiedenen Lebensstilen, Milieus und Kulturen, pendelt zwischen verschiedenen Selbstdarstellungsformen und Wertsystemen hin und her, ohne unter einem Gefühl von Inkonsistenz zu leiden;
- scheinen mehr Kontinuität aufzuweisen als menschliche oder institutionelle Bindungen, denn sie und ihre Inhalte existieren auch über Kontinente hinweg. Durch die Globalisierung entsteht eine Arbeitsplatzflexibilität, welche den Rückzug ins Private begründet.

8.2 Ego-Shooter

Die vermuteten Negativwirkungen von Computerspielen sind in der Öffentlichkeit sehr präsent. Politik und Medien diskutieren Computerspiele fast ausschließlich im Zusammenhang mit zwei Problemkreisen:

- dem vermeintlich hohen Suchtpotenzial vor allem der Onlinerollenspiele, wie beispielsweise »World of Warcraft« und
- der Ausführung virtueller Gewalthandlungen in verschiedenen Computerspielen. Besonders in Verruf geraten ist hier das sogenannte First-Person- oder Ego-Shooter-Genre.

Bei dem Abenteuerrollenspiel »World of Warcraft« bilden Spieler kurzzeitig oder dauerhaft Teams und wandern durch eine Fantasy-Onlinewelt. Computergesteuerte Haus- und Kampftiere begleiten den Spieler. Der Bildschirm ist mit Steuerelementen und Schaltern versehen, ebenso gibt es eine Chatfunktion (links unten) und eine Anzeige mit den Namen der Spieler, die sich im eigenen Team befinden. Die Gestaltung ist comichaft und sehr bunt.

Die Atmosphäre vieler Ego-Shooter (▶ Kasten) wie z. B. »Doom 3« zeichnet sich dagegen durch Schauer- und Splattereffekte sowie eine düstere Umgebung aus. Werfen wir zunächst einen Blick auf die öffentliche Debatte zum Genre der Ego-Shooter.

Quelle: Blizzard Entertainment, 2005: World of Warcraft, Screenshot vom 10.2.2009

Quelle: Activision, 2004: Doom 3, Screenshot vom 10.1.2007

Bei einem **Ego-Shooter**, auch First-Person-Shooter genannt, handelt es sich um ein Computerspiel, bei dem das Schießen mit diversen Waffen das zentrale Element darstellt. Die einzige Möglichkeit, das Spiel zu gewinnen, besteht darin, Gegner zu vernichten und damit vom virtuellen Spielplatz zu verbannen. Der Spieler wird in die Situation gebracht, den Gegner vernichten zu *müssen*, um nicht selbst zu verlieren. Angebote einer friedlichen Konfliktlösung gibt es üblicherweise nicht. Der Spieler nimmt das Geschehen aus der Ich-Perspektive durch die Augen der Spielfigur wahr. Die meisten Ego-Shooter besitzen eine Multiplayerfunktion. Damit kann im Internet gegen menschliche Gegner gespielt werden. Die Rahmenhandlung beschränkt sich meist auf das Nötigste, indem sie kurz festlegt, was die zu erreichenden Ziele des Teams sind.

Ego-Shooter als Sündenböcke: die öffentliche Debatte

Computerspielgegner fordern – ebenso wie der Koalitionsvertrag zwischen CDU und SPD von 2005 – ein Verbot dieser Spiele. Sie etablierten für Ego-Shooter

Begriffe wie »Killerspiele« oder »Tötungs-Trainings-Software« und gehen von einer starken Bedrohung für Kinder und Jugendliche aus. Auch Jugendschutzbehörden sehen in diesen Spielen die Gefahr einer »sozialethischen Desorientierung Heranwachsender« (Fromm, 2003). Nach dem Erfurter Amoklauf suchten deutsche Tageszeitungen nach Ursachen, und Ego-Shooter gerieten ins Zentrum der Aufmerksamkeit. Ein Beispiel für diese vereinfachende Betrachtungsweise lieferte die FAZ mit der These, das Spiel »Counter-Strike«, das Robert Steinhäuser begeistert gespielt habe, simuliere »Terror- und Antiterrorkriegsführung in Echtzeit« und habe »einen Handlungscode für den Amoklauf von Erfurt« geliefert (http://www.uni-bielefeld.de/paedagogik/Seminare/moeller02/04computerspiele/erfurt.htm; Stand: 30.3.2010): »Wie im Spiel, wo der Spieler mit einer Primär- und einer Sekundärwaffe, nämlich Gewehr und Pistole ausgestattet ist, versah sich der 19-Jährige mit Pumpgun und Revolver und einer riesigen Menge Munition.« Die Behauptung des FAZ-Autors, man solle in diesem Spiel »vom Polizisten [...] über den Passanten bis hin zum Schulmädchen jeden erschießen, ehe man selber erschossen wird«, lässt vermuten, dass der Autor dieses Artikels das Spiel entweder noch nie gesehen, geschweige denn gespielt oder diese Hand-

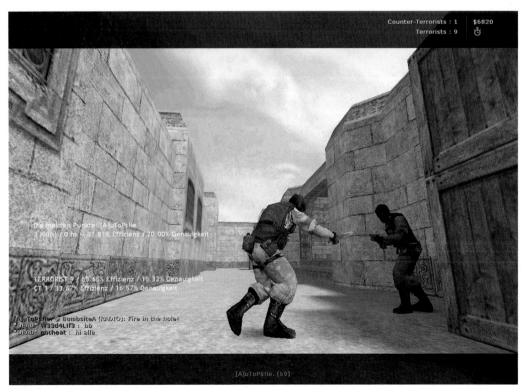

Quelle: Electronic Arts, 2000: Counter-Strike, Screenshot vom 20.1.2010

lungsszene frei erfunden hat, um seine »Beweisführung« zu untermauern, denn diese Spielhandlung ist bei »Counter-Strike« nicht zu finden.

Die Diskussion ist gerade bezüglich der Ego-Shooter allerdings nicht so einfach, wie viele Computerspielgegner glauben machen wollen. Bei solchen Beschreibungen des Täterprofils wird dem Spielverhalten eine sehr große Bedeutung zugemessen, während Fakten wie die psychische Labilität der Täter, politischer Extremismus und realer Waffenbesitz fast ausgeblendet werden. So wird dann von der Öffentlichkeit die Ähnlichkeit zwischen Spiel und Tat in den Vordergrund gestellt und diskutiert. Tatsächlich war Robert Steinhäuser aber auch Mitglied in einem Schützenverein, hat dort Schießen gelernt und sich eine Waffenerlaubnis »erarbeitet«. Rötzer (2002) spricht in diesem Zusammenhang von der Doppelmoral der Politiker, die Computerspiele verbieten wollten, Schützenvereine hingegen guthießen. Schützenvereinen wird keine Mitursächlichkeit unterstellt, sondern ganz im Gegenteil eher eine Art reinigende Wirkung. Dies geschieht nach Rötzers Meinung aufgrund wahlstrategischer Überlegungen: In einer alternden Gesellschaft ließen sich mehr Stimmen von denjenigen erhalten, an denen die Neuen Medien vorbeigegangen seien und die gerne an einfache Ursachen glauben würden, um an alten Gewohnheiten festhalten zu können. Die Schuld für den Anstieg von Gewalt in der Gesellschaft und die aggressiven Ausbrüche vereinzelter Jugendlicher den Computerspielen und speziell Ego-Shootern zuzuweisen stelle einen einfachen Weg dar, Verantwortung abzugeben und gesellschaftliche Probleme zu verdrängen. Immerhin wurde 2009 die Altersgrenze für das Schießen mit großkalibrigen Waffen angehoben.

Spaß am Wettkampf oder Blutgier? Perspektiven von Spielern und Nichtspielern

Die Meinungen über Ego-Shooter gehen extrem weit auseinander: Die Spielergemeinschaft sieht nämlich den zentralen Sinn des Spiels im sportlichen Wettkampf, also darin, sich mit anderen zu messen. Die unterschiedliche Bewertung der Spielinhalte scheint erheblich davon abhängig zu sein, ob es sich bei der bewertenden Person um einen Spieler oder einen Nichtspieler handelt. Auch Jeffrey Wimmer betonte der Berliner Zeitung gegenüber, dass viele Computerspielkritiker, Politiker, Journalisten und andere Meinungsmacher nur wenig eigene Erfahrung mit Computerspielen haben (Berliner Zeitung, 9.2.2008).

Cheryl K. Olson von der Harvard University in Massachusetts hat eine der größten Studien (Befragung von 1.200 Eltern und Jugendlichen) zur Auswirkung von Videospielen durchgeführt. Ihren Ergebnissen zu-

folge haben Kinder, die keinen Kontakt zu Videospielen haben, mehr Probleme in der Schule oder im Elternhaus als Kinder, die nicht solche Spiele spielen. Die Spiele als solche machen dabei nach ihrer Aussage zwar nicht glücklich, aber durch das mittlerweile übliche gemeinsame Spiel sei Nichtspielen sogar als Anzeichen für mangelnde Sozialkompetenz zu werten. Ein Zusammenhang zwischen Spielen und der Gewalt an Schulen beziehungsweise School Shootings sei durch die Studie nicht zu belegen (http://www.spiegel.de/netzwelt/web/0,1518,548754,00.html; Stand: 30.3.2010).

Die Beurteilung eines Ego-Shooters aus der Sicht eines reinen Beobachters bzw. Nichtspielers ist der Studie zufolge problematisch. So konzentriert sich der Nichtspieler, ähnlich wie beim Fernsehen, auf die Darstellungsform, auf Bilddetails, beispielsweise auf einen im Spiel durch Beschuss abgerissenen Arm, und bewertet diese oft über. Auf solche Weise kann aus dem Blick geraten, was den Reiz bzw. den Sinn des Spiels ausmacht. Der Spieler dagegen ist in das Spielgeschehen involviert, er ist Teil der Handlung, von ihm hängt der Erfolg oder das Scheitern der Mission ab. Dementsprechend nimmt er auch andere Aspekte der Spielsituation wahr. Klimmt und Trepte stellen 2003 heraus, dass die Gegner im Computerspiel, ob virtuelle Fußballspieler oder virtuelle Einzelkämpfer, dem Spieler nach dessen eigenen Aussagen zum Aufbau neuer Herausforderungen dienen. Diese gilt es dann mit den verfügbaren Handlungsmöglichkeiten und eigenen Fähigkeiten zu bewältigen. Das Computerspiel ist also mehr als sein Inhalt und dessen Darstellungsform. Witting, Esser und Ibrahim konnten 2003 in einer Untersuchung zeigen, dass Computerspielern nach Beendigung des Spiels an erster Stelle die *Präsentation* in Erinnerung blieb, gefolgt vom *Streben nach Erfolg*, also das eigene Handeln, und an dritter Stelle erst die *Spielgeschichte*.

Wie sich die Spiele auswirken, hängt sehr vom Einzelfall ab. So sagte Klaus Jantke, Medienwissenschaftler an der technischen Universität Ilmenau der ZEIT (ZEIT Online, 22.11.2006): »Viele haben einfach Freude an diesen Spielen, wie andere an ihren Gärten. Andere erleben diese so genannten First-Person-Shooter-Spiele genauso, als würden sie ein virtuelles Autorennen fahren. [...] Wenn wir Computerspiele verbieten und alles andere so lassen, wie es ist, kommen wir keinen Schritt weiter.« Im Wesentlichen gehe es um Spaß, um den Wettkampf und um das Gewinnen, nicht etwa solle Blutgier befriedigt und der Genuss am Töten gefördert werden. Wer vereinsamt sei und keine sozialen Bindungen habe, könne sich ebenso gut in die fiktive Welt von Büchern oder Filmen flüchten. Bernd Schorb, Professor für Medienkommunikation in Leipzig, äußert sich dazu an gleicher Stelle: »Wir müssen das aktive Spielen als solches ernst nehmen. [...] In den USA wurde versucht, die Militärs durch solche Computerspiele zu schulen. Es hat nicht funktioniert.«

8.3   E-Sport

Tatsächlich konnten nach Hartmann (2008) auch viele empirische Studien zeigen, dass die Suche nach dem Wettbewerb ein zentrales Zuwendungsmotiv bei der Computerspielnutzung ist. Der Wettbewerb spielt im Computerspiel allgemein und beim Multiplayer-Ego-Shooter im Besonderen eine zentrale Rolle, und zwar sowohl das Ringen mit externen wie auch das Ringen mit internen Leistungsstandards. Eng verknüpft mit dem Multiplayer-Ego-Shooter ist das Phänomen des »e-Sports« (▶ Kasten), bei dem auch professionelle Wettkämpfe ausgetragen werden.

Die Spielerszene sieht sich bei **e-Sport** als Sportler in einem neuen elektronischen Medium. In einer repräsentativen Umfrage konnten Wimmer und Quandt (2008) nachweisen, dass soziale Aspekte beim Spielen am Computer sehr wichtig sind. Fast die Hälfte der 700 befragten Gamer loggen sich nicht zuletzt in die Spiele ein, um reale Personen – virtuell – zu treffen und mit ihnen zu interagieren. Bei solchen Onlineverbindungen, »Clan« genannt, geht es nicht ausschließlich um das Spielen, analysiert Wimmer (NZZ am Sonntag, 24.5.2009): In Chats und Foren werde auch über andere Themen kommuniziert, und nicht selten entwickelten sich Freundschaften zwischen den Mitgliedern. »Dass sich Millionen von Menschen in ihrer Freizeit virtuell zusammenloggen, kann man als Ausdruck einer starken Zivilgesellschaft betrachten.« Dies entspricht nicht dem Klischee des vereinsamten Jugendlichen, der isoliert vor dem Computer sitzt. Vom Hobbyspieler zum Profi ist der Übergang fließend, jedenfalls muss man trainieren, um in Turnieren bestehen zu können. So kann Computerspielen zu einem sehr zeitintensiven Hobby werden. Trotz medial bedingter Unterschiede ähnelt der Wettbewerb im Computerspiel dem Wettbewerb im Sport. In beiden Fällen geht es um spielerische, regelgeleitete soziale Auseinandersetzungen. Es scheint sich also um vergleichbare Unterhaltungs- und Erlebnisqualitäten zu handeln, und e-Sport scheint für ähnliche Personengruppen attraktiv zu sein wie traditioneller Sport.

Computerspiele, die das Leistungsstreben der Spieler stimulieren, werden als kompetitiv bezeichnet. Dabei kann es sich um Kampfspiele, Sportspiele oder auch um Wirtschafts- und Strategiespiele (ökonomischer Wettbewerb) handeln. Ist nun der umstrittene Ego-Shooter tatsächlich als gewalthaltiges Computerspiel zu bezeichnen oder vielleicht doch eher den kompetitiven Spielen zuzuordnen, da der Wettkampfaspekt zentral erscheint?

Ladas führte in diesem Zusammenhang eine 2002 publizierte, sehr umfangreiche Studie an 2.141 Computerspielern durch. Er erfragte, wie Spieler Computerspielgewalt individuell wahrnehmen. Im Ergebnis besitzt Gewalt in Computerspielen für die Nutzer einen anderen Sinn als reale oder filmische Gewalt. Sie wird wettbewerbsähnlich, meist empathiefrei und rein funktionalistisch genutzt bzw. wahrgenommen und nicht als Mittel der Schädigung im Sinne eines Täter-Opfer-Verhältnisses. Die Befragten sahen meist keinen moralischen Zusammenhang zu echter Gewalt, und so konnte auch keine Abstumpfung durch die Nutzung gewalthaltiger Computerspiele bestätigt werden. Reale Gewalt verfolgt einen anderen Sinn als Gewalt in Computerspielen. Reale Gewalt soll schädigen, verletzen. Gewalt in Computerspielen verursacht keine tatsächlichen Schäden.

Nach Ladas scheint die virtuelle Gewalt eher eine Metapher für Wünsche und Motivationen wie Herausforderung, Erfolg und Nervenkitzel zu sein. So schreibt er in seinem Artikel »Brutale Spiele(r)?«: »Und wo für die Nutzer keine schockierende Gewalt erkennbar ist, kann diese auch nicht abstumpfend wirken oder gar zu folgenreichen realen Gewalttaten anstacheln. Oder, um die Frage aus dem Titel des Artikels zu beantworten, ob denn die Spiele oder die Spieler brutal sind: weder noch« (Ladas, 2002b). Dramatisieren die Nichtspieler also, während die Ego-Shooter-Spieler verharmlosen? Zur Beantwortung dieser Frage hilft ein Blick auf den Forschungsstand.

8.4   Forschungsstand: Auswirkungen gewalthaltiger Computerspiele

Viele Untersuchungen zu Medien und Gewalt unterstellen einen Zusammenhang zwischen Gewaltdarstellungen in den Medien und der Zunahme von Gewalt in der Gesellschaft. So schreiben Kunczik und Zipfel 1998: »Obwohl es keinen Bereich der Medienwirkungsforschung gibt, zu dem mehr Studien vorliegen, ist die Publikationsflut ungebrochen [...]. Schätzungen gehen von inzwischen über 5000 Studien zur Gewaltthematik aus, wobei die Quantität der Veröffentlichungen allerdings wenig über die Qualität der Forschungsergebnisse aussagt.«

8.4.1 Theorie

Den verschiedenen Untersuchungen werden viele verschiedene Theorien zugrunde gelegt, welche die Zusammenhänge zwischen den Gewaltdarstellungen in den Medien und der Zunahme realer Gewalt erklären sollen. Einige Theorien nehmen einen hemmenden bzw. neutralen Einfluss an, andere gehen von einem fördernden Einfluss von Mediengewalt auf die Gewalthandlungen von Medienrezipienten aus. Einen hervorragenden Überblick erlaubt der Beitrag von Lothar Mikos (▶ Kap. 3).

Trotz dieser Vielfalt ließen sich mittels kulturvergleichender Studien und umfangreicher Metaanalysen signifikant positive Beziehungen zwischen der Rezeption medial dargestellter Gewalt und individueller Aggression nachweisen. Die meisten Untersuchungen lassen jedoch keinen Schluss darüber zu, ob diese positive Beziehung deshalb vorzufinden ist, weil Kinder oder Jugendliche, die von Haus aus schon aggressiv sind, sich verstärkt für gewalthaltige Medien interessieren, oder ob diese Medien tatsächlich aggressiver machen. Weder liegen einheitliche, eindeutige Studienergebnisse noch einheitliche Theorien vor. Das trifft insbesondere auf die Besonderheiten des Computerspiels zu.

Um die Wirkung von Computerspielen wissenschaftlich untersuchen zu können, ist es notwendig, zwischen medialer Darstellung und virtueller Darstellung von Gewalt zu unterscheiden. So gibt es bereits Unterschiede in der medialen Darstellung von Gewalt:

— Ihr kann beispielsweise ein reales Szenario zugrunde liegen, in welchem eine Schädigung, physisch oder psychisch, tatsächlich ausgeführt wird (Reality-TV).

— Mediengewalt kann auch nichtreal, aber natürlich sein (TV-Krimi).

— Fiktiv oder künstlich sind Gewaltdarstellungen hingegen, wenn die Schädigungen gegen künstliche Ziele gerichtet sind (Trickfilme, Computerspiele).

Pietraß kommt aufgrund einer Untersuchung 2003 zu dem Ergebnis, dass Bilder generell von Rezipienten nicht für wahr gehalten werden. Es findet sich keine gleiche Haltung gegenüber Bildern und gegenüber der Wirklichkeit. Auch detailtreue, realistisch aussehende Bilder werden nicht automatisch in einen Bezug zur Realität gesetzt. Die Bilder werden aufgrund ihrer *Darstellungsweise*, ihres *Gegenstands* und ihres *Genres* auf ihren Wirklichkeitsgehalt hin eingeordnet.

Beim Computerspiel handelt es sich um eine fiktionale Darstellung von Gewalt; die Protagonisten sind keine realen Menschen. Das spezielle Unterhaltungserleben bei Computerspielen beinhaltet andere Aspekte und macht Computerspiele zu einem neuen Forschungsgegenstand.

Unterschiede zu den alten Medien: Eigenheiten des Computerspiels

Interaktivität. Der Hauptunterschied zwischen Computerspielen und älteren Medien ist die Interaktivität. Die virtuelle Realität ist begehbar. Der Nutzer taucht in die Datenobjekte ein (Immersion), um dann auf das ihm gebotene Geschehen einzuwirken. Er ist nicht mehr nur Rezipient, schaut also nicht nur jemandem beim Handeln zu, wie dies bei anderen Medien der Fall ist, sondern wird selbst zum Akteur. So ordnet Klimmt (2001) dem Computerspiel eher einen hybriden Charakter zu, denn es ist nicht nur Medium, sondern auch eine neue Form des Spiels:

— Interaktivität beinhaltet den bidirektionalen Fluss von Informationen zwischen Nutzer und System, d. h., die Computerspiele verarbeiten die Eingaben der Nutzer und geben ein entsprechendes Feedback. Auf dieses Feedback kann der Nutzer wiederum reagieren. Auf diese Weise vermitteln Computerspiele dem Nutzer das Gefühl eigener Wirksamkeit. Erfolge oder Misserfolge im Spiel können auf die eigene Person zurückgeführt werden und lösen so selbstbezogene Emotionen aus. Dieses Gefühl der Selbstwirksamkeit macht einen großen Teil der Faszination aus, die von Computerspielen ausgeht. Daher ist auch die Wettkampforientierung ein zentrales Element vieler Computerspiele. Dies gilt gerade für Computerspiele mit Multiplayerfunktion, exemplarisch dafür sind die Ego-Shooter.

— Computerspiele reagieren nicht nur auf die Eingaben der Nutzer, sondern produzieren auch von diesen unabhängig Geschehnisse. Ein Computerspiel stellt also nicht nur *Handlungsmöglichkeiten* zur Verfügung, wie dies beispielsweise ein Spielzeug tun würde, sondern setzt seine Nutzer auch unter Zugzwang, indem es *Handlungsnotwendigkeiten* produziert. Hierbei werden sogenannte parasoziale Interaktionen hervorgebracht: Die Medienfiguren verhandeln, sprechen und kämpfen nicht mehr mit anderen Medienfiguren, sondern mit dem Spieler selbst. Das Bewältigen dieser Handlungsnotwendigkeiten führt zu Erfolgserlebnissen, die auf die eigene Person bezogen werden können und dann mit positiven Stimmungen einhergehen.

Flow-Konzept. Ein weiterer Unterschied, welcher vor allem das spezielle Unterhaltungspotenzial von Computerspielen betrifft, wird mit dem Flow-Konzept beschrieben. Das Unterhaltungserleben bei Computerspielen geht, wie gesagt, auf die Interaktivität von Spiel und Spieler zurück. Zentral ist hier das Gefühl der eigenen Wirksamkeit aufseiten der Spieler und vor allem die daraus resultierenden emotionalen Konsequenzen bei Erfolgen. Erfolgserlebnisse und damit gute Gefühle können aber nur entstehen, wenn sich die Handlungsanforderungen im Spiel und die eigenen Fähigkeiten im Gleichgewicht miteinander befinden, d. h., die Spielschwierigkeit sollte weder zu hoch sein, um Frustrationen entgegenzuwirken, noch zu niedrig sein, um Langeweile zu vermeiden. In den meisten Computerspielen können die Herausforderungen an das individuelle Wissen und Können angepasst werden, oder sie passen sich automatisch an, indem sie von Level zu Level schwerer werden, sodass ein optimales Gleichgewicht von Anforderungen und Fähigkeiten erreicht wird. Ein solches Gleichgewicht ist die wichtigste Voraussetzung dafür, dass Flow-Erlebnisse entstehen können. Das Flow-Konzept geht zurück auf Csikszentmihalyi. »Im Flow-Zustand folgt Handlung auf Handlung, und zwar nach einer inneren Logik, welche kein bewusstes Eingreifen von Seiten des Handelnden zu erfordern scheint. Er erlebt den Prozess als einheitliches Fließen von einem Augenblick zum nächsten, wobei er Meister seines Handelns ist und kaum eine Trennung zwischen sich und der Umwelt, zwischen Stimulus und Reaktion oder zwischen Vergangenheit und Zukunft verspürt«, schrieb Fritz 1997.

Nach einer Untersuchung von Fritz (2003c) ist das Flow-Gefühl zum großen Teil für die positiv erlebten Gefühle der Nutzer verantwortlich. Der emotionale Zweck des Spielens ist es demnach, einfach nur das Flow-Gefühl in Gang zu halten. Das Computerspiel stelle somit eine Flow-Aktivität dar, welche keine andere Begründung habe als das Computerspielen selbst. Man bekomme, was im Spiel liege, und erlaube sich damit ein vorübergehendes Vergessen der eigenen Identität mit allen damit verbundenen Problemen.

Spielgeschichte. Ein weiterer Unterschied betrifft die Spielgeschichte. In vielen Computerspielen tritt sie in den Hintergrund, d. h., vor allem action- und gewalthaltige Computerspiele weisen meist keine so tiefe Spielgeschichte auf, sodass dann auch kaum tiefere Beziehungen zu den Spielfiguren aufgebaut werden können. Sie gehören eher einfach zum Inventar.

GAAM (General Affective Aggression Model)

Aufgrund dieser Besonderheiten des Computerspiels gegenüber älteren Medien können weder die genannten Medienwirkungstheorien noch die Forschungsergebnisse ohne Weiteres auf mögliche Wirkungen von Computerspielen beziehungsweise deren wissenschaftliche Untersuchung übertragen werden.

Im Bereich der Theorien ist vor allem das von Anderson und Kollegen entwickelte allgemeine Modell der Aggression, das GAAM, zu erwähnen. Zur Erklärung der Gewaltgenese integriert es verschiedene der oben genannten Medienwirkungstheorien. Es ist das einzige Modell, dessen Erklärungskraft im Rahmen der Modellentwicklung an Computerspielen überhaupt geprüft wurde. So haben Anderson und Dill 2000 sowie Anderson und Bushman 2002 die Anwendbarkeit des Modells auf den Gegenstandsbereich der Computerspiele geprüft.

Die Besonderheit des GAAM ist, dass es eine ausführliche Systematisierung der Phänomene leistet, die unter Aggression zu fassen sind, nämlich:

- aggressive Kognitionen (z. B. Skripte für gewalttätige Verhaltensweisen),
- aggressive Affekte (z. B. Feindseligkeit),
- physische Erregung (z. B. gesteigerte Herzfrequenz, erhöhter Blutdruck).

Um aggressives Verhalten auszulösen, genügt es dem Modell zufolge, wenn einer dieser drei Bereiche angesprochen wird. Anderson und Dill (2000) interessieren sich vor allem für vermutete kognitive Wirkungen, die durch eine wiederholte Nutzung gewalthaltiger Computerspiele hervorgerufen werden. Emotionale und physiologische Wirkungen könnten dagegen auch einfach durch den Frust über eine Niederlage oder durch spannende Einzelepisoden zustande gekommen sein.

Vier Ebenen, ein Kreislauf. Aggression entsteht dem Modell nach auf vier Ebenen, die aufeinander aufbauen und einen Kreislauf bilden:

1. Voraussetzungen: Auf dieser Ebene befindet sich die Person mit ihren Eigenschaften, ihrer Sozialisation und aktuellen Situationsaspekten (gesamtes aktuelles Umfeld eines Menschen einschließlich gewalthaltiger Computerspiele).
2. Aktueller interner Zustand: Jeglicher Input wird von der Person intern individuell verarbeitet. Zentrale Rollen hierbei spielen Kognitionen, Affekte und physische Reaktionen, wobei wechselseitige Beeinflussungen stattfinden.
3. Bewertung: Aufgrund dieser internen Prozesse findet entweder eine intuitive oder eine überlegte

Situationsbeurteilung und daraus folgend eine Handlungsentscheidung statt.

4. Ergebnis: Alle drei Ebenen zeigen sich im Verhalten einer Person, welches überlegt oder impulsiv sein kann. Das gezeigte Verhalten zieht Reaktionen anderer Personen nach sich. Auf diese Weise werden wiederum die Eingangsvariablen (vor allem die Situationsfaktoren) beeinflusst. Ein Kreislauf entsteht.

Das GAAM sagt für das Spielen gewalthaltiger Computerspiele folgende Wirkungen voraus: Kurzfristig kommt es in nachfolgenden Situationen zu einer leichteren Verfügbarkeit aggressiver Kognitionen sowie zu einer negativen Stimmungslage und einer erhöhten physiologischen Erregung. Langfristig führt die Auseinandersetzung mit gewalthaltigen Stimuli zur Ausbildung einer aggressiven Persönlichkeit. Sie verändert nach Anderson und Bushman (2002) aggressionsrelevante Wissensstrukturen wie aggressionsbezogene Überzeugungen und Einstellungen, aggressive Wahrnehmungsschemata, aggressionsbezogene Erwartungen und aggressive Verhaltensskripte. Außerdem erfolgt eine Desensibilisierung bezüglich Aggression.

Ungelöste Probleme. Ebenso wie die anderen Theorien lässt das GAAM jedoch die Besonderheiten des Computerspiels weitestgehend außer Acht. Die Ergebnisse bisheriger Untersuchungen zu Computerspielen und Gewalt, einschließlich jener, die das GAAM zur Grundlage hatten, können daher nur vorsichtig interpretiert werden. Einige Probleme sind, was den Forschungsstand zum Thema gewalthaltige Computerspiele betrifft, noch nicht gelöst.

So wirft z. B. der Einfluss der Spieler auf den Spielverlauf methodische Schwierigkeiten auf. Spieler erleben aufgrund ihrer individuellen Spielgestaltung unterschiedliche Spielgeschichten und unterschiedlich viel von der Geschichte: Der eine kommt vielleicht schnell voran, da er beispielsweise ein ähnliches Spiel bereits gespielt hat, während der andere in der kurzen Spielzeit, welche in der Untersuchung zu Verfügung steht, gerade mal das Gameplay verstanden hat. Ebenso unterschiedlich können die Emotionen, Kognitionen und physischen Zustände der Spieler sein: So könnten beispielsweise in diesem Bereich gefundene Effekte auf unterschiedliche Fähigkeiten der Computerspieler zurückzuführen sein, die dann unterschiedlich viele und intensive Frustrations- oder Erfolgserlebnisse nach sich ziehen.

Die meisten bisherigen Untersuchungen gehen methodisch nicht anders vor als die filmische Gewaltforschung. Sie versuchen unterschiedliche Niveaus von Gewalthaltigkeit dadurch zu realisieren, dass die Experimentalgruppe ein gewalthaltiges Spiel spielt, während die Kontrollgruppe ein gewaltfreies Spiel spielt. In diesem Sinne wurde kaum ausgearbeitet, worin genau die Gewalt in Computerspielen besteht und welche Rolle Interaktivität und Wettbewerbsorientierung spielen.

Auch unterscheiden sich die Studien in Bezug auf die Erfassung von Aggressionen, die durch Computerspiele ausgelöst werden könnten. Die Operationalisierungen unterscheiden sich hinsichtlich Tragweite, Brauchbarkeit und Generalisierbarkeit.

Zudem wurden vornehmlich kurzfristige Wirkungen untersucht und längerfristige Wirkungen vernachlässigt. Um langfristige Wirkungen zu untersuchen, sind Längsschnittstudien notwendig, die aber kaum vorgenommen wurden. Querschnittstudien sind eher in der Lage, Aussagen über eine momentane Situation zu machen, die nicht nur von Ausnahmezuständen gekennzeichnet, sondern auch durch momentane Stimmungen verzerrt sein kann. Auch das Problem der Kausalität in die eine wie auch in die andere Richtung kann aufgrund von Querschnittserhebungen nicht geklärt werden. Es lässt sich also nicht feststellen, ob die vermeintliche Ursache zeitlich der vermeintlichen Wirkung vorausgegangen ist, d. h., querschnittliche Korrelationen liefern keine Hinweise auf eine Kausalrichtung. Weiterhin problematisch ist, dass Querschnittserhebungen den Einfluss verschiedener Drittvariablen nicht ausschließen. Längsschnittstudien hingegen sind in der Lage, Aufschluss über andere diesen Zusammenhang moderierende Variablen zu geben. Inwiefern Persönlichkeitsvariablen wie Intelligenz, Selbstwert, Empathie und der Umgang mit Ärger die Beschäftigung mit Computerspielen ursächlich bedingen, moderieren oder durch diese beeinflusst werden, kann nur in Längsschnittstudien geklärt werden.

8.4.2 Wirkungsforschung

Die klassische Medienwirkungsforschung setzt sich mit der Annahme auseinander, die Beschäftigung mit Medien habe breite und generalisierbare negative Auswirkungen. Sie erwartet negative Auswirkungen auf die Persönlichkeitsentwicklung und befürchtet, dass Ziele und Werte der Computerspiele auf das normale Leben übertragen werden und dass es zu einer Abstumpfung der Gefühlswelt zugunsten einer Aggressionsförderung kommt. Diese Medienwirkungsforschung hat eine lange Tradition, die vom Buch über den Comic, das Kino und den Videofilm bis hin zu den Computerspielen reicht.

Die meisten Untersuchungen stellen querschnittliche Korrelationsstudien dar, welche einfache monokausale Ursache-Wirkungs-Muster identifizieren wollen. Untersucht wurden beispielsweise Zusammenhänge zwischen gewalthaltigen Computerspielen und

- einer Steigerung der Herzfrequenz (Griffith & Dancaster, 1995),
- einem höheren systolischen Blutdruck und höherer Feindseligkeit (Ballard & Wiest, 1996),
- einer Abnahme der Fröhlichkeit und Zunahme der Wut (Wegge & Kleinbeck, 1997),
- einer Abnahme des prosozialen Verhaltens (Schie & Wiegmann, 1997),
- einer geringeren Sensitivität (Steckel, 1998),
- einer leichteren Verfügbarkeit aggressiver Kognitionen (Priming) sowie einer negativen Stimmungslage und einer erhöhten physiologischen Erregung (GAAM: Anderson & Dill, 2000).

Wirkliche Nachweise für eine Wirkung von fiktiver oder künstlicher Gewalt in gewalthaltigen Computerspielen konnten bisher jedoch nicht erbracht werden. Auch Metaanalysen spiegeln die uneinheitliche Forschungslage wider und zeigen vor allem, dass sich keine kausalen Zusammenhänge zwischen dem Spielen gewalthaltiger Computerspiele und einer Steigerung des aggressiven Verhaltens bei Kindern und Jugendlichen ableiten lassen. Diese unbefriedigende Forschungslage mag vor allem mit der Nichtbeachtung der Computerspielbesonderheiten und dem Fehlen von Längsschnittstudien zusammenhängen. Frindte und Obwexer kamen diesbezüglich 2003 zu der Schlussfolgerung, dass die wissenschaftlichen Diskurse über die Wirkung gewalthaltiger Computerspiele »keinesfalls konsuell« verlaufen: »Die theoretischen Erklärungskonzepte sind kaum elaboriert. Die methodischen Designs, auf die sich die berichteten Befunde stützen, sind entweder nicht vergleichbar oder nicht auf die Generierung repräsentativer Aussagen ausgerichtet.« Dass sich durch die Beschäftigung mit solchen Computerspielen aktuelle internale Zustände veränderten, sei, so die Forscher weiter, »zwar plausibel und auch empirisch belegbar, aber meist kaum eindeutig zu interpretieren. Auch die in korrelativen Studien gefundenen Zusammenhänge zwischen der Nutzungsart und -dauer von gewalthaltigen Computerspielen und der gesteigerten Gewaltbereitschaft der befragten Nutzer bieten keine schlüssige Grundlage für Kausalaussagen. Eher ist die Verstärkung von Prädispositionen (aggressives versus ängstliches Verhalten) wahrscheinlicher als eine ursächliche Wirkung.«

Kritik an den Ansätzen der klassischen Medienwirkungsforschung

In den letzten Jahren werden die Ansätze der klassischen Medienwirkungsforschung zunehmend kritisiert. Die Kritik bezieht sich nach Hackenberg und Kollegen (2001) zunächst auf den *linearen Wirkungsbegriff*, wie er etwa von Glogauer verwendet wird: Demnach solle ein bestimmter Medienkonsum, beispielsweise von gewalthaltigen Medien, kausal auf die Entstehung von Einstellungen und Handlungen wirken. Tatsächlich zeigt sich hier das Dilemma der Korrelationsstudien. Die gefundenen Zusammenhänge lassen die Frage offen, was ursächlich ist: Löst das Spielen gewalthaltiger Spiele Aggressionen aus, oder greifen nicht eher aggressiv prädisponierte Personen verstärkt zu gewalthaltigen Spielen? Auf der Grundlage des GAAM ergaben sich signifikante Zusammenhänge, wobei Teilergebnisse signifikante Korrelationen zwischen einer allgemein aggressiven Persönlichkeit, dem Spielen gewalthaltiger Spiele und aggressivem Verhalten zeigten. Hingegen wurde bei Personen mit wenig aggressiver Persönlichkeit keine Korrelation zwischen dem Spielen von gewalthaltigen Computerspielen und dem Auftreten aggressiven Verhaltens gefunden.

Ein weiterer Kritikpunkt ist die *Verobjektivierung des Rezipienten*. Die Kognitionen werden als Wirkungsobjekte betrachtet. Der Mensch ist aber nicht passiv den Medienwelten ausgesetzt. Auch Kinder und Jugendliche sind als aktive Nutzer zu verstehen, die sich Spiele auswählen und sie interpretieren, abhängig von ihren Vorlieben/Abneigungen, Interessen, Persönlichkeitsmerkmalen, aktuellen Lebenssituationen und allgemeinen Merkmalen des Lebenskontextes. Diese Verknüpfung von Nutzerinteressen und -motivation mit dem Computerspielangebot zeigt sich darin, dass Computerspiele oft auch instrumentalisiert genutzt werden, beispielsweise zur Unterhaltung oder zur Entspannung oder einfach, um die Langeweile zu vertreiben, sowie darin, dass es teilweise deutliche Zusammenhänge zwischen realen Hobbys und Interessen und den jeweils bevorzugten Computerspielen gibt. Beispielsweise geht die Theorie der kognitiven Dissonanz davon aus, dass sich Medienrezipienten nur solchen Darstellungen – und damit einer Wirkung – aussetzen, die ihrer kognitiven Grundstruktur entsprechen. Für Gewaltdarstellungen bedeutet dies, dass eine potenzielle Wirkung überhaupt nur für Personen infrage kommt, die auch in der Realität eine Gewaltaffinität aufweisen. Demnach präferieren Spieler mit einer allgemein aggressiven Persönlichkeit besonders gewalthaltige Computerspiele intensiv und fast ausschließlich, da Gewalt im Allgemeinen ihr Thema ist.

Real gezeigtes aggressives Verhalten ist also auf eine ohnehin aggressive Persönlichkeit zurückzuführen.

Des Weiteren kritisieren Hackenberg und Kollegen (2001)

- die *Annahme einer reproduzierbaren Wirkung*, denn Wirkung ist individuell unterschiedlich und hängt nicht nur von äußeren bzw. situativen Gegebenheiten ab, sondern eben auch von inneren, also personalen Gegebenheiten;
- den *Kausalitätsbegriff*, denn es sind wohl eher wechselseitige Prozesse bei der Entstehung aggressiven Verhaltens zu vermuten. In jüngster Zeit machen biopsychosoziale Modelle Aussagen darüber, wie aggressiv-dissoziales Verhalten entsteht und aufrechterhalten wird. Statt sich auf einen Kausalaspekt zu konzentrieren, gehen diese Modelle von Kettenreaktionen aus, in welchen verschiedene Risiken kumulieren und sich wechselseitig verstärken.
- die *Vernachlässigung der Komplexität*, denn meist werden nur einige wenige Variablen berücksichtigt. Die klassische Medienwirkungsforschung versucht isolierte, allgemeingültige Ursache-Folge-Wirkungen von Medien zu identifizieren. Doch unabhängig von der theoretischen Fundierung der Ergebnisse ist erkennbar, dass Wirkungen in hohem Maße variablen- und kontextabhängig sind. Als Wirkungsermöglicher oder Wirkungsverstärker in einem Wirkungsgeflecht wurden nach Hackenberg und Kollegen der Plot des Films, das Lebensalter, der Wirkungszeitraum, die Lebenswelt, Sozialisationsbedingungen, Persönlichkeitsmerkmale, aktuelle Stimmung und die Geschlechtsdifferenz identifiziert.

Moderne Medienwirkungsforschung auf Basis des Konstruktivismus: Transfermodell nach Fritz

In den letzten Jahren fanden in der Medienwirkungsforschung zunehmend Wirkungs-, aber auch Nutzenmodelle Anwendung, die mit einer konstruktivistischen Sichtweise den Mediennutzern und ihrer kognitiv konstruierten Lebenswelt mehr Raum geben. So geht der Konstruktivismus (▶ Kasten) davon aus, dass das menschliche Gehirn in struktureller Kopplung mit seiner Umwelt seine ihm eigene Welt konstruiert.

Aus lernpsychologischer Perspektive zeigt der **Konstruktivismus**, dass das Erleben und Lernen von Menschen sogenannten Konstruktionsprozessen unterworfen ist. Diese werden von sinnesphysiologischen, neuronalen, sozialen und kognitiven Prozessen beeinflusst, sodass jeder Lernende eine individuelle Repräsentation der Welt um sich herum erschafft. Der radikale Konstruktivismus geht davon aus, dass es gar keine vom Beobachter unabhängige Wirklichkeit gibt. Seine Vertreter glauben daher, dass wir unsere individuelle Wirklichkeit selbst konstruieren. Der Begriff »strukturelle Kopplung« beschreibt dabei die kurzzeitige Verbindung eines Systems mit Elementen seiner Umwelt. Zwei der bekanntesten Vertreter des radikalen Konstruktivismus, Francisco Varela und Humberto Maturana, prägten den Begriff ursprünglich, um die wechselseitige Beeinflussung zu beschreiben, mit der zwei aufeinandertreffende Systeme sich gegenseitig zu Veränderungen anregen.

Diese Ansätze lösen sich von den starren Nutzen- und Wirkungsvorstellungen in Bezug auf Medien und betonen vielmehr, dass die Nutzer von Medien individuelle Selektions- und Interpretationsleistungen vollziehen, je nach ihren individuellen Wissensbeständen, die sie abhängig von ihrer individuellen Lebenswelt und Geschichte entwickelt haben.

Das Transfermodell nach Fritz (2003a) basiert auf einer solchen konstruktivistischen Grundlage und beschäftigt sich mit der Befürchtung, dass die in der medialen oder virtuellen Welt ausgebildete Schemata ungeprüft in die reale Welt transferiert werden und dort das Denken und Handeln beeinflussen.

Fritz beschreibt die Lebenswelt eines Menschen als ein Netz von Welten, in welchem die reale Welt und die virtuelle Welt nur zwei von vielen darstellen. Die Eindrücke und Erfahrungen, die wir in den jeweiligen Welten machen, werden normalerweise von uns auch diesen Welten zugeordnet und erlangen so erst ihre Bedeutung (ein Mord hat in der realen Welt eine andere Bedeutung als im Computerspiel). Diesen Vorgang bezeichnet Fritz als »Rahmungskompetenz«.

Die Übertragung von Erfahrungen, die in der einen Welt (z. B. der realen Welt) Bedeutung und Gültigkeit haben, auf eine andere Welt (z. B. die virtuelle Welt) nennt Fritz den »intermondialen Transfer«, wohingegen er die Übertragung von Schemata (▶ Kasten) innerhalb einer Welt, z. B. von Spiel zu Spiel, als »intramondialen Transfer« bezeichnet. Ein Transfer von Schemata zwischen den Welten wird aber normalerweise erst möglich, wenn diese an die jeweils neue Welt angepasst werden (Transformation).

Nach Fritz (2003a) ermöglichen sogenannte **Schemata**, einerseits die für das Überleben relevanten Regelmäßigkeiten und Strukturen zu erkennen sowie andererseits beständig wiederkehrende Handlungen als Muster einzuüben. Sie entlasten damit das kognitive System des Menschen, denn regelmäßig Wiederkehrendes muss nicht mehr immer wieder neu durchdacht werden. Schemata werden quasi bei bestimmten Reizen oder Bedingungen aufgerufen, um Wahrnehmungen und Handlungen von Menschen zu ermöglichen. Diese Schemata sind jedoch nicht starr festgelegt, sondern dynamisch und einem ständigen Wandlungs- und Formungsprozess unterworfen.

Damit ein Transfer gelingt, braucht ein Mensch Rahmungskompetenz und Interesse am Angebot. Ohne Letzteres kann ein Spiel gar keine Erinnerungsspuren hinterlassen, die dann transferiert werden könnten, wie beispielsweise Gefühle, die das Spiel hervorgerufen hat.

Schemata und Ebenen im Transfermodell

Das Paradigma von Ursache und Wirkung ist bei der Beurteilung intermondialer Transferprozesse unzulänglich. Es kommt vielmehr darauf an, zu prüfen, auf welchen Ebenen ein Transfer stattfindet und wie der Angleichungsprozess zwischen Reizeindruck und Schema verläuft. Mit diesem Modell sollen Transferprozesse auf unterschiedlichen Ebenen untersucht werden. Der Mensch verfügt nach Fritz über verschiedene Schemata, die sich entsprechend ihrem Abstraktionsgrad und ihrer Bewusstseinsfähigkeit verschiedenen Ebenen zuordnen lassen.

Fact-Ebene. Facts sind konkrete Tatsachen, beispielsweise aus einem Computerspiel, welche für die reale Welt richtig oder falsch sein können. Dies lässt sich leicht überprüfen.

Skript-Ebene. Skripte sind Schemata für Ereignisabläufe bzw. musterhafte Standardszenen (z. B. ein Kinobesuch), in denen Verhaltensweisen modellhaft vorgegeben sind. Hat man diese gelernt, können sie auf ähnliche Situationen transferiert werden. Bei intermondialen Transfers auf der Skriptebene ändert sich nicht die Struktur der Skripte, aber ihre Bedeutung, sprich: ihr »Rahmen«. Kinder wissen beispielsweise, dass ein Einkaufsskript in der realen Welt andere Folgen hat als in der Spielewelt. Zur Skriptfähigkeit erlernen Kinder normalerweise auch eine Rahmungskompetenz, also das Wissen, wann sie sich in welcher

Welt befinden. Skripte der virtuellen Welt simulieren eher Wunsch- und Phantasiewelten (wie könnte das Spiel weitergehen), mentale Transfers (Nachdenken über Problemlösungen) sowie intramondiale Transfers innerhalb der virtuellen Welt (Wissen und Fähigkeiten, die man in einem Spiel erworben hat, können auf ein ähnliches Spiel übertragen werden).

Print-Ebene. Prints sind Schemata, die sich vom inhaltlichen Bezug lösen und sich an der Funktion einer einfachen Handlung orientieren, wie »ein Karatetritt« oder »auf alles schießen, was sich bewegt«. Prints können als Elemente von Skripten auftreten. Prints haben je nachdem, in welcher Welt sie angewendet werden, unterschiedliche Folgen und Bedeutungen. In Untersuchungen fanden sich nur vereinzelt Transfers in die mentale und die Spielewelt.

Metaphorische Ebene. Durch die Metapher werden ursprüngliche Bedeutungen umgewandelt. Strukturelle Ähnlichkeiten werden hergestellt, die unabhängig von der Oberfläche sind. Nach Fritz (2003a) haben die Präferenzen bei der Auswahl der Computerspiele »sehr viel damit zu tun, inwieweit die Spiele auf der metaphorischen Ebene dem Spieler in seiner konkreten Lebenssituation entgegenkommen. Unsere Untersuchungen belegen sehr deutlich diesen intermondialen Transfer von der realen Welt in die virtuelle Welt.« Ob und inwieweit Elemente der virtuellen Welt in die reale Welt transferiert werden, ist bisher nicht klar. Man findet aber assoziative Transfers, bei welchen sich Reizeindrücke in der realen Welt spontan mit Bildern, Situationen oder Geräuschen der virtuellen Welt verbinden, beispielsweise erinnert ein dunkler Hausflur an ein gruseliges Spiel oder einen Film.

Soziodynamische Ebene. Hier geht es um Grundmuster, auf die das Handeln ausgelegt ist, unabhängig von allen inhaltlichen Bezügen und konkreten Handlungsimpulsen. Während es in der realen Welt viele gibt, sind es in der virtuellen Welt wenige, etwa Kampf, Verbreitung, Bereicherung, Armierung und Verstärkung, Ziellauf, Ordnung, Verknüpfung. Diese Muster sind ihrerseits Äußerungsformen der die Computerspiele kennzeichnenden Botschaft, Macht, Herrschaft und Kontrolle auszuüben. Der konkrete Handlungsimpuls kann im Kern auf die menschlichen Grundbedürfnisse zurückgeführt werden. Diese Handlungsorientierung hat in der realen Welt ebenso Gültigkeit wie in der virtuellen. Daher stellt sich hier auch nicht die Frage, ob ein Transfer dieser Grundmuster stattfindet, denn er ist nicht notwendig. Allenfalls könnte es durch intensive Computerspielnutzung zu einer Akzentverschiebung in Richtung computerspieltypischer Muster kommen: Macht, Herrschaft und Kontrolle zu erlangen. Vermindern könnten sich dann demzufolge Grundmuster, die empathische Verhaltensweisen umfassen, wie mitleiden können und Gefühle des anderen verstehen. Aber auch das konnte bisher nicht bewiesen werden.

Je bewusster ein Transfer verläuft, desto eher hat man die Möglichkeit, ihn zu beeinflussen, ihn abzuschwächen oder zu vermeiden. Wie bewusst ein Prozess verläuft, hängt mit den oben genannten Transferebenen (Fact-, Skript-, Print-, metaphorische und soziodynamische Ebene) zusammen. Je tiefer die Ebene, desto geringer das Bewusstsein über den Transfer.

Formen des Transfers. Um genauere Aussagen zu Transferprozessen und zur Transfereignung von Schemata machen zu können, unterscheidet Fritz verschiedene Formen des Transfers.

- Der *problemlösende Transfer* verläuft bewusst und ist einer der am häufigsten auftretenden Transfers: Nachdenken über die Lösung von Spielproblemen und Einholen von Informationen über das Spiel.
- Der *emotionale Transfer* verläuft häufig bewusst, und die Ursachen sind bekannt: Er tritt vor allem auf, wenn Gefühle (Angst, Ärger, Freude, Stolz) nach dem Spiel noch lange andauern und intensiv sind. Dies hängt wiederum mit der Intensität des Erlebens von Spielprozessen zusammen, die davon abhängt, wie bedeutsam diese für das sonstige Leben der Spieler sind.
- Der *handlungsorientierte Transfer* von der virtuellen in die reale Welt findet auf der Skript- oder Print-Ebene (hohe Bewusstseinsebenen) nicht statt: Handlungsmuster werden nur in die Spielewelt transferiert, besitzen also keinen Ernstcharakter. Möglicherweise findet ein Transfer auf den tieferen Ebenen statt, d. h. auf der metaphorischen oder soziodynamischen Ebene.
- Der *moralische Transfer*: Bei gewaltorientierten und menschenverachtenden Spielen ist den Spielern bewusst, was sie tun, sodass diese Transfers nicht auf Skript- oder Print-Ebene stattfinden. Es kommt nicht zu einer gewaltbejahenden Wertorientierung.
- Beim *assoziativen Transfer* fühlt man sich aufgrund realer Reize an Spielelemente erinnert. Der Transfer wird bewusst, kommt aber selten vor. Vielleicht wird dieser verstärkt, wenn sich die virtuelle Welt in der Wahrnehmung immer mehr der realen Welt annähert.
- Der *realitätsstrukturierende Transfer*: Computerspiele sind fiktional, daher sind Transfers auf der Skriptebene eher ausgeschlossen. Es könnte aber zu Transfers auf der Fact-Ebene kommen, wenn beispielsweise Simulationen (z. B. Flugsimulationen, Autofahrspiele) immer realitätsnäher gestaltet würden.
- Der *informationelle Transfer* verläuft auf der Fact-Ebene bewusst. Informationen gerade aus sogenannten Edutainmentprogrammen (▶ Kasten) sollen helfen, die reale Welt besser zu verstehen. Ob man etwas lernt, hängt mit der Gestaltung solcher Lernspiele zusammen. Zumindest können Informationen aus der virtuellen Welt leicht überprüft werden.
- Der *kognitive Transfer*: Elemente eines Computerspiels bleiben auf der Inhalts- wie auf der Handlungsebene in Erinnerung. Einige bleiben auch länger in Erinnerung. Welche dies sind, hängt vom Spiel und vom Interesse des Spielers ab.
- Der *zeitliche Transfer*: In der virtuellen Welt wird die Zeitstrukturierung der realen Welt aufgehoben, was gelegentlich als Zeitverlust beschrieben wird. Möglicherweise wird das Zeitempfinden in der virtuellen Welt (permanenter Handlungsdruck, verbunden mit Stress und Hektik) auf die reale Welt übertragen und bleibt nach dem Spiel für einen mehr oder weniger langen Zeitraum bestehen.
- Auf *Phantasietätigkeiten bezogener Transfer*: Von diesem ist in Untersuchungen berichtet worden, und er wird den Spielern auch bewusst. Die Eindrücke im Spiel werden in der Gedankenwelt fortgesetzt bzw. phantasievoll zu Ende gedacht.

> **Infobox**
>
> Das neudeutsche Wort »**Edutainment**« setzt sich aus den englischen Begriffen »education« (Bildung) und »entertainment« (Unterhaltung) zusammen. Damit beschreibt es im Kern eine unterhaltsame Form der Wissensvermittlung, mit der die Lernmotivation gestärkt werden soll. Der Begriff findet zumeist bei elektronischen Formen des Lernens – z. B. unter Nutzung von Computern, Videospielen, Fernsehprogrammen usw. – Anwendung.

Diesem Modell zufolge besitzen Inhalte von Computerspielen, die menschenverachtend oder gewaltorientiert sind, für fast alle Spieler keine Transfereignung auf der Skript- oder Print-Ebene, weil diese Ebenen dem Bewusstsein leicht zugänglich sind. Allerdings stellt Fritz auf der Grundlage seines Modells die Frage, ob sich diese Inhalte als Metaphern (auf den tieferen, dem Bewusstsein eher unzugänglichen Ebenen) für die Formen des Umgangs zwischen Menschen einnisten könnten.

Ebenfalls problematisch wäre es dem Modell nach, wenn Spieler aus irgendwelchen Gründen über eine unzureichende Rahmungskompetenz verfügten. Ein wesentliches Element der Rahmungskompetenz ist das Verständnis, dass Sachverhalte, die in der einen Welt Gültigkeit haben, in einer anderen Welt nichts zu suchen haben und dass Handlungen, die in der einen Welt sinnvoll sind, in einer anderen fatale Folgen haben.

Vorzüge des Transfermodells. Das Transfermodell weist einige wissenschaftliche Fortschritte gegenüber klassischen Wirkungsmodellen auf: Die systemische Orientierung des Modells vermeidet den Tunnelblick einer Medienwirkungsforschung, welche den isolierten Wirkungen von Medien auf die Spur kommen möchte. Berücksichtigt werden das Individuum mit seiner eigenen Erfahrung und das Medium mit seinem ihm eigenen Anregungspotenzial. Der Medienwirkungsbegriff wird aufgegeben und durch das Konstrukt des Transfers ersetzt, welches differenzierter erfasst, was sich im Individuum vor, während und nach der Mediennutzung abspielen kann. Außerdem werden die Austauschprozesse zwischen Individuum und Medien berücksichtigt. Auf der Basis dieses Modells kann empirische Forschung angemessene Fragestellungen entwickeln. Will man z. B. untersuchen, inwiefern Ego-Shooter problematische Wirkungen haben können, wäre eine angemessene Frage, unter welchen Bedingungen der Print-Transfer spezieller Muster im Spiel gefördert oder gehemmt wird.

8.4.3 Nutzungsforschung

Die Nutzungsforschung beschäftigt sich speziell mit der Komplexität des Medienrezeptionsprozesses, d. h. mit der Wechselbeziehung von Nutzern und Umwelt (Medium). Sie stellt die individuelle aktive Mediennutzung in ihren Mittelpunkt und geht damit, anders als die klassische Medienwirkungsforschung, von einer umgekehrten Wirkungsrichtung aus. Die Präferenz für das eine oder andere Spiel hat ihre Ursache im realen Leben, insofern als dort verschiedene Bedürfnisse entstehen, die dann durch bestimmte Computerspiele befriedigt werden können.

Medien können nur Angebote und Inhalte offerieren, welche wiederum durch die Individuen unterschiedlich wahrgenommen, verarbeitet und genutzt werden. Mediale Botschaften werden nie direkt übertragen, sie werden vielmehr durch die Nutzer ange-

> **Motive der Nutzung von Computerspielen**
> Lehmann und Kollegen haben Studien zur Nutzung von Computerspielen untersucht und 2008 folgende Nutzungsmotive beschrieben:
> - Auf der Grundlage qualitativer Befragungen kommen Fritz und Fehr 1997 zu dem Ergebnis, dass Computerspiele oft genutzt werden, um *Langeweile* zu vertreiben.
> - Klimmt (2001) sieht ein wichtiges Nutzungsmotiv in der *Unterhaltung*.
> - Auch der Wunsch, Ärger und Stress abzubauen, ist für viele Spieler von Bedeutung, daraus schließt Fritz (2003b), dass *Entspannung* ein wichtiger Beweggrund ist, sich mit Computerspielen zu beschäftigen.
> - Ähnlich interpretiert werden kann das Bedürfnis vieler Spieler, vollständig in die Spielhandlung einzutauchen, um vom Alltag abzuschalten (Versuch der *Realitätsflucht*, auch bezeichnet als Eskapismus).
> - Speziell auf Ego-Shooter bezogen, fanden Vogelgesang (2003) sowie Warkus und Jakob (2003) heraus, dass die Spieler der *Herausforderung* und dem *sportlichen Wettkampf* im Spiel große Bedeutung beimessen. Dies gilt vor allem dann, wenn sie viel im Netzwerk bzw. auf LAN-Parties spielen.
> - Als zweites spezifisches Nutzungsmotiv bei Ego-Shootern ist die *Pflege sozialer Kontakte* beziehungsweise das *Gemeinschaftserlebnis* zu nennen, welche für Jansz und Martens (2005) sogar die wichtigsten Beweggründe darstellten.

nommen, abgelehnt oder umgedeutet. Wahrnehmung und Nutzung der medialen Angebote hängen mit dem zusammen, was eine Person bisher erlebt hat, mit der jeweiligen Sozialisation, der aktuellen Lebenssituation und den Erfahrungen mit anderen Medien. In verschiedenen Studien finden sich deutliche Zusammenhänge zwischen Hobbys und Interessen einerseits und den jeweils bevorzugten Computerspielen andererseits.

Wirkungsfragen sind auf jeden Fall von großem wissenschaftlichen Interesse und gesellschaftlicher Relevanz. Will man hier sinnvolle Antworten finden, sollte zunächst geklärt werden, was die Spieler dazu veranlasst, ihre Zeit mit dem Spielen von Ego-Shootern zu verbringen. Die Forschung sollte sich künftig intensiv mit den Nutzungsmotiven, Nutzungsinteressen, dem speziellen Unterhaltungserleben und der Nutzungshäufigkeit bzw. -intensität beschäftigen, nur dann können auch sinnvolle Aussagen zur Wirkung von Ego-Shootern auf eventuelle Problemgruppen gemacht werden. Lehmann und Kollegen (2008) nahmen sich das zu Herzen. Sie konnten zeigen, dass nicht nur die Ego-Shooter-Spieler eine heterogene Gruppe darstellen; auch die Ego-Shooter-Spiele selbst sind sehr unterschiedlich. Diese Unterschiedlichkeit lässt vollkommen unterschiedliche Wirkungen erwarten.

Kategoriensystem. Die Autorengruppe um Lehmann beschäftigte sich mit der Frage, wie und warum sich die Nutzer mehr oder weniger intensiv mit Ego-Shootern beschäftigen und wie sie die Eigenschaften ihrer Spiele wahrnehmen. Das Genre umfasst eine große Vielfalt an Spielen, die zwar vieles gemeinsam haben, sich aber auch voneinander unterscheiden. Klimmt (2004) hält die Einteilung nach Genres daher nicht für sinnvoll und schlägt stattdessen drei Kategorien vor, anhand deren sich Unterscheidungen beziehungsweise Gemeinsamkeiten gut darstellen lassen. Dieses Kategoriensystem wurde 2008 auch von Lehmann und Kollegen genutzt, um die verschiedenen Ego-Shooter unterscheidbar zu machen:

1. Mediale Präsentation oder Darstellungsform:
   Spiel-Raum: Die Spielewelt ist bei Ego-Shootern fast immer dreidimensional dargestellt und wird von den Spielern grundsätzlich aus der Ich-Perspektive erlebt.
   Spiel-Zeit: Die Handlungen der Spiele werden immer in Echtzeit präsentiert, d. h., Handlungen der Spieler und des Computers laufen parallel ab und nicht nacheinander, wie dies beim rundenbasierten Spielsystem der Fall ist.
2. Narrativer Kontext oder Spielgeschichte:
   Setting: Hier finden sich unterschiedliche Orte, Akteure, Ziele usw. Vor allem der Realitätsbezug ist unterschiedlich. Einige Ego-Shooter beziehen sich auf historische Schauplätze, z. B. den Zweiten Weltkrieg, andere hingegen entfalten sich vor irrealen bzw. futuristischen Szenarien, und wieder andere sollen die Gegenwart simulieren, in der militärische Missionen bewältigt werden müssen.
   Rolle des Spielers: Der Spieler tritt stets als Kämpfer auf, einzeln oder in der Gruppe.
3. Aufgabe der Spieler:
   Geschwindigkeit: Die meisten Aufgaben können nur durch hohe Reaktionsschnelligkeit gemeistert werden, welche daher auch eine zentrale Spieleigenschaft der Ego-Shooter ist.
   Komplexität: Hier finden sich deutliche Unterschiede. Manche Ego-Shooter bieten eine komplexe Geschichte an, in welche die Hauptfigur mit fortschreitendem

Spiel immer tiefer eingeführt wird (z. B. »Half-Life 2«), bei anderen findet sich nur ein Multiplayermodus, in dem sich die Spieler messen können.

Ergänzend zu Klimmts Kategorien schlagen Lehmann und seine Kollegen vor, auch die Intensität der im Spiel dargestellten Gewalt zu berücksichtigen. Während in manchen Ego-Shootern der Tod eines Gegners auf sehr grausame und blutige Art dargestellt wird, verzichten andere darauf.

Nutzungsmotive und -muster. Die Forschergruppe um Lehmann ließ zudem 2.857 Ego-Shooter-Spieler Fragebögen ausfüllen, um die Zusammenhänge zwischen Lebenssituation, Nutzungsmotiven und Nutzung spezieller Ego-Shooter zu untersuchen. Am häufigsten wurden von den Befragten dabei folgende Ego-Shooter gespielt: »Counter-Strike«, gefolgt von »Half-Life«, dann »Doom« und »Quake« mit deutlich weniger Anhängern.

»Counter-Strike« wurde besonders oft Zielscheibe der Kritik von Presse und Politik, wird aber von den Spielern dieser Studie als nicht sonderlich gewalthaltig wahrgenommen. Auch generell wurden die meisten Ego-Shooter von den Spielern selbst als nicht sehr gewalthaltig eingestuft.

Um unterschiedliche Nutzungsmuster zu erheben, wurde auch nach den Präferenzen für bestimmte Nutzungsmodi gefragt. Hier wurden zwei Dimensionen ermittelt: Leistungsorientierung (e-Sport) und Lebensmittelpunkt (beschreibt die Priorität des Computerspielens in der gesamten Freizeitgestaltung, so beispielsweise, wenn mit Freunden überwiegend gespielt und auf andere Aktivitäten weitgehend verzichtet wird).

Des Weiteren konnten in Bezug auf Ego-Shooter verschiedene Zuwendungs- oder Nutzungsmotive berücksichtigt werden, welche bereits in verschiedenen Studien ermittelt, bisher aber noch nicht innerhalb einer Studie in Beziehung zueinander gesetzt wurden. Die Beschäftigung mit Ego-Shootern lässt sich demnach auf folgende Motive zurückführen:

- Eskapismus und Stimmungsregulierung,
- Ausübung von Macht und Kontrolle,
- Leistungsmotivation und Teamorientierung,
- Langeweile.

Die Analyse der Nutzungsmotive im Zusammenhang mit unterschiedlichen Spieleigenschaften verdeutlicht die Vielfalt sowohl der Spiele als auch der Spieler: Das Zusammenspiel von Machtmotiv, Leistungsmotivation und Eskapismus hat nicht nur Einfluss darauf, wie viel Zeit mit dem Ego-Shooter-Spiel verbracht wird, es zeigten sich auch Effekte in der Auswahl der Spieletypen. Die Personen, die vor allem Macht und Kontrolle ausüben wollten, stellten das Spielen in ihren Lebensmittelpunkt und präferierten verstärkt auch besonders gewalthaltige Spiele.

Aufgrund der Vielfalt und Komplexität, die die Nutzung auszeichnen, sollte in der gesellschaftlichen Debatte auf pauschale Kausalzuschreibung verzichtet werden. Ego-Shooter haben keine generelle negative Wirkung auf ihre Nutzer. Insbesondere die bei einigen Spielern vorliegenden Zuwendungsmotive, die mit einer Präferenz für besonders brutale Spiele einhergehen, sowie die Motive von Spielern, die das Spiel zu ihrem Lebensmittelpunkt gemacht haben, erscheinen jedoch problematisch.

8.5 Allgemeine Aggressionsforschung

Medien selbst sind keine Ursachen von Gewaltkreisläufen, sie bieten vielmehr an, was nachgefragt wird. Es sind nämlich vor allem Merkmale des Nutzers und seiner sozialen Ressourcen, welche einerseits die Auswahl der verschiedenen Computerspiele, die Nutzungsintensität und -häufigkeit und andererseits die Wahrnehmung und Interpretation der Inhalte bestimmen. *Ursachen* für aggressives Verhalten bei Kindern und Jugendlichen lassen sich viel früher in ihrer Entwicklung finden.

So beschreibt die Aggressionsforschung die Entstehung problematischer Verhaltensweisen in multifaktoriellen Kausalmodellen aus biopsychologischer Perspektive als Kumulation vielfältiger Einflüsse. Eine einseitige Betrachtung einzelner Risikofaktoren reicht also nicht aus, um die Entwicklung einer aggressiv-dissozialen Persönlichkeit zu erklären. Einzelne Entstehungsfaktoren stellen nie notwendige Bedingungen dar, aber mit ihrer Kumulation steigt das Risiko, eine aggressive Persönlichkeit zu entwickeln.

Biologische Entstehungsfaktoren. Zu den biologischen Einflussfaktoren in Bezug auf die Aggressionsentwicklung gehören beispielsweise:

- männliches Geschlecht (vor allem auch die männliche Sozialisation, die gesellschaftliche/kulturelle Vorstellungen von dem enthält, was für das jeweilige Geschlecht als angemessen betrachtet wird),
- neurobiologisch mitbedingte Erregbarkeit, Irritabilität und Reagibilität,
- niedrige Cortisolwerte (und erhöhte Testosteronwerte),
- niedriges Aktivitätsniveau (z. B. niedrigere Herzfrequenzrate, niedrige Angstschwelle),
- reduzierte Serotoninaktivität,

- Belastungen in der Schwangerschaft der Mutter (z. B. Infektionen, Mangelernährung, Unfälle, Schockerlebnisse),
- Konsum von Alkohol, Drogen, Nikotin und Medikamenten während der Schwangerschaft,
- Geburtskomplikationen,
- niedriges Geburtsgewicht,
- genetische Vulnerabilität (Väter mit einer antisozialen Persönlichkeit oder kriminellem Verhalten sind hier häufiger).

Physische Entstehungsfaktoren. Zu den physischen Merkmalen, die eine Aggressionsentwicklung fördern, gehören z. B.:

- schwieriges Temperament des Kleinkindes (es ist z. B. schnell irritierbar, zeigt oft negative Emotionen und einen unregelmäßigen Schlafrhythmus),
- niedrige Intelligenz (führt zu Schulproblemen),
- mangelnde Emotionsregulation (Kinder sind schnell irritierbar, zeigen oft negative Emotionen und mangelnde Impulskontrolle, vor allem beim Umgang mit Ärger, was dann auch die familiäre Interaktion beeinträchtigt),
- überzogene Selbsteinschätzung,
- verzerrte soziale Informationsverarbeitung (Kinder lernen z. B. durch häusliche aggressive Vorbilder und unterstellen demzufolge eher absichtliches oder bösartiges Verhalten und wählen eher aggressive Problemlösungen),
- unzureichende Empathiefähigkeit.

Soziale Entstehungsfaktoren. Zu den sozialen Faktoren, die die Entwicklung einer aggressiven Persönlichkeit begünstigen, zählen u. a.:

- Störungen der Eltern-Kind-Interaktion (unsichere und desorganisierte Bindung oder erpresserische Bindung: Eltern geben dem Druck des Kindes nach),
- negatives Erziehungsverhalten/unzureichende Erziehungskompetenz der Eltern (inkonsistent, Einsatz körperlicher Bestrafung, aggressiv, uneinfühlsam, Desinteresse, unzureichende emotionale Unterstützung und Akzeptanz gegenüber dem Kind, mangelnde Aufsicht),
- Erkrankungen oder psychische Störungen der Eltern, die die Qualität des Erziehungsverhaltens beeinflussen (wie Depression, Alkohol- und Drogenmissbrauch oder Kriminalität),
- Partnerschafts- und Ehekonflikte (auch mangelnde gegenseitige soziale Unterstützung),
- familiäre Stressbelastung (z. B. alleinerziehendes Elternteil, beengte Wohnverhältnisse, geringes Familieneinkommen, Arbeitslosigkeit),

- Wohnumfeld (z. B. wenig Austausch und Hilfe, hohe Armut und Kriminalität),
- Vernachlässigung, Misshandlung, Missbrauch,
- Beliebtheit, Peerbeziehungen (z. B. Ablehnung durch Gleichaltrige oder auch Anschluss an deviante Gleichaltrige sowie negative Einflüsse dieser, wie Substanzmissbrauch),
- geringe Anbindung an die Schule (ihre Normen und Werte)

Wegen dieser Vielzahl von Risikofaktoren kann auch beispielsweise die exzessive Nutzung von Computerspielen problematischen Inhalts nicht allein für die Entstehung einer aggressiven Persönlichkeit verantwortlich gemacht werden.

Neben diesen Risikofaktoren, welche für die Entwicklung einer aggressiven Persönlichkeit verantwortlich sind, lassen sich auch Faktoren ermitteln, die einer solch negativen Entwicklung entgegenstehen, sogenannte Schutzfaktoren (▶ Kasten). Diese können auch erklären, warum sich Kinder und Jugendliche trotz gleicher Risiken unterschiedlich entwickeln. Auch hier gilt: Je mehr Faktoren kumulieren, desto größer sind die Einflüsse auf die individuelle Entwicklung.

Schutzfaktoren, die einer Entwicklung aggressiven Verhaltens entgegenstehen, beinhalten:

- bestimmte genetische Dispositionen sowie eine erhöhte autonome Erregung, d. h., das Nervensystem ist eher leicht erregbar, somit reagiert der Körper beispielsweise tendenziell schneller mit ängstlichen Emotionen,
- ein einfaches oder wenig impulsives Temperament,
- flexible Anpassung der Ich-Grenzen anstelle rigider Über- oder Unterkontrolle,
- überdurchschnittliche Intelligenz sowie ein gutes Planungsvermögen,
- eine sichere Bindung an die Mutter oder eine andere Bezugsperson innerhalb und außerhalb des familiären Kontextes,
- emotionale Zuwendung, Kontrolle und Konsistenz in der Erziehung sowohl zu Hause als auch in der Schule oder ggf. in Wohlfahrtseinrichtungen,

- Eltern oder andere Erwachsene, die unter widrigen Umständen positives Verhalten zeigen, also Vorbilder sind,
- ein aktives, also weniger vermeidendes Bewältigungsverhalten,
- Unterstützung durch nichtdelinquente Personen, vor allem Freunde oder Partner,
- Schulerfolg und eine Bindung an schulische Werte und Normen,
- Beziehungen zu nichtdelinquenten Peergruppen oder eine gewisse soziale Isolation,
- Selbstwirksamkeitserfahrungen bei nichtdelinquenten Aktivitäten und ein positives, aber nicht unrealistisch überhöhtes Selbstbild,
- kognitive Schemata, Überzeugungen und soziale Informationsverarbeitungsprozesse, die nicht aggressionsfördernd sind,
- Gefühl von Sinn und Struktur im eigenen Leben,
- eine sozial integrierte und nicht gewalttätige Nachbarschaft.

8.6   Medienkompetenz und Prävention

Normalerweise können Kinder und Jugendliche zwischen Virtualität und Realität unterscheiden. Es stellt sich also die Frage, ob es eine Gruppe gibt, die dies nicht kann, und wenn ja, was die Ursachen dafür sind und wie man ein solches Defizit ausgleichen kann.

Lange nicht alle Computerspiele, die von der Erwachsenenwelt, der Öffentlichkeit und den Nichtspielern als gewalthaltig gehandelt werden, werden auch von den Spielern so wahrgenommen. Pauschalurteile bezüglich bestimmter Genres können also schwer getroffen werden. Die Forschung muss sich daher mit der Frage beschäftigen, was die Gewalthaltigkeit bestimmter Computerspiele ausmacht und welche Rolle Interaktivität und Wettbewerbsorientierung dabei spielen.

Das Spielen gewalthaltiger Computerspiele ist inzwischen zu einem Breitenphänomen geworden. So machten schon Fritz und Fehr 1997 darauf aufmerksam, dass tagtäglich Millionen Menschen virtuelle Gewalthandlungen vollziehen, sich prügeln, einander erschießen, zerfetzen und vernichten und offensichtlich Spaß daran haben. Die Beschäftigung mit diesen Inhalten ist freiwillig und zieht sich durch alle Medien, inklusive des Buchs. Bereits kleine Kinder spielen Kampf und erproben sich im Wettstreit. Solange eine Faszination von gewalthaltigen Medien ausgeht, werden sie nachgefragt und kommen auch auf den Markt. Medien üben nicht einfach einen Sog aus, welcher alle in seinen Bann zieht, vielmehr wird diese Anziehungskraft durch Motive und Bedürfnisse geleitet. Was ist das also für eine Gesellschaft, in der gewalthaltige Medien und Wettstreit so starken Anklang finden? Welche Bedürfnisse und Probleme produziert sie?

Die Gruppe der Spieler gewalthaltiger Computerspiele ist, wie bereits erläutert, groß und sehr heterogen. Spieler werden durch unterschiedliche Motive geleitet, sie spielen unterschiedlich oft, haben verschiedene Spielepräferenzen, begeistern sich für unterschiedliche Aspekte der Spiele, haben einen unterschiedlichen sozialen Hintergrund und Bildungsgrad und unterschiedlich viele Freunde, Gesprächspartner usw. Daher darf die Frage gestellt werden, wie hier von einheitlichen Wirkungen ausgegangen werden kann und welche Probleme durch ein generelles Verbot gelöst werden sollen. Die Forschungsergebnisse belegen, dass man von einer generellen Wirkung nicht ausgehen kann.

Es scheint aber eine im Vergleich kleine Teilgruppe von Spielern zu geben, für die ein über einen langen Zeitraum hinweg fortgesetzter Konsum gewalthaltiger Computerspiele problematisch ist. Dies gilt vornehmlich für männliche Kinder und Jugendliche, die in einem sogenannten Multi-Problem-Milieu aufgewachsen sind, bereits in realen Kontexten aggressives Verhalten zeigen und wenige bis keine Schutzfaktoren aufweisen. Es ist daher anzunehmen, dass durch den Konsum gewalthaltiger Computerspiele bereits vorhandene Defizite bezüglich Wertvorstellungen und Konfliktlösungskompetenzen nicht ausgeglichen werden können und dass sich die negative Wirkung des Konsums vor allem dadurch ergibt, dass die im virtuellen Raum verbrachte Zeit die Möglichkeiten, in der Realität eigene Bewertungen und Verhaltensweisen abzuwägen und ggf. zu hinterfragen, einschränkt.

8.6.1 Forderungen an die Politik

Betrachtet man diese Ergebnisse, greift ein generelles Verbot gewalthaltiger Computerspiele zu kurz. Einerseits wird nämlich das, was verboten wird, nur noch reizvoller. Andererseits werden die tatsächlichen Probleme dieser Kinder und Jugendlichen nicht angegangen. Vielmehr wird nach einer schnellen und einfachen Lösung gesucht und die Schuld auf Computerspiele abgewälzt. Die wesentlichen Ursachen für gewalttätiges Verhalten liegen in der realen Welt. Die Grundprobleme sind individueller, familiärer, sozialer und gesellschaftlicher Natur.

In diesem Sinne ist eine umfassende Aggressions- und Gewaltprävention wichtig. Bei bereits auffälligen Kindern mit einer Störung des Sozialverhaltens sollte möglichst früh interveniert werden, um einer tiefgreifenden Persönlichkeitsstörung im Erwachsenenalter vorzubeugen. Eine Intervention wirkt umso effektiver, je früher man einer negativen Entwicklung entgegenwirken kann. Daher müssen vor allem Eltern, Lehrer und Pädagogen offen sein. Es ist wichtig, dass überforderte Eltern Hilfe suchen, bekommen und annehmen. Gelingt dies nicht, muss die Schule solche Kinder auffangen. Gerade im Präventionsbereich kann Schule vieles leisten, indem sie durch spezielle Verhaltenstrainings soziale und emotionale Kompetenzen fördert und Konfliktlösungen sowie Sozialverhalten trainiert.

Ein weiterer wichtiger präventiver Faktor ist darüber hinaus die Vermittlung von Medienkompetenz. Nach Pfetsch und Steffgen (2007) ist Medienkompetenz »das analysierend-kritische Verstehen von Massenmedien und die Fähigkeit, reflektiert mit Medien umzugehen«. Da Studien den Schluss zuließen, dass Maßnahmen zur Förderung der Medienkompetenz auch den kritischen Umgang mit gewalthaltigen Medien fördern könnten, plädieren Pfetsch und Steffgen z. B. für ein Curriculum, »das die verschiedenen Aspekte von Computerspielen allgemein und die fragwürdige Dominanz von Gewalt darin thematisiert« sowie für altersgruppenspezifische Präventionsmaßnahmen. So profitierten jüngere Grundschüler »am ehesten von Klassendiskussionen über die Unterscheidung von Fiktion und Realität«, während ältere auf komplexere Vermittlungsmethoden ansprächen. Förderlich für eine kritische Auseinandersetzung mit Mediengewalt und die Entwicklung eines persönlichen Bezugs seien etwa Aufsätze zum Thema Fernseh- oder Computerspielgewalt oder das Anhören von Experten zum Thema reale Gewalt.

Fehlt eine familiäre Unterstützung, so muss auch hier die Schule ihrem Erziehungsauftrag nachkommen. Die Vermittlung von Medienkompetenz im weiter gefassten Sinne überlagert sich immer mehr mit den Aufgaben der allgemeinen Erziehung. So müssten Lehrer korrigieren, was diesen Kindern und Jugendlichen an problematischen Einstellungen zum Thema Gewalt in den Familien und der sonstigen näheren Umgebung vermittelt wurde. Kann Schule dies nicht leisten, dann könnten außerschulische Jugendprojekte und Jugendhäuser einen Beitrag liefern. Es wirkt daher scheinheilig, wenn dieselben Politiker, die laut nach einem Verbot von Computerspielen rufen, sinnvollen außerschulischen wie schulischen Projekten die Gelder kürzen.

Kindheit und Jugend haben längst ihre eigene Kultur entwickelt. Verbote von Eltern können das Medienhandeln ihrer Kinder nicht mehr verhindern. Die Selbstständigkeit der Kinder und Jugendlichen ist heutzutage sehr groß, nicht nur ihre Vorstellungen und

Meinungen betreffend, sondern auch bezüglich ihrer Zeitgestaltung. Demzufolge können Kinder und Jugendliche nur geschützt werden, indem sie Eigenverantwortung lernen und nicht durch Verbote unmündig gehalten werden. In der Erziehung sollte es primär darum gehen, die Heranwachsenden zur Selbststeuerung zu befähigen, und nicht darum, die Kontrolle über sie zu verstärken. Erwachsene sollten daher Jugendliche unterstützen und anleiten, Selbststeuerung – allgemein wie auch in Bezug auf gewalthaltige Computerspiele – bewusst zu erleben. Kinder und Jugendliche müssen lernen, mit den Angeboten unserer Gesellschaft vernünftig umzugehen, denn Verlockungen und Gefahren lauern überall, in der realen und in der virtuellen Welt. In diesem Sinn sollten sich Eltern und andere Bezugspersonen die Zeit nehmen, mit Kindern kritische Gespräche über Gewalt, Gewaltdarstellungen und deren Realitätsbezug zu führen. Das erfordert allerdings, dass die Erwachsenen die Computerspiele auch kennen, über die sie diskutieren. Ansonsten werden sie von den Kindern nicht ernst genommen.

Weiterführende Literatur

Fromm, R. (2003). Digital spielen – real morden? Shooter, Clans und Fragger: Videospiele in der Jugendszene (2. Aufl.). Marburg: Schüren.

Köhler, E. (2008). Computerspiele und Gewalt. Eine psychologische Entwarnung. Heidelberg: Spektrum Akademischer Verlag.

Otto, I. (2008). Aggressive Medien. Zur Geschichte des Wissens über Mediengewalt. Bielefeld: Transkript.

Pietraß, M. (2003). Bild und Wirklichkeit. Zur Unterscheidung von Realität und Fiktion bei der Medienrezeption. Opladen: Leske + Budrich.

Quandt, T., Wimmer, J. & Wolling, J. (Hrsg.). (2009). Die Computerspieler. Studien zur Nutzung von Computergames. Wiesbaden: VS Verlag für Sozialwissenschaften.

Computerspielsucht

Carolin N. Thalemann und Ralf Thalemann

9.1   Einleitung

Das Phänomen des exzessiven Computerspielens beschäftigt seit einigen Jahren verstärkt die Öffentlichkeit. In Zeitschriften, Reportagen oder Radiobeiträgen wird über Computerspielsucht berichtet. Auch in der Fachwelt wird dieser relativ jungen Erscheinungsform einer exzessiven Tätigkeit immer mehr Aufmerksamkeit gewidmet, obwohl es hier noch keine Einigkeit über die klassifikatorische Einordnung des problematischen Verhaltens gibt. Für den jeweiligen Vertreter der Fachwelt ist es sicherlich relevant, ob es sich bei dem Verhalten beispielsweise um eine Sucht- oder um eine Zwangserkrankung handelt; auch für den therapeutischen Ansatz ist diese Frage von Belang. Für die Öffentlichkeit jedoch ist in erster Linie wesentlich, dass exzessives Computerspielen (im Folgenden: Computerspielsucht) tatsächlich ein Problem darstellen kann – sowohl für den Betroffenen selbst als auch für die Angehörigen.

Dabei gibt es in der öffentlichen Diskussion keine pauschale Verteufelung des Mediums Computer mehr. Vielmehr wird dem Computer im Bildungsbereich ein hoher Stellenwert zugemessen; im Rahmen moderner Didaktik gilt er geradezu als unverzichtbar. So glauben viele Eltern, ihrem Kind, wenn schon keinen Computer im eigenen Zimmer, so zumindest relativ uneingeschränkten Zugang zu einem Computer im Haushalt gewähren zu müssen, um dem Kind angemessene Bildungschancen zu geben. So zeigte eine 1998 in den USA publizierte Studie von Healy, dass Eltern, befragt nach den von ihnen als wesentlich erachteten Qualifikationen ihrer Kinder für eine erfolgreiche Schulkarriere, »Computer- und Medienwissen« für wichtiger hielten als die »Neugier und Freude am Lernen«.

Das Spielen am Computer hingegen wird trotz seiner weiten Verbreitung als Freizeitbeschäftigung häufig kritisch gesehen. Der Großteil der Eltern ist besorgt über den Medienkonsum ihrer Kinder. Gleichzeitig zeigte eine Umfrage in den USA (Oldberg, 1998), dass Eltern häufig nicht wissen, welche Spiele eigentlich gewalttätig oder verboten sind. Nach persönlicher Erfahrung der Autoren ist dies in Deutschland häufig nicht anders. Eltern wissen nicht, dass sie sich im Internet auf speziellen Seiten über die Freigabe der Spiele informieren können; zudem beklagen sie, dass auf den von ihren Kindern gebrannten CDs der Spieltitel nicht steht. Häufig reicht die Besorgnis jedoch nicht weit genug, um das Spiel in den Rechner zu legen und sich über den Titel zu informieren.

In der Fachwelt werden unterschiedlichste Aspekte mit dem Computerspielen assoziiert. Als positive Effekte werden beispielsweise eine Verbesserung visueller Wahrnehmungsfähigkeiten oder der Auge-Hand-Koordination genannt. Bei den negativen Folgeerscheinungen des Computerspielens gilt das Hauptinteresse der Fachwelt muskulären Überanstrengungen und Haltungsschäden, Bewegungsmangel, Fehlernährung oder Schlafmangel, um nur einige zu nennen. Im psychologischen und sozialwissenschaftlichen Bereich liegt das Augenmerk zusätzlich auf dem exzessiven Computerspielen, also auf der Computerspielsucht, und den typischen mit einer Suchterkrankung assoziierten negativen Begleiterscheinungen wie der Verhaltenseinengung durch Vernachlässigung alternativer Interessen oder den negativen Auswirkungen auf Gesundheit, Arbeit oder Schule. In der Fachwelt ist das Konzept der Verhaltenssucht umstritten. Dabei ist die Idee, dass »der Begriff menschlicher Süchtigkeit sehr viel weiter reicht, als der Begriff der Toxikomanie es abgesteckt hat« (Gebsattel, 1954) nicht neu, da bereits gegen Ende des 19. Jahrhunderts die allgemeinen Merkmale sowohl von stoffgebundenen als auch von nicht stoffgebundenen Suchterkrankungen formuliert wurden, wie etwa 1887 bei Erlenmeyer. Dennoch herrschte in Fachkreisen lange Zeit eine eher kritisch-distanzierte Haltung vor. In den letzten Jahrzehnten ist es zu einer verstärkten Beschäftigung mit dem Thema gekommen, bei der sich Befürworter und Gegner des Konzeptes in wissenschaftlichen Diskursen auseinandersetzen. Befürworter des Konzeptes der Verhaltenssucht berufen sich auf die Parallelen zu einer stoffgebundenen Abhängigkeit beispielsweise in den Entstehungs- und Aufrechterhaltungsmechanismen. So konnten beispielsweise Thalemann und Kollegen in einer experimentellen Studie zeigen, dass eine exzessiv ausgeführte Verhaltensweise bei Betroffenen eine vergleichbare Wirkung zeigt wie die Substanzeinnahme beim Drogenabhängigen (Thalemann et al., 2007). Gegner des Konzeptes plädieren hingegen für eine Klassifikation exzessiver Verhaltensweisen als Zwangsspektrumsstörung. In der Öffentlichkeit hat sich längst eine Akzeptanz bezüglich der Bezeichnung und Einordnung exzessiv ausgeführter Tätigkeiten als »Sucht« durchgesetzt, und auch die Betroffenen selbst empfinden sich als »suchtkrank«.

Computerspielen wird (zumindest in seiner exzessiven Form) eher der männlichen Jugend zugeordnet. Es wird häufig übersehen, dass das Spielen elektronischer Spiele inzwischen Einzug in alle Alters-, Gesellschafts- und Geschlechtsklassen gefunden hat, wobei sich allerdings die jeweils bevorzugten Spiele unterscheiden können. So ergab eine Untersuchung von Subrahamanyam und Greenfield 1998, dass Mädchen offensichtlich lieber Spiele spielen, die auf realistischen

Inhalten basieren, während Jungen Spiele bevorzugen, die dem Fantasybereich entspringen. Klassisches Beispiel für Letztere ist »World of Warcraft«. Hingegen bieten mädchenspezifische Spiele gelegentlich Simulationen des Alltags und eine »schöne« Atmosphäre. Ein Beispiel hierfür bietet »Sims 2«, in dem »persönliche« Beziehungen – inklusive der zu Haustieren –, Mode und Aussehen eine Schlüsselrolle spielen.

Quelle: Electronic Arts Inc., 2004: Sims 2, Screenshot vom 30.6.2009

Dabei steht die Frage im Raum, wieso das Spielen am Computer einen so großen Reiz auf Kinder und Jugendliche ausübt. Um dies nachvollziehen zu können, muss man zunächst verstehen, warum Kinder *überhaupt* spielen. Mögliche Erklärungsansätze fokussieren dabei auf Entwicklungsaufgaben: Kindern und teilweise auch Jugendlichen stehen nur begrenzt Techniken zur Lebensbewältigung und Entwicklung zur Verfügung. Das kindliche Spiel ist eine dieser Techniken, bei der lebenswichtige Funktionen geübt werden, die der Entwicklung dienen. Spielen bietet Kindern die Möglichkeit, dem Bedürfnis nachzukommen, den Erwachsenen im Hinblick auf Kraft, Geschicklichkeit und Arbeit nachzueifern. Psychoanalytisch wird vor allem die wunscherfüllende Funktion des Spiels betont. Das Spiel erlaube dem Kind, den Zwängen der Realität zu entrinnen und tabuisierte Impulse (z. B.

Aggressivität) auszuleben. Das Spiel gehorche dabei dem »Lustprinzip«: Durch das Ausleben unerfüllter Triebwünsche im Spiel erfolge eine Befreiung von Ängsten. Dennoch sind die Spielhandlungen nicht immer nur lustvoll. Es lassen sich auch Spielhandlungen beobachten, die Furcht einflößende Themen behandeln oder stereotype Handlungen bzw. eine (selbst auferlegte) starke Reglementierung beinhalten (vgl. Grüsser & R. Thalemann, 2006).

Das kindliche Spiel scheint der Königsweg zu sein, über den das Kind wichtige Entwicklungsaufgaben bewältigt. So lernt es durch das Spielen beispielsweise, Handlungsabläufe zu verstehen, zu verinnerlichen, soziale Interaktionsregeln zu durchschauen und auch eigene Grenzen zu erfahren.

Elektronische Spiele scheinen dabei besonders prädestiniert zu sein, viele Schranken zu umgehen, die

Quelle: Robbie Cooper, 2009, http://www.robbiecooper.org, Screenshot vom 30.6.2009

Quelle: http://www.robbiecooper.org, © R. Cooper, 2009, Screenshot vom 30.6.2009

Quelle: Robbie Cooper, 2009, http://www.robbiecooper.org, Screenshot vom 30.6.2009

die Umwelt (trotz Phantasie und Vorstellungskraft) dem Spiel auferlegt, die Beschränkung des eigenen Handlungsspielraumes zu verlassen und in Phantasiewelten dem Bedürfnis nach Autonomie, Autorität und sozialer Anerkennung nachzukommen. Als interessant erweist sich hierbei ein Vergleich zwischen realen Spielern und ihrer in der fiktiven Realität des Computerspiels gewählten Selbstdarstellung als »Spielfigur«. So ist im ersten Screenshot eine klare Geschlechterdifferenzierung im digitalen Ideal abzulesen. In der zweiten Abbildung ist der Widerspruch zwischen Spieler und Spielfigur sehr deutlich, besonders sticht er aber in der dritten hervor, wo ein an den Rollstuhl gefesselter Junge eine vollständig in Panzerung und Elektronik gehüllte Figur gewählt hat. Es sollte jedoch klar sein, dass auch bei Computerspielern mit normaler körperlicher und seelischer Entwicklung individuell gestaltete Avatare die Identifikation mit dem Spiel fördern. Der Avatar kann dabei experimentell als Kontrast zum Alltag gestaltet sein oder selbstverständlich auch ein Ideal-Ich verkörpern.

Zudem sind die Regelwerke elektronischer Spiele klar strukturiert und für Kinder durchschaubar, was auf die reale Umwelt nicht immer (▶ Kasten) zutrifft. So scheint der Reiz elektronischer Spiele (▶ Kasten) vor allem darin begründet, dass sie einen leichten und einfachen Weg darstellen, viele (wenn auch nicht alle) menschliche Bedürfnisse zu befriedigen.

Elektronische Spiele besitzen viele Eigenschaften, die sie (nicht nur) für Kinder und Jugendliche attraktiv machen:

- Sie haben zumeist ein unkompliziertes und verlässliches Regelwerk, das schnell zu erfassen ist und eine leichtere Orientierung in den virtuellen Netzwerken ermöglicht, als das in den realen sozialen Netzwerken der Fall ist. Hierdurch ist es möglich, sich als kompetent wahrzunehmen.
- Der Spieler hat Kontrolle über den Ablauf des Spiels.
- Es gibt wenig Konfrontation mit Frustrationen (leichter Schwierigkeitsanstieg, geplante Trainingseffekte, Möglichkeit, über sogenannte Cheatcodes – Schummelcodes – zu mogeln und damit schwierige Stellen zu überwinden). Dies befriedigt das Bedürfnis nach Lustgewinn und Unlustvermeidung.
- Die Möglichkeit, über die Auswahl der Schwierigkeitsstufe und der Art des Spiels den eigenen Erfolg modellieren zu können, befriedigt das Bedürfnis nach Selbstwerterhöhung.

▼

- Es gibt zumeist schnelle Erfolge ohne Belohnungsaufschub (d. h., der Erfolg wird unmittelbar erkennbar).
- Es ist keine Anpassung oder Infragestellung der eigenen Weltanschauung nötig.
- Es besteht die Möglichkeit, sich eine andere Identität zuzulegen (siehe die oben abgebildeten Screenshots).
- Über die Zugehörigkeit zu verschiedenen Communitys (bei Onlinerollenspielen beispielsweise Gilden) kann das Bedürfnis nach Bindung und Gruppenzugehörigkeit befriedigt werden.

Ursachen exzessiven Computerspielens: Erklärungsansätze

Unklar ist bislang, warum einige Menschen ihr Spielverhalten gut kontrollieren können und als eine unter verschiedenen anderen Freizeitaktivitäten nutzen, während anderen dies nicht gelingt. Hinweise könnten sich in den in der Literatur vielfach beschriebenen »typischen Begleiterscheinungen« bei Computerspielsüchtigen finden, die sich hauptsächlich auf soziale Interaktionsmuster sowie emotionale/affektive Komponenten beziehen. Bei Computerspielsüchtigen wird häufig eine Verarmung im Bereich real stattfindender sozialer Kontakte gefunden; es zeigen sich gehäuft Angststörungen und Depressionen. Der Großteil der Betroffenen ist männlich. Über die Ursachen hierfür kann man ebenfalls nur spekulieren. Gründe können in den unterschiedlichen Formen der Bewältigung von negativen Emotionen liegen. Das männliche Geschlecht scheint vermeidende Strategien zu bevorzugen, während das weibliche Geschlecht mehrheitlich eher aktive Strategien verwendet. Zu den aktiven Problemlösungsstrategien gehört unter anderem das Suchen sozialer Unterstützung, während das Ablenken von den Problemen als eine vermeidende Strategie gilt, die einer langfristig erfolgreichen und funktionalen Problemlösung bzw. Emotionsbewältigung im Wege ist.

Das Computerspielen bietet eine hervorragende Möglichkeit, abzuschalten und der Realität zu entfliehen. So gaben in einer Untersuchung von Schülern der sechsten Klasse gut 33 % der Jungen an, bei Problemen Computer zu spielen, während es (bei gleichen Zugangsvoraussetzungen) bei den Mädchen gut 8 % waren (Grüsser et al., 2005). Wird nun das Computerspielen als ein probates Mittel erkannt, eine aktive Auseinandersetzung mit einem Problem schnell und effektiv zu vermeiden, steigt die Wahrscheinlichkeit, dass dieses Mittel bei erneuten Problemen wieder angewendet wird. Andere Strategien zur Emotionsbewältigung treten so in den Hintergrund und werden ggf. verlernt. Das Spielen hingegen bekommt neben seiner ursprünglichen Funktion (Spielen per se) weitere Funktionen: die der Vermeidung einer Auseinandersetzung mit Gefühlszuständen und, über Erfolge beim Spielen, die der Kompensation eventueller in der Realität erlebter Insuffizienzgefühle. Über eine solche Bahnung ist der Weg in eine Abhängigkeit denkbar. Dennoch ist nicht eindeutig geklärt, ob es sich bei den vielfach berichteten Komorbiditäten (begleitenden Erkrankungen) und typischen Persönlichkeitsmerkmalen um der Computerspielsucht vorausgegangene *Ursachen* oder um *Folgen* der Sucht handelt.

Während im Rahmen der Revision internationaler Diagnosesysteme für Krankheiten inzwischen überlegt wird, die Computerspielsucht als eigenes Störungsbild aufzunehmen, gibt es andererseits auch Autoren, welche die Existenz einer reinen Computerspielsucht ohne Komorbiditäten bestreiten und daraus folgern, dass es sich bei der Computerspielsucht um keine genuine Diagnose, sondern nur eine Ausdrucksform anderer, der Störung zugrunde liegender Erkrankungen handelt, wie te Wildt und seine Kollegen 2007 festhielten. Ebenso herrscht Uneinigkeit über die Prävalenz der Störung. Allein für Deutschland schwanken die Angaben gemäß Eichenberg und ihren Kollegen (2003) zwischen 3 % und 13 %. Dies liegt nicht zuletzt daran, dass keine einheitlichen Diagnoseinstrumente existieren. Dennoch scheint es auch regionale Unterschiede – zumindest in der Ausprägungsstärke – zu geben. Häufig erreichen Berichte aus asiatischen Ländern die hiesige Presse, in denen auch von Todesfällen durch exzessives Spielen berichtet wird: Die Vernachlässigung der Flüssigkeitsaufnahme führte in mehreren Fällen zu Dehydration.

Empfehlungen. Die langjährige Erfahrung der Autoren als Berater bei einer telefonischen Hotline für Suchtkranke und deren Angehörige hat vor allem eines gezeigt: In der Öffentlichkeit und bei den Betroffenen besteht eine große Unsicherheit und stark unterschiedliche Einschätzung, was das »normale, gesunde Maß« der Computerspielnutzung betrifft. Deutlich wurde bei den telefonischen Beratungen auch noch eine weitere Tatsache: Häufig wird von Erziehungsberechtigten ein Verhalten zwar als problematisch erkannt, doch scheinen die Erwachsenen in ihrer Erziehungskompetenz so geschwächt, dass sie sich nicht trauen, unpopuläre Maßnahmen zur kontrollierten Mediennutzung umzusetzen. Nicht zuletzt gestaltet sich dies häufig schwierig, weil der Computer inzwischen Einzug in die

Empfohlene Bildschirmzeiten	
Alter	**Zeit pro Tag**
0 bis 2 Jahre	0 Minuten
3 bis 6 Jahre	30 Minuten
6 bis 7 Jahre	60 Minuten
8 bis 10 Jahre	90 Minuten
11 bis 13 Jahre	120 Minuten

Kinderzimmer gefunden hat. Zur Frage der sinnvollen Nutzung gibt es Empfehlungen, die sich jedoch von der Nutzungsrealität stark unterscheiden. Dabei wird unter »Bildschirmzeit« (▶ Tabelle) jegliche Aktivität vor einem Bildschirm (Fernseher, Computer, Gameboy, Handy etc.) verstanden. Selbstverständlich sind medienfreie Tage ebenfalls zu befürworten.

Diagnosekriterien. Nun ist aber eine längere Bildschirmzeit allein nicht ausreichend für die Diagnose einer Computerspielsucht. Die Kriterien für die Diagnose einer Computerspielsucht leiten sich in fast allen Untersuchungen von den Kriterien der internationalen Diagnosesysteme ICD-10 (Dilling et al., 2000) und DSM-IV-TR (Saß et al., 2003) für Substanzabhängigkeit und pathologisches (Glücks-)Spielen ab. Grüsser und C. N. Thalemann schlugen 2006 einen Kriterienkatalog für die Verhaltenssucht vor, der neben einer Toleranzentwicklung (d. h., das Verhalten muss öfter, länger oder intensiver ausgeführt werden, um die gleichen Effekte wie zu Beginn auszulösen) oder dem unwiderstehlichen Verlangen, das Verhalten durchzuführen, auch die Einengung des Verhaltensraums, einen Kontrollverlust bezüglich Dauer, Häufigkeit oder Intensität sowie Entzugserscheinungen beinhaltet. Ein weiteres Kriterium ist die Fortführung des exzessiven Verhaltens trotz schädlicher Folgen. Zudem muss das Verhalten vom Betroffenen (anfänglich) als belohnend empfunden werden. Im Verlauf der Suchtentwicklung wird es als zunehmend unangenehmer empfunden. Es wird dysfunktional eingesetzt, also nicht in seiner ursprünglichen Funktion, sondern beispielsweise zur Regulation von Gefühlen. Der Betroffene erwartet von der Durchführung seines Verhaltens eine positive Wirkung. Zusätzlich kommt es zu konditionierten Reaktionen bei der Konfrontation mit Reizen, die der Betroffene mit seinem Suchtverhalten assoziiert.

9.2 Fallbeispiel

9.2.1 Vorstellungsanlass

Der 15-jährige H. wird wegen seines Übergewichts und diverser unspezifischer körperlicher Beschwerden dem Hausarzt vorgestellt. Der Schulbesuch erfolge aufgrund der somatischen Beschwerden (Kopfschmerzen, Bauchschmerzen) seit einigen Monaten unregelmäßig, die Schulleistungen seien mangelhaft. Seit Beginn des neuen Schuljahres verweigere H. den Schulbesuch völlig. Die Mutter habe bereits ihre Arbeitszeit reduziert, um H. an die Hausaufgaben zu erinnern oder ihn zur Durchführung von Außenaktivitäten zu motivieren und diese mit ihm gemeinsam durchzuführen. Die Mutter verzweifle an dieser Aufgabe, denn H. wehre sich verbal aggressiv gegen ihre »Einmischung in sein Leben«. Sie könne sich H. gegenüber nicht durchsetzen und erfahre keine Unterstützung in ihrer Umwelt, da H.s Vater die Familie vor neun Jahren verlassen und keinen Kontakt mehr zu seinem Sohn habe. Seitdem sei die Mutter anderen Menschen gegenüber sehr misstrauisch und fürchte, sie oder ihr Sohn könnten von anderen ausgenutzt werden. Neben der medizinischen Versorgung (u. a. Aufklärung über Energiebilanz, Ernährungsberatung und medizinische Abklärung der somatischen Beschwerden) wird der Mutter nahegelegt, H. psychotherapeutisch vorstellen zu lassen.

9.2.2 Anamnese

Es zeigen sich in diesem Fall zunächst eine komplikationslose Schwangerschaft und Geburt. Die entscheidenden Schritte kindlicher Entwicklung seien nach Angaben der Mutter (Raumpflegerin, 45 Jahre) regelgerecht verlaufen. H. sei ein freundliches Kind gewesen, das im Kindergarten sozial gut integriert gewesen sei. Jedoch habe er nie die Initiative für gemeinschaftliche Aktivitäten oder Spiele übernommen. Die Trennung der Eltern sei relativ zeitnah zur Einschulung H.s erfolgt. Die Mutter habe unter der Trennung gelitten, die »sehr unschön« verlaufen und für sie überraschend gekommen sei. Sie sei sehr verletzt gewesen. Seitdem falle es ihr schwer, anderen Menschen zu vertrauen. Um H. vor ähnlichen schmerzvollen Erfahrungen zu schützen, habe sie ihm bereits früh beigebracht, Freundschaften nur nach eingehender Prüfung einzugehen und die Motive der Mitmenschen zu hinterfragen. Mit Einschulung in die erste Klasse habe H. begonnen, sich zurückzuziehen, und sei häufig krankgeschrieben worden. Sozialen Anschluss in der Klasse habe er nicht gefunden. Da er sich jedoch nie über Einsamkeit beklagt habe, sei die Mutter davon ausgegangen, dass er sich allein am wohlsten fühle. Obwohl er keine engen Freunde gehabt habe, sei er nicht gemobbt oder ausgeschlossen worden. Die stetige Gewichtszunahme sei ihr zum ersten Mal in der vierten Klasse aufgefallen, als der Sportlehrer sich an sie wandte: H. sei beim Versuch, über einen Kasten zu springen, an diesem hängen geblieben und gestürzt. Die Klassenkameraden hätten H. ausgelacht und ihn eine »fette Sau« genannt. Der Sportlehrer habe zwar eingegriffen, sehe aber das zunehmende Gewicht von H. ebenfalls mit Sorge. Die Mutter sei über den Vorfall sehr empört gewesen und habe sich an die Schulleitung gewandt, die eine Aussprache mit anschließender Entschuldigung der Klasse bei H. initiiert habe. H. sei über das Eingreifen der Mutter erbost gewesen, er hätte es vorgezogen, den Vorfall stillschweigend zu vergessen. Sensibilisiert, wenn auch verärgert über die Aussage des Sportlehrers, habe die Mutter versucht, H.s Essverhalten zu beeinflussen. Dies sei jedoch schon immer schwierig gewesen, da der Junge oft heimlich gegessen habe. Aktuell sei es kaum mehr möglich: H. weigere sich, seine Mahlzeiten mit der Mutter gemeinsam einzunehmen. Er esse in seinem Zimmer vor dem Computer, zudem gebe er viel von seinem Taschengeld für Junkfood aus. Den Computer habe H. von der Mutter anlässlich des Wechsels auf die weiterführende Schule (Gesamtschule) erhalten. H. habe sich darüber sehr gefreut und mit der Mutter eine Abmachung getroffen: Für das erfolgreiche Bewältigen der siebten Klassenstufe würde er einen eigenen Internetzugang erhalten. Zunächst sei die Vereinbarung gewesen, dass dieser Zugang bei einer Verschlechterung der Schulnoten wieder gesperrt werden würde. Die Mutter habe dies jedoch nicht mehr durchsetzen können, warum nicht, wisse sie selbst nicht genau. Sie sei insgesamt enttäuscht von H. Trotz der vielen »Opfer«, die sie für H. gebracht habe und immer noch bringe, verschlechtere sich ihre Beziehung zusehends. H.s Computerspielzeiten hätten sich bei zunehmend schlechten Schulleistungen stetig gesteigert, auch habe er sich von ihr zurückgezogen, ihr »nichts mehr erzählt« und sie »aus seinem Leben ausgeschlossen«. Obwohl er schon vorher kaum soziale Kontakte gehabt habe, sei ihr aufgefallen, dass er es seit ein paar Monaten vermeide, die Wohnung zu verlassen. Auf Nachfrage gibt er an, seine sozialen Kontakte über das Internet zu pflegen. Vor einem Jahr habe sie dann beschlossen, ihre Arbeitszeit zu reduzieren, um »mehr für ihr Kind da sein zu können«. Sie versuche ihn zu Außenaktivitäten zu motivieren, habe jedoch das Gefühl, dass H. sich in der Öffentlichkeit unwohl fühle, und wolle ihn dann auch nicht zwingen. Dennoch gebe es ständig Streitereien zwischen ihr und H.,

die immer häufiger und heftiger würden. H. lüge inzwischen viel, hauptsächlich bezüglich seines Schulbesuchs. Die Mutter finde, dass H. sich in den familiären Auseinandersetzungen nicht altersentsprechend verhalte, sie halte ihn für sozial inkompetent. Außerdem sei H. sehr unselbstständig, sie müsse ihn umsorgen »wie ein kleines Kind«. Die gesamte Entwicklung H.s beunruhige sie.

9.2.3 Diagnostik

In den ersten Stunden präsentiert sich ein träger, im Antrieb deutlich reduzierter, adipöser Jugendlicher in jugendtypischer Kleidung mit schlaffer Körperhaltung. Die Aufnahme und adäquate Gestaltung von Kontakt fällt ihm deutlich schwer, Blickkontakt wird vermieden. Im Affekt reduziert und in der Mimik starr, antwortet H. einsilbig mit leiser Stimme auf die Gesprächsangebote. Als Interessen nennt er Computerspielen. Auf Nachfrage stellt sich heraus, dass H. bis zu zehn Stunden täglich spielt und hierüber sowohl seine Schulaufgaben als auch seinen Schlaf vernachlässigt: Vor zwei Uhr nachts schlafe er selten ein, morgens komme er dann nur schwer aus dem Bett. Allgemeine Gesprächsangebote zum Thema Computerspiele nimmt H. an, jedoch reagiert er wachsam und kontrolliert. Bei der Thematisierung seiner Computerspielzeiten zeigt sich H. angespannt, wird erkennbar nervös (knabbert an den Fingernägeln, schwitzt) und beginnt, sehr aufgeregt mit lauter Stimme zu diskutieren. Er schwankt zwischen der Bagatellisierung seines Spielverhaltens und feindlicher Abwehr gegenüber dem Therapeuten. Deutlich überrascht reagiert er auf die wertfreie Haltung des Therapeuten bezüglich seines Computerspielverhaltens. Im Rahmen der Sitzungen wird H. offener. Er gibt an, ohne den laufenden Rechner nicht einschlafen zu können, er benötige das Spielen zum Entspannen und möge vor allem die Dunkelheit nicht. Zudem sei er Mitglied in einer »Gilde«. Hier gehöre er zu den besten Spielern und trage eine große Verantwortung. Er müsse »eigentlich ständig on« (online) sein, um bei schwierigen »Raids« (Beutezügen) als »Tank« (starker Kämpfer) in der ersten Reihe zu stehen. Auch aus anderen Gilden kämen täglich 10 bis 15 Anfragen, ob er bei ihnen in schwierigen Situationen aushelfen könne. Alternative Interessen und Hobbys habe er nicht, Freunde habe er viele, mit diesen verkehre er jedoch hauptsächlich virtuell. Einmal sei er jedoch auch zu einem realen Treffen seiner Gilde gefahren. Er finde sein Freizeitverhalten normal (»so ist das heutzutage eben, das machen alle so«). Die Besorgnis der Mutter könne er nicht nachvollziehen, allenfalls seine gesundheitlichen Beschwerden würden ihn stören. Nach Wünschen oder Zielen gefragt, gibt H. an, er würde gerne seine »Skills« (Fähigkeiten) beim Spielen verbessern, um noch mehr Anerkennung in seiner Gilde zu bekommen. Außerhalb des Computerspielens habe er eigentlich keine Wünsche oder Ziele. Beruflich stelle er sich »irgendwas im IT-Bereich« vor (beispielsweise Spieletester).

H. berichtete nach der Festigung der Therapeut-Patient-Beziehung von sozialen Ängsten und Unzufriedenheit mit dem eigenen Körper. Er fürchte sich davor, in die Schule zu gehen, weil er das Gefühl habe, von anderen abgelehnt zu werden. Zudem wisse er nicht, worüber er mit Gleichaltrigen reden solle. Allein beim Thema Spielen fühle er sich kompetent und selbstwirksam. Wirklich wohl fühle er sich nur beim Computerspielen. Hier habe er Erfolge und werde akzeptiert. Für seine Erfolge beim Computerspielen sei es völlig egal, wie er aussehe. Beim Gildentreffen sei er von den anderen auch akzeptiert worden, keiner habe über sein Aussehen gelacht (wie es ihm häufiger in der Öffentlichkeit passiere). Außerdem habe er das Gefühl, dass seine Klassenkameraden nicht nur über seine körperliche Erscheinung lachten (dies sei nach dem Schulwechsel in den ersten zwei Schulwochen täglich passiert), sondern auch, weil er ihnen geistig unterlegen sei. Er fühle sich unwohl, wenn er vor der Klasse sprechen oder Leistung zeigen müsse, weil er stets glaube, den anderen nicht ebenbürtig zu sein. Zudem leide er unter seinen körperlichen Beschwerden, die jedoch nie beim Computerspielen aufträten.

Die durchgeführte Diagnostik ergab als Diagnose eine soziale Phobie (▶ Kasten) und Computerspielsucht. Bei H. waren Faktoren wie Selbstsicherheit, Selbstkontrolle und alternative Verhaltensweisen bei Angst defizitär ausgebildet, die Emotionsregulation geschah durch exzessives Computerspielen sowie ausgeprägtes Vermeiden der Konfrontation mit Angst auslösenden Reizen (Klassenzimmer, Blicke der Mitschüler).

Infobox

Die **soziale Phobie** beginnt häufig im Jugendalter. Im Wesentlichen zentrieren sich die Störungen um die Furcht vor prüfender Betrachtung durch andere Menschen in verhältnismäßig kleinen Gruppen (nicht dagegen in Menschenmengen). Zudem ist die Angst auf bestimmte soziale Situationen beschränkt oder tritt überwiegend in solchen Situationen auf; daher werden diese Angst auslösenden Situationen nach Möglichkeit vermieden.

Für eine Therapieplanung ist neben der reinen Erfassung der computerspielrelevanten Informationen eine ausführliche Diagnostik der begleitenden Umstände notwendig (▶ Kasten). Nur so kann ein die Störung eventuell aufrechterhaltendes Moment gefunden und im Rahmen der Therapie beseitigt werden. Ist das Computerspielen beispielsweise ein Versuch zur Bewältigung permanenter intellektueller Überforderung in der Schule, wird eine therapeutische Strategie nur dann Erfolg versprechend sein, wenn auch die schulische Überforderung beseitigt wird.

Empfehlung zur Diagnostik bei Verdacht auf Computerspielsucht

Zu einer ausführlichen Diagnostik beim Störungsbild der Computerspielsucht gehört eine Untersuchung der

- kognitiven Begabung (Intelligenzdiagnostik),
- komorbiden Störungen wie beispielsweise depressive Episoden oder Angststörungen,
- familiären Belastungsfaktoren,
- individuellen Ressourcen.

9.3 Therapeutische Intervention

Im Vordergrund der Behandlung von Computerspielsucht steht eine Kombination von verhaltenstherapeutischen und kognitiven Ansätzen. Es wird nicht Abstinenz gefordert, sondern der kontrollierte Umgang mit dem Computer. Es wird davon ausgegangen, dass süchtiges Verhalten in Form einer erlernten (dysfunktionalen) Stressverarbeitungsstrategie fungiert. Wesentlich ist also der Aufbau von alternativen funktionalen Stressverarbeitungsstrategien. Welche Strategien dabei sinnvoll und praktikabel sind, hängt vom Patienten ab. Das Erlernen eines systematischen Entspannungsverfahrens ist fast immer unumgänglich, wobei die Art des Entspannungsverfahrens ebenfalls von den Präferenzen des Patienten abhängt.

Außerdem sind die gründliche Analyse auslösender und aufrechterhaltender Bedingungen sowie die Klärung der Funktion des pathologischen Verhaltens wichtige Voraussetzungen für eine erfolgreiche Therapie.

9.3.1 Typische Auslöser und Funktionen

Erläuterung am Fallbeispiel.
H.s globale Lebenssituation ist geprägt durch die Erfahrung sozialer Abwertung und Ausgrenzung durch Klassenkameraden, den Druck durch eine stark sozial- und zukunftsängstliche Mutter sowie durch die Alltagsrealität einer nachgiebigen, verwöhnenden Erziehung. Diese Situation bildet ein starkes Verunsicherungsmoment für H. Es fehlen klare und adäquate Ansprüche und Orientierungspunkte sowie die Gewährung von altersentsprechenden Autonomiewünschen im Elternhaus. Im Bereich der Peergroup in der realen Lebenswelt erscheinen selbst langjährige Bekannte von einem Tag auf den anderen bedrohlich und uneinschätzbar. H. zeigt sich als unbeholfener, adipöser Junge, der in der Öffentlichkeit am liebsten unbemerkt bleibt und misstrauisch nach Zeichen der Ablehnung in der Umwelt Ausschau hält; kognitiv gut durchschnittlich begabt, hat er das Potenzial für zufriedenstellende Schulleistungen, die durch leistungsvermeidendes Verhalten und soziale Ängste jedoch nicht erreicht werden können. In der Folge reagiert H. mit Schulvermeidung, konfliktvermeidenden Tendenzen (Lügen) und sozialem Rückzug. Die Vermeidung des Schulbesuchs bewirkt kurzfristig eine deutliche Entlastung und Entspannung, wird jedoch von H. gleichzeitig als Misserfolgserlebnis bei sozialer Überforderung interpretiert und abgespeichert. Langfristig bedingt sein Verhalten ständige Streitereien zu Hause, die Abwertung durch die Umwelt sowie die Überwachung durch die Mutter und vor allem die Verfestigung der inadäquaten Bewältigung von unangenehmen Auseinandersetzungen. Ohne die Möglichkeit zur Korrektur des beschädigten Selbstbildes über positive Interaktionserfahrungen wird das subjektive Erleben sozialen Drucks verstärkt und die erfolgreiche Bewältigung altersgerechter Entwicklungsaufgaben in der Peergroup unwahrscheinlicher. Die soziale Überforderung stabilisiert sich. Als Bewältigungsstrategie bietet sich für H. vor allem das exzessive Computerspielen in einer Internetgemeinschaft an. Onlinerollenspiele mit vielen Hundert Mitspielern erscheinen gerade für Menschen mit selbstunsicherer Persönlichkeit für die Befriedigung der Bedürfnisse nach Kontrolle, Selbstwerterhöhung und Unlustvermeidung wie geschaffen: Das Bedürfnis nach Kontrolle wird befriedigt, da Erwartungen, Umgangsregeln und Umwelt in der Spielwelt im Vergleich zum realen Alltag überschaubar sind. Der Wunsch nach sozialer Interaktion und Wertschätzung ist im virtuellen Raum mit geringeren Risiken besetzt, da nicht die Enttäuschungen und »unvorhersehbaren« Probleme der realen sozialen Umwelt drohen. Vielmehr sind Erfolgserlebnisse nach kurzer Einspielzeit hoch wahrscheinlich und führen zu Anerkennung in der Community. H. hat in seiner Lebenswelt häufig die Erfahrung gemacht, dass er weder im Elternhaus noch in der Peergroup soziale Erwartungen erfüllen kann. Beim Computerspiel ist er dagegen ein ausgezeichneter und geschätzter Spieler.

Von H. und der Mutter wurden spontan Umweltfaktoren wie das Mobbing (fortgesetztes Lächerlichmachen durch die Klassenkameraden) als Auslöser des Problemverhaltens benannt. Zusätzlich fördert die misstrauische Haltung der Mutter gegenüber zwischenmenschlichen Kontakten die Entstehung von Problemen. In der Persönlichkeit des Patienten und bezüglich seiner Strategien zur Wahrnehmung seiner Grundbedürfnisse scheint eine gewisse Veranlagung zur Unlust- und Konfliktvermeidung vorzuliegen, die sich beispielsweise im Vermeiden der Hausaufgaben zeigt. Die Mutter schwankt zwischen einer gewährenden, dem einzigen Kind alle Probleme aus dem Weg räumenden Erziehungshaltung einerseits und Ärger über H.s Unselbstständigkeit und soziale Inkompetenz andererseits. Sie zieht sich in die Kränkung zurück und verstärkt damit die Insuffizienzgefühle ihres Sohnes.

Aufgrund fehlender Rollenvorbilder und einer gewissen Veranlagung zur Unsicherheit sind keine günstigen altersentsprechenden Konfliktlösestrategien für H. erprobbar. Mit der Erfahrung bzw. Wahrnehmung von sozialer Ausgrenzung und Ablehnung zerbrachen bis dahin funktionierende Schutzmechanismen. Die Vermeidung sozialer Situationen mit der Folge der Angstverstärkung trat in den Vordergrund. Zur Integration des Selbst erscheinen das Abtauchen und die Erfahrung von Wertschätzung im virtuellen Raum kurzfristig als angemessene Mittel, tragen jedoch langfristig zur Verstärkung des Problemverhaltens bei.

Ziele der therapeutischen Intervention
Bedingungsfaktoren für ein süchtiges Verhalten können u. a. innere und äußere Hinweisreize sein, die das Verlangen oder das süchtige Verhalten selbst auslösen. Ein erstes Ziel therapeutischer Intervention liegt in der Identifikation dieser Hinweisreize sowie in der Identifikation der in diesen Situationen auftretenden Gedanken und Gefühle. Auf eine solche ausführliche Verhaltensanalyse folgt die Modifikation der Reaktionen auf diese Reize. Dabei setzt die therapeutische Intervention sowohl am Verhalten des Patienten als auch bei seinen Gedanken (Kognitionen) an. Auf der Verhaltensebene werden mit dem Patienten alternati-

ve Verhaltensweisen und Reaktionen auf das Verlangen erarbeitet und erprobt (▶ Kasten). Auf der Kognitionsebene soll sich der Patient der das Verlangen begleitenden Gedanken sowie zugrunde liegender Annahmen bewusst werden. Diese Grundannahmen werden anschließend in der Therapie durch verschiedene Techniken auf ihre Funktionalität hin überprüft und ggf. durch funktionale Grundannahmen ersetzt. Gleiches gilt für automatische, das Verhalten stets begleitende Gedanken. Solche automatischen Gedanken sind nie per se richtig oder falsch, sie sind nur funktional oder dysfunktional (also förderlich bzw. hinderlich für die Erreichung eines bestimmten Zustandes oder Gefühls).

Auswahl verhaltenstherapeutischer Techniken

- Aktivitätenplanung, bei der alternative Aktivitäten geplant und umgesetzt werden sollen.
- Verhaltensexperimente, die der Überprüfung der Gültigkeit bisheriger Grundannahmen dienen.
- Rollenspieltechniken, die dem Patienten ermöglichen, bestehende Interaktionsprobleme abzubauen und schwierige Interaktionen zu proben.
- Entspannungstraining.

Wesentliche Grundbedingung jeglicher Therapie ist die Veränderungsmotivation. Ohne die Motivation der süchtigen Betroffenen, etwas am eigenen Verhalten zu verändern, kann eine Abhängigkeitstherapie, gleich welcher Schule, kaum Erfolg haben. Dabei besteht bei den meisten Suchtpatienten eine Ambivalenz: Sie schwanken zwischen dem Wunsch nach Abstinenz einerseits und der Angst vor dem Verlust des Suchtverhaltens andererseits. Ein Modell der Veränderungsmotivation postuliert sechs Phasen, die ein abhängiger Patient durchlaufen kann (▶ Kasten). Dabei zeigt der Patient zunächst keine bzw. nur geringe Einsicht in bestehende Probleme und ist wenig motiviert, etwas zu ändern. Im weiteren Verlauf kommt es zu der Absicht, etwas zu ändern, und schließlich auch zur Verhaltensänderung. Allerdings ist ein Rückfall in frühere Phasen jederzeit denkbar. Es ist daher wichtig für den Therapeuten, sich bewusst zu machen, auf welcher Stufe der Veränderungsmotivation sich der Patient befindet.

Modell zur Veränderungsmotivation nach Prochaska und DiClemente (1982)

Der Veränderungsprozess erfolgt in sechs Phasen:
1. Ahnungs- bzw. Vorbesinnungsphase,
2. Absichtsphase,
3. Aktionsvorbereitungsphase,
4. Aktions- bzw. Handlungsphase,
5. Aufrechterhaltungsphase,
6. eventuell Rückfallphase.

9.3.2 Therapieverlauf

Optimale Ausgangsbedingung für den Beginn einer Therapie ist immer die klare Formulierung eines Auftrags bzw. Ziels aller Beteiligten. Dies gestaltet sich gerade im Bereich der Kinder- und Jugendpsychotherapie als schwierig, da der Auftrag der Erziehungsberechtigten sich häufig vom Auftrag des Jugendlichen (falls überhaupt einer vorhanden ist) unterscheidet. In diesem Fall war es günstig, dass sich bei den Änderungswünschen der Mutter und H.s eine Schnittmenge ergab. In einem gemeinsamen Gespräch konnte sowohl bei der Mutter als auch bei H. ein Leidensdruck festgestellt werden, der zu einem Veränderungswunsch führte. Beide wünschten sich eine Entspannung der familiären Atmosphäre. Die Mutter wünschte sich zudem einen regelmäßigen Schulbesuch, eine Reduktion der Computerspielzeiten und eine Gewichtsabnahme. H. äußerte ebenfalls das Bedürfnis nach einem Gewichtsverlust. Unspezifisch formulierte er das Bedürfnis nach Anerkennung und mehr Autonomie im familiären Bereich. Eine Reduktion des Computerspielens konnte er sich generell vorstellen. Als Therapieziele wurden schließlich eine Reduktion der sozialen Ängste sowie die Reduktion der familiären Spannungen vereinbart.

9.3.3 Therapie

Erläuterung am Fallbeispiel.

Zu Beginn der Therapie wurde H. gebeten, täglich seine Computerspielzeiten zu protokollieren. Dabei sollte er nicht nur aufschreiben, wann er wie lange spielte, sondern auch, wie er sich vor dem Spielen fühlte, was er dann dachte und was er nach dem Spielen fühlte und dachte. In den Therapiestunden wurden diese Protokolle dann mit H. ausgewertet. So stellte H. fest, dass er in unterschiedlichen Situationen spielte: Manchmal war das Spielen eine Reaktion auf Frustrationen in der

Schule, dann war es von Gedanken begleitet wie: »Mathe ist scheiße! Wer braucht schon den ganzen blöden Kram!« Manchmal war H. gelangweilt, dann spielte er, weil er nicht wusste, was er stattdessen tun sollte. Nur selten konnten Situationen gefunden werden, in denen er nicht spielte, um negativen Gefühlen zu entgehen. Das Thema des Gelangweiltseins nahm einen großen Stellenwert bei H. ein. Zunächst erweckte er den Eindruck, keinerlei alternative Vorstellungen von Freizeitgestaltungsmöglichkeiten zu haben. Im Verlauf der Therapie wurde jedoch immer deutlicher, dass H. durchaus benennen konnte, wie andere Jugendliche ihre Freizeit verbrachten. H. konnte nach einigen Stunden äußern, dass er selbst auch gerne einige dieser Dinge tun würde, dies jedoch aus verschiedenen Gründen nicht gehe: Zum Schwimmengehen sei er »zu fett«, er habe keine Freunde im »RL« (realen Leben), mit denen er »abhängen« könne, außerdem sei er den anderen unterlegen und wisse nicht, worüber er mit ihnen reden solle. Es wurde eine große Angst vor der Abwertung durch andere deutlich, die mit Insuffizienzgefühlen einherging. Diese Problematik konnte über Rollenspiele und soziales Kompetenztraining bearbeitet werden. Über Verhaltensproben (die Erprobung der in der Therapie geübten Inhalte beispielsweise in der Schule) konnten H.s soziale Ängste reduziert werden. Er merkte, dass er in der Lage war, an Gesprächen teilzunehmen und auch von sich aus ein Gespräch zu beginnen. Hänseleien konnte er zunehmend besser begegnen.

Auf der familiären Ebene wurde deutlich, dass H.s Mutter keinerlei Vorstellungen von den Spielen hatte, die H. gerne spielte. Zudem nahm sie eine sehr abwertende Haltung gegenüber Computerspielen ein, die sie als überflüssigen Zeitvertreib ansah: Sie wollte, dass H. seine Freizeit sinnvoll nutzt. H. war darüber sehr enttäuscht, da seine Mutter auch kein Verständnis zeigte, wenn H. nach erfolgreichem Spielen darüber berichten wollte. Zudem bekam er über die Einstellung seiner Mutter das Gefühl, sie lehne ihn und seine »Welt« ab und interessiere sich nicht für ihn. Hier ergab sich die Möglichkeit, mit H. und der Mutter gemeinsam an unterschiedlichen Wünschen und Vorstellungen zu arbeiten. Während sich H. von seiner Mutter Unterstützung und Anerkennung wünschte, äußerte die Mutter fehlendes Verständnis für das Spielen ihres Sohnes, wenn im Haushalt noch andere Dinge zu erledigen waren. Hier bot sich das Aufstellen eines »Vertrages« an: Die Mutter wurde gebeten, sich einmal für H. und sein Spiel Zeit zu nehmen. Sie sollte sich von ihm erklären lassen, worin es in diesem Spiel geht, und ihm auch einmal beim Spielen zuschauen. Gleichzeitig wurde mit ihr an ihrer paradoxen Forderung

gearbeitet, H. solle seine »Frei«-zeit »sinnvoll« verbringen. H. sollte sich im Gegenzug zur Verrichtung häuslicher Aufgaben verpflichten. Gemeinsam wurde ein Plan erarbeitet, in dem festgelegt wurde, wer welche Pflichten im Haushalt übernimmt. Außerdem wurde geklärt, wann diese zu erledigen sind. Beispielsweise sollte H. täglich seine Hausaufgaben machen oder etwas für die Schule lernen. Er musste dies jedoch nicht direkt nach der Schule machen, sondern durfte zunächst zwei Stunden »ausspannen«. Der Müll hingegen sollte von ihm grundsätzlich sofort hinausgebracht werden, wenn der Mülleimer voll war. Es wurde verabredet, dass jeder das Recht auf seine eigene Freizeitgestaltung hat (solange niemand anderes und keine seiner Pflichten darunter leiden), auch wenn der jeweils andere diese Art von Freizeitbeschäftigung sinnlos finde. Trotz dieser sehr formalen Übereinkunft wurde hierdurch sowohl bei H. als auch bei der Mutter ein Verständnis für den jeweils anderen geweckt. H.s Mutter begann außerdem, sich mehr für H.s Spielen zu interessieren. So erfuhr sie, dass er ein sehr guter Spieler ist, und es gelang ihr nach einiger Zeit, Stolz zu entwickeln, obwohl ihr Erfolge ihres Sohnes bei anderen Freizeitaktivitäten weiterhin lieber gewesen wären (»Er hätte ja auch ein guter Tennisspieler werden können ...«). Es wurden Verhaltensregeln formuliert (gemeinsames Einnehmen der Mahlzeiten ohne Fernseher, gegenseitiges Respektieren von Wünschen etc.). Bezüglich H.s Wunsch nach mehr Autonomie (»Ich werde wie ein Kind behandelt«) zeigte sich eine Ambivalenz bei ihm. Trotz der Vorwürfe an seine Mutter, sie behandle ihn wie ein kleines Kind, wünschte er sich gleichzeitig, sie würde ihn bei seinen Bemühungen abzunehmen mehr unterstützen. Hier wurde mit der Mutter und H. besprochen, in welchen Bereichen H. Unterstützung benötigte und wo er bereits Eigenverantwortung übernehmen könne. Gleichzeitig wurde H. deutlich gemacht, dass er zwar Rechte, jedoch auch Pflichten hat. Mit dem Recht, seine Freizeit nach eigenen Wünschen zu gestalten, geht auch die Pflicht einher, beispielsweise seine Schulaufgaben selbstständig zu erledigen. Eine Vernachlässigung der Pflichten sollte zu einer Einschränkung der Rechte führen. Wichtig war in diesem Zusammenhang die Stärkung der Mutter in ihrer Erziehungskompetenz. Schlechte Schulnoten für vergessene Hausaufgaben sollten zu einer Einschränkung der Computernutzung führen; dies ist jedoch nur dann sinnvoll, wenn es vorher angekündigt wird und auch durchgesetzt werden kann.

Im Verlauf der Therapie kam es zu einer Entspannung der familiären Situation. H. fand Freunde in seiner Schule, die er wieder regelmäßig besuchte. Es gelang ihm, sein Gewicht ein wenig zu reduzieren. Die Computerspielzeiten reduzierten sich, da er mehr Zeit mit seinen neuen Freunden verbrachte. Allerdings zeigte sich weiterhin eine Tendenz, bei Problemen und Belastungen massiv zu spielen und die aktive Konfrontation mit den Problemen zu vermeiden.

9.4   Prävention

An unserem Fallbeispiel wurde deutlich, dass die Prävention der Computerspielsucht im klinischen Alltag nur noch im Sinne der »Schadensbegrenzung« möglich ist, da sich das Problemverhalten bereits manifestiert hat. Für eine darüber hinausgehende gesellschaftsweite primäre Prävention, die das Auftreten des Problemverhaltens in Kenntnis der auslösenden Bedingungen im Vorfeld verhindern soll, lassen sich mehrere Aufgabenbereiche feststellen.

9.4.1   Familie

Der Computer als Freizeitmedium nimmt einen immer größeren Stellenwert bei Kindern und Jugendlichen ein. Damit steigt auch die Gefahr des Missbrauchs dieses Mediums. Die vielfach geforderte Medienerziehung in der Familie scheint nur schwer durchsetzbar. Eltern versuchen einen Spagat zwischen dem Schutz ihrer Kinder im Internet und der verantwortlichen Nutzung des Computers einerseits und einem zeitgemäßen Umgang mit diesem Medium andererseits. Dem Wunsch nach einer (nach Elternmeinung) sinnvollen Freizeitgestaltung der Kinder (an der frischen Luft sein, sich im Museum bilden, Sport treiben oder auch Bücher lesen) steht häufig eine Unsicherheit gegenüber: Ist es nicht heutzutage normal, ständig am Computer zu spielen oder zu chatten? Hat mein Kind eventuell Nachteile, wenn ich ihm den Computer verbiete? Hat es überhaupt Sinn, meinem Kind irgendetwas zu verbieten? Dann geht es doch nur zu seinen Freunden, und dann machen sie das Verbotene dort ... Dazu kommt ein weiterer Faktor: Konsequente Erziehung hat viel mit eigener Glaubwürdigkeit zu tun. Ich kann meinem Kind nicht verbieten, ständig vor dem Computer zu sitzen, wenn bei mir selbst dauernd der Fernseher läuft. Nicht selten sind Eltern auch froh, wenn ihre Kinder mal keine Aufmerksamkeit fordern und nicht stören, sondern sich ruhig mit sich selbst beschäftigen – so wird der Fernseher oder der Computer häufig zum Babysitter. Medienerziehung aber ist zeitaufwendig und betrifft die gesamte Familie.

Grundlagen der Medienerziehung. Der empfehlenswerte, 2003 von Six, Gimmler und Vogel publizierte »Lightfaden für Medienerziehung in der Familie« führt zutreffend aus, dass die familiäre Förderung basaler Kompetenzen wie Konzentrationsfähigkeit, Sprach- und Kommunikationsfähigkeit, Urteils- und Bewertungsfähigkeit sowie Selbstsicherheit einen wesentlichen Beitrag zur Medienerziehung leistet. Dadurch betonen die Autoren, dass Medienerziehung eben keineswegs nur im Rahmen aufwendiger Fördermaßnahmen durch Experten stattfinden kann, sondern sich mit der »normalen« kindlichen Förderung und Erziehung leisten lässt.

Bei der Medienerziehung in der Familie gilt es vor allem, die individuellen Lebensumstände und Voraussetzungen des Kindes zu berücksichtigen: Jedes Kind nimmt andere Dinge wahr und verarbeitet diese anders, behält andere Details der gleichen Sendung in Erinnerung und zeigt später andere Effekte als andere Kinder der gleichen Altersgruppe. Es ist daher von allergrößter Wichtigkeit, sich über die individuellen und sich wandelnden Vorlieben der eigenen Kinder in Bezug auf einzelne Medienangebote zu informieren. Was hat dem Kind besonders gut gefallen? Was behält es in Erinnerung? Eltern dürfen und sollten selbstverständlich auch die eigene Meinung vertreten und den Kindern damit ein Modell für den Erwerb von Bewertungskompetenz sein. Um sich darüber zu informieren, welche Medienangebote gegenwärtig bei Kindern »in« sind, sollte man gemeinsam mit den Kindern eine Bestandsaufnahme ihres Medienrepertoires vornehmen und sich zeigen lassen, was sie an interessanten Computerspielen, Videos, Audio-CDs, Büchern usw. besitzen. Wahrscheinlich erfahren Eltern im Gespräch sogar, was ihre Kinder anspricht und fasziniert und aus welchen Motiven und Bedürfnissen ihre Kinder bestimmte Medien nutzen. Gleiches gilt für Medieninhalte, zu denen keine »Inventur« möglich ist, wie beispielsweise Fernsehsendungen: Auch hier kann man etwa fragen, was das Kind heute Interessantes gesehen hat oder ob es zurzeit einen bestimmten Lieblingsfilm oder eine Lieblingsfernsehserie hat. Solange man seinem Kind das Gefühl vermittelt, dass man sich tatsächlich dafür interessiert, und es nicht den Eindruck hat, dass es ausgefragt wird, können Gespräche ein guter Ausgangspunkt sein (Grüsser & R. Thalemann, 2006).

Genauso wie das elterliche Medienverhalten haben auch die Problembewältigungsstrategien der Eltern für Kinder eine Modellwirkung. Wenn die Eltern bei Stress vermeidende Konfliktlösestrategien nutzen, sieht eventuell auch das Kind keine Möglichkeit, seine Probleme aktiv anzugehen. Selbiges gilt für den Umgang mit Gefühlen. Eltern, die über eigene Gefühlszustände nicht in adäquatem Ausmaß reden, müssen sich nicht wundern, wenn ihnen ihr Kind »nichts mehr erzählt«.

Verhaltensbeobachtung. Die Verhaltensbeobachtung im familiären Rahmen zur Identifikation eines exzessiven Mediennutzungsverhaltens sollte sich auf verschiedene Aspekte beziehen. Besonders zwei Bereiche sind erfahrungsgemäß kritisch bei krankhaft exzessiv computerspielenden Heranwachsenden: Freizeitaktivitäten/Hobbys und gesundheitliche Folgen.

- Wenn das Kind neben dem Computerspielen noch andere Hobbys hat, für die es vielleicht sogar genauso viel Zeit aufwendet, müssen sich Eltern vermutlich keine Sorgen machen. Auch wenn ihnen das Computerspielverhalten abnorm vorkommt (weil sie selbst es nicht so lange vor dem Bildschirm aushalten würden), verfolgt das Kind noch andere Interessen. Das spricht zunächst gegen die Diagnose eines krankhaften Computerspielverhaltens!
- Hat sich die Sorgfalt bei der Erledigung von Aufgaben im Haushalt durch das Computerspielverhalten verschlechtert? Wenn das Kind noch nie im Haushalt tätig war, hat ein solcher Befund nichts mit krankhaftem Computerspielen zu tun. Anders liegt der Fall, wenn das Kind seine Aufgaben nun einfach vergisst, weil es den ganzen Tag vor dem Computer sitzt. Auch hier gilt: Bedenklich ist erst eine deutliche Veränderung der Verhaltensweisen infolge übermäßigen Computerspielens!
- Vernachlässigt das Kind Schlaf- und Ernährungsbedürfnisse, um länger spielen zu können? Spielt es bis in die Nacht und hat am nächsten Morgen Probleme, wach zu werden? Schlingt es das Essen herunter oder erscheint erst gar nicht zu Mahlzeiten? Geht es überhaupt nicht mehr nach draußen, sondern nutzt jede freie Minute zum Computerspielen?

Die exzessive Computerspielnutzung ist meist als Bewältigungsstrategie in schwierigen Lebenssituationen zu interpretieren und verweist auf Probleme beim Kind oder in der Familie, denen man sich widmen sollte. Mögliche Ansatzpunkte betreffen etwa:
- die erhaltene Zuwendung durch Erwachsene und Gleichaltrige (Bekommt das Kind genügend Aufmerksamkeit? Ist es verunsichert? Hat das Kind genügend Freunde?),
- schulische Belastungssituationen (Fühlt sich das Kind von den Leistungsanforderungen in der Schule überfordert, oder wird es von anderen Kindern gehänselt?),

- Umbrüche in der Familie (Trennung der Eltern, Verlust eines Familienmitglieds, neue Geschwister, neuer Lebenspartner oder Umzug in eine andere Wohngegend?).

Maßnahmen. Haben die Eltern das Gefühl, dass ihr Kind zu viel spielt, können sie das gemeinsam mit dem Kind besprechen und sich auf Maßnahmen einigen. Günstig sind hier Tabellen oder Listen, welche die für verschiedene Dinge aufgewendeten Zeiten erfassen. Je jünger das Kind, desto anschaulicher sollte man diese Erfassungsinstrumente gestalten. So bietet sich beispielsweise ein »Zeitkuchen« an (▶ Kasten), um dem Kind klar zu machen, wie viel Zeit pro Tag oder Woche es mit etwas verbringt.

> **Infobox**
>
> Ein »**Zeitkuchen**« ist ein Kreis, bei dem die für die unterschiedlichen Tätigkeiten aufgewendete Zeit durch »Kuchenstücke« symbolisiert wird. Je größer ein Kuchenstück, desto mehr Zeit wird mit der Tätigkeit verbracht.

Sollte sich dabei tatsächlich herausstellen, dass das Kind zu viel Zeit vor dem Rechner verbringt, reicht die reine Forderung der Eltern nach einer Einschränkung der Computerspielzeiten nicht aus. Stattdessen sollten die Eltern sich bemühen, gemeinsam mit dem Kind eventuelle Ursachen für das gehäufte Spielen herauszufinden. Außerdem sollte gemeinsam nach alternativen Freizeitaktivitäten gesucht werden, um sicherzustellen, dass das Kind auch wirklich Alternativen zum Computerspielen findet und ausführen kann. Wesentlich ist hierbei eine angemessene Kommunikation. Die Eltern sollten ihr Kind ernst nehmen und »auf Augenhöhe« mit ihm sprechen. Verbote von oben können nichts bewirken. Einwände des Kindes sollten ernst genommen werden. Nur dann hat das Kind das Gefühl, dass sich die Eltern wirklich für es interessieren, nur dann haben Appelle eine Aussicht auf Erfolg.

9.4.2 Medien, Berichterstattung, Information

Die optimistische Sichtweise, dass die Erziehung zur Medienkompetenz im Rahmen der allgemeinen Förderung und Erziehung innerhalb jeder Familie geleistet werden kann, verschiebt sich aus der klinischen Perspektive erheblich, da die Herkunftsfamilien unserer Klienten zum großen Teil eben keine »mittelständischen« Erziehungsideale verfolgen (können). Diese finanziell und sozial benachteiligten Familien zu erreichen ist in unseren Augen von allergrößter Wichtigkeit. Überaus häufig stoßen die Eltern unserer Patienten an die Grenzen ihres Verständnisses, wenn wir zu vermitteln versuchen, dass ein Grundschulkind nicht Fernseher, Playstation, PC und Gameboy zur uneingeschränkten Verfügung im eigenen Zimmer stehen haben muss: In ihren Augen zeichnet die Ausstattung ihres Kindes mit allen Gerätschaften unserer medialen Lebenswelt sie doch gerade als gute und fürsorgliche Eltern aus, die ihr knappes Geld in Zukunftstechnologien investieren und durch die Gleichverteilung der Zugangsvoraussetzungen zugleich die Streitigkeiten zwischen den Geschwistern über Nutzungszeiten minimieren.

Im alltäglichen Bemühen, diese Familien zu erreichen, kommt der Informations- und Öffentlichkeitsarbeit ein hoher Stellenwert zu. Wie Egmond-Fröhlich und Kollegen 2007 aufgezeigt haben, belegen zahlreiche Studien, dass ein hohes Ausmaß an kindlichem Medienkonsum mit einem niedrigeren Bildungsstand der Eltern einhergeht. Diese Eltern werden nicht durch universitäre Informationsveranstaltungen und Fachpublikationen erreicht. Hier ist vielmehr eine niedrigschwellige Informationsarbeit gefragt. Diese könnte prinzipiell – mit unterschiedlicher Intensität – über Kinderärzte, Schulen und Kindergärten sowie die Jugendämter und Familienberatungsstellen anderer Träger geleistet werden. Gleichwohl zeichnen sich hier ein großes Interesse wie auch der Bedarf nach der Bereitstellung allgemeingültiger Richtlinien und einer Schulung der betreffenden professionellen Mitarbeiter ab. Daher ist zu überprüfen, in welchem Umfang etwa eine Mediatorenschulung mit dem Ziel der Qualitätssicherung bei der Beratung und Aufsuchung bildungsferner, benachteiligter Familien durch Hochschulen und Institutionen wie die Landesmedienanstalten zu leisten ist.

9.4.3 Medienpädagogik in Kindergarten und Schule

Evaluationen zum Stand der Ausbildung von Kindergartenerzieherinnen und zur Möglichkeit der Umsetzung medienpädagogischer Inhalte in revidierten Rahmenplänen legen – zumindest für einzelne Bundesländer – einen erheblichen Nachbesserungsbedarf nahe: Six und Gimmler schreiben 2007: »[N]ach wie vor mangelt es in der Ausbildung an der Erklärung einer nachvollziehbaren Logik zwischen medienpädagogisch relevanten Hintergrundinformationen, der Notwendigkeit von Medienerziehung, den Zielen der Me-

dienerziehung und schließlich den konkreten Strategien und Umsetzungsmöglichkeiten.«

Hier kommt die Forschungsförderung der Landesmedienanstalten der Länder sowie des Bundesministeriums für Gesundheit zum Tragen: Aktuell wird dem Bereich der Computerspielsuchtprävention überregional ein großer Stellenwert eingeräumt. Es bleibt zu hoffen, dass die multidisziplinär psychologisch-pädagogisch angelegten Studien anwendungsrelevante Ergebnisse und Impulse für politische Entscheidungen liefern. Einzelne Schulen haben bereits unabhängig von diesen Entwicklungen ermutigende Schritte unternommen.

9.4.4 Fazit

Die Berichte über Computerspielsüchtige erwecken den Eindruck, es seien die einsamen, sozial inkompetenten, ängstlichen, depressiven, ausgegrenzten Kinder und Jugendlichen, die sich das Spielen als »Selbstmedikation« wählen. Präventiv würde es sich damit anbieten, die sozialen Kompetenzen von Kindern frühzeitig zu schulen und einen gesunden Umgang mit Emotionen und Belastungen zu vermitteln.

Der Wunsch nach einer Schule ohne Mobbingopfer ist jedoch ebenso schwer erfüllbar wie der Wunsch nach einem Patentrezept zur Mediennutzung. Im Umgang mit Individuen wird deutlich, dass Medienerziehung sowie die Vermittlung sozialer und emotionaler Kompetenzen nur institutionsübergreifend geschehen kann. Nicht allein die Familie oder allein die Schule hat den »Erziehungsauftrag«. Erziehung sollte sowohl familiär als auch schulisch geschehen.

Bei einer Untersuchung von Kindern und Jugendlichen, die wegen ihres Computerspielverhaltens in einer Kurklinik waren, wurde zudem deutlich: Viele Kinder und Jugendliche spielten zu Hause deshalb so viel Computer, weil sie in ländlichen Gegenden wohnten und keine alternativen Freizeitangebote sahen. In manchen Fällen war das nächste Dorf mit Altersgenossen weit weg und für die Kinder nicht erreichbar, und im eigenen Dorf gab es keine Gleichaltrigen. So spielten diese Kinder teilweise bis zu zehn Stunden täglich. In der Kurklinik jedoch waren sie sofort in der Lage, bestehende Freizeitangebote zu nutzen, und vermissten den Computer nicht.

Eine Prävention muss an den Ursachen ansetzen. Diese sind bei der Computerspielsucht so vielfältig, dass die Forderungen von mehr (finanziell tragbaren) Freizeitangeboten für Kinder und Jugendliche bis zu einer Verbesserung des Schulklimas reichen könnten. Sinnvoll ist auf jeden Fall, alle an der Erziehung des

Kindes beteiligten Personen und Institutionen hinsichtlich der Computerspielsucht zu schulen. Kinder- und Jugendärzte empfehlen zusätzlich zu den üblichen kostenlosen Vorsorgeuntersuchungen für Kinder nun die U 11 (neuntes bis zehntes Lebensjahr), die Schwerpunkte auf Sozialisations- und Verhaltensstörungen und gesundheitsschädigendes Medienverhalten legt. Diese Untersuchung soll unter anderem der Bewegungs- und Sportförderung dienen, einen problematischen Umgang mit Suchtmitteln erkennen und verhindern helfen, aber auch gesundheitsbewusstes Verhalten unterstützen (u. a. durch Ernährungs-, Bewegungs-, Stress-, Sucht- und Medienberatung). Diese Vorsorgeuntersuchung wird nicht von den gesetzlichen Krankenkassen bezahlt. Die Rechnung kann jedoch bei der jeweiligen Krankenkasse eingereicht werden, die die Kosten dann im Rahmen von Bonusprogrammen und Leistungen der primären Prävention freiwillig erstatten kann. Sinnvoll erscheint hier nicht nur die Klärung der Kostenübernahme für diese Untersuchung, sondern auch die Einbeziehung von Themen wie Fernseh- und Computernutzung in früher stattfindende, verpflichtende Vorsorgeuntersuchungen sowie – falls nötig – eine Aufklärung der Eltern.

Weiterführende Literatur

Cassell, J. & Jenkins, H. (Eds.). (1998). From Barbie to Mortal Kombat: gender and computer games. Cambridge: MIT Press.

Grüsser, S. M. & Thalemann, C. N. (2006). Verhaltenssucht. Bern: Huber.

Grüsser, S. M. & Thalemann, R. (2006). Computerspielsüchtig? Rat und Hilfe. Bern: Huber.

Grüsser, S. M., Thalemann, R., Albrecht, U. & Thalemann, C. N. (2005). Exzessive Computernutzung im Kindesalter – Ergebnisse einer psychometrischen Erhebung. Wiener Klinische Wochenschrift, 117, 188–195.

Healy, J. M. (1998). Failure to connect: how computers affect our children's minds – and what we can do about it. New York: Touchstone.

Six, U., Gimmler, R. & Vogel, I. (2003). Medienerziehung in der Familie: ein Lightfaden. Anregungen und Hilfestellungen für Eltern. Kiel: Unabhängige Landesanstalt für das Rundfunkwesen (ULR).

Braune Bytes.
Über rechtsextreme
Hasspropaganda im Internet

Stefan Glaser

Das Internet hat die Verbreitung rassistischer Hasstira-
den sowie die Vertriebsmöglichkeiten für neonazistische Schriften, CDs und Devotionalien revolutioniert:
Rechtsextremes Material, das früher nur mit Insider-
wissen und unter der Theke in einschlägigen Läden zu
bekommen war, kann heute bequem online bestellt
oder direkt heruntergeladen werden. Rechtsextreme
Bands, Parteien wie die NPD und Neonazi-Kameradschaften nutzen das Netz geschickt für ihre Zwecke.
Die Szene ist vernetzt, die einzelnen Angebote sind für
Interessierte schnell auffindbar.

Kinder und Jugendliche sind dabei eine wesentliche Zielgruppe der Propaganda. Rechtsextreme präsentieren sich und ihre menschenverachtenden Ideen
heute auf zahlreichen jugendaffinen Web-2.0-Angebo-
ten. Neonazis gehen dorthin, wo sich Jugendliche im
Internet bewegen, knüpfen Kontakte in Social Networks, transportieren ihre Botschaften über Filme auf
Videoplattformen oder versuchen User von Chatforen
zu beeinflussen.

Im Folgenden sollen die neuesten Erkenntnisse
über das Phänomen beschrieben sowie anhand der Arbeit von jugendschutz.net mögliche Gegenstrategien
im rechtlichen wie im pädagogischen Bereich erläutert
werden. Der Beitrag schließt mit praktischen Beispielen und konkreten Empfehlungen für die Arbeit mit
Jugendlichen.

10.1   Multimedialer Hass:
ein Jugendschutzproblem

Offener Neonazismus mit Hakenkreuzen und volksverhetzenden Aussagen ist auf deutschsprachigen Websites heute nur noch selten zu finden. Dies mindert jedoch keinesfalls die Gefahr, die von solchen Angeboten
ausgeht. Der heutige Rechtsextremismus agitiert in vielen Fällen subtiler und wird von Jugendlichen nicht
selten als attraktiver Gegenentwurf zu ihrer derzeitigen
Lebenssituation wahrgenommen. Denn die rechtsextreme Erlebniswelt hat – oberflächlich betrachtet –
einiges zu bieten: Identifikationsmöglichkeiten (z. B.
über Rollenbilder), Gemeinschaftserlebnisse (z. B. über
Events), einfache Lösungsmuster (z. B. über Gewalt)
oder Hilfen (z. B. über Lebensberatung) für subjektive
Krisen und Probleme. Rechtsextreme Demos oder ähnliche Aktionen bieten darüber hinaus einen Kristallisa-
tionspunkt für jugendliches Protestpotenzial.

Hinzu kommt: Die Lebenswelt der heutigen Generation ist medial geprägt. Radio oder Fernsehen sind
daraus schon seit Langem nicht mehr wegzudenken,
und auch die Nutzung von Computern – im schulischen wie im privaten Bereich – ist zur Selbstver-

ständlichkeit geworden. Das Internet ist ein Massen-
medium und wird von immer mehr Kindern und Jugendlichen genutzt. In seiner Untersuchung »Jugend,
Information, (Multi-)Media« (JIM) stellt der Medienpädagogische Forschungsverbund Südwest (kurz: mpfs,
2009) fest, dass 98 % der 12- bis 19-Jährigen bereits Erfahrungen mit dem Internet gemacht haben und dass
hiervon 90 % mindestens mehrmals pro Woche im
Netz surfen, chatten oder mailen. Je häufiger Kinder
und Jugendliche das Web nutzen, desto größer ist auch
die Wahrscheinlichkeit, dass sie gewollt oder ungewollt
mit rassistischen und menschenverachtenden Inhalten
konfrontiert werden. Bereits 2005 gab laut JIM-Studie
(mpfs, 2005) ein Drittel der User dieser Altersgruppe
an, schon einmal Angebote mit pornografischen,
rechtsextremen oder stark gewalthaltigen Inhalten aufgerufen zu haben.

10.2   Mehr Rücksicht auf Kinder
und Jugendliche: die Arbeit
von jugendschutz.net

Jugendschutz.net wurde 1997 von den Jugendministerien der Bundesländer als gemeinsame Einrichtung
gegründet und überprüft seither das Internet auf Verstöße gegen den Jugendschutz. Seit Inkrafttreten des
Jugendmedienschutz-Staatsvertrages (JMStV) im Jahr
2003, der die maßgeblichen Bestimmungen für den
Jugendschutz im Internet enthält und eine angemessene Aufsicht regelt, unterstützt jugendschutz.net neben den Obersten Landesjugendbehörden auch die
Kommission für Jugendmedienschutz (KJM) als zentrale Medienaufsicht bei ihren Aufgaben.

Ziel von jugendschutz.net ist ein vergleichbarer
Jugendschutz wie in traditionellen Medien. Grundsätzlich soll bei der Gestaltung von Angeboten im Netz
mehr Rücksicht auf Kinder und Jugendliche genommen werden. Werden Verstöße festgestellt, drängt die
Einrichtung darauf, dass Anbieter Inhalte entsprechend abändern oder sperren. Neben den großen
Problembereichen der pornografischen und gewalthaltigen Inhalte spielen heute – vornehmlich bei der Nutzung von Kommunikationsdiensten (z. B. Chats, Foren, Soziale Netzwerke) – sogenannte Kontaktrisiken
eine große Rolle. Diese reichen von Beleidigungen und
Mobbing über sexuelle Belästigungen bis hin zur An-
bahnung realer Missbrauchshandlungen durch Pädo-
kriminelle.

Mit Rechtsextremismus im Internet beschäftigt
sich jugendschutz.net bereits seit dem Jahr 1999. Derzeit finanziert von der Bundeszentrale für politische
Bildung, analysiert und dokumentiert das Team aktu-

elle Entwicklungen und etabliert geeignete Gegenmaßnahmen. Im Rahmen einer Doppelstrategie geht es darum, Rechtsextremen das Internet als Propagandaplattform weitestgehend zu entziehen und gleichzeitig durch medienpädagogische Workshops und Publikationen Jugendliche für die Auseinandersetzung mit rechtsextremen Inhalten im Internet zu stärken.

10.3 Rechtsextremismus im Netz: gegenwärtige Trends

Seit den 1990er-Jahren sind Rechtsextreme auch im Netz präsent. Während Neonazis in den USA bereits 1995 das World Wide Web als Plattform nutzten, entdeckten deutsche Rechtsextreme erst ein Jahr später quasi als Nachzügler die Vorzüge des Internets für sich, wie Thomas Pfeiffer 2007 in seinem Aufsatz »Uraltes Denken in High-Tech-Medien« schreibt. Die Webangebote dieser Anfangszeit bestanden weitgehend aus »Textwüsten«, waren vom Design her wenig ansprechend und damit kaum jugendgemäß.

Mittlerweile sind deutsche Rechtsextreme den digitalen Kinderschuhen entwachsen. Sie nutzen sämtliche Dienste und alle technischen und gestalterischen Möglichkeiten des Internets, um ihre Angebote für eine junge Zielgruppe attraktiv zu machen. Derzeit lassen sich für den Missbrauch des Netzes durch Rechtsextreme die im Folgenden beschriebenen Trends konstatieren.

10.3.1 Zunahme der menschenverachtenden Propaganda

Das deutschsprachige rechtsextreme Angebot im Internet ist gegenwärtig so groß wie nie zuvor (jugendschutz.net, 2009a). Jugendschutz.net zählte zuletzt mehr als 1.700 verschiedene Websites, hinzu kommen mehrere Tausend Beiträge in Web-2.0-Diensten. Insbesondere Neonazi-Kameradschaften, die NPD und rechtsextreme Versandhändler nutzen das Internet immer stärker, um Propagandamaterialien zu vertreiben und Jugendliche über das Netz zu ködern.

Eine breite Palette von szeneinternen Diensten ergänzt das rechtsextreme Angebot: Neonazis stellen Gesinnungsgenossen Speicherplatz zur Verfügung oder bieten professionelles Webdesign »von der Szene für die Szene« an. Zudem existieren eigene Auktionshäuser sowie Serviceangebote, die auf modernen rechtsextremen Aktionismus und Lifestyle abzielen (z. B. Graffiti, Merchandising, Tattoos, Piercing). Auch für das Handy optimierte Angebote werden ins Netz gestellt. Über diese können sich User Newsletter oder Propagandavideos im Handyformat auf das eigene Mobiltelefon herunterladen.

Charakteristisch für viele rechtsextreme Websites ist heute eine zeitgemäße Gestaltung. Zudem werden Parolen und Symbole, aber auch Aktionsformen aus anderen Jugendszenen adaptiert und für neonazistische Propaganda instrumentalisiert. Viele rechtsextreme Angebote wirken heute auf den ersten Blick harmlos, sogar eher modern und für Jugendliche ansprechend; menschenverachtende Botschaften werden quasi nebenbei vermittelt.

10.3.2 Revisionistische Inhalte über Suchmaschinen

In vielen Fällen eröffnen Suchmaschinen den Zugang zu den Angeboten im Netz. Insbesondere wenn Namen von rechtsextremen Szenegrößen, Bands oder Kameradschaften sowie Insidervokabeln bekannt sind, ist die Wahrscheinlichkeit hoch, mit diesen Suchbegriffen einschlägige Websites zu finden. Aber auch wer nichts Rechtsextremes sucht, wird unter Umständen damit konfrontiert. Zwar entfernen deutsche Suchdienste auf Basis einer Selbstverpflichtung inzwischen bekannte jugendgefährdende rechtsextreme Angebote aus ihren Suchindizes (FSM, 2004). Dennoch führen immer noch auch unverdächtige Begriffe, mit denen z. B. Schülerinnen und Schüler Informationen für ihre Referate suchen, zu revisionistischen Webinhalten, die den Holocaust und/oder die Schuld Deutschlands am Zweiten Weltkrieg leugnen.

Nach Erfahrungen von jugendschutz.net sowie Berichten von Lehrerinnen und Lehrern im Rahmen von medienpädagogischen Workshops werden diese Materialien aus dem Internet in vielen Fällen unkritisch aufgenommen. Es zeigte sich darüber hinaus, dass die pseudowissenschaftlichen Thesen von Revisionisten vielen Jugendlichen auf den ersten Blick einleuchtend erscheinen, zumal sich die Aufmachung entsprechender Webinhalte kaum von seriösen Internetangeboten unterscheidet. Oft erkennt nur das geschulte Auge die eigentliche, geschichtsfälscherische Absicht.

Auch hier liefert die JIM-Studie ähnliche Erkenntnisse: Im Jahr 2005 nach der Glaubwürdigkeit von Medieninhalten gefragt, gaben 18 % der 14- bis 17-Jährigen an, Quellen aus dem Internet für vertrauenswürdig zu halten. Nur 10 % der Jugendlichen aus dieser Altersgruppe trauten dagegen dem Radio als Informationsquelle (mpfs, 2005). 2007 hat sich die Zahl derer, die das Internet für extrem glaubwürdig halten und davon ausgehen, dass Inhalte auf ihre Richtigkeit überprüft wurden, laut JIM-Studie auf 25 % erhöht (mpfs, 2007). 2009 wurde diese Frage leider nicht mehr gestellt.

10.3.3 Kameradschaften ködern mit Erlebnisangeboten

Kameradschaften und sogenannte Autonome Nationalisten zählen zu den aktivsten rechtsextremen Gruppierungen im Netz. Wie der letzte Bericht von jugendschutz.net (2009a) zeigt, präsentieren sie sich und ihr neonazistisches Gedankengut auf mehr als 320 Websites und mobilisieren für lokale Veranstaltungen. Viele Gruppen machen erlebniskulturelle Angebote und laden außer zu Konzerten und Gedenkaufmärschen auch zu Fahrten zum Baggersee sowie zu Besichtigungen und Straßentheater ein. Bei allen Events geht es jedoch nie nur um Spaß und Action, sondern immer auch um die Vermittlung von rechtsextremen Botschaften.

Websites von Kameradschaften und Autonomen Nationalisten sind in vielen Fällen jugendgemäß gestaltet, haben einen lokalen Bezug und knüpfen an die Erfahrungen von Jugendlichen und deren Lebenswelten an. Ängste vor einer unsicheren Zukunft oder vor einem »sozialen Abstieg« werden gezielt mit rassistischen und demokratiefeindlichen Parolen verstärkt, parallel werden rechtsextreme Lösungsmuster und die Szene als zugehörige »Solidargemeinschaft« propagiert.

Nicht selten ebenfalls aus diesem Spektrum initiiert und von Neonazis betrieben sind Webangebote sogenannter Bürgerinitiativen, bei denen unter dem Deckmantel des basisdemokratisch legitimierten Protests lokalpolitische Themen für rechtsextreme Propaganda instrumentalisiert werden. Mit dieser Tarnung von rechtsextremer Agitation mit unverfänglichen, nicht per se rechtsextrem besetzten Themen, die aber gleichzeitig eine breite Masse emotional bewegen (z. B. Arbeitslosigkeit, Hartz IV, Terroranschläge, Islamismus), wird eine Schneise zu verschiedenen Protestwellen – von der gesellschaftlichen Mitte bis zum linken Rand – geschlagen.

10.3.4 NPD missbraucht Netz zur Ansprache von Jugendlichen

Auch die NPD ist im Internet breit vertreten (jugendschutz.net, 2009b). Mehr als 200 Websites von Verbänden bzw. von Gruppierungen und Einzelpersonen aus dem Umfeld der NPD aus dem gesamten Bundesgebiet wurden 2009 dokumentiert. Inhaltlich stellte jugendschutz.net auf NPD-Seiten in der Vergangenheit immer wieder fremdenfeindliche, antisemitische und geschichtsfälschende Botschaften fest, mit denen der Hass gegen Minderheiten geschürt oder ein falsches Geschichtsbild vermittelt wurde.

Inzwischen nutzen Betreiber auch multimediale Elemente wie Filme und Musik, um eine jüngere Zielgruppe anzusprechen. Die Verbreitung von sogenannten Schulhof-CDs mit Musik von rechtsextremen Szenebands gehört bereits zum festen Propagandarepertoire der NPD; das letzte Machwerk wurde im Sommer 2009 zum Download bereitgestellt. Auch Videos sind als Träger rechtsextremer Botschaften nicht mehr wegzudenken. Und nicht zuletzt soll der fremdenfeindliche Comic »Enten gegen Hühner«, der in großer Auflage publiziert und von den Jungen Nationaldemokraten (JN) zum Herunterladen angeboten wurde, Jugendliche gezielt ansprechen.

Auf Websites werden außerdem Angebote unterbreitet, die sonst eher aus der kommunalen oder verbandlichen Jugendarbeit bekannt sind: Lebens- und Berufsberatung, Nachhilfe für Jugendliche oder Freizeitaktivitäten. Auch rechtsextreme Schriften, die beschönigend als »Schülerzeitungen« deklariert werden, sind im Umlauf. Nicht nur Jugendlichen, die rechtsorientiert sind, bietet sich mit dieser Kombination aus direkter Hilfe und medialer Präsentation über das Internet eine niedrigschwellige Einstiegsmöglichkeit in die Szene.

10.3.5 Rechtsextreme fassen Fuß im Web 2.0

Dienste und Angebote des sogenannten Web 2.0, bei denen die User vermehrt selbst zu Inhaltslieferanten werden, sind insbesondere bei Kindern und Jugendlichen sehr beliebt. Sie erlauben die Präsentation von persönlichen Informationen in selbst gestalteten Profilen und die Vernetzung mit anderen Mitgliedern einer Community (z. B. in Social Networks), die tagesaktuelle Publikation von Kurztexten (z. B. in Blogs) und die Präsentation von Filmen (z. B. auf Videoplattformen).

Der Missbrauch dieser Dienste durch Rechtsextreme ist vielfältig. Jugendschutz.net dokumentierte in der Vergangenheit strafbare Musikvideos rechtsextremer Bands, Mobilisierungsfilme von Kameradschaften mit Nazisymbolen oder verbotene, volksverhetzende Materialien aus der Zeit des Nationalsozialismus auf Videoplattformen. Auch in Schülercommunitys fanden sich Profile mit rassistischen Statements, Werbung für Szenebands und Neonazi-Gruppen sowie unverhohlene Hasspropaganda.

Betrachtet man die Interaktivität und die steigende Nutzerzahl – große Portale haben Millionen User –, liegt der Vorteil der Nutzung von Web-2.0-Plattformen aus Sicht von Rechtsextremen auf der Hand: Die Möglichkeiten, neonazistische Inhalte einem Massenpublikum zu präsentieren, sich zu vernetzen, Kontakt zu anderen zu knüpfen und mittels integrierter Elemente wie Chats, Foren oder Gästebüchern jüngere User anzusprechen, sind schier unbegrenzt und nur schwer zu kontrollieren. Ein Video, Kommentar oder Profil mit menschenverachtenden Aussagen in einem Social Network oder auf einer Videoplattform erreicht potenziell eine wesentlich größere Verbreitung als eine einzelne rechtsextreme Website, die nur Insidern bekannt ist.

2007 entstanden auch eigenständige neonazistische Videoplattformen. So konnten z. B. bei der US-amerikanischen Neonazi-Version 88Tube angemeldete User Videos aus dem rechtsextremen Kontext hochladen und anderen zur Verfügung stellen. Dort fanden sich dann auch schnell Filme mit volksverhetzenden Inhalten sowie ein Hinrichtungsvideo, das die Exekution zweier Männer durch russische Neonazis zeigte (jugendschutz.net, 2008).

10.4 Gegenstrategie: Rechtsextremen die Propagandaplattformen im Netz entziehen

In Anbetracht dieser Entwicklungen ist es wichtig, die Strategien Rechtsextremer im Netz kontinuierlich zu beobachten und effektive Gegenmaßnahmen zu etablieren. Letzteres geht nur, wenn alle relevanten Akteure ihren Teil der Verantwortung übernehmen. Provider dürfen den Missbrauch ihrer Dienste zur Verbreitung von Hassbotschaften nicht dulden, Polizei und Justiz müssen rechtsextreme Straftaten im Internet konsequent ahnden, und die Internetcommunity – jede einzelne Nutzerin und jeder einzelne Nutzer – ist gefordert, neonazistische Äußerungen nicht zu ignorieren, sondern Rechtsextremen die Rote Karte zu zeigen.

Ein zentrales Ziel der Arbeit von jugendschutz.net ist es, Rechtsextremen ihre Propagandaplattformen im Netz zu entziehen. Werden auf einem Webangebot unzulässige Inhalte festgestellt und kann ein deutscher Verantwortlicher (Content-Anbieter) ausfindig gemacht werden, wird der Fall an die Kommission für Jugendmedienschutz (KJM) geleitet. Die KJM ergreift als die zentrale Medienaufsicht weitere Maßnahmen wie die Einschaltung der Strafverfolgungsbehörden oder die Einleitung eines Ordnungswidrigkeitenverfahrens (KJM, 2010). In den meisten Fällen kann jugendschutz.net jedoch keinen deutschen Inhalteanbieter feststellen und greift daher auf alternative Vorgehensweisen zurück. Primäres Ziel ist dabei die schnelle Entfernung von unzulässigen Inhalten aus dem Internet.

10.4.1 Kontakt zum Provider als erfolgreichste Strategie

In Deutschland sind Provider dazu verpflichtet, unzulässige Inhalte ab Kenntnis von ihren Servern zu entfernen, da sie sich ansonsten selbst strafbar machen (Telemediengesetz, Stand: 25.12.08). Daher ist die wichtigste Strategie die direkte Kontaktaufnahme mit dem Hostprovider eines rechtsextremen Angebots. Deutsche Anbieter reagieren in nahezu 100 % der Fälle umgehend mit einer Schließung oder einer Entfernung der beanstandeten Materialien.

Auch im Ausland greift dieses Vorgehen. Zwar ist die Verbreitung von nationalsozialistischen Symbolen oder volksverhetzenden Aussagen in vielen Staaten nicht strafbar, doch haben die meisten Anbieter in ihren Allgemeinen Geschäftsbedingungen (AGB) klar geregelt, was bei der Nutzung ihres Dienstes erlaubt ist und was nicht. Gängig ist darin ein Passus, der die Verbreitung von »Hate Speech« oder rassistischen, zur Gewalt anstachelnden Inhalten untersagt. Dies nimmt jugendschutz.net regelmäßig zum Anlass, die ausländischen Dienste auf einen Verstoß gegen ihre AGB hinzuweisen und um eine Löschung zu bitten. Das Gros reagiert positiv und entfernt die Inhalte von den Servern.

10.4.2 Begrenzung der Reichweite unzulässiger Angebote

Angebote, die nicht strafbar, aber dennoch aufgrund ihrer geschichtsfälscherischen, rassistischen oder demokratiefeindlichen Ausrichtung jugendgefährdend sind, kann mithilfe einer Indizierung begegnet werden. Sind Webseiten von der Bundesprüfstelle für jugendgefährdende Medien (BPjM) indiziert, dürfen sie Kindern und Jugendlichen nach dem Jugendmedienschutz-Staatsvertrag (JMStV) nicht weiter zugänglich gemacht werden (vgl. ▶ Kap. 12).

Da sich deutsche Suchmaschinenbetreiber in einem Kodex dazu verpflichtet haben, indizierte ausländische Webangebote aus ihren Suchindizes zu löschen und nicht länger als Suchtreffer auszugeben, kann über die Indizierung eines jugendgefährdenden rechtsextremen Angebots zumindest dessen Reichweite und Auffindbarkeit deutlich eingeschränkt werden.

Indizierungsanträge können gemäß dem Jugendschutzgesetz von mehr als 800 Stellen eingereicht werden, u. a. vom Bundesfamilienministerium, den Obersten Landesjugendbehörden und sämtlichen Jugendämtern. Darüber hinaus steht seit 2003 z. B. auch Behörden wie Schulen sowie anerkannten Trägern der freien Jugendhilfe das Recht zu, eine Indizierung bei der BPjM anzuregen. Der Unterschied zwischen einem Indizierungsantrag und einer Indizierungsanregung liegt darin, dass die Bundesprüfstelle bei allen Anträgen ein Prüfverfahren einleiten muss, während sie im Falle einer Anregung einen Ermessensspielraum hat (siehe dazu auch ▶ Kap. 12).

10.4.3 Internationale Kooperation gegen Hass im Internet

Da das Internet grenzenlos ist, müssen Ansätze zur Bekämpfung rechtsextremer und menschenverachtender Propaganda der internationalen Dimension Rechnung tragen. Das Einstellen und Abrufen von Inhalten ist – zumindest theoretisch – von jedem beliebigen Ort aus möglich. Trotz der Erfolge von jugendschutz.net auch im Ausland existieren weiterhin große neonazistische Portale von Netzwerken wie Blood and Honour und anderen Gruppierungen. Daher ist, wenn die effektive Eindämmung von Hasspropaganda im Web gelingen soll, neben der Zusammenarbeit zentraler deutscher Stellen auch der Austausch mit internationalen Akteuren wichtig.

Gemeinsam mit der niederländischen Stiftung Magenta gründete jugendschutz.net 2002 das International Network Against Cyber Hate (INACH – www.inach.net) und legte damit den Grundstein für eine grenzüberschreitende Kooperation von Onlinemeldestellen. INACH vernetzt heute 18 Organisationen aus Europa und Übersee und ermöglicht eine vielfältige praktische Zusammenarbeit sowie einen kontinuierlichen Erfahrungsaustausch. In konzertierten Aktionen gelingt es auch, transnationale Neonazi-Angebote aus dem Internet zu verbannen.

Die Harmonisierung von Regelungen und eine Etablierung von Instrumentarien zur Ahndung von Verstößen auf europäischer Ebene sind erste Schritte zu einer länderübergreifenden Ächtung von Cyber Hate. Hierfür setzt sich das Netzwerk bei den Staatengemeinschaften wie der OSZE und der EU ein. Der jüngste INACH-Bericht macht zudem deutlich, dass insbesondere gemeinsame Strategien für (meist internationale und mehrsprachig präsente) Web-2.0-Plattformen entwickelt und umgesetzt werden müssen (INACH, 2009).

10.5 Medienpädagogische Präventionsarbeit: Ansätze und Erfahrungen aus der Projektarbeit

So bedeutsam es ist, den Hetzern das Handwerk zu legen und hierzu sämtliche rechtsstaatliche Mittel auszuschöpfen, so wichtig ist es, mit jungen Menschen in einen kritischen Dialog über rechtsextreme Argumentationsmuster und Erlebniswelten einzutreten, damit sie neonazistischen Rattenfängern nicht auf den Leim gehen. Jugendschutz.net setzt mit seiner Projektarbeit auch auf die Förderung einer medienpädagogischen Beschäftigung mit Rechtsextremismus im Internet. In den vergangenen Jahren entwickelte das Team hierzu didaktisch-methodische Konzepte und erprobte sie in der Praxis. Ziel war, Jugendliche bei der Herausbildung einer kritischen Medienkompetenz zu unterstützen und rechtsextremen Beeinflussungsversuchen präventiv Bildungsangebote entgegenzusetzen.

10.5.1 Implikationen: Was schwingt bei einer Beschäftigung mit Hass im Netz noch mit?

In Zeiten steigender rechtsextremer Gewalt und der weiten Verbreitung rechtsextremer Einstellungen ist der Ruf nach pädagogischer Intervention und Prävention meist von vielen Seiten zu vernehmen. Paradoxerweise werden Erziehung und Bildung nicht selten genau für die Entwicklungen verantwortlich gemacht, denen sie dann mit sozialpädagogischen Maßnahmen und Weiterbildungsangeboten entgegenwirken sollen. Schule und außerschulische Jugendbildungsarbeit sind mit diesem Anspruch oft überfordert. Es fehlt an fundiertem Know-how über den heutigen Rechtsextremismus, und die Unsicherheit, wie ein solch komplexes Thema bearbeitet und eine Auseinandersetzung verantwortungsvoll initiiert werden kann, ist extrem groß.

In der Tat erfordert die Durchführung von Workshops zum Thema fundierte inhaltliche wie methodische Kenntnisse, die viele sich erst aneignen müssen. Jugendschutz.net hat daher in der Vergangenheit Fortbildungen durchgeführt und Handreichungen realisiert, um Multiplikatorinnen und Multiplikatoren aus der Bildungsarbeit das nötige Praxiswissen zur Verfügung zu stellen. Zwei kritische Rückfragen werden dabei von Pädagoginnen und Pädagogen regelmäßig gestellt:

- »Bringe ich Jugendliche durch meinen gut gemeinten Workshop über Rechtsextremismus im Internet vielleicht erst auf dumme Gedanken?« Diese Frage kann letztlich nur in der persönlichen Abwägung und mit Blick auf die konkrete Gruppe, mit der gearbeitet werden soll, nie jedoch völlig abschließend beantwortet werden. Die medienpädagogische Arbeit von jugendschutz.net zum Themenbereich Rechtsextremismus machte in den vergangenen Jahren jedoch eines deutlich: Mit den durchgeführten Aufklärungsprojekten wurden keine schlafenden Hunde geweckt. Vielmehr war es stets so, dass die medienpädagogischen Workshops ein bestehendes Problem kritisch aufgriffen. Nicht nur viele der bearbeiteten und analysierten Websites waren unter Jugendlichen bekannt, auch rechtsextreme Musik und Symbole gehörten bereits zu ihrem Erfahrungshorizont. Nicht zuletzt waren Vorurteile und Alltagsrassismen, an die Rechtsextreme mit ihren – bisweilen sehr subtilen – Aussagen anknüpfen, unter den teilnehmenden Jugendlichen sehr wohl vertreten.

»Dürfen Pädagoginnen und Pädagogen Jugendlichen rechtsextreme Inhalte zugänglich machen?« Die mit dieser Frage verbundene Skepsis ist durchaus angebracht. Das Strafgesetzbuch (StGB) stellt in seinen Paragrafen 86 und 130 z. B. die Verbreitung von Propagandamitteln, Kennzeichen verfassungswidriger Organisationen und volksverhetzenden Schriften unter Strafe. Aus diesem Grund sind Websites, die Hakenkreuze zeigen oder den Holocaust leugnen, verboten. Auch im Rahmen von Workshops müsste es also prinzipiell strafbar sein, solche Inhalte zu verbreiten. Dennoch dürfen pädagogische Fachkräfte mit Heranwachsenden auch auf Websites mit absolut unzulässigen rechtsextremen Inhalten surfen. Die sogenannte Sozialadäquanzklausel in den oben genannten Paragrafen erlaubt das Zugänglichmachen solcher Angebote z. B. zum Zwecke der staatsbürgerlichen Aufklärung. Lehrende bewegen sich bei der Durchführung von Projekten auf der rechtlich sicheren Seite, wenn sie den Rechtsextremismus im Internet thematisieren, um die kritische Auseinandersetzung damit im Rahmen eines didaktisch-methodischen Konzeptes zu fördern. Grundsätzlich empfiehlt es sich allerdings, im Vorfeld eines solchen Vorhabens mit den Eltern der Jugendlichen, im schulischen Kontext auch mit der Schulleitung, zu sprechen und die Motive offenzulegen.

10.5.2 Theorie: Welche didaktisch-methodischen Kriterien sind für die medienpädagogische Arbeit maßgeblich?

Bevor einige Kriterien skizziert werden, die für die didaktisch-methodische Ausgestaltung eines medienpädagogischen Workshops zum Thema »Rechtsextremismus im Internet« besonders relevant sind, seien an dieser Stelle zunächst zwei Vorbemerkungen erlaubt.

Erstens: Das Internet übt einen besonderen Reiz auf Jugendliche aus. Es ermöglicht sowohl grenzüberschreitende Kommunikation als auch prinzipiell das Verbreiten und Abrufen von Informationen überall auf der Welt. Das rasante Wachstum der Angebote sowie die stete Weiterentwicklung von Hard- und Softwareprodukten eröffnen für die Gestaltung einer Veröffentlichung im Netz und die Nutzung der unterschiedlichen Dienste beständig neue Horizonte. Dies bedeutet aber auch, dass User immer neue inhaltliche und technische Fähigkeiten erwerben müssen, um das Medium verstehen und sich dessen Inhalte kritisch aneignen zu können. Die kritische Mediennutzung ist für Kinder und Jugendliche heute eine wesentliche Kernkompetenz. Diesen Herausforderungen muss sich schulische wie außerschulische Bildungsarbeit stellen.

Zweitens: Menschenverachtende Äußerungen und geschichtsfälschende Thesen erfordern Widerspruch. Die couragierte Stellungnahme für Menschenrechte, Toleranz und Gerechtigkeit ist ein elementarer Baustein moderner Demokratien. Das Internet als interaktives Medium bietet für eine aktive Auseinandersetzung mit rechtsextremer Hasspropaganda besonders gute Möglichkeiten. Fällt es heutzutage eher schwer, junge Menschen für Inhalte politischer Bildung zu begeistern, erfreuen sich gerade technik- und erlebnisorientierte Lernformen – insbesondere internetspezifische Bildungsangebote – bei dieser Altersgruppe großer Beliebtheit. Dies liegt nicht zuletzt daran, dass viele Heranwachsende mittlerweile mit Computern vertraut sind und hinreichende Erfahrungen mit dem Medium haben. An diese Selbstverständlichkeit, mit der sämtliche Dienste des Internets von Jugendlichen im täglichen Leben genutzt werden, können pädagogische Projekte anknüpfen.

Jugendliche ernst nehmen und moderne Arbeitsformen nutzen

Die Sensibilisierung von Jugendlichen für die Gefahren rechtsextremer Internetpropaganda funktioniert nicht primär durch eine Belehrung im klassischen Sinn. Eine moderne schulische wie außerschulische Didaktik muss die Erwartungen und Erfahrungen der Jugendlichen, ihre (technischen und inhaltlichen) Kompetenzen sowie die objektiven Erfordernisse des Lerngegenstands berücksichtigen. Am Subjekt orientierte Bildungsprozesse nehmen den lernenden Menschen als denkendes, fühlendes und handelndes Wesen ernst (Meueler, 1994). Dies gilt für Erwachsene und Jugendliche gleichermaßen.

Parallel müssen soziale Arbeitsformen initiiert werden, die diesem Verständnis Rechnung tragen. Hierbei ist grundsätzlich der Wechsel zwischen eigenständigen Recherchen in Einzel- oder Partnerarbeit und einer Diskussion von Erkenntnissen in der Gruppe wichtig. Erst wenn sich Jugendliche als Lernende eigene Fragen stellen (dürfen), selbstständig nach Antworten suchen und sie dann mit anderen kritisch reflektieren (können), bleibt die Auseinandersetzung mit dem Rechtsextremismus nicht theoretisch. Vielmehr kann Lernen so zum erfahrungs- und handlungsrelevanten Prozess werden (Siebert, 1992).

Projekte sorgfältig vorbereiten und Verstehen ermöglichen

Die Durchführung eines Projekttages zum Thema erfordert ein hohes Maß an inhaltlicher, didaktischer und methodischer Kompetenz von Pädagoginnen und Pädagogen. Neben dem Fachwissen zu den Bereichen Rechtsextremismus und Internet spielen eine adäquate Auswahl der Lerninhalte sowie eine sorgfältige Planung der Lernphasen eine bedeutende Rolle. Gleichwohl sind Flexibilität und die Bereitschaft, Lernen als offenen Prozess zu verstehen, wichtig. Es muss stets Raum bleiben für Fragen, Themen und Erlebnisse, die unmittelbar an den Erfahrungshorizont der Jugendlichen anknüpfen.

Rechtsextreme Propaganda erzielt einen Großteil ihrer Wirkung auf der Gefühlsebene. Dies macht deren Thematisierung wichtig. Gleichzeitig wird eine kognitive Bearbeitung nötig, damit Erleben in Verstehen münden kann. Die Auseinandersetzung darf sich deshalb nicht auf einzelne rechtsextreme Aussagen oder Erscheinungsformen beschränken, sondern muss auch Hintergründe und Strukturen des Rechtsextremismus einbeziehen. Expertenwissen sollte in den Lernprozess einfließen, und es kann gelegentlich sinnvoll sein, dass Pädagoginnen und Pädagogen Gegenposition zu Meinungen und Äußerungen von Jugendlichen beziehen und sich im Diskurs als Reibungsfläche anbieten. Gerade dadurch gelingt es vielfach, zum Nachdenken anzuregen und neue Erkenntnisse zu befördern.

Lernprozesse aufmerksam begleiten

Die Themen Nationalsozialismus und Rechtsextremismus sind in hohem Maße emotional besetzt, und eine Beschäftigung damit kann ihre eigene Dynamik entfalten. Manchmal tritt eine starke persönliche Betroffenheit zutage, oder eigene Gewalterlebnisse werden wieder präsent. Berichten Jugendliche in einem Workshop beispielsweise von ihren gewaltsamen Auseinandersetzungen mit »Ausländern«, ist es wichtig, diese persönlichen Erfahrungen nicht zu ignorieren und als falsch oder unwichtig abzutun, sondern sie ernst zu nehmen und zu thematisieren. Nur dann sind Lernende offen für neue Einsichten. Eine einfühlsame und aufmerksame Begleitung des Lernprozesses ist daher unerlässlich.

Medienpädagogische Workshops bieten Jugendlichen die Möglichkeit, in einer geschützten und unterstützenden Lernatmosphäre Denkmuster und Argumentationsstrategien von Rechtsextremen am Beispiel von Webangeboten zu hinterfragen und reflektiert Gegenpositionen zu beziehen. An die Stelle einer fraglosen Akzeptanz tritt im Idealfall die kritische Auseinandersetzung, die im Hinblick auf die Bedeutung von Toleranz bei allen Teilnehmenden einen nachhaltigen Eindruck hinterlässt und Sichtweisen verändert. In den Arbeitsblättern im Anhang finden sich Anregungen dazu.

10.5.3 Praxis: Wie laufen die Workshops mit Jugendlichen konkret ab?

Ausgangspunkt einer Auseinandersetzung mit Rechtsextremismus sind Themen, Thesen und Parolen, wie sie auf vielen Websites zu finden sind. Die Jugendlichen erarbeiten sich die Inhalte in einer Internetrecherche auf ausgewählten Seiten im Sinne des entdeckenden Lernens weitestgehend selbstständig, jedoch anhand von unterstützenden Leitfragen (Sandner, 1994). Dies hilft, den Lernprozess zu steuern und gezielte Lernakzente zu setzen, so dass sich niemand in den Weiten des World Wide Web verliert. Im Plenum werden Ergebnisse der Recherchen dann diskutiert und gemeinsam strukturiert.

Die Workshops finden in den meisten Fällen mit 20 bis 30 Jugendlichen statt. Um die Gruppe bei Bedarf teilen zu können und phasenweise in kleineren Verbänden weiterarbeiten zu lassen, begleiten zwei Pädagoginnen bzw. Pädagogen den Workshop. Für die Projekte stehen in der Regel ein PC-Raum sowie ein zusätzlicher Gruppenraum zur Verfügung. Dies erlaubt, methodisch vielfältig zu arbeiten und die Recherchephasen im Netz räumlich von den Phasen der gemeinsamen Reflexion zu trennen.

Während der Recherche arbeiten die Jugendlichen jeweils zu zweit an einem Rechner. Dies hat den Vorteil, dass keiner auf sich allein gestellt ist und jeder in allen Phasen des Workshops jemanden hat, mit dem er sich austauschen und der ggf. Hilfestellung leisten kann. Lautsprecher bzw. Kopfhörer sind wichtig, falls Musik in Websites integriert ist. Die Jugendlichen haben auch die Möglichkeit, bestimmte Seiten auszudrucken. Für die Arbeits- und Diskussionsphasen im Plenum stehen Möglichkeiten zur Visualisierung bereit, meist Beamer, Moderationskoffer und Stellwände.

Vorbereitung: geeignete Inhalte auswählen

Ein zentraler Schritt zur Durchführung eines Workshops ist die Auswahl geeigneter Webinhalte. Eine angeleitete Auseinandersetzung mit Rechtsextremismus muss mit Inhalten beginnen, die aus didaktischen Erwägungen für die jeweilige Lerngruppe geeignet erscheinen (Alter, Entwicklungsstand, Schulstufe, Vorwissen). Sie sollten sowohl an den Wissens- und Erfahrungshorizont der Teilnehmenden anknüpfen als auch den angestrebten Lernzielen entsprechen.

Im Internet finden sich sämtliche rechtsextreme Denk- und Argumentationsmuster, die Anlass zu einer kritischen Auseinandersetzung mit Rassismus, Antisemitismus und neonazistischen Überzeugungen bieten. Als Einstieg ins Thema eignen sich z. B. Texte auf Websites, Musikstücke, Videos, Cartoons oder Einträge in Gästebüchern und Foren.

Die begleitenden Pädagoginnen und Pädagogen sollten immer genau wissen, welche Inhalte auf den Websites zu finden sind. Je besser sie vorbereitet sind und je genauer sie die Inhalte selbst kennen, desto gezielter wird es ihnen möglich sein, inhaltliche Impulse zu setzen und präzise auf Fragen und Probleme zu reagieren.

Recherche: Websites sichten und analysieren

Die gezielte Analyse von rechtsextremen Präsentationsformen und Inhalten im Web erfolgt in zwei Schritten. Zunächst suchen sich die Jugendlichen aus den zur Auswahl stehenden Startseiten nach Interesse jeweils ein Webangebot heraus und verschaffen sich in Partnerarbeit einen ersten Eindruck. Die Teilnehmenden notieren dabei alles, was ihnen auffällt oder in den Kopf kommt. Im Anschluss präsentiert jede Zweiergruppe ihre Erkenntnisse im Plenum. Die Ergebnisse werden auf einer Stellwand im Raum visualisiert, und es werden Fragen geklärt.

An diese erste, grobe Sichtung schließt sich unmittelbar eine längere Phase der Analyse von Inhalten an. Die Jugendlichen setzen sich nun intensiv mit rechtsextremen Themen und Argumenten auf den Websites auseinander. Häufig kommt es dabei zu interessanten Diskussionen über einzelne Texte, Aussagen oder Bil-

der, die im Netz gefunden wurden, und es werden erste Fragen geklärt. Oftmals erwachsen auch bereits hier Einsichten und ein weiter reichendes Verständnis bestimmter Zusammenhänge. Alle haben wiederum den Auftrag, sich Wichtiges, Auffälliges, Diskussionswürdiges zu notieren.

Meinungsfreiheit kontra Zensur

Die Sichtung rechtsextremer Websites und die Auseinandersetzung mit rassistischen, antisemitischen oder anderweitig demokratiefeindlichen Inhalten führt in den meisten Workshops früher oder später zu der Frage, welcher Umgang mit solchen Angeboten geeignet ist. Die Einschätzungen der Teilnehmenden decken dabei in der Regel das komplette Spektrum ab zwischen »Das gehört alles verboten« über »Das ist doch alles gar nicht so schlimm« bis zu »Das zwangsweise Schließen solcher Seiten ist Zensur«. In Form eines Rollenspiels kann das Spannungsverhältnis zwischen zulässigen Meinungsäußerungen und gesetzwidriger bzw. menschenverachtender Propaganda aufgegriffen und in den Mittelpunkt eines spielerisch-diskursiven Prozesses gerückt werden. Wichtig ist dabei auch der Einbezug von Hintergrundinformationen über rechtliche Bestimmungen. (Siehe hierzu auch das ▶ Arbeitsblatt »Meinungsfreiheit kontra Zensur: ein Rollenspiel« im Anhang.)

Reflexion: Präsentation und Diskussion der Ergebnisse

In der Regel präsentieren die Jugendlichen ihre Rechercheergebnisse im Plenum und berichten, was ihnen auf den gesichteten Websites begegnet ist. Ausschnitte können der Anschaulichkeit halber mithilfe eines Beamers noch einmal für alle gezeigt werden. Benannte Themen und Argumente werden anschließend auf einer Wandzeitung visualisiert und sind dann Ausgangspunkt für eine weitere Beschäftigung. Meistens ist es nötig, dass Pädagoginnen und Pädagogen unbekannte rechtsextreme Symbole, Abkürzungen oder Hintergründe zur Struktur des deutschen Rechtsextremismus erklären.

Insbesondere die Reflexionsphasen zeigen immer wieder, wie wichtig eine Beschäftigung mit rechtsextremen Denkmustern ist, denn Propaganda wird in ihrer verschleierten Form nur selten als solche erkannt. Um demagogische Parolen zu enttarnen, ist es wichtig, einzelne Aussagen genau auf ihre eigentliche Bedeutung zu hinterfragen. Sehr häufig diskutieren Jugendliche an solchen Stellen sehr kontrovers. Wichtig ist, dies zuzulassen, denn nur wer Meinungen nicht »abbügelt«, sondern als Reibungsfläche für eine inhaltliche Auseinandersetzung und als persönlichen Anteil seines Gegenübers ernst nimmt, wird es schaffen, einen kritischen Diskurs zu initiieren und damit allen Beteiligten die Möglichkeit zu neuen Einsichten zu eröffnen.

Informieren: positive Webangebote einbeziehen

Nach der Analyse von rechtsextremen Inhalten ist es wichtig, den Blick auf verbürgte Informationen zu richten und gezielt Gegenargumente zu sammeln. Das Ziel: Jugendlichen Quellen für Fakten und Hintergründe an die Hand zu geben und sie so zu stärken, dass sie Geschichtsfälschern und rassistischen Demagogen eigenständig entgegentreten können. Das Internet bietet auch hierfür Anknüpfungspunkte. So existieren viele Websites, deren Autoren die Themen Nationalsozialismus und Rechtsextremismus verlässlich behandeln und die sich als Quelle in Projekten nutzen lassen. Angebote wie die Homepage »Holocaust-Referenz« (www.h-ref.de) enthalten einen umfangreichen Fundus an Informationen über Rechtsextremismus und die Leugnung des Holocaust. Sie zeigen zugleich, wie man sich engagieren und mutig gegen Rassismus und Diskriminierung stellen kann. Darüber hinaus stellen Verfassungsschutzbehörden, Bundes- und Landeszentralen für politische Bildung sowie zahlreiche antirassistische Initiativen auf ihren Internetseiten eine breite Palette an Hintergrundwissen und Vorschlägen für die praktische Auseinandersetzung zur Verfügung.

Aktiv werden: couragiert Stellung beziehen

Ein letzter Schritt in den Projekten führt auf die Handlungsebene und beinhaltet das Ausprobieren von Netzaktivitäten gegen Rechtsextremismus. Das gemeinsame Handeln macht den Jugendlichen Spaß und ermöglicht die positive Erfahrung, Rassisten nicht machtlos gegenüberzustehen, sondern ihnen aus eigener Kraft etwas entgegensetzen zu können. Außerdem ist es hier sehr einfach möglich, Fähigkeiten und kreative Potenziale der Lernenden einzubinden. Einige Beispiele für Aktivitäten, die im Rahmen von Projekten und Workshops durchgeführt werden können, sollen hier abschließend beschrieben werden.

Rechtsextreme Angebote melden. Jeder kann sich über rechtsextreme Inhalte im Netz beschweren. Es existieren einige Onlinemeldestellen, die auf ihrer Website per Formular oder E-Mail Hinweise auf unzulässige rechtsextreme Internetangebote entgegennehmen. Deren Mitarbeiter sichten und bewerten die An-

gebote und prüfen mögliche Vorgehensweisen. Organisationen wie jugendschutz.net (www.jugendschutz.net) haben Kontakte zu vielen deutschen und ausländischen Providern und bitten diese dann meist um die Schließung der betreffenden Webangebote. Strafrechtlich relevante Inhalte können auch an die zuständigen Aufsichtsbehörden oder an die Polizei gemeldet werden. Stößt ein Internetuser auf fremdsprachige rassistische Inhalte, kann er sich an das International Network Against Cyber Hate (www.inach.net) wenden.

Provider kontaktieren. Neben Hotlines nehmen auch die meisten Provider Hinweise auf strafbare Inhalte oder Verstöße gegen ihre Allgemeinen Geschäftsbedingungen (AGB) entgegen. Oft genügt eine kurze E-Mail an den Dienst mit einem Hinweis auf das unzulässige Webangebot. Diese direkte Kontaktaufnahme kann auch im Rahmen von Projekten praktiziert werden.

Doch Vorsicht: In der Szene existieren auch neonazistische Provider. Diese werden auf einen Beschwerdebrief nicht reagieren. Man sollte vor einer Kontaktaufnahme in jedem Fall prüfen, mit wem man es zu tun hat. Solche Schreiben sollten nur an bekannte deutsche und ausländische Hostprovider gesendet werden. Und es empfiehlt sich, die AGB eines Dienstes sorgfältig durchzulesen und sich vorab über das konkrete Beschwerdeverfahren zu informieren.

Selbst Beiträge schreiben. Rechtsextreme Gästebücher und Foren sind Ansatzpunkte für konkretes Engagement. Hier kann sich jede und jeder Einzelne beteiligen und rechtsextremen Sprüchen und Parolen im direkten Austausch etwas erwidern, kann dem eigenen Ärger über Hass und Gewalt Ausdruck verleihen und mit Argumenten gegen Rassismus und Fremdenfeindlichkeit Stellung beziehen. Schulklassen wie auch private Jugendgruppen können »Patenschaften« für bestimmte Foren übernehmen und dort regelmäßig Einträge verfassen. Man wird sicher nicht erwarten können, dadurch überzeugte Neonazis zu bekehren, doch jede Erwiderung demonstriert, dass menschenverachtende Äußerungen nicht unwidersprochen bleiben. Auch hier ist Vorsicht geboten: Um unliebsame Post von Rechtsextremen zu vermeiden, sollte man weder E-Mail-Adressen noch persönliche Daten wie Namen und Adressen preisgeben oder, wenn unbedingt nötig, nur solche E-Mail-Adressen verwenden, die keinen Rückschluss auf die eigene Identität ermöglichen.

Webbanner nutzen. Ein einfacher und öffentlich sichtbarer Weg, Stellung zu beziehen, ist das Verwenden von Webbannern, mit denen für Toleranz und Demokratie geworben wird. Mit solchen Emblemen auf seiner (Schul-)Website macht man deutlich: Hass und Intoleranz haben hier nichts zu suchen. Viele Internetcommunitys binden in ihre Portale bereits antirassistische Banner ein, und im Netz finden sich viele Variationen zum Download. Zudem bieten Grafikprogramme Möglichkeiten, die zur Gestaltung von Emblemen im Rahmen von Projekten genutzt werden können. Der Phantasie und Kreativität sind hier keine Grenzen gesetzt.

Engagement in Communitys. Auch das Web 2.0 bietet als Mitmachnetz zahlreiche Möglichkeiten, sich in den verschiedenen Communitys aktiv gegen Hass und Diskriminierung zu engagieren. Sie reichen von der Erstellung und dem Einstellen eines eigenen Videos bei YouTube über antirassistische Profile in den unterschiedlichsten Social Networks bis hin zur Gründung von Gruppen, die sich für eine »nazifreie Community« stark machen. Entscheidend ist, dass Rechtsextreme auch auf Web-2.0-Plattformen keine Chance bekommen, andere mit ihren menschenverachtenden Ideen zu beeinflussen, sondern dass sie von den übrigen Usern konsequent des Feldes verwiesen werden.

Eigene Aufklärungswebsites. Nicht zuletzt besteht die Möglichkeit, Websites zu erarbeiten, auf denen über die Zeit des Nationalsozialismus und den heutigen Rechtsextremismus aufgeklärt wird. Dort können geschichtliche Hintergründe, Argumentationshilfen gegen rechtsextreme Thesen sowie Links und Buchtipps veröffentlicht werden. Natürlich haben auch persönliche Statements auf den Seiten ihren Platz. Eine solche Website kann zum Beispiel im Rahmen eines Projekts mit Jugendlichen gemeinsam entwickelt und über einen längeren Zeitraum inhaltlich ergänzt und aktualisiert werden.

Erfahrung:
Kritische Auseinandersetzung lohnt sich
In den vergangenen Jahren führte jugendschutz.net mehr als 250 medienpädagogische Workshops durch. Die Erfahrungen hieraus zeigen, dass ein verantwortungsvoll gestalteter und an Jugendlichen orientierter Lernprozess dazu führen kann, dass Alltagsrassismus und eigene Vorurteile im Schein einer kritischen Betrachtung sichtbar und – im Idealfall – überwunden werden. Jugendliche sind bereit, sich kritisch mit Rassismus, Antisemitismus und neonazistischen Überzeugungen auseinanderzusetzen, und haben auch keine Scheu, Zivilcourage im Netz zu zeigen.

Die Auseinandersetzung mit Hass im Netz und das beherzte Eintreten für Humanität und Menschenrechte erfordern besondere Anstrengungen von allen Beteiligten. Insbesondere die konkreten gemeinsamen Aktivitäten im Web machen Jugendlichen in der Regel Spaß und können helfen, Hemmschwellen abzubauen. Zunächst trocken erscheinende Lerninhalte werden mit Erfahrungswissen verknüpft und erlangen so für den Einzelnen subjektive Bedeutung. Nicht selten waren Teilnehmende nach einem Workshop derart motiviert, dass sie sich auch über die Veranstaltung hinaus weiterhin mit Rechtsextremismus im Internet beschäftigten.

Weiterführende Literatur

Glaser, S. & Pfeiffer, T. (2007). Erlebniswelt Rechtsextremismus. Menschenverachtung mit Unterhaltungswert. Schwalbach/Ts.: Wochenschau-Verlag.

Jugendschutz.net (2008). Hass im Netz wirksam bekämpfen. Verfügbar unter: http://www.jugendschutz.net/pdf/Projektbericht_2007.pdf [25.3.2010].

Jugendschutz.net (2009a). Rechtsextremismus online – Jugendliche im Visier der Szene. Verfügbar unter: http://www.jugendschutz.net/pdf/Projektbericht_2008.pdf [26.3.2010].

Jugendschutz.net (2009b). Mit Musik und Comics auf Stimmenfang. Die rechtsextreme NPD im Internet. Stand: September 2009. Verfügbar unter: http://www.jugendschutz.net/pdf/NPD_Sep09.pdf [25.3.2010].

Meueler, E. (1994). Didaktik der Erwachsenenbildung. Weiterbildung als offenes Projekt. In R. Tippelt (Hrsg.), Handbuch Erwachsenenbildung/Weiterbildung (S. 615–628). Opladen: VS Verlag für Sozialwissenschaften.

Sandner, P. (1994). Didaktische Überlegungen zum entdeckenden Lernen mit reproduzierten Quellen in der Gedenkstättenarbeit. In Landeswohlfahrtsverband Hessen (Hrsg.), Methoden der Gedenkstättenpädagogik. Ein Tagungsband der Gedenkstätte Hadamar (S. 15–23). Kassel: Landeswohlfahrtsverband Hessen.

Siebert, H. (1992). Bildung im Schatten der Postmoderne. Von Prometheus zu Sisyphos. Frankfurt a. M.: VAS.

III

Lösungsbeispiele

Jugendschutz in Aktion 1: Arbeitsweise der Unterhaltungssoftware Selbstkontrolle (USK)

Michael Grunewald

11.1 Alterseinstufungen geben Orientierung

Computer- und Videospiele stehen bei Kindern und Jugendlichen oft ganz oben auf der Wunschliste. Ob Computerspiele oder Spiele für Konsolen wie die Playstation, die Xbox oder den Nintendo DS: Altersfreigaben spielen dabei für die Erwachsenen eine wichtige Rolle. Manchmal sind allerdings auf den Verpackungen einander widersprechende Siegel der Unterhaltungssoftware Selbstkontrolle (USK) und des europäischen Verbandes PEGI (Pan European Game Information) aufgedruckt.

Nicht nur diese unterschiedlichen Angaben verunsichern. Oftmals sind die Erwachsenen angesichts der Altersangaben und der damit verbundenen Spielinhalte erstaunt und denken, die Spielinhalte seien »zu schwer« für ihr Kind. Sie verstehen nicht, dass die deutsche Kennzeichnung lediglich eine Einstufung nach Kriterien des Jugendschutzes symbolisiert.

In diesem Artikel geht es im Wesentlichen um das in Deutschland geltende System der Altersfreigaben, die rechtlichen Grundlagen, die Geschichte, das Prüfverfahren mit den entsprechenden Kennzeichnungen und um einen kurzen Ausflug in europäische Nachbarländer. Abschließend wird die momentane gesellschaftspolitische Diskussion im Zusammenhang mit dem System der Altersfreigaben zusammengefasst.

Die Bestimmungen des Jugendschutzgesetzes bilden die wesentlichen Grundlagen der Arbeit der USK und der Obersten Landesjugendbehörden (OLJB). Demnach dürfen nur gekennzeichnete Computerspiele, die auf Datenträgern angeboten werden, Kindern und Jugendlichen in der Öffentlichkeit zugänglich gemacht werden. Spiele, die eine Kennzeichnung »keine Jugendfreigabe gemäß § 14 JuSchuG« erhalten haben, dürfen nur an Personen ab 18 Jahren verkauft werden.

Spiele, die z. B. über den Internetbrowser eines Computers gespielt werden (sogenannte Browsergames), oder Spiele, die über das Internet heruntergeladen werden können und nicht auf Datenträgern in den Verkauf kommen, sind somit kein Prüfgegenstand im Sinne des JuSchuG. Sie unterliegen den Jugendschutzregelungen des Jugendmedienschutz-Staatsvertrages (JMStV).

Eine weitere Regelung besagt, dass Computerspiele mit jugendgefährdenden Inhalten keine Kennzeichnung erhalten dürfen. Eine mögliche Indizierung obliegt der Bundesprüfstelle für jugendgefährdende Medien (BPjM). Der Hintergrund dieser Regelung ist, dass Kinder und Jugendliche unterschiedlichen Alters Medien entsprechend unterschiedlich wahrnehmen und dadurch in ihrer Entwicklung unterschiedlich stark beeinträchtigt oder gar gefährdet werden können. Eine Gefahr wird nach § 18 Abs. 1 JuSchuG z. B. bei unsittlichen, verrohend wirkenden, zu Gewalttätigkeit, Verbrechen oder Rassenhass anreizenden Medien gesehen. Wenn im Beratungsverfahren der USK eine mögliche Gefährdung erkannt wird, wird eine Kennzeichnung durch die OLJB verweigert. Ein Computerspiel wird ebenfalls nicht durch die OLJB gekennzeichnet, wenn es strafrechtlich relevante Inhalte enthält.

Die Alterseinstufungen kommen dann zur Anwendung, wenn eine Beeinträchtigung möglich ist, aber keine Gefährdung vorliegt. Dabei sind die in § 14 Abs. 2 genannten Altersfreigabestufen möglich.

In die Beratungen über Alterseinstufungen wirken unterschiedliche Erkenntnisse hinein. Hier spielt die Entwicklungspsychologie eine wichtige Rolle. Was kann ein Kind/Jugendlicher wie verarbeiten, was kann Angst machen, was könnte Stress verursachen, was kann seelisch belastend wirken? Eine weitere Dimension für die Alterseinstufung ist die medienkulturelle Entwicklung in Deutschland. Kinder und Jugendliche nutzen die unterschiedlichsten Medien parallel, zum Teil verschwimmen dabei die Grenzen dieser Medien. So kann heute über das Internet ein Video geschaut, ein Computerspiel gespielt oder telefoniert werden. Die Alterseinstufungen spiegeln damit auch eine gesellschaftliche Entwicklung wider, die ihren Niederschlag in Filmen, Büchern, Zeitschriften und anderen Medien findet.

In die Beratungen fließen auch die persönlichen Einschätzungen der Gutachterinnen und Gutachter aufgrund ihrer Kenntnisse der Lebenswelt von Kindern und Jugendlichen und der Erfahrung aus ihrer beruflichen Praxis ein. Die Gutachterinnen und Gutachter kommen aus den unterschiedlichsten Professionen (z. B. Lehrer, Psychologen, Mitarbeiter bei Jugendämtern und aus der Kinder- und Jugendarbeit) und haben gute Einblicke in den Kinder- und Jugendschutz sowie in die Jugendkultur.

Es muss aber auch deutlich darauf hingewiesen werden, dass das System der Alterseinstufungen davon geprägt ist, dass unbestimmte Rechtsbegriffe, wie z. B. »verrohend«, immer einen gewissen Spielraum beinhalten, der in Anbetracht der Komplexität von Wirkungszusammenhängen auch sinnvoll ist. Es wäre verfehlt, die Alterseinstufungen mit einzelnen, definierten Kriterien zu verbinden, die nur scheinbar wissenschaftlich belegt sind und die nur einzelne Aspekte eines breiten Wirkungszusammenhangs skizzieren. Ungeachtet dessen ist es wichtig, die Kriterien zu formulieren, die für eine Alterseinstufung relevant sind, damit diese im Sinne einer transparenten und nachvollziehbaren Entscheidung veröffentlicht werden können.

In der öffentlichen Diskussion, aber auch in Gesprächen mit Eltern, Lehrern, Kinder- und Jugendarbeitern wird oft der Zusammenhang zwischen der Alterseinstufung und persönlichen Werturteilen hergestellt. Dies spiegelt sich in Zitaten wieder, deren Kernaussage beispielsweise lautet: »Wie könnt ihr denn da nur eine ›12‹ geben, da wird doch geschossen?«, oder, wie jüngst in einer Pressemitteilung der Gesellschaft für wissenschaftliche Gesprächspsychotherapie e.V. zu lesen war: »Die (›Killer-‹)Spiele sind nicht nur verzichtbar, sondern wir erkennen in ihnen einen negativen Beitrag zu unserer Kultur« (http:// www.gwg-ev.org/cms/cms.php?textid=1216; zuletzt aufgerufen am 22.03.2010).

Diese Werturteile sind jedoch nicht Gegenstand der Alterseinstufung. Natürlich sind diese Spiele verzichtbar. Genauso verzichtbar wie Goethe, die Beatles oder »Deutschland sucht den Superstar«. Aber dies festzustellen ist nicht der Auftrag, den die USK wahrnimmt.

Hierzu eine amüsante Anekdote aus der Gründungsphase: Als »Der Planer«, eine Wirtschaftssimulation im Speditionsgewerbe, 1994 veröffentlicht wurde, sollte er eine Freigabe ab 16 Jahren erhalten. Die Gutachter begründeten dies damit, dass das Spiel zu sehr die kapitalistische Ellenbogengesellschaft betone. Um es erfolgreich spielen zu können, müsse man beispielsweise billiger sein als die Konkurrenz. Zu Recht legte der Softwareverlag Widerspruch ein, denn im gesetzlichen Jugendschutz gibt es keine Bestimmung, die Kapitalismus als jugendgefährdend oder jugendbeeinträchtigend ansieht. So bekam »Der Planer« doch noch eine Freigabe ohne Altersbeschränkung. Das Beispiel zeigt eines sehr deutlich: Es geht bei der Bewertung nicht darum, ob jemandem etwas gefällt oder nicht und ob man etwas für überflüssig hält oder auch nicht, sondern alleine um Fragen des Jugendschutzes.

Mit den Alterseinstufungen gibt die USK Orientierung, kann allerdings nicht Eltern die Aufgabe abnehmen, sich mit dem Medienkonsum ihrer Kinder auseinanderzusetzen.

Wichtige Bestimmungen des Jugendschutzgesetzes (JuSchG)
§ 12 Abs. 1 JuSchG
Bespielte Videokassetten und andere zur Weitergabe geeignete, für die Wiedergabe auf oder das Spiel an Bildschirmgeräten mit Filmen oder Spielen programmierte Datenträger (Bildträger) dürfen einem Kind oder einer jugendlichen Person in der Öffentlichkeit nur zugänglich gemacht wer-
▼

den, wenn die Programme von der obersten Landesbehörde oder einer Organisation der freiwilligen Selbstkontrolle im Rahmen des Verfahrens nach § 14 Abs. 6 für ihre Altersstufe freigegeben und gekennzeichnet worden sind oder wenn es sich um Informations-, Instruktions- und Lehrprogramme handelt, die vom Anbieter mit »Infoprogramm« oder »Lehrprogramm« gekennzeichnet sind.

§ 14 Abs. 2 JuSchG
Die oberste Landesbehörde oder eine Organisation der freiwilligen Selbstkontrolle im Rahmen des Verfahrens nach Absatz 6 kennzeichnet die Filme und die Film- und Spielprogramme mit
1. »Freigegeben ohne Altersbeschränkung«,
2. »Freigegeben ab sechs Jahren«,
3. »Freigegeben ab zwölf Jahren«,
4. »Freigegeben ab sechzehn Jahren«,
5. »Keine Jugendfreigabe«.

11.2 Die Bedeutung der Alterskennzeichen

Seit 2003 ist auf jeder Verpackung und jedem Datenträger eines der folgenden Kennzeichen aufgedruckt.

Freigegeben ohne Altersbeschränkung gemäß § 14 JuSchG (weiß)

Spiele mit diesem Siegel sind aus der Sicht des Jugendschutzes für Kinder jeden Alters unbedenklich. Sie sind aber nicht zwangsläufig schon für jüngere Kinder verständlich oder gar komplex beherrschbar. Sie enthalten keine Gewaltdarstellungen und verzichten auf gruselige Monster und bewaffnete Kämpfe. Kleine Kinder werden nicht in abträglicher Weise verunsichert, nicht geängstigt und nicht mit schlechten Vorbildern und Kampfszenen konfrontiert.

2009 erhielten 52,5 % der geprüften Spiele diese Kennzeichnung.

Freigegeben ab 6 Jahren gemäß § 14 JuSchG (gelb)

Die Spiele wirken abstrakt-symbolisch, comicartig oder in anderer Weise unwirklich. Spielangebote versetzen den Spieler möglicherweise in etwas unheimliche Spielräume oder scheinen durch Aufgabenstellung oder Geschwindigkeit zu belastend für Kinder unter sechs Jahren. Computer- und Videospiele mit dieser Kennzeichnung können schon spannende Elemente beinhalten. Sie enthalten keine Bezüge zu Verbrechen, Krieg und Katastrophen und keine düsteren Spielwelten. 2009 erhielten 12,7 % der geprüften Spiele diese Kennzeichnung.

Freigegeben ab 16 Jahren gemäß § 14 JuSchG (blau)

Rasante, bewaffnete Aktion, mitunter gegen menschenähnliche Spielfiguren, sowie Spielkonzepte, die fiktive oder historische kriegerische Auseinandersetzungen atmosphärisch nachvollziehen lassen. Die Inhalte lassen eine bestimmte Reife des sozialen Urteilsvermögens und die Fähigkeit zur kritischen Reflexion der interaktiven Beteiligung am Spiel erforderlich erscheinen. Diese Spiele beinhalten in der Regel eine Geschichte mit wechselnden Aufgaben und Spielabschnitten, in denen die reine Gewaltanwendung nicht das durchgängige Spielprinzip darstellt. Oftmals wird strategisches und taktisches Denken vorausgesetzt, um das Spielziel zu erreichen. 2009 erhielten 10,4 % der geprüften Spiele diese Kennzeichnung.

Freigegeben ab 12 Jahren gemäß § 14 JuSchG (grün)

Kampfbetonte Grundmuster in der Lösung von Spielaufgaben sind vorhanden, z. B. setzen die Spielkonzepte auf Technikfaszination (historische Militärgerätschaft oder Science-Fiction-Welt) oder auch auf die Motivation, tapfere Rollen in komplexen Sagen und Mythenwelten zu spielen. Gewalt ist nicht in alltagsrelevante Szenarien eingebunden. Diese Spiele enthalten keine belastenden Horrorszenarien, keine realistische Gewalt, keine destruktiv wirkenden Vorbilder oder sexuell fragwürdigen Rollenbilder. Rasante, bewaffnete Aktionen gegen menschlich gestaltete Spielfiguren sind kein durchgängiges Spielprinzip. 2009 erhielten 17,5 % der geprüften Spiele diese Kennzeichnung.

Keine Jugendfreigabe gemäß § 14 JuSchG (rot)

In allen Spielelementen reine Erwachsenenprodukte. Der Titel darf nur an Erwachsene abgegeben werden. Bei Verstoß drohen Ordnungsstrafen bis 50.000 €. Der Inhalt ist geeignet, die Entwicklung von Kindern und Jugendlichen zu einer eigenverantwortlichen und gemeinschaftsfähigen Persönlichkeit zu beeinträchtigen. Voraussetzung für die Kennzeichnung ist, dass keine Jugendgefährdung vorliegt. Spiele mit dieser Kennzeichnung thematisieren nahezu durchgängig gewalthaltige Konzepte. Sie enthalten keine in Deutschland gesetzlich verbotenen Inhalte. 2009 erhielten 5,8 % der geprüften Spiele diese Kennzeichnung.

11.3 Wie alles begann

Der 30. September 1994 ist der Geburtstag der Unterhaltungssoftware Selbstkontrolle (USK). Computerspiele erschienen zwar schon in den Jahren davor auf dem Markt, jedoch kümmerte sich kaum jemand um das neue Medium. Die Bundesprüfstelle für jugendgefährdende Schriften (BPjS) war auch für das neue Medium zuständig, es gab aber, anders als bei der Filmwirtschaft, keine Organisation, die systematisch die Computerspiele begutachtete.

Beim Förderverein für Jugend- und Sozialarbeit e.V. in Berlin mehrten sich seit Anfang der 1990er-Jahre Anfragen, wie in der Schule, in der Jugendarbeit und in den Elternhäusern mit Computerspielen umgegangen werden sollte. Aus diesem Bedarf heraus entstand die Idee, eine Computerspieleberatung aufzubauen, die auf dem unüberschaubaren Markt Orientierung gibt. Man war sich zu diesem Zeitpunkt klar darüber, dass eine Bewertung von Computerspielen nur dann sinnvoll ist, wenn sie auch von den Herstellern akzeptiert wird. Schließlich gab es keine gesetzliche Regelung, die eine solche Bewertung vorsah.

So wurden mit dem 1993 gegründeten Verband der Unterhaltungssoftware Deutschland (VUD) Gespräche geführt, um in Erfahrung zu bringen, ob dieser eine freiwillige, systematische Jugendschutzprüfung von Computerspielen unterstützen würde. Der VUD nahm die Idee auf und schloss mit dem Verein einen Vertrag, der am 30. September 1994 in Kraft trat.

Es war noch eine Menge Vorarbeit zu leisten. Es galt Strukturen und Grundsätze für die Arbeit zu entwickeln, die tauglich sein mussten, dem zu erwartenden Ansturm von Prüfaufträgen gerecht zu werden. Um Spiele professionell begutachten zu können, wurden in einer Pilotphase ab April 1994 Testverfahren entwickelt, die auch nicht so spielerfahrenen Gutachtern einen Überblick über das Spielgeschehen gaben.

Einer der Grundsätze war schon damals die plurale Zusammensetzung der Gutachtergremien: Aus unterschiedlichen Bereichen der Arbeit mit Kindern und Jugendlichen (z. B. Schule, Jugendarbeit, Wissenschaft) sollten Menschen zusammenkommen, die durch ihre berufliche Erfahrung und ihre fachliche Ausbildung fundiert über die Spiele und deren Wirkungen auf Kinder und Jugendliche diskutieren können, um anschließend eine rechtsunverbindliche Empfehlung für den Handel zu vergeben. Nicht nur bei den Gutachtergremien wurde auf eine plurale Zusammensetzung geachtet: Auch der 1995 gegründete Beirat, der die Arbeit der USK kontrollierend, aber auch orientierend begleiten sollte, setzt sich aus Personen der unterschiedlichsten gesellschaftlichen Gruppen zusammen.

Die Dienstleistung, die die USK erbrachte, wurde begierig aufgenommen. Es gab an vielen Stellen Verunsicherungen: Bei den Eltern, die sich erstmals mit einem Medium konfrontiert sahen, das sie selbst nicht kannten; beim Handel, der überlegte, wie mit dem neuem Medium verkaufstechnisch umzugehen sei; bei den Herstellern, die sich fragten, wie sich jugendschutzrelevante Überlegungen in Verbindung mit Computerspielen auswirken würden. Für alle brachte das Angebot der USK eine Erleichterung. Natürlich gab es auch bei den Beratungen der Gutachter immer wieder strittige Entscheidungen, wie im obigen Beispiel »Der Planer« bereits angeklungen ist.

Die Gründung der USK war aber nur der erste Schritt in die mediale Zukunft. Die größte Änderung erfolgte zum 1. April 2003: Mit dem Jugendschutzgesetz (JuSchuG) des Bundes wurden das Gesetz zum Schutze der Jugend in der Öffentlichkeit (JÖSchG) und das Gesetz über die Verbreitung jugendgefährdender Schriften und Medieninhalte (GjS) zusammengeführt. Zeitgleich trat der Jugendmedienschutz-Staatsvertrag (JMStV) der Länder in Kraft, der eine einheitliche Rechtsgrundlage für den Jugendschutz in den elektronischen Informations- und Kommunikationsmedien (Internet, Fernsehen, Rundfunk) schuf. Die Alterskennzeichnung für Computerspiele auf Datenträgern wurde mit der Neuregelung auf eine gesetzliche Grundlage gestellt und vorgeschrieben.

Die Bundesprüfstelle für jugendgefährdende Schriften wurde zur Bundesprüfstelle für jugendgefährdende Medien (BPjM), die allerdings – und das ist im Zusammenhang mit der USK entscheidend – nicht für die Alterseinstufung von Computerspielen zuständig ist. Diese wird ausschließlich von den Obersten Landesjugendbehörden (OLJB) vorgenommen, die dafür die Beratungsdienstleistung der USK nutzen.

Somit haben heute die Obersten Landesjugendbehörden den gesetzlichen Auftrag, den Jugendschutz durch die Vergabe von Kennzeichen zu gewährleisten. An dem Prüf- und Vergabeverfahren wirkt die USK durch die Sichtung der Spiele und die Beratung hinsichtlich der Altersfreigaben mit.

Mit Wirkung zum 1. Juni 2008 hat der bisherige Träger der Unterhaltungssoftware Selbstkontrolle (USK) die Verantwortung für die freiwillige Selbstkontrolle an die Industrieverbände Bundesverband Interaktive Unterhaltungssoftware e.V. und Bundesverband der Entwickler von Computerspielen G.A.M.E. e.V. abgegeben. Neuer Träger der USK ist die neu errichtete Freiwillige Selbstkontrolle Unterhaltungssoftware GmbH, deren Gesellschafter die Verbände sind. Das jetzige Modell orientiert sich an der Struktur der Filmwirtschaft, deren Freiwillige Selbstkontrolle FSK ebenfalls von der Wirtschaft getragen wird.

11.4   Das Prüfverfahren

Das Prüfverfahren beginnt mit dem Eingang der Unterlagen des Antragstellers. Zuerst wird die Vollständigkeit der Unterlagen geprüft. Neben den obligatorischen Unterlagen (Prüfantrag, Datenträger) sind bei komplexeren Spielen auch Lösungshilfen, Handbücher und »Cheats« (▶ Kasten) einzureichen, mit deren Hilfe der Spieletester das Spiel für die Gutachter aufbereiten kann. Fehlen wichtige Unterlagen, so werden sie nachgefordert, damit der Prüfprozess fortgeführt werden kann.

> **Infobox**
>
> Als »**Cheats**« werden Manipulationen bezeichnet, mit deren Hilfe der Spielverlauf zugunsten des Spielers verändert werden kann. So kann z. B. der Cheat für »Unsterblichkeit« ein Mittel sein, um ein Spiel nicht immer neu beginnen zu müssen.

Als Nächstes findet eine technische Prüfung statt. Dabei wird festgestellt, ob der Datenträger eine spielbare Fassung enthält und ob diese auf der Hardware auch lauffähig ist. Nach der erfolgreichen Einrichtung des Spiels werden einige Teile angespielt.

Aufgaben des Spieletesters. Da es mitunter 20 und mehr Stunden Spielzeit erfordert, ein Computerspiel in all seinen Einzelheiten zu erfassen, spielen die Gutachter das Spiel nicht komplett durch. Dies übernimmt ein Spieletester. Er erhält das lauffähige Spiel inklusive der Unterlagen des Antragstellers. Die Aufgabe des Spieletesters besteht nun darin, das Spiel für das Prüfgremium aufzubereiten. Dazu gehört es, das Spiel komplett durchzuspielen, alle für die Prüfung relevanten Spielstände zu speichern und eine Spielbeschreibung zu verfassen, die alle wesentlichen Spielelemente enthält.

Damit ist der Spieletester eine zentrale Figur im Prüfverfahren. Es bestehen hohe Anforderungen an den Tester: Er muss – ebenso wie die Gutachter – von der Soft- und Hardwareindustrie unabhängig sein. Er muss fachlich qualifiziert sein, um die Spielinhalte nach jugendschutzrelevanten Inhalten durchforsten und dem Prüfgremium präsentieren zu können. Daher wird auf die sorgfältige Auswahl der Spieletester ein ebenso großer Wert gelegt wie auf ihre kontinuierliche Weiterbildung. Jede Prüfsitzung ist neben der sorgfäl-

tigen Auswahl und fortlaufenden Weiterbildung ein Element der Qualitätsentwicklung, denn die Prüfer achten natürlich genauestens auf die Arbeit des Spieletesters.

Präsentation. Nachdem der Spieletester das Spiel aufbereitet hat, präsentiert er es dem Prüfgremium. Dieses Prüfgremium besteht aus vier Gutachtern und dem Vertreter der OLJB, der dem Gutachtergremium vorsitzt und die Prüfung leitet. Die Gutachter und der Vertreter der OLJB müssen sich auf die Präsentation des Spieletesters vollkommen verlassen können. Die Präsentation muss alle Spielinhalte, die jugendschutzrelevant sein könnten, enthalten. Dabei muss der Tester darauf achten, dass seine Präsentation »neutral« ist, also keinerlei Werturteile oder gar Empfehlungen für eine Alterskennzeichnung enthält.

Nach der Erläuterung des Spielverlaufs werden dem Gremium die jugendschutzrelevanten Spielinhalte »live« präsentiert. Dabei haben die Gutachter jederzeit die Möglichkeit, selbst Spielabschnitte zu spielen. Der Tester beantwortet die Fragen der Gutachter und kehrt auch immer wieder zu Spielszenen zurück, wenn die Gutachter dies wünschen. Auch zusätzliche Spielszenen, die z. B. nur mündlich erläutert wurden, da sie offensichtlich keine jugendschutzrelevanten Inhalte haben, können angefordert und gespielt werden. Der Spieletester verfolgt dabei die Diskussion der Gutachter und weist ggf. auf Einzelheiten hin, die bewertungsrelevant sein könnten.

Die Präsentationen nehmen unterschiedlich breiten Raum ein. Ein Kartenspiel, das keinerlei jugendschutzrelevante Inhalte besitzt, wird nicht so lange präsentiert werden wie ein Action-Shooter. Der Antragsteller hat die Möglichkeit, der Präsentation beizuwohnen, und kann seinerseits Position beziehen.

Diskussion und Abstimmung. Nach der Sichtung beginnt die Diskussion über die Einstufung. Bei diesem Prozess sind die Gutachter, der Vertreter der OLJB und der Spieletester unter sich. Als Erstes wird geprüft, ob es Gründe gibt, die eine Kennzeichnung verhindern. Dies ist der Fall, wenn Inhalte gegen das Strafrecht verstoßen (Gewaltdarstellung gemäß § 131 StGB, Pornographie gemäß § 184 StGB oder die Verwendung verfassungswidriger Kennzeichen gemäß § 86a StGB). Weiter wird eine Kennzeichnung verweigert, wenn das Spiel Inhalte aufweist, die eine Indizierung wahrscheinlich machen. Wird eine Kennzeichnung verweigert, so wird der Antragsteller darüber informiert. Nun kann er selbst entscheiden, wie er weiter vorgehen will.

Liegen keine Gründe für eine Verweigerung vor, erläutern die Gutachter ihre Einschätzungen im Hin-

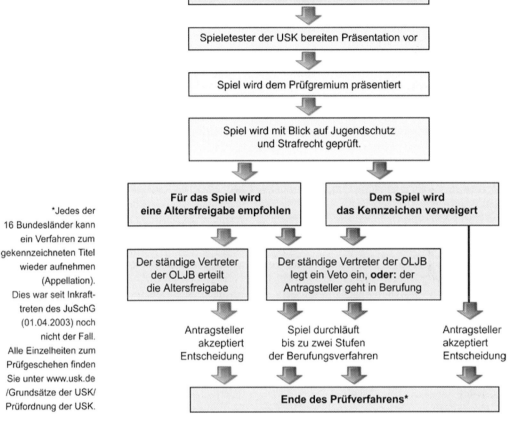

Schematische Darstellung des Prüfverfahrens, Quelle: http://www.usk.de/cont/c9801.htm

*Jedes der 16 Bundesländer kann ein Verfahren zum gekennzeichneten Titel wieder aufnehmen (Appellation). Dies war seit Inkrafttreten des JuSchG (01.04.2003) noch nicht der Fall. Alle Einzelheiten zum Prüfgeschehen finden Sie unter www.usk.de /Grundsätze der USK/ Prüfordnung der USK.

blick auf die vom Softwareverlag beantragte Altersfreigabe und begründen diese. Der Tester steht dabei für erneute Spielinhaltspräsentationen und zur Beantwortung von Fragen zur Verfügung. Nach einem Austausch der Meinungen wird über die Freigabe abgestimmt. Bei Freigaben ab zwölf Jahren entscheidet die einfache Mehrheit; eine Freigabe ab sechs Jahren oder ohne Altersbeschränkung muss einstimmig erfolgen.

Die Altersempfehlung der Gutachter wird durch den Vertreter der OLJB als Entscheidung übernommen. Er kann allerdings auch ein Veto gegen die Empfehlung einlegen, wenn er der Meinung ist, dass die Alterseinstufung unangemessen ist. In diesem Fall prüft ein zweites, mit anderen Gutachtern besetztes Gremium (Berufungsgremium) das Spiel erneut. Ebenso kann der Antragsteller Widerspruch einlegen. Auch dann prüft ein zweites Berufungsgremium das Spiel erneut. Kommt auch in der Berufungsprüfung kein Ergebnis zustande, das der Vertreter der OLJB

oder der Antragsteller akzeptiert, so entscheidet der Beirat in einem eigenen, siebenköpfigen Gremium.

11.5 Ein fiktives Beispiel

Im Folgenden wird der Prüfprozess an einem fiktiven Beispiel erläutert. Zum besseren Verständnis wurde dafür ein bekanntes Märchen der Gebrüder Grimm ausgesucht: »Rotkäppchen und der Wolf«. Zur Erinnerung zunächst eine kurze Zusammenfassung des Märchens: Die Mutter bittet Rotkäppchen darum, der Großmutter einen Korb mit Wein und Kuchen zu bringen. Da der Weg durch einen Wald führt, ermahnt die Mutter Rotkäppchen, den Weg nicht zu verlassen. Rotkäppchen macht sich auf den Weg durch den Wald. Dabei sieht es schöne Blumen blühen und beginnt, diese zu pflücken, entfernt sich dabei aber immer mehr vom Weg, bis es schließlich einem Wolf begegnet. Dieser erfährt im Gespräch mit Rotkäppchen, dass sie sich auf dem Weg zur Großmutter befindet. Beide verabschieden sich voneinander. Der Wolf eilt zum Hause der Großmutter und bittet um Einlass, den diese ihm verwehrt, da seine Stimme ihr zu tief erscheint. Der Wolf frisst daraufhin Kreide und wird nach einem erneuten Versuch eingelassen. Er verschlingt die Großmutter und legt sich, als Großmutter verkleidet, in deren Bett. Als Rotkäppchen das Haus erreicht, ist sie vom Aussehen ihrer Großmutter irritiert und fragt diese, warum sie eine so große Nase, so große Ohren und einen so großen Mund habe. »Damit ich dich besser fressen kann«, antwortet der Wolf auf ihre letzte Frage und frisst das Rotkäppchen. Ein Jäger, der zufällig des Weges kommt, schneidet dem Wolf den Bauch auf, dem die Großmutter sowie Rotkäppchen unbeschadet entsteigen. Der leere Bauch wird mit Steinen gefüllt und zugenäht. Dann wird der Wolf in einen Brunnen geworfen, in dem er schließlich ertrinkt.

Präsentation. Das fiktive Computerspiel beginnt mit einem Videovorspann, in dem ein Auftraggeber der Figur, die der Computerspieler steuern wird, den Auftrag gibt, ein Päckchen von A nach B zu bringen. Der Auftraggeber weist auf mögliche Gefahren hin, die auf dem Weg lauern können. Manchen dieser Gefahren wird der Spieler ausweichen, manchen nicht entkommen können. Unterwegs werden verschiedene Dinge auf dem Boden liegen, die nützlich sein könnten und daher aufgehoben werden sollten.

Der Spieletester erläutert den Gutachtern zuerst das Spielziel, das Spieldesign und den Spielablauf. Er startet das Spiel, und die Gutachter schauen sich das Einführungsvideo an. Als Nächstes erläutert der Tester die Steuerung der Spielfigur und erklärt die Handlungsoptionen, die dem Spieler mit der Spielfigur zur Verfügung stehen. So hat Rotkäppchen die Fähigkeit zu kämpfen: zuerst mit einem einfachen Stock, später werden zwei geschmiedete Äxte hinzukommen. Diese Waffen werden benötigt, um einige Gefahrensituationen im Spielverlauf zu bestehen. Der Computerspieler kann Rotkäppchen auch schleichen lassen, dann ist sie verborgen und kann Gefahrensituationen aus dem Weg gehen. Eine weitere Fähigkeit besteht darin, mit anderen – vom Computer gesteuerten – Figuren zu reden. So erhält Rotkäppchen manch wichtige Unterstützung. Da Rotkäppchen die Fähigkeit hat, Dinge, die am Boden liegen, aufzuheben, kann sie z. B. Pilze sammeln und essen und damit ihre »Lebensenergie« vermehren.

Der Computerspieler steuert Rotkäppchen zu Beginn des Spiels in eine Waldgegend. Dort hebt sie einen Stock auf, der am Wegesrand liegt. Einige Sekunden später kommen zwei zähnefletschende Wölfe auf Rotkäppchen zu. Unternimmt sie nichts, wird sie von den

Wölfen so lange gebissen, bis die Lebensenergieanzeige erlischt und sie umfällt. Der Spieler muss nun das Spiel von vorne beginnen. Aktiviert der Computerspieler die Schleichfähigkeit, wird Rotkäppchen von den Wölfen dennoch angegriffen. Der Tester erläutert, dass diese Fähigkeit gegenüber Tieren keinen Nutzen bringt, da sie Rotkäppchen wittern können. Bei menschlichen Spielfiguren funktioniert das Schleichen, und Rotkäppchen wird nicht entdeckt. Dem Computerspieler bleibt nun keine andere Option, als die Wölfe mit dem Stock zu bekämpfen. Der Tester lässt sich nun auf die Auseinandersetzung mit den Wölfen ein und zeigt den Gutachtern, welche Kampfoptionen dem Spieler zur Verfügung stehen. Neben dem einfachen Schlagen sind dies besondere Schlagkombinationen, die einen höheren Schaden bei der gegnerischen Spielfigur hinterlassen. Die Lebensenergie des Gegners wird bei Kämpfen durch einen roten Balken am oberen Bildschirmrand angezeigt.

Die Wölfe lassen sich durch Schlagen jedoch nicht vertreiben, sie müssen besiegt werden. Daher wird die Spielfigur so gesteuert, dass sie die zwei Wölfe überwältigt. Beide Wölfe liegen nun am Boden und verschwinden nach wenigen Sekunden vom Bildschirm. Zurück bleiben zwei Wolfsfelle, die sich im Rucksack des Mädchens verstauen lassen.

Der Tester steuert Rotkäppchen weiter und führt die Figur über eine im Wald stehende rote Flagge, woraufhin der Spielstand gespeichert wird. So kann das Spiel, sollte Rotkäppchen einmal einen Kampf verlieren, von einem gespeicherten Spielstand aus fortgeführt werden.

Der Tester steuert Rotkäppchen nun zu einer kleinen Lichtung, in deren Mitte ein Lagerfeuer brennt, um das drei Personen sitzen. Rotkäppchen wird zu den Personen gesteuert, die aufstehen und Rotkäppchen nach einer Parole fragen. Da der Tester die Parole nicht kennt, attackieren die drei Spielfiguren Rotkäppchen mit Dolchen. Rotkäppchens Lebensenergie sinkt auf Null. Aus der Unterhaltung der drei Spielfiguren kann er entnehmen, dass sie den Auftrag haben, niemanden durchzulassen, der nicht die Parole kennt. Der Tester startet das Spiel vom zuletzt gespeicherten Spielstand aus. Es ist also sinnvoll, die roten Fahnen immer zu berühren, damit der Spielstand abgespeichert wird.

Der Tester versucht nun, die Lichtung schleichend zu umgehen, was auch gelingt. Rotkäppchen wird zu einer Hütte gesteuert, in der eine geisterhaft wirkende Frau wohnt. Kaum ist Rotkäppchen beim Haus, spricht die computergesteuerte Figur Rotkäppchen an und warnt sie vor den bösen Menschen, die sich im Wald herumtreiben und zu einer Diebesbande gehören. Sie selbst sei in früheren Jahren deren Opfer geworden und wache seitdem als Geist, um die freundlichen Menschen vor den Gefahren zu warnen. Damit Rotkäppchen sich im Falle eines Falles besser verteidigen kann als mit einem Stock, überlässt die Geisterdame ihr zwei stumpfe Äxte. Damit sie geschärft werden können, wird Rotkäppchen beauftragt, im Wald einige Kräuter und Pilze zu sammeln und der Geisterdame zu bringen. Sie selbst, so erklärt sie, sei wegen ihrer Geistergestalt nicht mehr in der Lage dazu. Der Tester steuert Rotkäppchen nun durch den Wald, sammelt die gewünschten Zutaten ein und bringt sie in das Haus der Geisterdame. Diese schärft damit die Waffen und lässt Rotkäppchen weiterziehen. Vor Rotkäppchen taucht nun eine enge Schlucht auf, deren Eingang von drei der Diebe bewacht wird. Der Spieletester zeigt den Gutachtern nun, dass es wegen der Enge der Schlucht keine Möglichkeit gibt, unerkannt an den Dieben vorbeizuschleichen. Der Spieler kann gleich die neuen Äxte ausprobieren. Als Rotkäppchen auf die drei Figuren zugeht, fragen diese wieder nach der Parole. Da Rotkäppchen weiterhin ahnungslos ist, ziehen die Gauner ihre Dolche, und Rotkäppchen zückt ihre zwei Äxte. Der Kampf dauert eine Minute, dann liegen die drei Gegner am Boden und verschwinden nach wenigen Sekunden. Zurück bleibt ein Brief, dessen Inhalt Rotkäppchen lesen kann: »Das Passwort des Tages lautet ›Zigarre‹. Gezeichnet xxx.«

Der Tester erläutert den Gutachtern, dass die Geschichte nun so ähnlich weitergeht, mal sind Gegner zu besiegen, mal können sie umgangen werden. Die Lager der Diebesbande können jetzt durch die Passworteingabe ohne Kampf durchschritten werden.

Aus Gründen des Jugendschutzes kann die Darstellung von Untoten – Spielfiguren, die halb Mensch, halb Skelett sind – relevant sein. Also startet der Tester einen Spielstand, in dem ein Dorf mit einem Jahrmarkt zu sehen ist, auf dem sich auch Untote aufhalten. Rotkäppchen wird im Spielverlauf dort vorbeikommen, um Informationen über den Aufenthaltsort der Großmutter zu erfahren, denn diese wurde von Untoten aus ihrem Waldhaus entführt.

Die Gutachter nehmen auch die grafische Darstellung eines Untoten zur Kenntnis. Zum Abschluss der Spielpräsentation lädt der Tester noch verschiedene Spielstände, in denen Kämpfe gegen schwieriger zu besiegende Gegner präsentiert werden, die ein hohes Maß an Reaktionsgeschwindigkeit und eine genaue Kenntnis der Fähigkeiten Rotkäppchens erfordern.

Zum Ende der Präsentation spielt der Tester noch den letzten Spielabschnitt, in dem die Großmutter aus der Festung der Monster befreit wird. Ist dies geschehen, startet ein Video, das die Heimkehr der Großmutter und die Überreichung des Korbes beinhaltet.

Diskussion. Nach der Präsentation beginnen die Gutachter mit einer ersten Einschätzung des Spiels. Gründe, die für oder gegen die beantragte Altersfreigabe sprechen, werden erläutert und diskutiert. In unserem Beispiel hat der Antragsteller eine Freigabe ab zwölf Jahren beantragt. Für die Gutachtenden gilt es nun zu bewerten, unter welchen Umständen bestimmte Inhalte die Entwicklung von Kindern und Jugendlichen beeinträchtigen könnten. Einen standardisierten Fragebogen, bei dem vorgegebene Punkte abgehakt werden, gibt es dabei nicht. Für unser Beispiel spielen folgende Fragen eine wesentliche Rolle:

- Ab welchem Alter kann ein Kind zwischen der realen Welt und der Spielwelt unterscheiden?
- Sind Gewalthandlungen so dargestellt, dass sie auf Jugendliche verrohend wirken können?
- Wird Gewalt eventuell ästhetisiert?
- Wirkt das Spiel beunruhigend, ängstigend?
- Gibt es ein System der Belohnung und/oder der Bestrafung?
- Welche Inhalte hat das Spiel, die mit der realen Welt vergleichbar sind?
- Können die Kinder unterscheiden, dass bestimmte Spielregeln im Spiel gelten, aber in der realen Welt keine Gültigkeit haben?
- Ab welchem Alter können Kinder das Spiel »lesen«, also verstehen, dass es sich hier um eine Inszenierung einer Spielidee in einer fiktiven Spielumgebung handelt?

Das Spiel »Rotkäppchen« stellt sich als Abenteuerspiel mit Actionelementen dar. Für den Jugendschutz relevant sind die Einbettung der Gewalthandlungen in den Spielverlauf, deren Visualisierung und akustische Untermalung, aber auch die Darstellung der Figuren selbst.

Die Figuren und die Spielumgebung sind durch ihre comicartige Darstellung deutlich von der realen Welt zu unterscheiden und bieten so ein ausreichend großes Distanzierungspotenzial. Da die Kämpfe gegen menschlich gestaltete Spielfiguren sowie Tiere und Monster, gemischt mit beängstigenden Spielsituationen, ein wesentliches Spielelement sind, kommt das Spiel für Kinder unter zwölf Jahren kaum in Frage. Die Trefferanimation – es sind kleine Blutspritzer zu sehen oder deutliche Todeslaute zu hören – führt in der Diskussion zu der Einschätzung, dass das Spiel erst Kindern zugänglich gemacht werden kann, die die Grundschule bereits abgeschlossen haben. Kleinere Kinder würden durch das Spiel verängstigt, da sie noch nicht so differenziert zwischen real und virtuell unterscheiden können. Eine Alterseinstufung ab zehn Jahren sieht das Gesetz allerdings nicht vor. Von daher ist die nächsthöhere Einstufung relevant. Die Auseinandersetzungen mit den größeren Gegnern – Drachen und Monstern – können besonders beängstigend wirken, da die Kämpfe zusätzlich mit bedrohlich wirkenden akustischen Signalen untermalt werden. Auch die Darstellung des düsteren Waldbereichs, in dem die Geisterdame haust, wirkt durch die akustischen Signale eher beängstigend.

Abstimmung. Da die Gewaltanwendung im Spiel nicht selbstzweckhaft (Töten um des Tötens willen) und nicht ästhetisiert dargestellt wird (Letzteres wäre z. B. der Fall, wenn die Tötungssequenz in Zeitlupe wiederholt würde), sondern dem Spielverlauf und der Dramaturgie der Handlung entspricht (die eigene Spielfigur muss geschützt und gerettet werden), ist eine Gefährdung für Jugendliche ab 12 Jahren auszuschließen. Jugendliche in diesem Alter haben bereits die Fähigkeit, das Spiel zu »lesen«.

Durch das Gesamtkonzept des Spiels und die grafische Umsetzung ist es 12-Jährigen und Älteren klar, das sie sich mit einer fiktiven Figur in einer fiktiven Welt und einer fiktiven Geschichte bewegen. Eine höhere Alterseinstufung ist daher nicht notwendig. So endet die eingehende Beratung im Gutachtergremium mit einer einstimmigen Entscheidung für eine antragsgemäße Freigabe. Der Ständige Vertreter der Obersten Landesjugendbehörden übernimmt die Entscheidung und erteilt dem Spiel durch einen hoheitlichen Verwaltungsakt – seine Unterschrift – die entsprechende Freigabe.

11.6   Die Altersfreigaben im Spannungsfeld gesellschaftlicher Debatten

Medien befinden sich immer in der gesellschaftlichen Diskussion: Ob Theateraufführungen, Filme, Bücher, Musik, Zeitschriften oder Computerspiele – kein Medium bleibt verschont. Bei all den Diskussionen, so schwierig sie im Einzelnen sein mögen, darf nicht vergessen werden, dass unterschiedliche Medien ein wichtiger Bestandteil einer pluralen Kultur sind, die sich durch ihre Vielfalt auszeichnet.

Dennoch gibt es berechtigte Gründe, die Vielfalt und Freiheit dort einzuschränken, wo sie negative Effekte auf die Gesellschaft als Ganzes haben. So ist ein Verbot der Darstellung von Symbolen der Nazidiktatur aufgrund der deutschen Geschichte verständlich. Dass dieses Verbot auch vor Medien nicht haltmacht, von historisch-dokumentarischen Darstellungen einmal abgesehen, ist selbstverständlich.

Bestimmte Gruppen unserer Gesellschaft unterliegen einem besonderen Schutz, da die Menschen, die ihnen zuzurechnen sind, in der Regel noch nicht die volle Reife einer erwachsenen Person erreicht haben: Kinder und Jugendliche. Dieser Schutz wird in verschiedenen Gesetzen geregelt. Eines dieser Gesetze, das Jugendschutzgesetz (JuSchuG), ist in den letzten Jahren besonders stark in die gesellschaftliche Diskussion geraten, was die Politik zu einigen Änderungen veranlasst hat und wohl noch zu weiteren Änderungen veranlassen wird. Im zuletzt 2009 geänderten Jugendschutzgesetz sind Regelungen verankert, die Kinder und Jugendliche vor besonderen Gefahren schützen sollen, die im Umgang mit Medien auftreten könnten.

Dass Rechtsvorschriften auch mit nicht klar definierten Kriterien auskommen müssen, macht es den Gutachtern der USK manchmal nicht leicht, Altersfreigaben festzulegen. Bei einem Großteil der Spiele, darauf sei an dieser Stelle auch einmal hingewiesen, sind die Freigaben allerdings unumstritten. In der Regel sind Entscheidungen dann umstritten, wenn es um Spiele geht, in denen die Darstellung von Gewalthandlungen eine zentrale Rolle spielt. Die genannten Prüfverfahren (Strafrechtsprüfung, Indizierungsprüfung, keine Kennzeichnung/keine Jugendfreigabe) sorgen dafür, dass Jugendlichen im Handel entsprechende Spiele nicht zugänglich gemacht werden dürfen.

Man muss aber auch zur Kenntnis nehmen, dass Eltern für den Umgang der Kinder und Jugendlichen mit Computerspielen eine zentrale Instanz darstellen. Handelsbeschränkungen können nicht verhindern, dass Spiele in die Hände von Kindern und Jugendlichen gelangen, für die sie nach dem Willen der USK-Gutachter und der Obersten Landesjugendbehörden nicht geeignet sind. Hier sind vor allem Eltern gefragt, genauer hinzuschauen, was ihre Kinder spielen. Die im Mai (Bundestag) und Juni 2008 (Bundesrat) beschlossenen Änderungen des Jugendschutzgesetzes, die eine verbesserte optische Kennzeichnung der Altersfreigabe auf den Verpackungen sowie eine leichtere Indizierung von Computerspielen mit »gewaltbeherrschtem« Inhalt ermöglicht, hat an dieser Situation grundsätzlich nichts geändert. Auch die in einigen Bundesländern diskutierten Maßnahmen wie eine Ausweitung der Alterseinstufungen auch für online vertriebene Computerspiele oder eine Änderung der Kennzeichnung von »Keine Jugendfreigabe« auf »Freigegeben ab 18 Jahren« wird an der Grundproblematik nichts ändern.

Die Arbeit der USK ist immer wieder Gegenstand von kontroversen, öffentlich geführten Diskussionen. Dabei geht es um die Frage, ob die USK in Verbindung mit den Obersten Landesjugendbehörden die Altersfreigaben nicht angemessen erteilt. Mal sind die Einstufungen scheinbar nicht streng genug, mal scheint die USK negative Wirkungen von Spielen zu übersehen. So weist die aktuelle Debatte über die Suchtwirkung von Onlinerollenspielen (beispielsweise im SPIEGEL, Nr.12, 16.3.2009) auf ein neues Thema im Zusammenhang mit Computerspielen hin.

Wie die Gesellschaft letzten Endes mit dem Medium Computerspiel umgeht und welche Einschränkungen gelten sollen, ist das Ergebnis von intensiven politischen Debatten und Entscheidungen. Da ein Verbot des Mediums an sich nicht angebracht erscheint, geschweige denn im Zeitalter des Internets durchsetzbar wäre, ist neben der Gesetzgebung die ganze Gesellschaft gefordert, den Umgang mit dem Medium zu regulieren. Die Kindergärten, die Schulen, die Eltern und all die Menschen, die darüber hinaus mit Kindern und Jugendlichen arbeiten, sind aufgefordert, ihren Beitrag dazu zu leisten.

11.7   Ein Ausflug in andere europäische Länder: das europäische Kennzeichnungssystem PEGI

Auf manchen Spieleverpackungen befindet sich ein Siegel der Organisation PEGI. Dies führt mitunter zu Irritationen. Nicht selten weichen die Alterseinstufungen von USK und PEGI voneinander ab, was zur Verwirrung beiträgt. PEGI ist die Abkürzung für »Pan European Game Information«. Dabei handelt es sich um ein europaweites Alterseinstufungssystem für Computer- und Videospiele.

Das System wurde im April 2003 in 16 europäischen Ländern eingeführt und ersetzte dort die bisherigen freiwilligen Einstufungssysteme. Es werden Empfehlungen für Käufer und Eltern ausgesprochen. Das Siegel soll Eltern, Einkäufern und Spielern das Vertrauen geben, dass der Inhalt eines bestimmten Spiels für eine spezifische Altersgruppe geeignet ist.

PEGI ist ein freiwilliges System, das von der Interactive Software Federation of Europe (ISFE), einem europaweiten Fachverband von Spielkonsolenherstellern sowie Anbietern und Entwicklern interaktiver Spiele, initiiert wurde. Der Bewertungsvorgang basiert auf einem Selbstbewertungsbogen der firmeninternen Programmierer. Anhand der Antworten wird dem Spiel automatisch eine Bewertung zugeteilt. Für jede Themenkategorie wird eine Alterseinstufung vorgenommen, die auf den Antworten des Selbstwertungsbogens basiert.

Das PEGI-System wird durch das Niederländische Institut für die Klassifizierung audiovisueller Medien (NICAM) verwaltet und praktisch umgesetzt. Die vom Hersteller vorgeschlagene Altersempfehlung wird vom NICAM kontrolliert. Alle 16- und 18-Empfehlungen werden überprüft, bevor sie bestätigt werden. Alle 12-Empfehlungen und einige der 3- und 7-Empfehlungen werden kontrolliert, nachdem sie bestätigt wurden. Am Ende dieses Prozesses stellt das NICAM für das betroffene Produkt (im Auftrag der ISFE) eine Lizenz zur Benutzung eines speziellen Logos aus, das einen Hinweis auf die Altersempfehlung sowie den Inhalt des Produktes angibt.

Neben der Altersempfehlung werden die unten aufgeführten Symbole verwendet, die zusätzliche Hinweise liefern. Die meisten europäischen Länder nehmen an diesem System teil; Deutschland hat PEGI jedoch nicht übernommen.

PEGI-Alterskennzeichnung

Schimpfwörter
Spiel verwendet Schimpfwörter

Diskriminierung
Spiel zeigt Diskriminierung oder Spielinhalt fördert Diskriminierung

Drogen
Spiel bezieht sich auf Drogenkonsum oder zeigt diesen

Angst
Spiel bereitet kleinen Kindern Angst oder ist gruselig

Glücksspiel
Spiel fordert zum Glücksspiel auf oder gibt Anleitung dazu

Sex
Spiel zeigt Nacktheit und/oder sexuelle Handlungen oder spielt auf sexuelle Handlungen an

Gewalt
Das Spiel enthält Gewaltdarstellungen oder verherrlicht/verharmlost Gewalt

Online
Spiel kann online gespielt werden

Hinweissymbole des PEGI-Kennzeichnungssystems, Quelle: http://www.pegi.into/de/index/id/54, Screenshot vom 22.3.2010

Weiterführende Literatur

Frölich, M., Grunewald, M. & Taplik, U. (Hrsg.). (2007). Computerspiele. Faszination und Irritation. Frankfurt a.M.: Brandes & Apsel.

Gerstenberger, K-P. & Klingelstein, M. (2005). Crashkurs Kind und Computerspiele. Medien-Fit in 90 Minuten. Hrsg. von T. Feibel. Stuttgart: Klett.

Mende, C. (2008). Gewaltdarstellungen in Ego-Shootern: Zu den Auswirkungen virtueller Gewalt auf das Verhalten von Jugendlichen. Saarbrücken: VDM.

Rosenstingl, H. & Mitgutsch, K. (2009). Schauplatz Computerspiele. Wien: Braumüller.

Witting, T. (2007). Wie Computerspiele uns beeinflussen: Transferprozesse beim Bildschirmspiel im Erleben der User. München: Kopaed.

Jugendschutz in Aktion 2: Arbeitsweise der Bundesprüfstelle für jugendgefährdende Medien (BPjM)

Corinna Bochmann, Wolfram Hilpert und Walter Staufer

12.1 Aufgaben und Arbeitsweisen der Bundesprüfstelle für jugendgefährdende Medien

Die Bundesprüfstelle für jugendgefährdende Medien (BPjM) ist eine selbstständige Bundesoberbehörde im Geschäftsbereich des Bundesministeriums für Familie, Senioren, Frauen und Jugend (BMFSFJ).

12.1.1 Aufgabe

Gesetzliche Aufgabe der BPjM ist es, Medien mit jugendgefährdenden Inhalten zu indizieren. Rechtsgrundlage ist das Jugendschutzgesetz (JuSchG). Eine Indizierung hat Abgabe-, Präsentations-, Verbreitungs- und Werbebeschränkungen zur Folge. Erwachsenen steht der Zugang zu indizierten Medien jedoch weiterhin offen.

12.1.2 Zuständigkeit

Die BPjM ist zuständig für Trägermedien, wie Printmedien (mit Ausnahme der Tageszeitungen), Tonträger, Filme (Video, DVD) und Computerspiele, sowie für Telemedien (Internetangebote).

Nicht zuständig ist die BPjM für den Rundfunk und für Medien, die ein seit dem 1.4.2003 verbindliches Alterskennzeichen einer freiwilligen Selbstkontrolle tragen. Hier sind im Bereich Film die Kennzeichen der Freiwilligen Selbstkontrolle der Filmwirtschaft (FSK) und im Bereich Computerspiele die Kennzeichen der Unterhaltungssoftware Selbstkontrolle (USK) zu nennen, die von den Obersten Landesjugendbehörden als Verwaltungsakte übernommen werden. Haben die FSK oder die USK einen Film bzw. ein Spiel gekennzeichnet (zur Arbeit der USK: ▶ Kap. 11), so kann dieser/dieses von der BPjM nicht mehr indiziert werden. Umgekehrt dürfen Filme und Spiele, welche von der BPjM indiziert wurden bzw. mit indizierten Medien inhaltsgleich sind, von den freiwilligen Selbstkontrollen kein Alterskennzeichen erhalten.

Aus Gründen des Vertrauensschutzes sind inhaltsgleiche Medien von einer unterschiedlichen Beurteilung mehrerer staatlicher Stellen ausgenommen. Urheber, Hersteller und Vertreiber müssen sich darauf verlassen können, dass ein Medium, welches verbindlich als nicht jugendgefährdend eingestuft wurde, nicht an anderer Stelle für jugendgefährdend befunden wird.

12.1.3 Einleitung eines Indizierungsverfahrens

Zur Aufnahme eines Indizierungsverfahrens ist grundsätzlich ein Antrag bzw. eine Anregung einer hierzu berechtigten Stelle erforderlich. Wer bei der BPjM antragsberechtigt ist, bestimmt das Gesetz. Eine Antragsberechtigung besitzen in Deutschland rund 800 Stellen. Dies sind:

- das Bundesministerium für Familie, Senioren, Frauen und Jugend,
- die Obersten Landesjugendbehörden (Jugendministerien der Länder),
- die Kommission für Jugendmedienschutz (KJM),
- die Landesjugendämter sowie
- die Jugendämter.

Anregungsberechtigt sind alle bisher nicht genannten Behörden sowie die anerkannten Träger der freien Jugendhilfe. Das Anregungsrecht steht damit auch Schulen offen. Ein effektiver Jugendmedienschutz ist letztlich nur durch Zusammenwirken aller Verantwortlichen möglich. Insbesondere die Schule macht einen bedeutenden Anteil des sozialen Umfelds Minderjähriger aus, weshalb die Anregung von Indizierungsverfahren durch Schulen den Bezug zu aktuellen Entwicklungen im Medienkonsum Minderjähriger und damit einen effektiven Jugendmedienschutz gewährleistet.

Privatpersonen können nicht unmittelbar die Aufnahme eines Indizierungsverfahrens bei der BPjM bewirken. Aufgrund der Zahl von ca. 800 antragsberechtigten und mehreren Hunderttausend anregungsberechtigten Stellen finden Privatpersonen in ihrem unmittelbaren Umfeld jedoch leicht eine Stelle, an welche sie sich mit einem potenziell jugendgefährdenden Medium wenden können. Von dieser Stelle aus kann dann ein Indizierungsverfahren in Gang gesetzt werden.

12.1.4 Spruchkörper

Ist ein Verfahren durch Antrag oder Anregung in die Wege geleitet, entscheidet in der Regel das 12er-Gremium der BPjM darüber, ob von dem vorgelegten Prüfobjekt tatsächlich eine Jugendgefährdung ausgeht.

Das 12er-Gremium ist das zentrale Entscheidungsorgan der BPjM und setzt sich aus der/dem Vorsitzenden der BPjM, acht Gruppenbeisitzerinnen bzw. Gruppenbeisitzern aus gesellschaftlich relevanten Kreisen und drei Länderbeisitzerinnen bzw. Länderbeisitzern zusammen. Die Gruppenbeisitzerinnen und -beisitzer kommen aus folgenden Kreisen:

- Kunst,
- Literatur,
- Buchhandel und Verlegerschaft,
- Anbieter von Bildträgern und von Telemedien,
- Träger der freien Jugendhilfe,
- Träger der öffentlichen Jugendhilfe,
- Lehrerschaft und
- Kirchen, jüdischen Kultusgemeinden und anderen Religionsgemeinschaften, die Körperschaften des öffentlichen Rechts sind.

Ein Medium kann nur dann indiziert werden, wenn zwei Drittel der Beisitzerinnen und Beisitzer dies befürworten. Wird die erforderliche Stimmenzahl nicht erreicht, so ist die Indizierung abgelehnt.

Die Entscheidung über die Indizierung vollzieht sich in einem gerichtsähnlichen Verfahren: Es wird eine mündliche, nicht öffentliche Sitzung abgehalten, an der die Verfahrensbeteiligten, z. B. Verleger, Autor, Hersteller bzw. Vertreiber, teilnehmen und ihre Sicht der Dinge – auch mithilfe eines Rechtsanwalts – darlegen können.

Das zur Indizierung beantragte Medium wird dem Gremium in Vorbereitung der Sitzung übersandt (so bei Büchern, Zeitschriften etc.) oder in der Sitzung vorgeführt. So werden beispielsweise die Liedertexte von zur Indizierung beantragten CDs den Gremiumsmitgliedern vorab zur Verfügung gestellt und die verfahrensgegenständlichen Tonträger in der Sitzung angehört. Filme werden in der Sitzung vollständig angeschaut. Im Bereich der Telemedien wird den Beisitzerinnen und Beisitzern vorab ein Screenshot der jeweiligen Seite übersandt, das Angebot jedoch am Sitzungstag in der dann aktuellen Fassung gesichtet.

In Indizierungsverfahren zu Computerspielen wird das jeweilige Spiel in Vorbereitung der Sitzung von dem Spieletester der BPjM von Anfang bis Ende unter Berücksichtigung verschiedener Optionen und Spielstrategien durchgespielt. In der Sitzung führt der Spieletester das Spiel in den wesentlichen Auszügen dem Entscheidungsgremium vor und erklärt dabei die Spielzüge. Die Mitglieder des Gremiums und der Verfahrensbeteiligte haben während der Vorführung die Möglichkeit, den Spieletester zu bestimmten Spielabläufen zu befragen und von ihm die Vorführung weiterer Spielsequenzen zu erbitten. Anschließend berät und entscheidet das Gremium unter Ausschluss der Öffentlichkeit.

In Fällen einer offensichtlichen Jugendgefährdung hat die BPjM die Möglichkeit, in einem vereinfachten Verfahren durch das 3er-Gremium zu entscheiden. Das vereinfachte Verfahren dient der Entlastung des 12er-Gremiums in Fällen, in welchen das 12er-Gremium aufgrund gefestigter Spruchpraxis sicher eine Indizierung aussprechen würde. Die Entscheidungen des 3er-Gremiums können nur auf Listenaufnahme lauten, wobei die Entscheidungen einstimmig zustande kommen müssen. Wird die erforderliche Einstimmigkeit nicht erzielt oder kommen die Mitglieder des 3er-Gremiums zu der Auffassung, dass das Medium nicht in die Liste der jugendgefährdenden Medien aufgenommen werden soll, so wird die Entscheidung in voller Besetzung, also durch das 12er-Gremium herbeigeführt.

12.1.5 Jugendgefährdung

Die gesetzliche Grundlage für eine Indizierung findet sich in § 18 JuSchG. Darin heißt es: »Träger- und Telemedien, die geeignet sind, die Entwicklung von Kindern oder Jugendlichen oder ihre Erziehung zu einer eigenverantwortlichen und gemeinschaftsfähigen Persönlichkeit zu gefährden, sind von der BPjM in die Liste jugendgefährdender Medien aufzunehmen. Dazu zählen vor allem unsittliche, verrohend wirkende, zu Gewalttätigkeit, Verbrechen oder Rassenhass anreizende Medien«.

Diese Aufzählung ist nicht abschließend. Unter die Formulierung des § 18 JuSchG sind nach der Spruchpraxis der Bundesprüfstelle und der ständigen Rechtsprechung solche Medieninhalte zu fassen, die zu einer sozialethischen Desorientierung Minderjähriger führen können. Dadurch ist dem 12er-Gremium die Möglichkeit eröffnet, eine Spruchpraxis zu ungeschriebenen Tatbestandsmerkmalen zu entwickeln. Nach der Spruchpraxis gelten somit auch Medien als jugendgefährdend, die den Nationalsozialismus verherrlichen, Menschen aufgrund ihres Geschlechts, ihrer kulturellen, sozialen, sexuellen Gewohnheiten und Neigungen oder äußerlichen Merkmale diskriminieren oder den Drogenkonsum verherrlichen bzw. verharmlosen.

Verrohend wirkende Medien sind solche, die geeignet sind, auf Kinder und Jugendliche durch Wecken und Fördern von Sadismus und Gewalttätigkeit, Hinterlist und gemeiner Schadenfreude einen verrohenden Einfluss auszuüben. Das ist der Fall, wenn mediale Gewaltdarstellungen Brutalität fördern bzw. ihr entschuldigend das Wort reden. Das ist vor allem dann gegeben, wenn Gewalt ausführlich und detailliert gezeigt wird und die Leiden der Opfer ausgeblendet werden bzw. die Opfer als ausgestoßen, minderwertig oder als Schuldige dargestellt werden (Nikles, Roll, Spürck & Umbach, 2005).

Daneben ist unter dem Begriff der Verrohung aber auch die Desensibilisierung von Kindern und Jugendlichen im Hinblick auf die im Rahmen des gesellschaftlichen Zusammenlebens gezogenen Grenzen der Rücksichtnahme und der Achtung anderer Individuen zu verstehen. Sie findet ihren Ausdruck im Außerachtlassen angemessener Mittel der zwischenmenschlichen Auseinandersetzung sowie im Verzicht auf jedwede mitmenschliche Solidarität (Ukrow, 2004).

Zu Gewalttätigkeit und Verbrechen anreizende Medien stehen in engem Zusammenhang mit den verrohend wirkenden Medien. Der Unterschied liegt im Wesentlichen darin, dass es hier nicht auf die innere Charakterbildung ankommt, sondern auf die äußeren Verhaltensweisen. Unter dem Begriff der Gewalttätigkeit ist dabei ein aggressives, aktives Tun zu verstehen, durch das unter Einsatz oder Ingangsetzen physischer Kraft unmittelbar oder mittelbar auf den Körper eines Menschen oder eines Tieres in einer dessen leibliche Unversehrtheit beeinträchtigenden oder konkret gefährdenden Weise eingewirkt wird.

Eine Schilderung ist dabei anreizend, wenn sie die Ausübung von Gewalt gegen Menschen oder Tiere als nachahmenswert darstellt. Es soll mithin Nachahmungseffekten bei Kindern und Jugendlichen entgegengewirkt werden, welche Gefahr laufen, »in den die Phantasie aufreizenden Bildern die Wiedergabe wirklicher Geschehnisse zu sehen und sich teilweise sogar in einer unmittelbare Tatstimmung erzeugenden Weise weit mehr beeinträchtigen zu lassen als erwachsene Menschen« (Ukrow, 2004). Die diesbezügliche Spruchpraxis der Gremien der BPjM wird im Folgenden am Beispiel des Mediums Computerspiel näher erläutert.

Neben der einfachen Jugendgefährdung sieht das Jugendschutzgesetz auch eine schwere Jugendgefährdung vor. Die Besonderheit im Vergleich zur einfachen Jugendgefährdung ist darin zu sehen, dass die noch darzustellenden Indizierungsfolgen bereits qua Gesetz gelten, ohne dass es einer vorherigen Entscheidung durch die Gremien und einer Listenaufnahme bedarf. Das Jugendschutzgesetz nimmt dabei auf eine Reihe von Straftatbeständen nach dem Strafgesetzbuch (StGB) Bezug, benennt aber auch weitere Tatbestände. Im Folgenden werden die im Bereich von Gewaltdarstellungen relevanten Tatbestandsmerkmale kurz aufgezeigt. Als schwer jugendgefährdend gelten unter anderem Medien, die

- volksverhetzend sind (§ 130 StGB),
- zu schweren Straftaten anleiten (§ 130 a StGB),
- grausame oder sonst unmenschliche Gewalttätigkeit gegen Menschen oder menschenähnliche Wesen in einer Art schildern, die eine Verherrlichung oder Verharmlosung solcher Gewalttätigkeiten ausdrückt, oder die das Grausame oder Unmensch-

liche des Vorgangs in einer die Menschenwürde verletzenden Weise darstellen (§ 131 StGB);
- pornografisch sind und die Gewalttätigkeiten oder sexuelle Handlungen von Menschen mit Tieren (§ 184 a) oder den sexuellen Missbrauch von Kindern (§ 184 b StGB) zum Gegenstand haben;
- den Krieg verherrlichen, wobei eine solche Kriegsverherrlichung besonders dann gegeben ist, wenn Krieg als reizvoll oder als Möglichkeit beschrieben wird, zu Anerkennung und Ruhm zu gelangen, und wenn das Geschehen einen realen Bezug hat;
- Menschen, die sterben oder schweren körperlichen oder seelischen Leiden ausgesetzt sind oder waren, in einer die Menschenwürde verletzenden Weise darstellen und ein tatsächliches Geschehen wiedergeben, ohne dass ein überwiegendes berechtigtes Interesse gerade an dieser Form der Berichterstattung vorliegt,

Um Unklarheiten beim Handel zu vermeiden, nimmt die BPjM auch schwer jugendgefährdende Medien auf Antrag oder Anregung ausdrücklich in die Liste auf und macht bei Trägermedien die Aufnahme im Bundesanzeiger bekannt.

12.1.6 Grundrechtsabwägung

Auch wenn das Gremium zu der Einschätzung gelangt ist, dass der Inhalt des zu prüfenden Mediums jugendgefährdend ist, steht die Indizierung noch nicht fest. Durch eine Indizierung wird stets auch in bestimmte Grundrechte des Verfahrensbeteiligten eingegriffen. Da aber auch der Jugendschutz Verfassungsrang hat, d. h. von der Wertigkeit auf derselben Ebene steht wie Grundrechte – z.B. Meinungs- und Kunstfreiheit –, muss im Falle einer Kollision von Jugendschutz und Grundrechten eine Abwägung stattfinden, welchem von beidem im Einzelfall Vorrang einzuräumen ist.

12.1.7 Indizierung (Eintrag in die Liste der jugendgefährdenden Medien)

Die Entscheidung der Gremien der BPjM muss unverzüglich umgesetzt werden, indem das indizierte Medium in die Liste der jugendgefährdenden Medien eingetragen wird und – im Falle von Trägermedien – die Entscheidung im Bundesanzeiger bekannt gemacht wird.

Die Liste wird in vier Teilen (A, B, C und D) geführt. Die Eintragungen in die jeweiligen Kategorien richten sich nach folgenden Kriterien:

- Die Teile A und B umfassen Trägermedien. Unter Trägermedien fallen alle gegenständlichen Medienträger, die zur Weitergabe geeignet, zur unmittelbaren Wahrnehmung bestimmt oder in ein Vorführ- oder Spielgerät eingebaut sind. Dazu zählen insbesondere alle Druckschriften, Plakate, Filmrollen, Videokassetten, DVDs, CD-ROMs oder Tonträger.
- In die Teile C und D werden indizierte Telemedien eingetragen. Telemedien sind alle Onlineangebote, die im Internet abrufbar sind.
- Die Listenteile B und D beinhalten diejenigen Trägermedien bzw. Telemedien, deren Inhalte jugendgefährdend sind und nach Einschätzung der Gremien der BPjM auch gegen bestimmte Strafrechtsnormen verstoßen. Bei Einträgen in die Listenteile B und D benachrichtigt die BPjM daher die zuständige Staatsanwaltschaft.

12.1.8 Indizierungsfolgen

Die Indizierungsfolgen ergeben sich aus unterschiedlichen Gesetzen in Abhängigkeit von der Art des Mediums. Die Folgen der Indizierung im Hinblick auf Trägermedien sind im Jugendschutzgesetz (JuSchG) geregelt, während die Rechtsfolgen der Indizierung von Telemedien im Jugendmedienschutz-Staatsvertrag (JMStV) geregelt sind. Zwischen beiden Medienkategorien muss man deshalb unterscheiden.

Trägermedien

Ist ein Trägermedium in die Liste der jugendgefährdenden Medien aufgenommen und die Indizierung im Bundesanzeiger bekannt gemacht worden, unterliegt es bestimmten Abgabe-, Präsentations-, Verbreitungs- und Werbebeschränkungen. Diese Beschränkungen sind in § 15 JuSchG geregelt. Voranzustellen ist in diesem Zusammenhang, dass Verbotsadressat jedermann ist, somit auch Minderjährige selbst. Eine Ausnahme hiervon gilt für die Personensorgeberechtigten, solange sie ihre Erziehungspflicht nicht gröblich verletzen.

Indizierte Medien dürfen Minderjährigen nicht angeboten, überlassen oder sonst zugänglich gemacht werden. Zugänglichmachen bedeutet, dass Minderjährigen die Möglichkeit der unmittelbaren Kenntnisnahme für kurze oder längere Zeit verschafft wird. In welcher Form dies geschieht, ob kostenlos oder gegen Entgelt, vollständig oder teilweise, spielt dabei keine Rolle. Das Zugänglichmachen erfordert dabei nicht, dass Kinder oder Jugendliche tatsächlich Kenntnis von den indizierten Inhalten erhalten – die Möglichkeit der Wahrnehmung reicht aus. Das Anbieten bedeutet demgegenüber, sich zur kostenlosen oder kostenpflichtigen Überlassung eines konkreten Mediums bereit zu zeigen. Der dem Anbieten folgende Schritt ist sodann das Überlassen, d. h., das indizierte Medium wird der minderjährigen Person direkt in die Hand gegeben.

Indizierte Medien dürfen nicht an Orten, die für Kinder und Jugendliche zugänglich sind oder von ihnen eingesehen werden können, ausgestellt, angeschlagen, vorgeführt oder sonst zugänglich gemacht werden. In der Kurzfassung heißt das: »Zutritt für Kinder und Jugendliche verboten!« Auch die in dieser Vorschrift benannten Alternativen beziehen sich auf die Möglichkeit der Kenntnisnahme eines indizierten Mediums mit der zusätzlichen Voraussetzung eines bestimmten Ortes. Bei einem solchen Ort kann es sich um einen öffentlich zugänglichen handeln, wie z. B. Kinos, Parks, Schaufenster von Geschäften etc., oder aber um nicht öffentlich zugängliche Orte wie private Veranstaltungen und Treffen.

Indizierte Medien dürfen nur über bestimmte Vertriebswege angeboten werden. Da indizierte Medien nur nicht an Minderjährige abgegeben werden dürfen, hat der Handel nach wie vor die Möglichkeit, die indizierten Medien an Erwachsene zu verkaufen bzw. zu vermieten. Das Gesetz benennt daher sämtliche Vertriebswege, die beim Handel mit indizierten Medien nicht zulässig sind.

Indizierte Medien dürfen im Rahmen einer gewerblichen Vermietung nicht angeboten oder überlassen werden. Werden indizierte Medien gewerblich vermietet (z. B. Videoverleih), so sind an die Räumlichkeiten besondere Anforderungen zu stellen: Indizierte Medien, die an Kunden vermietet werden, dürfen nur in sogenannten Ladengeschäften ausgestellt oder angeboten werden. Zu Ladengeschäften, in denen indizierte Medien ausgestellt oder angeboten werden, muss Kindern oder Jugendlichen der Zutritt untersagt werden. Außerdem dürfen solche Geschäfte nicht von außen einsehbar sein.

Indizierte Medien dürfen nicht im Wege des Versandhandels vertrieben werden. Versandhandel im Sinne des Gesetzes liegt jedoch dann nicht vor, wenn durch technische oder sonstige Vorkehrungen sichergestellt ist, dass kein Versand an Kinder und Jugendliche erfolgt.

Indizierte Medien dürfen in der Öffentlichkeit nicht beworben werden. Ebenso darf in keinem Fall mit der Indizierung »geworben« werden bzw. damit, dass ein Indizierungsverfahren anhängig ist oder war. Das gilt auch für den Fall, dass ein Medium nicht indiziert wurde. Ferner darf die Liste der jugendgefährdenden Medien nicht zum Zweck der geschäftlichen Werbung abgedruckt oder veröffentlicht werden. Verboten ist jede Form der Werbung, auch die Werbung, die selbst nicht jugendgefährdend ist.

Ein Verstoß gegen diese Vorschriften wird mit Geld- oder Freiheitsstrafe bis zu einem Jahr geahndet. Strafbar ist nicht nur vorsätzliches, sondern auch fahrlässiges Handeln. Die genannten Strafvorschriften finden keine Anwendung, wenn Eltern oder sonstige Personensorgeberechtigte das Medium einem Kind oder einer jugendlichen Person anbieten, überlassen oder zugänglich machen. Die enge Beziehung zwischen Eltern und ihren Kindern gestattet es in besonderem Maße, Medienkompetenz zu vermitteln. Zur Medienerziehung gehört auch, dass sich Eltern mit ihren Kindern über jugendgefährdende Inhalte auseinandersetzen. Dieses Privileg findet seine Grenzen, sobald Eltern durch das Zugänglichmachen gegen ihre Erziehungspflicht verstoßen.

Telemedien

Der Regelungsbereich des Jugendschutzes im Rundfunk und im Bereich des Internets (Telemedien) ist im Wesentlichen den Bundesländern vorbehalten, welche in Form des Jugendmedienschutz-Staatsvertrages (JMStV) bundeseinheitlich geltende Bestimmungen verabschiedet haben.

Internetangebote, die in die Teile B und D der Liste (s. o.) aufgenommen worden sind, sind unzulässig. Werbung für diese Angebote ist ebenfalls unzulässig. Internetangebote, die in die Teile A und C der Liste (s. o.) aufgenommen sind oder mit einem in diese Liste aufgenommenen Werk ganz oder im Wesentlichen inhaltsgleich sind, sind nur dann zulässig, wenn vonseiten des Anbieters durch technische Vorkehrungen sichergestellt ist, dass sie nur Erwachsenen zugänglich gemacht werden (sogenannte geschlossene Benutzergruppen). Geeignete technische Vorkehrungen sind sogenannte Altersverifikationssysteme (AVS), die durch einen Identifizierungs- und Authentifizierungsvorgang sicherstellen, dass nur eine volljährige Person auf diese Inhalte zugreifen kann.

Ein Verstoß gegen die oben genannten Vorschriften stellt eine Ordnungswidrigkeit, die mit einem Bußgeld von bis zu 500.000 € geahndet werden kann, bzw. – im Fall des Anbieters von offensichtlich schwer jugendgefährdenden Medien – sogar eine Straftat dar, für die der JMStV eine Geld- oder eine Freiheitsstrafe von bis zu einem Jahr vorsieht. Zuständig für die Überprüfung und Bewertung mutmaßlicher Verstöße gegen die Jugendschutzbestimmungen ist die Kommission für Jugendmedienschutz (KJM; ▶ Kasten), die auch entsprechende Maßnahmen beschließt. Die Durchsetzung dieser Maßnahmen fällt in die Zuständigkeit der jeweiligen Landesmedienanstalt.

Die **Kommission für Jugendmedienschutz (KJM)** ist eine Einrichtung auf der Ebene der Bundesländer. Sie nimmt als zentrale Aufsichtsstelle der Länder die Aufsicht über den privaten Rundfunk und das Internet wahr. Die KJM überwacht die Bestimmungen des JMStV, ist zuständig für die Anerkennung von Einrichtungen der freiwilligen Selbstkontrolle, für die Festlegung von Sendezeiten, die Anerkennung von Jugendschutzprogrammen und Stellungnahmen zu Indizierungsanträgen sowie für Anträge bei der BPjM. Nähere Informationen finden Sie unter www.kjm-online.de.

Unterstützt wird die Arbeit der KJM von jugendschutz.net. Diese eng an die KJM angebundene Stelle prüft Internetangebote und nimmt Aufgaben der Beratung und Schulung war. Jedermann kann sich unter www.jugendschutz.net an die Beschwerdestelle wenden und Hinweise auf Verstöße gegen Bestimmungen des Jugendmedienschutzes im Bereich des Internets melden (siehe dazu auch ▶ Kap. 10).

Jugendschutz.net weist die Anbieter auf die Verstöße hin und informiert die KJM und ggf. die Staatsanwaltschaften. Die Rechtsfolgenseite der Indizierung von Telemedien kann bei Internetangeboten, deren Anbieter ihren Firmensitz im Ausland haben, nicht regelmäßig durchgesetzt werden. Somit können diese Indizierungen nur dann die vom Gesetzgeber beabsichtigte Wirkung entfalten, wenn allen, die für Kinder und Jugendliche Verantwortung tragen, ermöglicht wird, mittels Filterung den Zugang zu diesen Angeboten zu verwehren.

Das Jugendschutzgesetz bestimmt für die beschriebenen indizierten Angebote, deren Filterung durch nutzerautonome Filterprogramme zu ermöglichen. Zur Erfüllung dieses gesetzlichen Auftrages erstellt die BPjM das BPjM-Modul. Das BPjM-Modul ist eine aufbereitete Datei zur Filterung der indizierten Telemedien, die sich in geeignete nutzerautonome Filterprogramme als ein Filtermodul (Blacklist) integrieren lässt. Bei den indizierten und mittels des BPjM-Moduls filterbaren Onlineangeboten handelt es sich zum einen um Angebote, die absolut unzulässig sind, und zum anderen um solche Angebote, deren Verbreitung außerhalb einer geschlossenen Benutzergruppe unzulässig ist.

Ausdrücklich weist die BPjM darauf hin, dass mittels des BPjM-Moduls ausschließlich der Zugang zu den von der BPjM indizierten Internetseiten verwehrt

12.2 · Wann ist mediale Gewalt jugendgefährdend? Das Beispiel Computerspiele

167

12

werden kann. Kinder und Jugendliche können somit vor solchen Internetangeboten geschützt werden, bezüglich deren die BPjM auf Antrag bzw. Anregung nach den gesetzlichen Bestimmungen für das Indizierungsverfahren jugendgefährdende und/oder möglicherweise strafrechtsrelevante Inhalte festgestellt hat. Das BPjM-Modul bewirkt somit einen wichtigen Schutz. Dennoch darf allein aufgrund der Filterung der indizierten Onlineangebote nicht von der Unbedenklichkeit aller anderen Internetangebote ausgegangen werden.

12.2 Wann ist mediale Gewalt jugendgefährdend? Das Beispiel Computerspiele

Ob Mediengewalt die Entwicklung von Kindern und Jugendlichen negativ beeinflusst, hängt zum einen vom Alter der Heranwachsenden, von ihren Persönlichkeitsvoraussetzungen und den sozialen Lebensbedingungen ab. Auch die Länge der Zeit, in der Kinder und Jugendliche medialer Gewalt ausgesetzt sind, ist hierfür relevant.

Ausschlaggebend für eine Antwort auf die Frage, ob Mediengewalt Kinder und Jugendliche gefährdet oder nicht, ist zum anderen aber immer auch die Art und Weise, wie Gewalt in einem Medium dargestellt wird. Gewalt ist nicht gleich Gewalt. Sie kann sehr abstrakt oder schemenhaft wiedergegeben werden, aber auch realistisch anmutend und detailreich dargestellt sein. Auch die Art und Weise, wie die Gewalt im Medium legitimiert wird, ist für die Wirkung von Bedeutung.

Bei bestimmten Gewaltdarstellungen besteht die Gefahr, dass sie auf Kinder und Jugendliche verrohend wirken und sich negativ auf innere Einstellungen auswirken, z. B., indem sie die Mitleidsfähigkeit herabsetzen oder Schadenfreude und Sadismus fördern. Solche Medien werden von der BPjM indiziert. Auch gewalthaltige Medien, die das Verhalten negativ beeinflussen können, indem sie zur Gewalttätigkeit oder zum Verbrechen anreizen, werden – wenn ein entsprechender Antrag vorliegt – in die Liste der jugendgefährdenden Medien eingetragen.

Wann aber ist eine verrohende, zu Gewalttätigkeit oder Verbrechen anreizende Wirkung von Gewaltdarstellungen anzunehmen? Wenn das aus verschiedenen gesellschaftlichen Gruppen zusammengesetzte 12er-Gremium der BPjM ein Medium begutachtet und über seine Jugendgefährdung entscheidet, werden Erfahrungen aus unterschiedlichen beruflichen bzw. gesellschaftlichen Tätigkeiten genutzt, um diese Frage zu beantworten. Als Ergebnis des Diskurses hat sich die Spruchpra-

xis der Bundesprüfstelle für jugendgefährdende Medien herausgebildet. Die Spruchpraxis findet in den Indizierungskriterien der BPjM ihren Niederschlag, die auf der Homepage der BPjM (www.bundespruefstelle.de, Rubrik »Indizierungsverfahren«, dort »Begriff der Jugendgefährdung«) wiedergegeben sind.

Die Diskussion um die Wirkung gewalthaltiger Inhalte ist gerade in Bezug auf Computerspiele lebhaft. Im gesellschaftlichen Diskurs werden jedoch Begriffe wie z. B. »Ballerspiele« von Diskussionsteilnehmenden in unterschiedlichem Sinne verwendet. Dies erschwert eine zielführende Diskussion. Umso relevanter scheint es, einen Begriff, der durch jahrelange Spruchpraxis der BPjM definiert ist, an dieser Stelle vorzustellen und näher zu erläutern: den Begriff der jugendgefährdenden Computerspiele.

Zugleich soll in diesem Kapitel am Beispiel von Computerspielen konkretisiert werden, wann eine verrohende, zur Gewalttätigkeit oder zum Verbrechen anreizende Wirkung von medialen Gewaltdarstellungen anzunehmen ist. Um anschaulich zu machen, aufgrund welcher Eigenschaften ein Computerspiel als jugendgefährdend einzuschätzen ist, wurden die Fragen, die für eine entsprechende Prüfung von Computerspielen relevant sind, in fünf Leitfragen gebündelt:

12.2.1 Sind Menschen oder menschenähnliche Wesen Opfer der Gewalt?

Computerspiele, die den gezielten und/oder schnellen Abschuss von Gegnern als Spielaufgabe haben, werden »Shooter« genannt. Der Spieler kann in der Ich-Perspektive (Ego-Shooter) oder mittels einer von ihm gesteuerten dritten Person (Third-Person-Shooter) agieren. Für die Beurteilung von Shootern ist unter Jugendschutzgesichtspunkten relevant, wer Opfer des gewalttätigen Handelns ist. Sind es fiktive, aus der Mythologie entlehnte Wesen, Aliens, bedrohliche Schlangen, Dinosaurier, oder sind es Menschen und/oder menschenähnliche Wesen, die zu töten sind?

Je realistischer die Opfer als Menschen dargestellt sind, je wirklichkeitsnäher ein Verletzungs- oder Sterbevorgang eines menschlichen Opfers dargestellt ist, desto problematischer ist dies unter Jugendschutzgesichtspunkten. Das gewohnheitsmäßige, d. h. durch den Spielverlauf regelmäßig abverlangte Töten von realistisch dargestellten Menschen ist also unter Berücksichtigung der möglichen Wirkung auf Jugendliche und des gesellschaftlichen Wertes »Achtung von Menschenleben« grundsätzlich als jugendgefährdend anzusehen.

Der Ego-Shooter »Far Cry« (Demo) wurde in der Begründung der Indizierungsentscheidung (Entscheidung Nr. 6602 (V) vom 8.3.2004, bekannt gemacht im BAnz. Nr. 63 vom 31.3.2004) wie folgt beschrieben: »Die menschlichen Gegner werden, der hohen Leistungsfähigkeit der Grafikengine entsprechend, sehr lebensnah dargestellt und animiert. Wird eine solche Gegnerfigur beschossen, berechnet das Spiel scheinbar auf das Polygon genau, wo die Kugel einschlägt, und erstellt eine Schadenstextur an der exakten Trefferstelle. Es entstehen neben den obligatorischen Blutspritzern blutrote Einschusslöcher, die je nach benutzter Waffe und Eintrittswinkel unterschiedlich groß ausfallen können und unter Umständen gar freiliegendes Muskelgewebe zu zeigen scheinen. Getötete Gegner bluten langsam aus und bilden dabei ausgedehnte Blutlachen oder, wenn das Opfer im Wasser treibt, regelrechte ›Wolken‹ blutroten Wassers. […] Die erschossenen Gegner [fallen] im Spiel nicht einfach in einer vorberechneten Sterbeanimation um. Vielmehr verhält sich die Leiche der getöteten Spielfigur so, wie es wohl von einem echten Körper in der gegebenen Situation zu erwarten wäre. Wird ein Gegner etwa von vorne durch einen Kopfschuss getötet, reißt die Wucht der Kugel den Kopf nach hinten, woraufhin der Rest des Körpers mitgerissen wird. Erfolgt der tödliche Treffer in den Bauch, sackt die Spielfigur in sich zusammen, trifft man die Beine, kippt der Gegner vornüber«.

Realitätsnah ist auch die Szenendarstellung in anderen Ego-Shootern wie der besonders beliebten »Call of Duty«-Reihe. Die Darstellung erscheint nahezu fotorealistisch.

Quelle: Activision, 2009: Call of Duty: Modern Warfare 2, Screenshot vom 20.12.2009

In vielen Ego-Shootern sind es nicht Menschen, die getötet werden sollen, sondern Klonkrieger, Replikanten, Zombies oder menschenähnliche Außerirdische. Vom Aussehen und von ihren Verhaltensweisen her sind diese Wesen Menschen sehr ähnlich, vielfach überhaupt nicht von Menschen zu unterscheiden. Allein dies lässt die Frage aufkommen, ob der Spieler die fiktive, zum Teil nur in einer Anfangssequenz vollzogene Definition des Gegners als ein nicht (ganz) menschliches Wesen in der Wahrnehmung tatsächlich vollzieht.

Es gibt aber noch einen anderen Grund, warum es ausgesprochen problematisch wäre, wenn Jugendschützer oder Eltern das Töten von (virtuellen) Replikanten anders bewerten würden als das Töten von (virtuellen) Menschen: Die Tatsache, dass die Gegner vordergründig keine Menschen sind, dient in einem entsprechenden Computerspiel in aller Regel als Legitimation sowohl für den Konflikt (Bedrohung durch Replikanten, Zombies etc.) als auch als Legitimation für das ungehemmte Töten. Genau diese Mechanismen sind aber auch bei realen Kriegs- und Vernichtungsaktionen zu beobachten. Dem Feind wird das vollwertige Menschsein abgesprochen – damit werden sowohl der Konflikt selbst als auch die Vernichtung des Gegners legitimiert. In den Indizierungskriterien sind denn auch virtuelle menschenähnliche Wesen virtuellen Menschen gleichgestellt.

Es gibt Computerspiele, in denen die Spielaufgabe vom Spieler verlangt, als gefährlich beschriebene Tiere oder tierähnliche Monster zu jagen und zu töten. Dieses Töten von virtuellen Tieren gilt entsprechend dem oben Gesagten eher als unproblematisch und in der Regel nicht als jugendgefährdend. Doch kann eine Aufgabenstellung, die die sinnlose und selbstzweck-

hafte Tötung von Tieren verlangt, die verrohende Wirkung eines Spieles verstärken. Dies gilt insbesondere dann, wenn die Tötungsvorgänge brutal und detailreich inszeniert werden.

Ein als jugendgefährdend eingestuftes virtuelles Töten von Tieren wird z. B. im indizierten Spiel »Postal 2 – Apocalypse Weekend« verlangt: Der Spieler muss in mehreren Teilabschnitten eine bestimmte Anzahl von Kühen oder Elefanten töten, bevor er das Spiel fortsetzen kann. Dabei wird er dazu angehalten, die Kühe durch Zerschmettern der Schädel mit einem Vorschlaghammer und die Elefanten durch Angriffe mit einer Sense zu töten. Katzen können als Schalldämpfer auf Schrotflinten gesteckt werden. Anderenorts ist es möglich, auf zerstückelte »Terroristen« zu urinieren, wobei die Leichen und der Harnstrahl dargestellt werden.

★★★★☆ 62 Bewertungen   29.385

Quelle: Running with Scissors, Inc., 2003: Postal 2, Screenshot vom 14.7.2009

12.2.2 Was ist die Motivation, Begründung bzw. Legitimation der Gewalt?

Gesellschaftlich untersagte Gewalt ist nicht nur definiert durch eine bestimmte Handlung, z. B. das Abfeuern eines Gewehrs auf Menschen, sondern auch durch ihre Motive. Ist unter bestimmten eingeschränkten Bedingungen Gewalt zur Selbstverteidigung nicht strafbar, so ist Selbstjustiz ebenso eindeutig als kriminelles Handlungsmotiv für die Anwendung von Gewalt definiert wie Lustgewinn oder die Aneignung von Besitz. Es ist nun als besonders problematisch anzusehen und bei der jugendschutzrechtlichen Bewertung zu berücksichtigen, wenn ein Spiel nicht nur virtuelle Gewalt als übliches Handlungsmuster einübt, sondern auch mehr oder weniger offen kriminell motivierte Handlungen legitimiert oder sogar noch belohnt.

Gewalt als (legitimes) Mittel zur Bereicherung

In vielen Computerspielen benötigt man, vor allem um (bessere) Ausrüstungsgegenstände wie Panzerungen, Munition oder Waffen kaufen zu können, Punkte oder Geld. Punkte können durch den Spielfortschritt erworben werden. Eine andere Möglichkeit ist es, den Erwerb von Geld als separate Aufgabenstellung in das Spielgeschehen (ausschließlich oder zusätzlich) einzubauen. Der Gelderwerb erfolgt in einer Reihe von indizierten Spielen durch den Einsatz von Gewalt und mit kriminellen Mitteln. So sind im Spiel »Postal 2 – Apocalypse Weekend« als völlig legitim vermittelte Möglichkeiten der Geldbeschaffung Diebstahl, Einbruch und Raubüberfälle vorgesehen, letztere optional auch mit Todesfolge. Im Spiel »The Warriors« (EU-Version) hinterlassen feindlich oder neutral gesonnene Figuren bei ihrem Tod Geld. So wird der Spieler regelrecht zum Raubmord an teilweise unbeteiligten Personen angeleitet, da er ja keine Repressalien zu befürchten hat.

Fehlende Sanktionierung oder Belohnung von Gewalt

Der Erwerb von Geld durch Tötung von (virtuellen) Menschen ist nur eine Form der Belohnung von Gewalt im Computerspiel. Der Einsatz von (virtueller) krimineller Gewalt kann darüber hinaus in Form von Punkten, durch Erwerb von Gegenständen, Spielfortschritte, verbale Zustimmung oder Applaus belohnt werden.

Gewalt als Selbstzweck oder Lustgewinn

Gewalt kann als Mittel zur Erreichung eines Zweckes eingesetzt werden. Aber man kann auch Gewalt aus-

üben, weil diese Tat selbst (oder aber ihre mediale Wiedergabe) ein als angenehm empfundenes Gefühl, es sei hier »Lust« genannt, auslöst. Gewalt wird also in diesem Falle nicht angewandt, um an das Erstrebte zu kommen. Vielmehr ist die Gewalt (oder ihre mediale Wiedergabe) selbst das Erstrebte, Lust Erzeugende. Eine derart motivierte Gewalt ist aufgrund ihrer negativen Wirkung auf Kinder und Jugendliche indizierungsrelevant.

Es kann sein, dass eine Gewalttat durchaus zunächst ihre Begründung darin findet, dass ein Gegenstand erworben oder ein Gegner bekämpft, also ein bestimmter Zweck erreicht werden soll. Wenn aber in diesen Fällen Gewalt in einer Weise praktiziert, ja inszeniert wird, die nicht zur Erreichung des erstrebten Zweckes notwendig oder sinnvoll ist, dann wird die ursprünglich als Mittel eingesetzte Gewalt zu einem Selbstzweck. Die Darstellung von selbstzweckhaft ausgeübter Gewalt ist als in besonderer Weise jugendgefährdend anzusehen.

Gewalt als Mittel zur Selbstjustiz

Gewalt als Selbstzweck, Gewalt als Mittel zur Aneignung von Geld, Drogen etc. wird in jeder Gesellschaft sanktioniert. Ist aber Gewalt, wenn sie zur Bekämpfung dieser (oder anderer) krimineller Handlungen eingesetzt wird, gut und legitimiert? Eine Reihe von indizierten Computerspielen erweckt den falschen Eindruck, dem sei so. Außerhalb der Grenzen rechtmäßigen staatlichen Handelns ist aber Gewalt selbst dann, wenn sie zur Bekämpfung vermeintlicher oder wirklicher krimineller Handlungen ausgeübt wird, Unrecht.

Wenn im Computerspiel Selbstjustiz propagiert oder Gewalt als Mittel zur Durchsetzung einer (vermeintlich) guten Sache legitimiert wird, die Gewalt in Wahrheit aber Recht und Gesetz negiert, so ist dies indizierungsrelevant. Die Grenzen zwischen legitimierter und nicht legitimierbarer Gewalt können im subjektiven Erleben der jugendlichen Spieler bedenklich verschwimmen: Fühle ich mich zu dieser Gewalt berechtigt, weil sie »nur« virtuell ist oder weil die Opfer »nur Kriminelle« sind?

Mit Andersartigkeit oder »Minderwertigkeit« begründete Gewalt

Neben den oben geschilderten Rechtfertigungen von virtueller Gewalt gibt es auch andere, z. B. rassistisch motivierte Begründungen für virtuelle Gewaltanwendungen. Ein im Jahr 2007 indiziertes Computerspiel enthält neben Ausschnitten aus Reden von Adolf Hitler und seinen Parteigenossen sowie anderer NS-Propaganda die Aufgabe, alle als »Nigger« oder »Juden«

12.2 · Wann ist mediale Gewalt jugendgefährdend? Das Beispiel Computerspiele

171

12

bezeichnete oder gekennzeichnete Gegner (»Subhumans«) zu vernichten. Ein ebenfalls 2007 in die Liste der jugendgefährdenden Medien eingetragenes Spiel enthält eine Sequenz, in der klischeehaft dargestellte Homosexuelle von der auf dem Fahrrad fahrenden Spielfigur niedergeschlagen und überfahren werden müssen.

12.2.3 Wird das Computerspiel insgesamt durch Mord- und Metzelszenen geprägt?

Es gibt Computerspiele, die, wenn der Spieler erfolgreich sein will, auch die Anwendung von (virtueller) Waffengewalt beinhalten, z. B., um Spielziele wie »Befreiung von Geiseln« oder »Verteidigung einer bedrohten Stadt« zu erreichen. Infolgedessen sterben ggf. auch (virtuelle) Menschen, z. B. ein Geiselnehmer oder Angreifer der Stadt. Solche Spiele werden aber – sofern nicht andere jugendgefährdende Aspekte vorliegen und die Gewalthandlungen eher abstrakt dargestellt werden – nicht indiziert, wenn andere Elemente als Gewalttaten gegen Menschen eine wesentliche Rolle spielen. Dies können z. B. das intensive Auskundschaften verborgener Wege sein, Geschicklichkeits- oder Rätselsequenzen oder im Spiel enthaltene gewaltlose Konfliktlösungsmöglichkeiten.

In vielen indizierten Spielen erschöpft sich die dem Spieler abverlangte Aufgabe ganz oder weitgehend in der Tötung von (virtuellen) Menschen sowie in der Vorbereitung dieser Handlungen. In diesen Fällen wird die vermeintliche Zielsetzung des Spieles (z. B. Verteidigung gegen Angriffe der Zombies) austauschbar mit der Zielsetzung »Tötung von Menschen oder menschenähnlichen Wesen«. Die Tötung von Menschen oder menschenähnlichen Wesen wird dort zum Zweck und zum eigentlichen Spielinhalt. Spiele, die dem Spieler aber ausschließlich oder überwiegend die Aufgabe stellen, gegen Menschen und menschenähnliche Wesen brutal gewalttätig bzw. mit der Absicht des Tötens vorzugehen, sind grundsätzlich als jugendgefährdend einzustufen. Denn wenn brutale Gewalt und die Tötung virtueller Menschen reflexartig immer und immer wieder in Computerspielen eingeübt werden, besteht die Gefahr, dass die eingeübte Haltung »in Fleisch und Blut« übergeht und die Verhaltensweise in der virtuellen Welt Einfluss auf die reale Welt hat.

Eine Antwort auf die Frage, ob denn tatsächlich Tötungshandlungen und brutale Gewalt das Spiel dominieren oder ob andere, zur Distanzierung beitragende Elemente auch für das Spielgeschehen wesentlich sind, ist nicht immer einfach zu geben:

- Ist eine bestimmte Spielaufgabe, die ohne Gewaltanwendung auszuführen ist, tatsächlich für den Spieler eine weitere Herausforderung und eine interessante und wichtige Komponente des Gesamtspieles?
- Sind diese Spielbestandteile nur Zwischensequenzen, die vom Spieler kaum als Herausforderungen und als Unterbrechung bei der Erfüllung der gewalthaltigen Spielaufgabe wahrgenommen werden?
- Dienen die gewaltfreien Spielbestandteile bloß der Vorbereitung von folgenden Tötungshandlungen, oder sind sie eigenständige Spielelemente?

Diese und ähnliche Fragen sind für die Bewertung eines Spieles unter Jugendschutzgesichtspunkten relevant und werden von den Gremien der BPjM eingehend geprüft.

12.2.4 Ist die Darstellung der Gewalt im Computerspiel selbstzweckhaft und detailliert?

Es gibt genügend Gründe, die schädliche Wirkung von Gewaltdarstellungen auf Kinder und Jugendliche in den Blick zu nehmen. Unabhängig von den konkreten Auswirkungen auf Kinder und Jugendliche sollten aber Erziehende, sollte die Gesellschaft als Ganzes hier Grenzen setzen. Der Reiz extrem brutaler, detailreicher Gewaltdarstellungen sollte keiner sein, der Kindern und Jugendlichen als emotionales Stimulans zur Verfügung gestellt wird.

Detaillierte Gewalt wird je nach Spiel auf unterschiedliche Weise angeboten. An dieser Stelle sollen zwei Beispiele genannt werden, aufgrund deren eine Indizierung erfolgte.

In der Reihe »Mortal Kombat«, einer der bekanntesten »Beat'm'up«-Spieleserien, werden die brutalsten Szenen sozusagen als »Bonus« dargeboten. Ist im indizierten Spiel »Mortal Kombat Armageddon« in einem Zweikampf ein Gegner besiegt worden, besteht für einen kurzen Zeitraum die Möglichkeit, ihn mit einer sogenannten Fatality zu töten. Dabei muss innerhalb einer bestimmten Zeitspanne eine Tastenkombination gedrückt werden, woraufhin eine je nach Charakter unterschiedliche Sequenz, die im Tod des Gegners endet, eingeblendet wird. Gegnerische Spielfiguren können in diesem Modus geschlagen und getreten werden, zudem können Waffen eingesetzt werden. Gegner verbrennen z. B. in tödlichen Fallen, werden von einer U-Bahn überfahren oder von gigantischen Walzen zerquetscht. Bestimmte »Fatalitys« erlauben zudem etwa das Ausreißen von Armen, das Herausreißen des Herzens und der Wirbelsäule oder das Zerquetschen des Kopfes. Oftmals zerplatzen Gegner oder werden zerstückelt. Dabei kommt es zu Blutspritzern und zur Bildung von Blutlachen. Die Szenerie wird durch passende Geräusche untermalt und dadurch intensiviert.

Das im Jahr 2006 indizierte Spiel »F.E.A.R.« (EU- und US-Version) ist ein Ego-Shooter, in dem das Töten der zahllos heranstürmenden Feinde wesentliche Aufgabe des Spielers ist. Die Grafik des Spieles ist realitätsnah, die vielen das Spiel prägenden Tötungsvorgänge sind sehr plastisch inszeniert. Deswegen ist bei diesem Spiel unter dem Aspekt des Jugendmedienschutzes nicht nur die Dominanz der Gewalt, sondern auch ihre detaillierte Darstellung ein Problem: Je nach benutzter Waffe stellt sich der Tod der virtuellen Gegner anders dar. Auch bei mit der gleichen Waffe eliminierten Gegnern sind nur sehr selten stereotype Verletzungs- und Sterbeanimationen zu erkennen. Der Beschuss der Gegner erzeugt Blutspritzer, -flecken und -lachen auf dem Boden, an Wänden und auf Gegenständen. Der Einsatz einer Schrotflinte reißt dem Gegenüber unter Umständen den Kopf ab, Blut pulsiert aus dessen Hals. Der Einsatz von Schrotflinten und verschiedenen anderen Waffen führt teilweise auch dazu, dass der Körper des Gegners in zwei Teile gerissen wird oder sogar in einer Wolke aus Blut und Fleischstücken explodiert. Die Partikelkanone bringt Gegner ebenfalls zur Explosion oder verbrennt sie bis auf ihr Skelett. Ein Gewehr, das Metallbolzen verschießt (»HV Penetrator«), heftet Opponenten an Wände oder Kisten. Mit dem »HV Penetrator« eliminierte Gegner baumeln zum Teil grotesk an den Bolzen herum, von denen sie getötet wurden. Auffallend ist auch der hohe Grad an statischer Gewalt, die dazu dient, eine aus Horrorfilmen bekannte Atmosphäre zu erschaffen. An zahlreichen Stellen finden sich riesige Blutlachen, Gliedmaßen liegen umher, oder der Spieler stößt auf in Höhe der Gürtellinie durchtrennte Körper. Zudem sind regelmäßig blutige Fußspuren, Handabdrücke und Schleifspuren sichtbar. Die sehr dichte grafische Atmosphäre wird durch eine intensive Geräuschkulisse (Schmerzensschreie gegnerischer Spielfiguren) unterstrichen.

12.2.5 Inwieweit wird die Distanzierung des Spielers vom Spielgeschehen und seinen Akteuren vermindert oder gefördert?

Realistische Spielumgebung

»Je fiktionaler – z.B. durch Einbettung in ein futuristisches oder märchenhaftes Ambiente – und je abstrakter die Gewaltdarstellung ausfällt, desto leichter fällt eine emotionale Distanzierung und desto geringer ist die Gefahr eines Übertrags in realitätsbezogene Denk- und Handlungskonzepte« (JFF, 2005). Je besser also die Grafik des Spieles es schafft, eine Spielumgebung zu erschaffen, die der heutigen Lebenswirklichkeit entspricht, insbesondere dem Lebensumfeld von Kindern und Jugendlichen, desto problematischer ist die Darstellung von Gewalt als selbstverständliche Handlungsform. Eine realistisch dargestellte Schießerei in einem Supermarkt ist schon allein aufgrund des gegebenen Settings mit noch größerer Aufmerksamkeit zu betrachten als ein Kampf zur Befreiung einer Prinzessin aus den Händen von Trollen. Denn bei einem realistischen Szenarium ist die Gefahr des unkontrollierten Transfers größer als bei einem fiktionalen.

Die Tatsache, dass die Geschehnisse eines Spieles in einer phantastischen Umgebung angesiedelt sind, heißt aber keinesfalls, dass deshalb eine Jugendgefährdung aufgrund anderer Spielelemente ausgeschlossen wäre.

Perspektive, Personalisierung, jugendaffine Helden

Die Distanzierung vom Gewalthandeln kann durch die Spielperspektive erleichtert oder auch erschwert werden: »So erlaubt z. B. die distanzierte Perspektive eines militärischen Strategen, der comicartig dargestellte Truppen und Panzer bewegt, mehr Distanz zu den Gewalthandlungen als die Übernahme einer gewalttätigen Rolle in einem Rollen- oder Adventure-Spiel«, stellt das Institut für Medienpädagogik in Forschung und Praxis fest. Die geringsten Möglichkeiten zur Distanzierung lasse die Ego-Perspektive, »die das Spielgeschehen grafisch so umsetzt, als bewege sich die bzw. der Spielende selbst im Spielraum. Je geringer die Distanzierungsmöglichkeiten, desto wahrscheinlicher ist bei gefährdeten Kindern und Jugendlichen ein Übertrag der Spielhandlungen auf Denkmodelle, die sich auf die eigene Person und die eigene Realität beziehen« (JFF, 2005).

Sieht man die selbst gesteuerten Spielfiguren ganz klein, aus weiter Entfernung, als Einheiten eines Bataillons, einer Streitmacht, ist auch die emotionale Distanz weit größer, als wenn die Entfernung auf null schrumpft und man scheinbar mit der auf dem Bildschirm handelnden Person identisch ist. In dieser Perspektive sind die Spielenden so unmittelbar in das Geschehen involviert, dass sie die Spielfigur so sehen, wie handelnde Personen sich sehen. In ihrem Gesichtsfeld werden nur »ihre« Arme sichtbar.

In der Praxis haben für die Intensität des Erlebens Entfernung und Perspektive natürlich auch deshalb eine Bedeutung, weil die Gewaltakte, die man virtuell verursacht, in der Vogelperspektive deutlich abstrakter wahrgenommen werden, als wenn man in der Ego-Perspektive mitten im Spielgeschehen ist. Noch bedeutsamer aber ist ein anderer Aspekt: Lenkt man nur Panzer oder anonyme Truppenteile, so werden diese wesentlich stärker als Objekt der eigenen Lenkung verstanden, als wenn man über lange Zeit eine identifizierbare, in Charakter und Eigenschaften deutlich ausgeprägte Person steuert. Im letzteren Falle ist die Neigung groß (und zur Verkürzung der Reaktionszeit in gewissem Sinne unverzichtbar), sich mit dem Avatar, der Spielfigur, zu identifizieren. Erlebt man ein Spiel in der Ich-Perspektive, dann wird die Identifizierung geradezu aufgedrängt, und eine Distanzierung von der Figur ist nur sehr eingeschränkt möglich.

Mit anderen Worten: Je mehr man die Spielfigur personalisiert, desto leichter fällt es der spielenden Person, sich mit ihr zu identifizieren. Je leichter man sich mit ihr identifizieren kann und je weniger Distanz schaffende Elemente vorhanden sind, desto größer ist die Gefahr, dass man Erfahrungen der virtuellen Welt auf die reale Welt überträgt. Gewalthaltige Spiele, die der Spieler in der Ich-Perspektive spielt, verringern die Distanz zum Spielgeschehen und erhöhen die Identifikation mit der Spielfigur. Mit wem kann man sich besser identifizieren als mit dem im Spiel agierenden Alter Ego?

Doch sollte nicht vergessen werden, dass es auch sehr reizvoll sein kann, sich mit einer dargestellten Figur zu identifizieren und einen bestimmten Star oder Helden einmal selbst (in der Third-Person-Perspektive) zu verkörpern. Auch Spielfiguren, die Jugendliche nach den eigenen Vorstellungen (interaktiv) selbst geschaffen haben, können einen besonderen Reiz haben und viel Identifikationsfläche bieten.

Zusammenfassung

Ein Computerspiel kann jugendgefährdend sein, weil es insgesamt durch Mord- und Gewaltszenen geprägt wird, weil die Gewalt detailreich und selbstzweckhaft dargestellt wird oder weil die Gewalthandlung vermeintlich legitimiert ist. Wenn festgestellt wird, dass ein Spiel jugendgefährdend ist, kann einer dieser Gründe für die Entscheidung maßgeblich sein. Trotzdem verlangt eine Prüfung einen genauen Blick auf das Spiel. In der Regel ist die Jugendgefährdung nur dann anzunehmen, wenn die Opfer Menschen oder menschenähnliche Wesen sind. Zudem ist ein sachgerechtes Bild über eine mögliche jugendgefährdende Wirkung sehr häufig nur dann zu gewinnen, wenn quantitative und qualitative Aspekte der Gewaltdarstellungen bei der Beurteilung ebenso berücksichtigt werden wie die Legitimation der Gewalthandlungen. Vor allem in Zweifelsfällen ist zudem zu prüfen, was die Distanzierung vom Spielgeschehen verstärkt bzw. vermindert.

12.3 Jugendmedienschutz und Medienerziehung

Die Indizierung – und die Alterskennzeichnung – beschränken die Abgabe von Medien an Kinder und Jugendliche durch den Handel. Damit nimmt der Staat die Aufgabe wahr, Kinder und Jugendliche vor medialen Einflüssen zu schützen, die sie in ihrer Entwicklung gefährden oder beeinträchtigen können. Diesen Maßnahmen liegen gesetzliche Regelungen zum Schutz der Jugend zugrunde, die auch als Zeichen für die Produzenten und den Markt zu verstehen sind und signalisieren, wo die Grenzen des gesellschaftlichen Wertekonsenses liegen. Außerdem geben Indizierungen und Alterskennzeichnungen Eltern Orientierung in der Frage, welche Medien Kinder nicht nutzen sollten, um nicht gefährdet oder beeinträchtigt zu werden.

Die Bedeutung der Indizierungsarbeit soll der Öffentlichkeit verstärkt vermittelt werden. Staatliche Maßnahmen allein können jedoch keinen vollständigen Schutz gewähren. Umso wichtiger ist die Mitarbeit von Eltern und Erziehenden an der Umsetzung derartiger Maßnahmen und die Vermittlung und Förderung von Medienkompetenz. Daher hat die Bundesprüfstelle für jugendgefährdende Medien seit 2005 ihren Service um den Medienkompetenzbereich erweitert.

12.3.1 Medienkompetenz durch Medienerziehung: Grenzen setzen – Freiräume schaffen

Medienkompetenz, d. h. die Fähigkeit, Medien so zu nutzen, dass sie das Leben bereichern, statt es zu beeinträchtigen, ist Kindern und Jugendlichen nicht angeboren. Sie muss erlernt werden. Wer medienkompetent ist, hat viel mehr erworben als die Fähigkeit, Medien technisch zu bedienen.

Um Medienkompetenz zu erwerben, brauchen Kinder und Jugendliche Freiräume zum Ausprobieren und um eigene Erfahrungen mit Medien zu machen. Aber erst die Grenzen, die die (Medien-)Erziehung setzt, schaffen die Freiräume, die für den Erwerb von Medienkompetenz genutzt werden können. Wenn ein Kind z. B. frühzeitig gelernt hat, bei der Fernsehnutzung zeitliche Grenzen zu beachten, wenn es sich zudem mit den Eltern darüber auseinandergesetzt hat, ob Computerspiele für sein Alter geeignet sind oder nicht, dann sind wichtige Voraussetzungen für den Erwerb von Medienkompetenz geschaffen. Diese Voraussetzungen helfen Jugendlichen und Erwachsenen, Medien selbstbestimmt, nach den eigenen Bedürfnissen, auszusuchen und zu nutzen. Deshalb ist die wichtigste Voraussetzung für den Erwerb von Medienkompetenz zweifellos das, was durch Erziehung und Vorbild im Elternhaus vermittelt wird.

Erziehung ist auch Werteerziehung. Und sie setzt voraus, dass Eltern überhaupt wissen, in welchem Freundeskreis sich ihre Kinder bewegen, was sie beschäftigt, welche Medien sie nutzen, welche Musik sie hören und mit welchen Inhalten sie sich beschäftigen. Das Gespräch darüber muss also bewusst gesucht werden.

12.3.2 Orientierung im Medienalltag

Die BPjM unterstützt Eltern, Erziehende und medienpädagogisch Tätige in der Wahrnehmung ihrer Aufgabe, die Medienkompetenz der Kinder und Jugendlichen zu entwickeln und zu stärken. Sie informiert über Chancen und Risiken moderner Medien und gibt Empfehlungen zur verantwortungsvollen Mediennutzung. Die BPjM will Eltern und Erziehende auch dort unterstützen, wo Medienerziehung über die Orientierung an Indizierungen und Alterskennzeichnungen hinausgeht. Wir helfen ihnen, Antworten auf Fragen wie diese zu finden:

- Wie lange darf mein Kind am Computer spielen?
- Welche Fernsehnutzung ist altersgemäß?
- Wie schütze ich mein Kind bei der Internet- oder Handynutzung?

- Wo kann ich mich über Medieninhalte informieren?
- Wie erfahre ich, welche Medien empfehlenswert sind?
- Wie kann Medienerziehung Kinder und Jugendliche in ihrer Entwicklung stärken?
- Wie können Chancen von Medien genutzt und Gefahren (übermäßige Mediennutzung/problematische Medieninhalte) erkannt und vermieden werden?
- Wo finde ich Projekte und Wettbewerbe, die Spaß machen und zugleich die Medienkompetenz stärken?
- Wo finde ich Tipps, Erfahrungsberichte, Materialien und Fachleute für eigene Medienprojekte oder Unterrichtsreihen?

12.3.3 Warum der aktive Umgang mit Medien zu fördern ist

Gelungene Medienerziehung heißt, den Schritt vom passiven Konsum zur aktiven Beteiligung zu schaffen. Damit die Freiräume zur Nutzung von Medien sinnvoll und kreativ genutzt werden können, sind Impulse und Anregungen notwendig, die das Lernen fördern. Lernimpulse bekommen Kinder und Jugendliche aber nicht nur durch die Eltern, sondern mit zunehmendem Alter verstärkt auch durch den Austausch mit Gleichaltrigen oder durch Erfahrungen, die die Heranwachsenden im Schulunterricht oder auch in außerschulischen Medienprojekten machen.

Die BPjM bietet zu diesem Thema auf ihrer Homepage eine Übersicht zu geeigneten Medienkompetenzprojekten vor Ort und gibt Fachleuten – auch unter Aspekten des Jugendmedienschutzes – Hilfen, die sie für eigene Projekte nutzen können.

12.3.4 Serviceangebote der BPjM

Internet. Unter www.bundespruefstelle.de finden Sie sowohl umfassende Informationen zum gesetzlichen Jugendmedienschutz und zum Indizierungsverfahren als auch – im Bereich »Jugendmedienschutz – Medienerziehung« – Handreichungen zum pädagogischen Jugendmedienschutz und zur Medienerziehung.

Die BPjM versteht sich auch als ein Mittler, um Medieninstitutionen und ihre Angebote zu vernetzen, wertvolle Medienangebote zu präsentieren und Aktivitäten zu bündeln. So bietet sie in der Rubrik »Internet & Handy« unter »Empfehlenswertes: Kinderseiten im

Internet« eine Übersicht über kindgerechte Internetseiten wie www.blinde-kuh.de (die erste deutschsprachige Suchmaschine für Kinder), das neu erstellte Angebot www.fragFINN.de, www.seitenstark.de, www.klicktipps.net u.v.m.

Publikationen/Periodika. Die BPjM gibt das amtliche Mitteilungsblatt »BPjM Aktuell« heraus. Es beinhaltet neben einem redaktionellen Teil die nach Medienart (Filme, Spiele, Printmedien, Tonträger) sortierte Liste der indizierten Trägermedien. »BPjM Aktuell« wird gegen Vorlage eines Altersnachweises an Erwachsene kostenpflichtig abgegeben. Behörden, Schulen, Jugendeinrichtungen und Bibliotheken haben die Möglichkeit, die Publikation kostenfrei zu beziehen. Ausgewählte Beiträge aus »BPjM Aktuell« (von 1998 bis heute) sind auf der Homepage zum Download bereitgestellt (Rubrik »Publikationen«).

Zu bestimmten Themen, Medien und Inhalten werden darüber hinaus in der Schriftenreihe »BPjM Thema« Sonderpublikationen erstellt (z.B. »Computerspiele – 20 Fragen und Antworten«; »Hip-Hop-Musik in der Spruchpraxis der Bundesprüfstelle«).

Die Broschüre »Wegweiser Jugendmedienschutz« gibt eine Übersicht über Aufgaben und Zuständigkeiten der Jugendmedienschutzinstitutionen in Deutschland. Sie hilft, die passenden Adressaten für Beschwerden, Kritik oder Anregungen zu finden.

Vorträge und Messeauftritte. Den Mitarbeiterinnen und Mitarbeitern der BPjM ist das persönliche Gespräch mit pädagogischen Fachleuten, mit Eltern und Erziehenden und mit allen anderen interessierten Bürgerinnen und Bürgern wichtig. Deshalb präsentieren sie ihre Arbeit auch auf Messen wie etwa der Bildungsmesse didacta, dem Präventionstag, den Computerspielmessen gamescom und Games Convention Online oder auf Medientagen. Wenn es möglich ist, kommen die Fachleute der BPjM auch Einladungen von Bildungs- und Jugendschutzeinrichtungen, Verbänden und Institutionen nach.

Service-Telefon. Fachleute der Bundesprüfstelle geben am Service-Telefon Eltern, Lehrerinnen, Lehrern und anderen pädagogisch Tätigen (z. B. aus Kindergärten und Jugendämtern) individuelle pädagogische Hilfestellungen bei Problemen im Zusammenhang mit der Mediennutzung von Kindern und Jugendlichen. Sie sind außerdem mit Informationen zu Fragen der Medienerziehung und des gesetzlichen Jugendmedienschutzes behilflich (Tel.: 0228-376631; Servicezeiten: Mo–Do 8.00–17.00 Uhr, Fr 8.00–15.00 Uhr).

Listenabfrage. Einzelanfragen zu indizierten Träger- und Telemedien können über die Adresse liste@bundespruefstelle.de an die BPjM gerichtet werden.

Kontakt

Bundesprüfstelle für jugendgefährdende Medien (BPjM)
Rochusstraße 10
53123 Bonn
Tel.: +49 (0)228 9621030
Fax: +49 (0)228 379014
E-Mail: info@bpjm.bund.de
Internet: www.bundespruefstelle.de

Gangbare Wege. Einige medienpädagogische Implikationen

Dagmar Hoffmann und Angela Ittel

Seit Jahrzehnten boomt die Medienforschung. Die Sorge, dass eine (exzessive) Mediennutzung einen negativen Einfluss auf die Entwicklung von psychosozialen Befindlichkeiten und Kompetenzen von Personen aller Altersgruppen haben könnte, ist weit verbreitet, auch wenn es keine zuverlässigen empirischen Belege dafür gibt. Gegenwärtig finden sich medienpädagogische, medien-, erziehungs-, kultur- und kommunikationswissenschaftliche, soziologische und psychologische sowie kriminologische und neurowissenschaftliche Projekte, die sich mit der Mediennutzung in ganz unterschiedlicher Weise und vor allem mit ganz unterschiedlichen theoretischen und methodischen Ausrichtungen und Ansprüchen auseinandersetzen. Im Fokus vieler dieser Studien stehen Jugendliche, deren Mediennutzungsverhalten im Hinblick auf mögliche und faktische Entwicklungsbeeinträchtigungen untersucht und beurteilt wird. Kinder sind im Vergleich deutlich seltener Zielgruppe dieser Studien. Dies ist zum einen dem Zugang zur Zielgruppe und zum anderen der Tatsache geschuldet, dass Forschungsmethoden, die mit Kindern angewandt werden können, nur beschränkt zur Verfügung stehen. Kindermedienforschung ist relativ aufwendig, zumeist kostenintensiver und bedarf mehr personaler und finanzieller Ressourcen als medienpädagogische Forschung mit Jugendlichen und Erwachsenen. Gleichwohl interessieren sich Vertreter vieler Disziplinen dafür, welche Bedeutung welche Medien für Kinder haben und welche Funktionen Medien im Alltag und im Kontext von Entwicklung übernehmen.

Man möchte wissen, welche Medieninhalte von Jungen und Mädchen akzeptiert, bevorzugt und als positiv oder negativ bewertet werden. Im Fokus vieler Untersuchungen stehen die entwicklungs*gefährdenden* und seltener die entwicklungs*fördernden* Funktionen verschiedener Medienangebote. Infolge diverser in den Medien prominent platzierter Studienergebnisse entsteht häufig der Eindruck, dass der Umgang mit verschiedenen, insbesondere neuen Medientechnologien oder Formaten das Aufwachsen und die Entwicklung von Kindern und Jugendlichen beeinflusst – und zwar zumeist negativ. Die oft zu vernehmenden Befürchtungen, dass Mediennutzung die schulische Anpassung und soziale Eingebundenheit negativ beeinflussen könnte, werden nur zum Teil durch empirische Studien unterstützt, während andere Studien gegenteilige Ergebnisse hervorbringen. Jüngst wird z. B. von der »Medienverwahrlosung von Jugendlichen«, insbesondere der Jungen, gesprochen. Anhand von sekundäranalytischen Auswertungen und Interpretationen diverser Studien aus vergangenen Jahrzehnten diagnostizierte der Medienpsychologe Winterhoff-Spurk

2005 vermehrt »histrionische Charaktere« nicht nur unter den jungen Menschen. Diese Charaktere weisen auffällig viele soziale Defizite auf, die sie über Selbstinszenierungspraktiken, die sie in den Medien beobachtet haben, zu kompensieren versuchen. Außerdem lesen wir ausführliche, sowohl unterhaltsame als auch kuriose Berichte über die »sexuelle Verrohung und Verwahrlosung« von Jugendlichen, bedingt durch einen erleichterten Zugriff auf pornografische Angebote, die offenbar vermehrt nachgefragt werden. Diese Beispiele verdeutlichen, welche Themen im Hinblick auf die Mediennutzung von Kindern und Jugendlichen die öffentliche, aber auch die pädagogische Diskussion bestimmen und wie »Schuldzuweisungen für die Medien gesellschaftsfähig« (Wiedemann, 2006) gemacht werden. Insbesondere »die Verteufelung der modernen Medien durch die Schule«, wie Dietz im gleichen Jahr schreibt, ist fatal und folgenreich, denn sie »geht an der Lebenswirklichkeit der Schüler vorbei«.

Aber nicht alle Medien haben ein universell negatives Image. Es ist immer wieder erstaunlich, wie undifferenziert auch oder gerade Pädagogen und Pädagoginnen den Umgang mit verschiedenen Medien bewerten. So gelten Bücher tendenziell als pädagogisch wertvoll. Das Radio, das ebenso viel genutzt wird wie das Fernsehen, gilt allgemein als akzeptiertes und unspektakuläres Medium. Sein Nutzen und seine Wirkung werden allgemein unterschätzt. Äußerst selten werden Radioangebote zum Gegenstand sozialwissenschaftlicher Untersuchungen. Fernsehen wird häufig als »Glotze« oder »Kiste« stigmatisiert. Die tägliche Zuwendung zum Fernsehen wird in der Regel nicht als sinnvolle Freizeitbeschäftigung betrachtet, sondern wird als triviale Unterhaltung oder gar als pädagogisch unverantwortlich abgetan. Neuerdings wird wieder verstärkt über das »Verdummungspotenzial« des Fernsehens bzw. der Fernsehangebote diskutiert. Video- und Computerspiele sind seit ihrem Aufkommen aus der Perspektive vieler Erwachsenen anstößig und haben den Ruf, insbesondere männliche Jugendliche von bildungs- und leistungsfördernden Beschäftigungen abzuhalten. Das Internet wird allgemein als notwendige, nicht mehr wegzudenkende, aber auch undurchsichtige Technologie gebilligt, wobei die Nutzung bestimmter Portale wiederum als moralisch-ethisch bedenklich und auch gefährlich eingeschätzt wird. Mitunter besteht die Sorge, die Internetnutzung könne zu großer sozialer und geistiger Verarmung und Gefährdung der Kinder und Jugendlichen führen. So wird die (exzessive) Nutzung des Internets z. B. mit der Organisation und Umsetzung von Amokläufen, Gewalttaten an Schulen und Mobbingaktionen in Zusammenhang gebracht. Empirisch bewiesen sind diese Bezüge allerdings nicht.

Medien beängstigen mitunter, weil sie als (un-) heimliche und nicht kontrollierbare Miterzieher taxiert werden; sie übernehmen damit aber oftmals auch eine Sündenbockfunktion, wo von Fehlleistungen anderer Instanzen der Sozialisation wie z. B. der Verantwortlichen in den Schulen abgelenkt werden soll. Bei genauerer und aufrichtiger Betrachtung und Bewertung muss immer zwischen *quantitativer* und *qualitativer* Nutzung von verschiedenen Medien differenziert werden. Zudem sollten mediale Angebote grundsätzlich je für sich analysiert und besprochen werden. Videospiel ist nicht gleich Videospiel, Fernsehsendung ist nicht gleich Fernsehsendung. Auch ist Nutzer nicht gleich Nutzer. So macht es beispielsweise einen Unterschied, ob ein 12-jähriger Junge sich drei Stunden lang mit »SingStar«, mit »SmackDown« oder mit »FIFA« beschäftigt.

»SingStar« ist ein Karaoke-Computerspiel, bei dem über Mikrofone ein Song nachgesungen werden kann. Auf dem Bildschirm erscheint dann eine Anzeige, der man entnehmen kann, wie weit der Gesang dem Original nahekommt. Es können einer oder mehrere Spieler teilnehmen.

SingStar, Games Convention 2009, Foto: © F. Robertz

In »SmackDown vs. Raw« spielt der Spieler die Figur eines Wrestlers. Entweder steuert er den Wrestler im freien Kampf oder folgt einer Geschichte. Die Spielfiguren orientieren sich dabei an realen Vorbildern, die im Spiel zahlreich zur Auswahl stehen und im Kampf über individuelle Eigenarten verfügen.

Bei »FIFA« können einer oder mehrere Spieler virtuelle Fußballspiele bestreiten. Das Spiel ist durch die FIFA lizenziert und bietet Nationalmannschaften, Erste und Zweite Bundesliga und andere.

Seiner Beschäftigung mit den jeweiligen Spielen werden vermutlich jeweils andere Nutzungsmotive zugrunde liegen, und sie wird demzufolge auch jeweils andere Gratifikationen zur Folge haben. Des Weiteren ist es angebracht, die Mediennutzung und Medienaneignung stets in den individuellen Sozialisations- und Entwicklungskontext einzuordnen und nicht von der pauschalen Wirkung bestimmter Medienangebote auszugehen. Es macht sicherlich einen Unterschied, ob ein 12-jähriges Mädchen, das fest in eine Gleichaltrigengruppe eingebunden ist und viele Leidenschaften und Interessen hat, zwei Stunden täglich in die Welt der »Sims« eintaucht oder ob ein 12-jähriges Mädchen, das eher kontaktarm und sozial isoliert ist, sich regelmäßig im Forum »Kinder der Nacht« aufhält, das sich u. a. mit Suizid, Essstörungen und dergleichen befasst. Hier ist ein hoher Differenzierungsgrad erforderlich, um die Nutzungsweisen beurteilen zu können. Aber im Prinzip könnten erst vor dem Hintergrund entsprechender Studien aussagekräftige pädagogische Leitlinien zur Bewertung von Medienangeboten und zum Umgang mit solchen entwickelt werden.

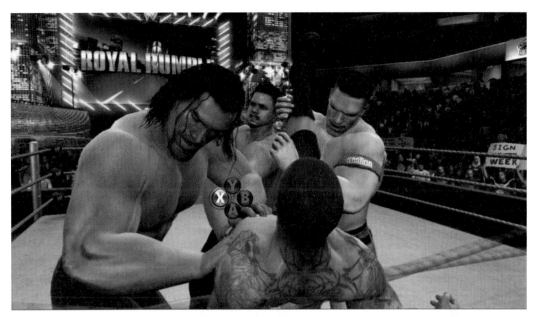

Quelle: THQ, 2009: SmackDown vs. Raw 2010, Screenshot vom 5.1.2010

Quelle: EA Sports, 2010: FIFA 10, Screenshot vom 3.1.2010

Quelle: http://www.kinder-der-nacht-home.de/wbblite/index.php, Screenshot vom 6.7.2009

Im Hinblick auf die Phänomene des Slapping, Bullying und Snuffing unter Jugendlichen (siehe dazu auch ► Kap. 6) haben Grimm und Rhein 2007 einen beispielhaften Versuch unternommen: Sie zeigen die Verbreitungswege von gewalthaltigen und pornografischen Inhalten auf Mobilfunkgeräten sowie deren quantitative und qualitative Nutzung. Die Autorinnen klären über die Motive der Jugendlichen auf, solche Videofilme zu erstellen und zu verbreiten, und liefern gegenstands- und zielgruppenbezogen eine Vielzahl von Anregungen für den Umgang von Eltern und Pädagogen mit dem Problem. Deutlich wird in der Studie, wie wichtig es ist, ein soziales Phänomen wie etwa Happy Slapping zunächst einmal zu beschreiben und in seinen Facetten und Spielarten sowie in seinen Nutzungsweisen umfassend zu begreifen. Erst nach einer detailreichen Analyse lässt es sich als Einzel-, Gruppen- oder Massenphänomen fassen. Nur im Kontext einer ausführlichen Auseinandersetzung mit der Lebenswelt von Jugendlichen – familiär, schulisch und außerschulisch – kann ein solches Phänomen als Problem klassifiziert, gedeutet und interpretiert werden.

Grundsätzlich gilt es zwischen quantitativer und qualitativer Nutzung von Medien zu unterscheiden. Die Dauer der Zuwendung sagt meist wenig über Einfluss, Wirkung und Involviertheit aus. Die Intensität und Vielfalt der Beschäftigung mit Medien sind hier die entscheidenden Kriterien für eine angemessene Beurteilung des Nutzens. Und nicht zuletzt ist zu differenzieren zwischen selektiver, situativer Aneignung, sporadischer und regelmäßiger Zuwendung zu einem speziellen Angebot, zwischen kurz-, mittel- und langfristigen Aneignungen. Mediennutzung ist stets pro-

zesshaft. Sie ist als Handlung zu verstehen, die im Zusammenhang mit individuellen Entwicklungsbedürfnissen und gesellschaftlich-kulturellen sowie mitunter auch politischen Bedingungen steht. Zu betrachten sind diese Handlungen in der

- präkommunikativen Phase (Medienzugang, Bedürfnisse und Erwartungen an Medien),
- kommunikativen Phase (Medienzuwendung, Involviertheit, Nutzungsweisen, Aneignung),
- postkommunikativen Phase (Medieneffekte und Medienkompetenzen).

13.1 Quantitative Nutzung

Die quantitative Nutzung von verschiedenen Medien durch Jugendliche in Deutschland wird jährlich über die Media-Basisdaten und die JIM-Studien (Jugend, Information, Multi-Media) des Medienpädagogischen Forschungsverbunds Südwest (mpfs) erfasst. Insbesondere der Forschungsverbund ist stets bemüht, neuere Entwicklungen und auch Technologien, die von 12- bis 19-jährigen Jugendlichen genutzt werden, in den Telefoninterviews zu berücksichtigen. Seit 1998 werden jährlich Daten von über 1.000 Jugendlichen aus ganz Deutschland zu Freizeitaktivitäten, Medienpräferenzen, Medienbesitz, Mediennutzung und Medienbindung erhoben. Aktuell liegen die Schwerpunktthemen im Bereich der Internetnutzung. Fast drei Viertel der 12- bis 19-jährigen Internetnutzer/innen haben im Jahr 2008 Erfahrungen mit Onlinecommunitys gemacht, 41 % besuchen diese Plattformen täglich, weitere 16 % mehrmals pro Woche. Von den täglichen Nutzern schaut sich die Hälfte mehrmals am Tag in ihren Communitys um. 45 % der Jugendlichen waren schon einmal bei schülerVZ, dem mit Abstand beliebtesten Netzwerkportal für diese Altersgruppe (vgl. mpfs, 2008). Diese Art von »Socializing«, also die Aufnahme und Aufrechterhaltung von Kontakten jeglicher Art im Rahmen von Communitys, hat sich zwischenzeitlich noch potenziert (vgl. mpfs, 2009) und ist eine der wichtigsten Freizeitbeschäftigungen von Jugendlichen. Darüber hinaus wird das Internet vor allem von Jüngeren aber auch für schulische Zwecke genutzt.

13.2　Qualitative Nutzung

Die Forschung zur qualitativen Nutzung verschiedenster Medien verweist insgesamt auf vielfältige Funktionen, die besonders im Kontext der Persönlichkeitsentwicklung und Sozialisation von besonderer Bedeutung zu sein scheinen. Die Nutzungsweisen und die Folgen der Rezeption können in qualitativen Studien sehr differenziert beschrieben werden. Es ist bekannt, dass fast allen Jugendlichen und auch Kindern ein großes Spektrum verschiedenster Medien zur selbstständigen Nutzung zur Verfügung steht. Jedes Medium macht spezifische Angebote, erfüllt damit verschiedene Funktionen und vielfältige Bedürfnisse. Bei den von älteren Jugendlichen favorisierten Medien handelt es sich meist um Informations- und Kommunikationsträger, die sowohl zur Konsumierung und zu Produktionszwecken als auch zu Reproduktionszwecken genutzt werden; gemeint sind hier z. B. eigene Fotos, Filme oder Aufnahmen eigenständig produzierter Musik. Jüngere nutzen Medien meist zu Unterhaltungszwecken oder zur Erledigung schulischer Aufgaben. Die stetige technische Weiterentwicklung von Medien geht zwangsläufig mit veränderten oder erweiterten Nutzungsweisen einher, was für Medienwissenschaftler, aber auch für pädagogisch Tätige eine große Herausforderung darstellt und die Chancen auf die Nachhaltigkeit von Erkenntnissen verringert. So sind die Daten zur Nutzung des Internets in einer Studie aus dem Jahre 2005 bereits teilweise obsolet, wie Ittel und Latzel 2007 nachwiesen. Es gilt hier also entsprechend schnell zu reagieren und das zum Teil kurzfristige »Verfallsdatum« von Forschungsergebnissen zu bedenken. Für Personen, die in (medien-)pädagogischen Kontexten tätig sind, gilt es, sich immer wieder auf neu entwickelte Medien einzulassen, um die Faszination, die von ihnen ausgeht, nachvollziehen zu können. Nur so kann im ständigen Dialog und Umgang mit Kindern und Jugendlichen auf deren Bedürfnisse und auf

medienrelevante Entwicklungen adäquat eingegangen werden.

13.3　Medien im Kontext von Entwicklung und Sozialisation

Plädiert wird hier also für einen differenzierten Blick und im Hinblick auf das Aufkommen neuer Technologien und Formate auch (zunächst) für eine Unvoreingenommenheit in der pädagogischen Praxis, denn fast jede Technologie und jedes Format kann im Entwicklungskontext gewinnbringend thematisiert und positiv genutzt werden. Wichtig ist es, nicht durch vorschnelle Beurteilungen und Kritik den Kontakt zu den jungen Zielgruppen zu verlieren, die sich dann auf einen Austausch über die von ihnen favorisierten Medienangebote gar nicht mehr einlassen wollen und können. Als Beispiel kann hier die Diskussion um Pornorap angeführt werden. In der Sendung »Menschen bei Maischberger« fanden die Gesprächspartner Alice Schwarzer und King Orgasmus One aufgrund gegenseitiger Vorbehalte keinen Zugang zueinander, sodass der Kontakt für die Beteiligten wertlos blieb und insbesondere junge Zuschauer die Begegnung als eher lächerlich empfanden. Häufig wissen Erwachsene nicht, was Kinder und Jugendliche bewegt, berührt und fasziniert. Lehrende verschließen sich nicht selten – so unsere Beobachtung – den Interessen ihrer Schüler und Schülerinnen. Damit verlieren sie zumeist an Glaubwürdigkeit, wenn sie sich zum Medienkonsum von jungen Menschen äußern.

Die Distanz und die Ressentiments gegenüber dem Medienverhalten junger Menschen rühren nicht zuletzt daher, dass engagierte MedienforscherInnen es mit ihren medienkulturellen Sichtweisen selten in TV-Expertenrunden oder in die einschlägigen Zeitungen und Magazine schaffen, in denen deutlich ausgewogener über die Medienpräferenzen junger Menschen berichtet werden könnte. Unserem Eindruck nach sind Ergebnisse fundierter medienpädagogischer Forschung in der Öffentlichkeit unerwünscht; auch interessiert sich das Publikum kaum für komplexe Zusammenhangsannahmen, für vielfältige reziproke individuelle und kollektive Kommunikations- und Interaktionsprozesse. Es ist für den wenig wissenschaftlich Interessierten kaum vorstellbar, dass das Mediennutzungsverhalten und die Wirkungen der Rezeption nur im Kontext der speziellen Entwicklungsbedingungen und vor allem nur im Verbund mit anderen Instanzen der Sozialisation beurteilt werden können, wie Lothar Mikos ausführt (▸ Kap. 3). Eine solche Betrachtung würde den anderen, nicht medialen Instanzen eine soziale Verantwortung zuweisen, die nicht immer gewollt und akzeptiert wird. Auch wird den meisten Medienangeboten so gut wie gar nicht zugestanden, dass sie (in)formellen Lernprozessen dienen können. Dabei wird immer wieder bestätigt, dass verschiedene Medieninhalte und Medienakteure Heranwachsenden vielfältige Informationen und Orientierungen bieten – etwa im Hinblick auf Muster der Lebensführung, Werte, Moralitäten, Weltbilder, Ideale und Idole –, und auf bildungs- und pädagogisch relevante Inhalte bezogen sind. Jugendliche setzen sich unter Nutzung verschiedenster Medien z. B. mit Konzepten von Körperbildern, Geschlechterrollen und Sexualskripten auseinander. Sie werden über Formen der Kommunikation, des alltäglichen und intimen Miteinanders von Menschen informiert und nicht zuletzt über das, was Liebe, Freundschaft und Partnerschaft ausmacht (man denke hier z. B. an die Themen der Daily Soaps).

Über die Nutzung spezifischer Medieninhalte können sich Jugendliche Wissen allgemeiner und spezieller Art aneignen. Egal, ob es sich um Fernsehserien, Hörbuchgeschichten oder Kinofilme handelt: Es werden vielfältige mediale Sekundärerfahrungen berichtet und vermittelt, die wiederum im Alltäglichen in Handlungswissen umfunktioniert werden können, aber nicht müssen. Letztendlich kann nicht mehr genau ermittelt werden, ob wir so essen, wie wir essen, weil uns das die eigene Mutter, Mutter Beimer (aus der TV-Serie »Lindenstraße«) oder Akteure anderer Serien oder Filme beigebracht haben. Wenngleich diese »Macht der Medien« auf manche bedrohlich wirken kann, wird es im Rahmen medienpädagogischer Kontexte immer wichtiger, das Ausmaß an Verantwortung zu reflektieren und zu realisieren. Denn es wird laut Keppler immer schwieriger, die »*praktisch relevante* Differenz zwischen Alltagswirklichkeit und Medienwirklichkeit« auszumachen. Doch gibt es sie. Und es ist wichtig zu wissen, dass die Zuschauenden »sich der Konstruiertheit der Welt der ‚Beimers‘ […] durchaus bewusst« sind. Die Zuschauenden wollen gar nicht, wie immer behauptet wird, die Grenze zwischen der Sendung und ihrem Alltag vergessen. Sie mögen geradezu die Konfrontation mit medialen Wirklichkeiten, die sie als ein Widerspiel zur Form ihrer eigenen Existenz betrachten, das sie wiederum beglückt und befriedigt, denn es ist auch »ein Widerspiel zur eigenen Ansicht und Erfahrung« (alle Zitate dieses Absatzes: Keppler, 1994). Für Pädagogen und Pädagoginnen bedeutet dies aber, dass der/die Einzelne im Grunde nur eine Passform zu den in der Gesellschaft vorherrschenden und gewünschten Handlungspraktiken formuliert und reproduziert. Diese Handlungspraxis wird so lange beibehalten, wie sie im sozialen Umfeld auch positiv sanktioniert wird,

sprich Anerkennung erfährt. Sie ist somit austauschbar, variabel und unverbindlich.

Fest steht, dass Menschen die über Medien vermittelten Verhaltensweisen beobachten und auf ihre Brauchbarkeit für sich überprüfen. Ebenso wie die Verhaltensweisen der Medienakteure haben auch deren Einstellungen für sie modellhaften Charakter. Menschen wägen stets ab, wie nützlich, hilfreich und praktikabel eine Übernahme der angebotenen Modelle sein kann und ob ihnen die »Anwendung« im Alltag eine erhöhte Aufmerksamkeit verschaffen könnte. Die Übernahme medialer Angebote muss für sie im Einklang mit den eigenen kognitiven Fähigkeiten stehen, ansonsten gibt es keinen Grund, solche Anregungen anzunehmen. Bei der Reproduktion von Verhaltensweisen und sozialen Einstellungen beobachtet der Mensch sich und seine Umwelt genau. Eine Übernahme des Modells erfolgt eigentlich dann nur beim Eintritt des gewünschten Effekts – in der Regel eine Förderung und Stärkung des Selbstbewusstseins bzw. der Selbstwirksamkeit. Wachsen Kinder und Jugendliche in anregungsarmen sozialen Umwelten auf, sind sie vermutlich empfänglicher für mediale Angebote, die diese Lücke zu schließen bzw. die Defizite zu verringern vermögen.

13.4 Einige medienpädagogische Implikationen

Medienkompetenz ist ein populäres Schlagwort. Sie gilt im medialen Informationszeitalter als eine Schlüsselqualifikation, und vielen Pädagogen ist es ein Anliegen, Medienkompetenz adäquat zu formulieren bzw. zu vermitteln. Zunächst muss der Umgang mit modernen Medientechnologien, müssen Kritik- und Urteilsfähigkeit bei der Rezeption und Aneignung medialer Inhalte erlernt werden. Zum Erlernen und zur Vermittlung einer komplexen, d. h. umfänglichen Medienkompetenz stehen diverse Handreichungen, Leitfäden und zahlreiche erziehungswissenschaftliche Handbücher für Eltern, Lehrer, außerschulische Bildungsträger und andere Interessierte zur Verfügung. Sie werden an neue Herausforderungen angepasst und aktualisiert. Gleichwohl wird dauerhaft und stets aufs Neue über Defizite bei Kindern und Jugendlichen geklagt, denen entweder kein maßvoller oder kein ethisch-moralisch korrekter Umgang mit Medien gelinge. Medienpädagogik ist demnach ein mühsames Geschäft und sollte eine größere Selbstverständlichkeit gewinnen sowie mehr Anerkennung erfahren. Mit jeder neuen Technologie, mit dem Aufkommen neuer Formate und Genres stehen neue, veränderte Nutzungsweisen in der öffentlichen oder auch wissenschaftlichen Kritik. Uneins ist man sich immer noch,

- wie lange welche Medien in welchem Alter genutzt werden dürfen,
- welche Medien und welche Inhalte welche Wirkungen auf Heranwachsende haben,
- welche Medien und welche Inhalte welchen Nutzen für Heranwachsende haben.

Angesichts der Unterschiede zwischen den Lebenswelten vieler Pädagogen und Pädagoginnen und den Lebenswelten von Kindern und Jugendlichen kommt es zunächst darauf an, ein Bewusstsein für den selbstverständlichen Umgang mit Medien zu schaffen und eine Sinnhaftigkeit von Medienbildung in Aussicht zu stellen. Dies sind wesentliche Voraussetzungen, wenn man Pädagogen und Pädagoginnen motivieren möchte, sich gemeinsam mit Heranwachsenden verstärkt mit den verschiedenen Medien zu beschäftigen. Allgemein ist eine solide pädagogische Grundbildung in allen pädagogischen Ausbildungsgängen anzustreben. Zudem sollten aus unserer Sicht kontinuierlich verpflichtende Weiterbildungsmaßnahmen angeboten werden. Nur so ist gewährleistet, dass sich Pädagogen und Pädagoginnen mit Kindern bzw. mit ihren Schülern und Schülerinnen über Medien verständigen und einander in der Arbeit mit Medien begegnen. Zu einer solchen Grund- und Weiterbildung gehört nicht nur die Aneignung medientechnischer Kenntnisse, sondern auch die Vermittlung einer differenzierten Medienkritik sowie die Möglichkeit zu medienbiografischen Selbstreflexionen. Des Weiteren unterstreichen Ergebnisse unserer Untersuchungen zum Internetverhalten von jugendlichen Mädchen und Jungen, dass der Bedarf an entwicklungsgerechten, geschlechter- und milieusensiblen medienpädagogischen Angeboten enorm groß ist. Auch wenn sich Mädchen und Jungen mit und ohne Migrationshintergrund im Hinblick auf die Häufigkeit und Dauer der Internetnutzung nicht mehr unterscheiden, so berichten sie von qualitativ sehr unterschiedlichen Nutzungsmustern sowie unterschiedlichen Mustern in ihrer schulischen und psychosozialen Entwicklung in Abhängigkeit zur Mediennutzung. So nutzen Mädchen weitaus häufiger das Internet, um Hausaufgaben zu erledigen und Informationen für schulische Zwecke zu recherchieren, während sich Jungen weitaus häufiger die Zeit mit Spielen und dem Herunterladen von Musik vertreiben. Mädchen geben zudem weitaus häufiger an, das Internet für das Aufrechterhalten ihrer sozialen Kontakte und zur Bewältigung ihrer sozialen Probleme zu nutzen, als ihre männlichen Altersgenossen.

Befunde aus praxisorientierten medienpädagogischen Projekten zeigen, dass im Rahmen der pädagogischen Arbeit mit den unterschiedlichsten Medien mehrere Aspekte wichtig werden:

- die Möglichkeit der selbstständigen Themenwahl,
- die Stärkung symbolischer Ausdrucksformen,
- die Möglichkeit zur Integration von Bildern, Musik und Körpersprache,
- experimentelle und spielerische Prozesse der Aneignung medientechnischer Kompetenzen,
- Möglichkeiten zu ganzheitlichem, sozialem und emotionalem Lernen,
- die Möglichkeit unmittelbarer Erfolgserlebnisse,
- Präsentationsangebote für eigene Produktionen (z. B. Wettbewerbe, Festivals),
- Reflexion der eigenen Produktion,
- Erfahrungen von Selbstwirksamkeit.

Medienpädagogen, die positive Erfahrungen in ihrer Arbeit gemacht und nützliche Ergebnisse erzielt haben, sollten sich in öffentliche Diskussionen, die häufig undifferenziert geführt werden, einmischen. Denn es dominiert immer noch zu sehr die Forderung, Kinder und Jugendliche von Medien fernzuhalten, um sie vor (vermeintlich) entwicklungsgefährdenden Inhalten zu schützen. Aber dies ist keine Lösung. Ebenso wenig hilfreich sind anlassbezogene Rufe nach strengeren Jugendschutzmaßnahmen, vor allem im Hinblick auf gewalthaltige Computer-, Video- oder Internetspiele. Oftmals laufen solche restriktiven Maßnahmen dem Ziel der Partizipation junger Menschen an der Gesellschaft zuwider. Außerdem lassen sie vergessen, dass Verbote nicht selten die Neugier auf das Verbotene und die Lust an Grenzüberschreitungen fördern. Ziel sollte es sein, um die Nutzung bestimmter Angebote zu wissen und den Kontakt zu jungen Menschen nicht dadurch zu verlieren, dass man ihren Nutzungsweisen mit strengen Auflagen und Regeln, Verboten und Indizierungen begegnet. Zu fragen ist auch, warum Kinder und Jugendliche in der Beschäftigung mit bestimmten Angeboten eine hohe Befriedigung finden und warum es ihnen zum Teil an Handlungsalternativen für die Bewältigung von Alltagsproblemen und jugendtypischen Problemlagen fehlt.

Wer ein Bewusstsein für die Lebenslagen, für die Bedürfnisse und Probleme von Kindern und Jugendlichen hat und wer offen dafür ist, sich in die medialen Lebenswelten einladen zu lassen, dem wird es an Ideen für eine effektive medienpädagogische Arbeit nicht mangeln. Prinzipiell gibt es in der medienpädagogischen Praxis zwei Möglichkeiten, Themen aufzugreifen und zu bearbeiten:

- Zum einen kann man *rezeptionsorientiert* vorgehen, z. B., indem man themenfokussierte Medienanalysen mit Jugendlichen anregt. Dazu benötigt man entsprechendes Material, das als Diskussionsimpuls dient. Hier ist es ratsam, Material von Jugendlichen vorschlagen oder mitbringen zu lassen. Es gibt in der Regel eine Vielzahl von Themen, Formaten, Spielen und Umgangsweisen mit Medien, die Jugendliche beschäftigen und die sie besprochen haben wollen.

- Zum anderen kann *produktionsorientiert* gearbeitet werden: Es können themenfokussierte Medienproduktionen initiiert werden wie z. B. Filmanimationen, Videoproduktionen, CD-Rom-Anwendungen oder die Erstellung von Audiodateien. Denkbar sind zudem Wettbewerbe zu bestimmten Themen wie z. B. »Sicher bewegen im Netz« oder »Liebe im Film – Liebe im Alltag« oder »Was tun bei Cyberstalking?«.

Nicht jedes Thema kann in Gruppen bearbeitet werden. Manche Dinge, die Jugendliche beschäftigen, sind sehr persönliche und intime Angelegenheiten (z. B. sexuelle Belästigung, Süchte, Armut etc.). Dies gilt es in der medienpädagogischen Praxis zu bedenken. Individuelle Medienarbeit scheint bei manchen Themen angebracht zu sein, lässt sich aber nur bei gegebenen Ressourcen realisieren, d. h. bei entsprechend geschultem Personal und großzügigen Räumlichkeiten. Auch gilt es je nach Themenstellung oder Themenimpuls zu prüfen, inwiefern eine geschlechtshomogene Gruppenzusammensetzung einer heterogenen vorzuziehen ist.

Es empfiehlt sich stets, einen Rahmen bzw. eine besondere Rahmung für medienpädagogische Gespräche und die Projektarbeit zu schaffen. Auch sollte man Kinder und Jugendliche die drängenden Themen situativ entwickeln lassen, wobei es mitunter Fragen gibt, die als Anregungen oder als Einstieg hilfreich sein können, z. B.:

- »Ist dir schon mal eine Szene aus Film oder Fernsehen nicht aus dem Kopf gegangen?«

- »Ist dir schon mal etwas sehr unangenehm gewesen, was du im Internet gesehen oder erfahren hast?«

- »Was, denkst du, kann man Kindern und Jugendlichen (in deinem Alter) in den Medien zeigen und was besser nicht?«

Die Inhalte kann man sich zunächst berichten, ggf. auch zeigen oder aufschreiben lassen. Über das Erzählte oder Gezeigte lässt sich ins Gespräch kommen, zudem hat es oftmals eine entlastende Funktion. Dann kann man die Unterschiede zwischen medialen und realen Begebenheiten herausarbeiten. Man erhält zudem einen Eindruck, was belastend bzw. belästigend gewesen ist und welche Medieninhalte weniger gut verarbeitet werden können. Lernziel sollte allgemein sein, dass Kinder und Jugendliche ein Gefühl für das entwickeln, was sie als bedrohlich oder unangenehm empfinden und auf keinen Fall sehen, hören oder spielen möchten. Dass Kinder und Jugendliche mitunter im Hinblick auf bestimmte Darstellungen eine große Neugier zeigen, ist entwicklungsbedingt verständlich, gleichwohl gilt es einen Mechanismus oder Filter zu generieren, der »aktiviert« werden kann, um sich vor unerwünschten – z. B. gewalthaltigen – Bildern und Spielen zu schützen. Es muss z. B. deutlich sein, was Gewalt ist, wo sie anfängt und wo sie körperlich und seelisch verletzend sein kann. Es sollte auch jedem Kind und jedem Jugendlichen bewusst werden, was es bzw. er oder sie sich an Bildern und Inhalten zumuten möchte. Insbesondere in Peerkontexten scheint die kollektive Rezeption bestimmter Angebote (z. B. gewalthaltige Filme oder Pornografie) durchaus üblich zu sein und kann zum Teil als moderne Variante der Mutprobe verstanden werden. Speziell hier wäre es für Kinder und Jugendliche wichtig zu wissen und für sich zu überprüfen, ob sie sich an solchen Aktionen beteiligen möchten oder nicht, welchen Nutzen und welche negativen Folgen dies ggf. für sie hat.

Allgemein gilt, dass eine Vielzahl von medialen, auch gewalthaltigen oder pornografischen Angeboten vorhanden und offenbar auch zugänglich ist. Gleichwohl werden ein Nutzungsverbot und eine moralische Verurteilung der Rezeption entsprechender Angebote wenig wirkungsvoll sein, deshalb ist es umso wichtiger, sich in der schulischen und außerschulischen Arbeit diesen Formen von »Medienkultur« zu widmen und Heranwachsende den Umgang mit solchen Darstellungen erlernen und reflektieren zu lassen, sodass ihre eigene Entwicklung und ihr Empfinden nicht beeinträchtigt werden.

Medienpädagogik ist zugleich auch immer Werteerziehung, d. h. nicht zuletzt ethische und ästhetische Bildung. Nur wer Ästhetiken, so schreibt Baacke 1997, »zu entschlüsseln, zu verstehen und zu deuten weiß, ist [...] als Medienrezipient ›qualifiziert‹« und kann als solcher Produkten Qualität attestieren oder absprechen. Was ethisch und ästhetisch vertretbar und zumutbar ist, kann nur reflektiert und verhandelt werden, wenn man ein Gefühl und ein Bewusstsein dafür besitzt, das es einem ermöglicht zu entscheiden, was moralisch und sozial verantwortbar ist. Die Einschätzung und das Reflektieren des eigenen Medienhandelns mit seinen gesellschaftlichen Konsequenzen sind erlernbar. Medienethik ist derzeit wohl der bedeutsamste Aspekt von Medienkompetenz überhaupt.

Weiterführende Literatur

Funiok, R. (2007). Medienethik. Verantwortung in der Mediengesellschaft. Stuttgart: Kohlhammer.

Hoffmann, D. & Mikos, L. (Hrsg.). (2010). Mediensozialisationstheorien. Modelle und Ansätze in der Diskussion (2., überarb. u. erw. Aufl.). Wiesbaden: VS Verlag für Sozialwissenschaften.

Mikos, L., Hoffmann, D. & Winter, R. (2007). Mediennutzung, Identität und Identifikationen. Die Sozialisationsrelevanz der Medien im Selbstfindungsprozess von Jugendlichen. Weinheim: Juventa.

Süss, D., Lampert, C. & Wijnen, C. (2010). Medienpädagogik. Ein Studienbuch zur Einführung. Wiesbaden: VS Verlag für Sozialwissenschaften.

Vollbrecht, R. & Wegener, C. (Hrsg.). Handbuch Mediensozialisation. Wiesbaden: VS Verlag für Sozialwissenschaften.

IV

Anhang

Arbeits- und Infoblätter

Diese Sammlung von Arbeitsblättern ist als Anregung gedacht, die in diesem Buch thematisierten Chancen und Gefahren Neuer Medien mit Schülern zu bearbeiten.

1 Generelle Medienkompetenz

1.1   Internet

Computer- und Internetvereinbarung

Wechselseitige Vereinbarung zwischen Eltern und ihren Kindern zur Nutzung des Internets

Dafür, dass meine Eltern mir die Nutzung des Computers und das Surfen im Internet ermöglichen,

- respektiere ich die Interessen der übrigen Familienmitglieder, die den Computer auch nutzen.
- werde ich nur meine eigenen Dateien bearbeiten, verschieben oder löschen.
- werde ich ohne ausdrückliches Einverständnis meiner Eltern keine Programme aus dem Internet laden oder installieren.
- werde ich gegenüber Gesprächspartnern und in Formularen im Internet keine persönlichen Informationen (wie Adresse, Telefonnummer, Mailadresse usw.) ohne das ausdrückliche Einverständnis meiner Eltern weitergeben.
- werde ich mit meinen Eltern darüber sprechen, wenn mir Dinge im Internet unangenehm sind.
- werde ich nicht wegen des Computers, Computerspielens oder wegen des Internets Dinge vernachlässigen wie
  1. gemeinsames Abendessen
  2. Hausaufgaben und Schule
  3. Sport und Ausflüge ins Freie
  4. …
  5. …

_____

(Unterschrift Schüler/in)

Dafür, dass unser Kind diese Punkte einhält, erklären wir als Eltern, dass wir

- die Interessen unseres Kindes respektieren.
- uns für das interessieren, was unser Kind am Computer macht.
- unserem Kind zuhören, wenn es mit Sorgen zu uns kommt. Wir werden ihm keine Vorwürfe machen, sondern ihm helfen.
- nicht überreagieren, wenn uns etwas merkwürdig vorkommt, sondern unser Kind zunächst diese »merkwürdige Sache« aus seiner Sicht erklären lassen und erst dann urteilen.
- den Computer nicht als »Abstellgleis« missbrauchen, sondern uns viel um unser Kind kümmern. Dazu gehören gemeinsames Essen, Ausflüge und dergleichen und unser Interesse an seinen Sorgen und Freuden.
- ihm Zugang zum Computer und zum Internet erlauben.

_____

(Unterschrift Eltern)

Das Internetgedächtnis 1: »Sammelwut«

1. Sucht euch einen Schauspieler, Sportler, Musiker oder eine andere bekannte Persönlichkeit aus. Versucht nun so viel wie möglich über diese Persönlichkeit im Internet herauszufinden:
2. Gebt den Namen bei mindestens drei verschiedenen Suchmaschinen ein.
3. Schreibt unter »Erste 6 Treffer«, auf welche Inhalte die ersten sechs Suchergebnisse verweisen – auf eher nichtssagende, eher sachkundige oder auf Werbeinhalte?
4. Schreibt auf, wie hilfreich ihr die Ergebnisse der Suchmaschine für eure Recherche fandet.

Name des/der Prominenten:

Suchmaschine	Erste 6 Treffer	Wie hilfreich? Warum?

5. Bewertet nun fünf ausführlichere Webseiten (Homepages, Fanseiten, Wikis), die ihr über die Person gefunden habt. Wie aussagekräftig sind diese Seiten? Scheinen sie verlässlich zu sein? Warum?

Name des/der Prominenten:

Webseite (Name)	Was wird dargestellt? Wie ausführlich?	Ist die Information glaubwürdig? Warum?

Das Internetgedächtnis 2: »Es vergisst einfach nicht«

Die Person aus dem Arbeitsblatt »Das Internetgedächtnis 1« beauftragt euch nun, alle Spuren von ihr aus dem Netz zu entfernen.

1. Wie würdet ihr vorgehen?

2. Ihr habt bei der Beschäftigung mit dem Arbeitsblatt »Das Internetgedächtnis 1« fünf (oder mehr) Webseiten über die Person untersucht.
    In welchen Fällen ist das Löschen der Informationen besonders schwierig? Warum (z. B.: Server stehen im Ausland, Moderatoren lassen Löschung nicht zu usw.)?

Webseite	Leicht, schwer, gar nicht entfernbar? Wie entfernbar? (Mail an den Betreiber, Anwalt ...)

3. Euer Beispiel bezieht sich auf einen Prominenten. Der Datenschutz betrifft aber auch jeden Einzelnen. Soll über euch selbst auch so viel im Internet zu finden sein? Welche Informationen über euch würdet ihr dort gern finden? Welche würdet ihr dort ungern oder auf keinen Fall sehen wollen?
Besprecht zu jedem Begriff, weshalb das so ist.

Information im öffentlichen Netz	Ja, gern!	Lieber nicht/ auf keinen Fall!
Euer Haustier		
Euer Lieblingsgetränk		
Die Namen und Bilder eurer Freunde		
Eure Hobbys		
Eure sexuelle Präferenz		
Filme von euren Erlebnissen mit Freunden		
Euer Geburtsdatum		
Eure Adresse		
Eure »guten Seiten« (sportliche Erfolge usw.)		
Eure Schulnoten		
Partys (Real Life, LAN, online), die ihr ausrichtet		
Falls vorhanden: eure Avatare in Onlinespielen zusammen mit eurem bürgerlichen Namen		

4. Wer könnte diese Informationen über euch verwenden, um euch zu schaden?

_____

_____

5. Findet ihr das Internet eine gute oder eine schlechte Sache?

_____

_____

Lösungsblatt zu »Das Internetgedächtnis«

Das Internetgedächtnis 1:

Zu 2: Beispiele für Suchmaschinen sind etwa google.de, yahoo.de, metager.de, fastbot.de, suchbiene.de, blinde-kuh.de. Weitere deutschsprachige Suchmaschinen finden sich unter: www.ub.uni-konstanz.de/servicean-gebote/suchmaschinen.html

Zu 3: Beispielsweise: google.de, erster Treffer: bezahlte Werbung, zweiter Treffer: Wikipedia-Eintrag, dritter Treffer: ein Weblog-Eintrag über die Person usw., aber die Homepage der Person taucht nicht unter den ersten sechs Treffern auf.

Zu 4: Beispielsweise: Der Wiki-Eintrag enthält einen guten Lebenslauf, aber nur wenige Links: Sehr hilfreich für eine Anfangsrecherche. Im Weblog steht die persönliche (positive/negative) Meinung eines Fans, die bestimmt kein wahres Bild von der Person zeichnet und daher eher irreführend ist; sie enthält aber Links zur Homepage der Person: insgesamt weniger hilfreich (usw.).

Zu 5: Es genügt der Name der Webseite (z. B. »Person bei Wikipedia«, »Homepage der Person«), die Adresse ist hier nicht unbedingt erforderlich.

Das Internetgedächtnis 2:

Zu 1: Als Erstes sollten natürlich möglichst viele Informationsquellen zur Person im Netz gesucht werden. Hier werden die Schüler auf das Problem stoßen, dass es bei bekannteren Persönlichkeiten eine schier unüber-schaubare Masse an Webseiten und Einträgen gibt. Es soll herausgefiltert werden, welche Informationen am schnellsten entfernt werden müssen, weil sie die sensibelsten Details enthalten.

Zu 2: Schwer zu löschen sind beispielsweise Webseiten, die auf Servern im rechtlich nicht belangbaren Ausland liegen und deren Betreiber unbekannt sind bzw. ebenfalls im Ausland leben; außerdem Webseiten, die stark moderiert werden, wie Wikis, sofern kein Anspruch auf Löschung besteht (weil z. B. kein Persönlichkeits-oder Datenschutzrecht im engeren Sinne durch die Darstellung verletzt wird). Als Weg kann eine E-Mail an den Betreiber der Webseite mit der Bitte um Löschung gewählt werden. Falls dieser nicht reagiert, ist eine E-Mail an den Provider sinnvoll (bei dem die Webseiten fürs Internet gespeichert sind), oder es kann im Notfall ein Anwalt eingeschaltet werden.

Zu 3: Die Schüler sollen natürlich nicht die Information konkret benennen (z. B. »dass ich katholisch bin«), sondern nur die *Art* der Information (z. B. »meine Konfession«).

Zu 4: Diese Aufgabe bietet sich für eine Kleingruppenarbeit an. Informationen können z. B. von Schulkame-raden in bösartiger Absicht verwendet werden, aber auch noch Jahre später bei einem Vorstellungsgespräch oder im Lehrbetrieb ein negatives Bild von dem/der Betreffenden zeichnen. Persönliche Informationen wie die Adresse können auch von Betrügern genutzt werden.

Zu 5: In der Kleingruppe sollen die Schüler sich Vor- und Nachteile des Internets bewusst machen und dabei erkennen, dass das Internet weder »gut« noch »böse« ist, sondern mit Bedacht und Umsicht genutzt werden muss.

Recherche im Internet: »Rasender Reporter«

Teilen Sie die Klasse in Gruppen ein, und geben Sie jeder Gruppe den Auftrag, etwas zu einem weithin unbekannten Thema zu recherchieren – und zwar überwiegend via Internet. Drei Themengebiete für sechs Gruppen werden hier exemplarisch vorgestellt: Sport, Umweltschutz und Prominente.

Internetrecherche zum Themenkreis Sport

Gruppe Alpha: Unterwasserrugby – Gruppe Beta: Jugger

1. Lest den Eintrag in de.wikipedia.org über Unterwasserrugby/Jugger. Lest auch die Seite »Diskussion« zum Artikel. Wenn ihr könnt, vergleicht den deutschen Eintrag mit Einträgen in anderssprachigen Wikipedias (z. B. der englischen Version).
   - Wie umfangreich ist der Artikel? Vermisst ihr etwas? Welchen Grund könnte es haben, dass diese Information nicht im Artikel steht?
   - Welche Diskussionen gab es um den Artikel? Wer diskutierte? Warum? Wie ging die jeweilige Diskussion aus?
   - Wie hilft euch der Artikel bei der Recherche über das Thema weiter?
2. Sucht Beiträge über Unterwasserrugby/Jugger
   - in privaten Weblogs und Diskussionsforen,
   - in frei zugänglichen Onlinetages- und Wochenzeitungen sowie Magazinen,
   - auf offiziellen Seiten von Sportvereinen,
   - auf Webseiten von Spielern und von Fans.
3. Fasst nun eure Erkenntnisse zusammen, und haltet gemeinsam vor der Klasse einen Vortrag darüber. Falls ihr Computerpräsentationen/Beamer verwenden könnt, nutzt diese ausschließlich für Bilder und (kurze) Videoproben, schreibt also keinen Text!
   - Was ist Unterwasserrugby/Jugger? Wie funktioniert es? Wer spielt es? Seit wann gibt es das? Und wie ist es entstanden?
   - Wie klar ist die Darstellung im Internet? Widersprechen sich Darstellungen, beispielsweise was die Entwicklung des Sports betrifft? Welche der Informationen haltet ihr für glaubhafter als andere, und weshalb? Habt ihr völlig abwegige Beschreibungen gefunden?

Jugger, Foto: © Susanne Serwe

© Robertz, Wickenhäuser (Hrsg.): Orte der Wirklichkeit. Springer-Verlag, Berlin/Heidelberg 2010.

Internetrecherche zum Themenkreis Umweltschutz

Gruppe Gamma: Kernenergie – Gruppe Delta: Elektroautos

1. Lest den Eintrag in de.wikipedia.org über Kernenergie/Elektroautos. Lest auch die Seite »Diskussion« zum jeweiligen Artikel. Wenn ihr könnt, vergleicht den deutschen Eintrag mit Einträgen in anderssprachigen Wikipedias (z. B. der englischen Version).
   - Wie umfangreich ist der Artikel? Vermisst ihr etwas? Welchen Grund könnte es haben, dass diese Information nicht im Artikel steht?
   - Welche Diskussionen gab es um den Artikel? Wer diskutierte? Warum? Wie ging die jeweilige Diskussion aus?
   - Wie hilft euch der Artikel bei der Recherche über das Thema weiter?
2. Sucht Beiträge über Kernenergie/Elektroautos
   - in privaten Weblogs und Diskussionsforen,
   - in frei zugänglichen Onlinetages- und Wochenzeitungen sowie Magazinen,
   - auf offiziellen Seiten von Vertretern der jeweiligen Konzerne,
   - auf Webseiten von Umweltschutzorganisationen.
3. Fasst nun eure Erkenntnisse zusammen und haltet gemeinsam vor der Klasse einen Vortrag darüber. Falls ihr Computerpräsentationen/Beamer verwenden könnt, nutzt diese ausschließlich für Bilder und (kurze) Videoproben, schreibt also keinen Text!
   - Was sind die Diskussionspunkte in Bezug auf Kernenergie/Elektroautos? Wie werden ihre Vor- und Nachteile dargestellt?
   - Wie eindeutig ist die Darstellung im Internet? Widersprechen sich Darstellungen? Welche Interessen könnten dahinterstehen? Welche der Informationen haltet ihr für glaubhafter als andere, und weshalb? Habt ihr völlig abwegige Beschreibungen gefunden?
   - Wie sah eure Meinung vor der Recherche aus? Wie ist sie jetzt? Was ist für eure Meinung entscheidend?

Internetrecherche zum Themenkreis Prominente

Gruppe Epsilon: Prominente – Gruppe Zeta: Band

1. Einigt euch auf eine/n Prominente/n bzw. eine Band.
2. Lest den Eintrag in de.wikipedia.org über die Person/Band, falls vorhanden. Lest auch die Seite »Diskussion« zum jeweiligen Artikel. Wenn ihr könnt, vergleicht den deutschen Eintrag mit Einträgen in anderssprachigen Wikipedias (z. B. der englischen Version).
   - Wie umfangreich ist der Artikel? Vermisst ihr etwas? Welchen Grund könnte es haben, dass diese Information nicht im Artikel steht?
   - Welche Diskussionen gab es um den Artikel? Wer diskutierte? Warum? Wie ging die jeweilige Diskussion aus?
   - Wie hilft euch der Artikel bei der Recherche über das Thema weiter?
3. Sucht Beiträge über die Person/Band
   - in privaten Weblogs und Diskussionsforen,
   - in frei zugänglichen Onlinetages- und Wochenzeitungen sowie Magazinen,
   - auf offiziellen Seiten der Unterhaltungsindustrie,
   - auf der Homepage und auf der MySpace-, VZ- oder Facebook-Seite der Person/Band selbst.
4. Fasst nun eure Erkenntnisse zusammen und haltet gemeinsam vor der Klasse einen Vortrag darüber. Falls ihr Computerpräsentationen/Beamer verwenden könnt, nutzt diese ausschließlich für Bilder, (kurze) Hör- und Videoproben, schreibt also keinen Text!
   - Wie stellt sich die Person/Band selbst im Internet vor? Wie eindeutig ist die Darstellung in sonstigen Bereichen des Internets? Fanden sich beleidigende oder übertriebene Behauptungen? Welche der Informationen haltet ihr für glaubhafter als andere, und weshalb? Habt ihr eine Seite gefunden, die sich fälschlicherweise für die Person/Band ausgibt? Was wird dort dargestellt?
   - Wie sah eure Meinung vor der Recherche aus? Wie ist sie jetzt? Was war/ist für eure Meinung entscheidend?

E-Mail-Storming

Diese Übung wird am besten als Hausaufgabe durchgeführt: Ein Schüler schickt eine Idee (z. B. für eine Geschichte oder für ein Projekt) per E-Mail an einen Klassenkameraden.

Der Mitschüler entwickelt diese Idee weiter, auch anhand von Eindrücken aus seiner unmittelbaren Umwelt. Daraufhin sendet er seine Version an den nächsten Klassenkameraden weiter, bis jedes Klassenmitglied einen Beitrag geleistet hat. In großen Klassen können alternativ auch kleinere Teams gebildet werden, um die Reihenfolge der Teilnehmer besser koordinieren zu können.

In der Schule werden dann die einzelnen Texte in der Reihenfolge der Mitspieler vorgetragen und an die Tafel geschrieben. Es wird gemeinsam besprochen, wie sich die Idee weiterentwickelt hat.

E-Mail und Chat: »Der Teufel hinter dem Vorhang«

Der Spieler eines Onlinespiels äußert im Forum eine Frage. Lies dir die Frage und die beiden Antworten durch.

Frage:

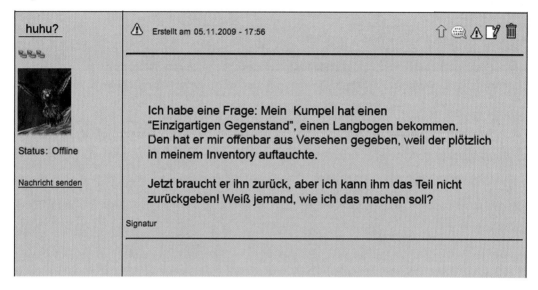

huhu?

Status: Offline

Nachricht senden

⚠ Erstellt am 05.11.2009 - 17:56

Ich habe eine Frage: Mein Kumpel hat einen "Einzigartigen Gegenstand", einen Langbogen bekommen. Den hat er mir offenbar aus Versehen gegeben, weil der plötzlich in meinem Inventory auftauchte.

Jetzt braucht er ihn zurück, aber ich kann ihm das Teil nicht zurückgeben! Weiß jemand, wie ich das machen soll?

Signatur

Antwort 1:

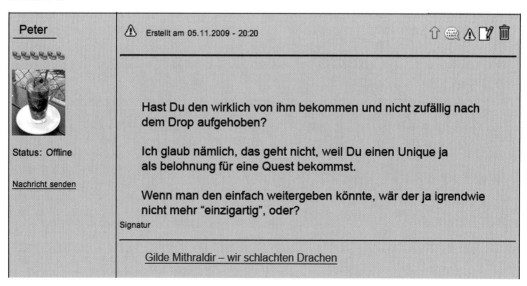

Peter

Status: Offline

Nachricht senden

⚠ Erstellt am 05.11.2009 - 20:20

Hast Du den wirklich von ihm bekommen und nicht zufällig nach dem Drop aufgehoben?

Ich glaub nämlich, das geht nicht, weil Du einen Unique ja als belohnung für eine Quest bekommst.

Wenn man den einfach weitergeben könnte, wär der ja igrendwie nicht mehr "einzigartig", oder?

Signatur

Gilde Mithraldir – wir schlachten Drachen

Antwort 2:

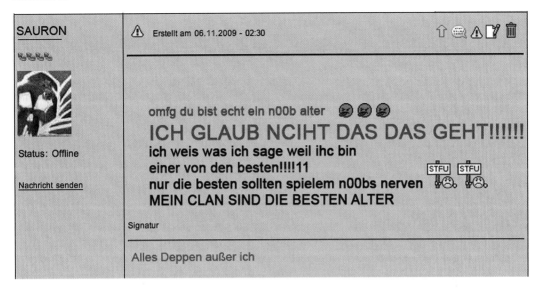

Schreibe nun in zwei bis drei Sätzen auf, welchen Eindruck du spontan von jedem der beiden Beitragenden hast.

Beantworte nun folgende Fragen:
- Was lässt sich aus der Gestaltung der Beiträge herauslesen (Avatar, Benutzername, Schriftstile, Sprache, Signatur, Erstellungszeit)? Bei Huhu? Bei Sauron? Bei Peter?
- Wie geht Sauron auf die Frage ein?
- Wie geht Peter auf die Frage ein?
- Was sieht Sauron wohl in dem Fragesteller?
- Was sieht Peter wohl in dem Fragesteller?
- Welche Antwort wirkt kompetenter? Warum?
- Wer wirkt älter, Peter oder Sauron? Warum?
- In wessen Spielerclan würdest du eher mitmachen wollen? Warum?
- Würdest du bei Fragen eher Peter oder eher Sauron anmailen? Warum?
- Wie könnte Peter im echten Leben aussehen?
- Wie könnte Sauron im echten Leben aussehen?

1.2   Handy

Handyvereinbarung

Wechselseitige Vereinbarung zwischen Eltern und ihren Kindern zur Nutzung des Mobiltelefons:
Als Benutzer des Mobiltelefons werde ich

- immer im Kopf behalten, dass ein Handy teuer ist, und nicht mehr Gebühren anfallen lassen, als mit meinen Eltern vereinbart. Auch nicht »aus Versehen«.
- meine Mobilnummer niemandem weitergeben, solange meine Eltern nicht damit einverstanden sind.
- Anrufe von meinen Eltern niemals wegdrücken. Verpasse ich Anrufe von ihnen, rufe ich so schnell wie möglich zurück.
- das Handy nirgends benutzen, wo es verboten ist – also auch nicht im Unterricht oder im Kino.
- immer mit Bedacht telefonieren oder simsen, also niemanden beleidigen oder beschimpfen.
- das Handy nie dazu verwenden, mich über das Leid anderer lustig zu machen, indem ich beispielsweise Fotos oder Filme von ihnen mache. Solche Bilder und Filme lasse ich mir auch nicht von anderen auf mein Handy schicken!
- keine Bilder und Filme online stellen – auch nicht von mir selbst –, ohne vorher die Zustimmung meiner Eltern dafür bekommen zu haben.
- aufhören zu telefonieren oder zu tippen, wenn meine Eltern das von mir verlangen.
- akzeptieren, dass meine Eltern mein Handy für eine bestimmte Zeit (mindestens für einen Tag) einziehen, wenn ich die Regeln verletze.

_____

(Unterschrift Schüler/in)

Dafür werden wir, die Eltern,

- deine monatliche Handyrechnung bezahlen.
- dich bei deinen Telefonaten nicht belauschen und nicht deine Speicherkarte durchsuchen, sondern deine Privatsphäre respektieren.
- dich nicht mit ständigen Anrufen kontrollieren.
- dich voll unterstützen, wenn du beunruhigende SMS/Anrufe bekommst oder andere dich mit ihren Handys beleidigen/kränken.

_____

(Unterschrift Eltern)

Das moderne Taschenwerkzeug

Die Jugendlichen bekommen den Auftrag, die wichtigsten Orte, öffentlichen Gegenstände und Plätze mit dem Mobiltelefon zu fotografieren. Darüber hinaus sollen sie Umgebungsklänge und Stimmungen einfangen und die Bedeutung der aufgenommenen Dinge für ihr persönliches Leben erläutern. Auf diese Weise sollen Möglichkeiten, das Handy für »sinnvolle« Aufgaben und Reflexionen zu nutzen, den Schülern bewusst gemacht und gefördert werden.

Die SMS-Geschichte: Übung zum Textverständnis

1. Die Schüler bilden zwei Gruppen, Erzähler und Nacherzähler. Jeder Schüler sucht sich einen SMS-Partner aus der anderen Gruppe aus.
2. Die Mitglieder von Gruppe A bekommen eine kurze Geschichte – im Idealfall jeder eine andere – mit einer Handlung, die von einfach bis komplex reicht.
3. Nun fassen die Mitglieder der Gruppe A ihre jeweilige Geschichte mit dem Handy zusammen und senden diese Zusammenfassung dann an ihre jeweiligen SMS-Partner aus Gruppe B. Dabei kann festgelegt werden, wie viele SMS gesendet werden dürfen (maximal eine, zwei oder drei).
4. Die Empfänger aus Gruppe B schreiben nun das in der SMS Geschilderte in Form einer Kurzgeschichte auf, die mindestens eine halbe Seite lang sein soll.
5. Nun werden die Geschichten aus Gruppe B nacheinander vor der Klasse vorgetragen, anschließend wird jeweils der Originaltext des SMS-Partners aus Gruppe A vorgelesen. Die Zuhörer sollen verdeutlichen, wie sich ihrer Ansicht nach die beiden Versionen der Geschichte unterscheiden, beispielsweise
   - welche Details verloren gegangen sind,
   - welche neuen Details hinzukamen,
   - ob und wie sich der Kern der Handlung verändert hat,
   - vor allem: ob es Missverständnisse gab und worin diese begründet waren.
6. Anschließend wird mit der ganzen Klasse darüber diskutiert, warum es Veränderungen gegeben hat: beispielsweise durch die Art, wie Emotionen der Geschichte via SMS transportiert und vom Empfänger wahrgenommen wurden (z. B. durch Smileys).

Das Handy als Wahlkabine

Das Mobiltelefon lässt sich auch als Abstimmungswerkzeug nutzen. So kann mithilfe des Handys beispielsweise
- das beste von fünf Musikvideos oder
- das Ziel eines Schulausflugs oder
- vielleicht sogar der Klassensprecher gewählt werden.

Jeder Schüler sendet eine SMS mit der Ziffer seiner Wahl an den Wahlhelfer, der die Stimmen auszählt und das Ergebnis an der Tafel verkündet.

An die Abstimmung schließt sich eine Diskussion über die Gefahren einer solchen Abstimmungsform an. Welche Probleme würde eine solche Abstimmung in sich bergen, wenn sie tatsächlich für Wahlen eingesetzt würde? Probleme sind z. B.,
- dass die Identifikation von Mobiltelefonen personengenau möglich ist – sowohl anhand der Telefonnummer als auch anhand des Handysenders. Welche Folgen hätte dies für eine »geheime« Wahl?
- dass der Standort einer Person bei eingeschaltetem Mobiltelefon auch übers Internet einfach geortet werden kann,
- dass das Telefon auch von Dritten genutzt worden sein kann (also jemand anders »meine« Stimme abgegeben hat).

2 Einzelne Gebiete

2.1 Cyberstalking und Cyberbullying

Grundregeln zum Schutz vor Cyberstalking und Cyberbullying

Grundregeln
1. Keine persönlichen Informationen online stellen.
2. Passwörter niemandem weitergeben.
3. Sich nicht online provozieren lassen.

Als Benutzer eines Diskussionsforums oder Chats sollte man möglichst ...
- nicht den Nachnamen nennen und ggf. ein Pseudonym anstelle des Vornamens verwenden,
- kein identifizierbares Porträtfoto als Avatar verwenden,
- keine Telefonnummern oder Adressdaten und auch nicht das Geburtsdatum im Profilbereich oder in der Signatur angeben,
- gerade in Chats sehr zurückhaltend mit der Herausgabe von persönlichen Daten umgehen,
- für Onlinedating-Seiten und dergleichen eine zusätzliche anonyme Mailadresse registrieren,
- eine Diskussion oder einen Flirt nur dann beginnen, wenn man bereit ist, auch die Konsequenzen in Kauf zu nehmen,
- wenn man moderierend in einem Forum tätig ist, ggf. einen zweiten Benutzer mit Moderatorenrechten einrichten, der nur für besonders schwere Fälle (z. B. Ausschluss anderer Benutzer) verwendet wird und der in seinem Profil keine Rückschlüsse auf die wahre Identität des Moderators zulässt.

Außerdem sollte man bedenken, dass ...
- hinter jedem Nutzer ein Mensch steckt, der das Geschriebene liest,
- man deswegen auch bei schnellen Beiträgen auf eine freundliche und unmissverständliche Wortwahl achten sollte,
- man selbst, wenn man ärgerlich ist, mit bösen Worten sparsam sein sollte, denn jedes harte Wort wird durchs Internet doppelt so scharf!
- man Nachsicht gegenüber Nutzern üben sollte, die allzu zornig schreiben oder aber neu im Forum sind.

Es empfiehlt sich sehr,
- eine Antwort auf einen verletzenden Beitrag, sei es per E-Mail oder im Forum, nicht gleich abzuschicken, sondern erst zu speichern und einmal zu überschlafen, bevor man den »Senden«-Knopf anklickt.

Eine weitere Schutzvorkehrung
Mit einer guten Suchmaschine nach dem vollen eigenen Namen und der Straße suchen. Alle ausgegebenen Treffer untersuchen, ob sie die Telefonnummer bzw. die eigene Postadresse darstellen. Wenn dem so ist, den Seitenbetreiber kontaktieren und die Entfernung dieser Adresse fordern.

Fotos online stellen oder nicht?

Grundsätzlich muss vor einer Veröffentlichung von Fotos im Internet immer genau abgewogen werden, ob sie wirklich unproblematisch ist – ein einmal online gestelltes Foto kann im Nachhinein nur noch schwer wieder komplett aus dem Internet entfernt werden!

1. Wenn es sich um eine öffentliche (sportliche oder nicht sportliche) Veranstaltung handelt und eine Menschenmenge auf dem Foto abgebildet ist, ist eine Veröffentlichung erlaubt.

Foto: © Susanne Serwe

2. Werden Einzelpersonen abgelichtet, müssen diese ihre ausdrückliche Erlaubnis zur Veröffentlichung geben (»Recht am eigenen Bild«).

Foto: © Susanne Serwe

3. Ist die abgebildete Person auf dem Bild nicht zu erkennen, ist die Veröffentlichung erlaubt.

Foto: © Ruben Wickenhäuser

4. In Alltagssituationen in der Öffentlichkeit gilt gleichfalls das Persönlichkeitsrecht: Eine Einzelperson muss um Erlaubnis gefragt werden, wenn sie abgebildet wird. Eine Menschenmenge z. B. auf einem Jahrmarkt (öffentliche Veranstaltung, siehe oben) darf aber abgelichtet werden.

Foto: © Ruben Wickenhäuser

5.   Eine besondere Situation ergibt sich bei potenziell kompromittierenden Bildern, seien sie auf einer Party oder
    bei verfänglichen Situationen in der Öffentlichkeit aufgenommen: Selbst mit dem Einverständnis des/der
    Abgebildeten sollte die Veröffentlichung solcher Bilder genau abgewogen werden. Das Internet hat ein langes
    Gedächtnis, und ein künftiger Arbeit- oder Auftraggeber kann das Bild finden. Im Zweifelsfall muss also
    selbst bei Einverständnis der Betroffenen gelten: keine Veröffentlichung. Daher sind die Gesichter der Abge-
    bildeten im Bildbeispiel auch nicht zu erkennen.

Foto: © Christian Flügel

Auszug aus dem Kunsturhebergesetz (KunstUrhG):
§ 22
Bildnisse dürfen nur mit Einwilligung des Abgebildeten verbreitet oder öffentlich zur Schau gestellt werden.
Die Einwilligung gilt im Zweifel als erteilt, wenn der Abgebildete dafür, daß er sich abbilden ließ, eine Entloh-
nung erhielt. Nach dem Tode des Abgebildeten bedarf es bis zum Ablaufe von 10 Jahren der Einwilligung der
Angehörigen des Abgebildeten. [...].

§ 23
(1) Ohne die nach § 22 erforderliche Einwilligung dürfen verbreitet und zur Schau gestellt werden:
    1.   Bildnisse aus dem Bereiche der Zeitgeschichte;
    2.   Bilder, auf denen die Personen nur als Beiwerk neben einer Landschaft oder sonstigen Örtlichkeit er-
        scheinen;
    3.   Bilder von Versammlungen, Aufzügen und ähnlichen Vorgängen, an denen die dargestellten Perso-
        nen teilgenommen haben;
    4.   Bildnisse, die nicht auf Bestellung angefertigt sind, sofern die Verbreitung oder Schaustellung einem
        höheren Interesse der Kunst dient.

(2) Die Befugnis erstreckt sich jedoch nicht auf eine Verbreitung und Schaustellung, durch die ein berechtig-
    tes Interesse des Abgebildeten oder, falls dieser verstorben ist, seiner Angehörigen verletzt wird.

Achtung: Dieses Arbeitsblatt stellt keine Rechtsberatung dar, sondern nur eine Orientierung. Für genaue rechtliche
Handhabe wenden Sie sich bitte an eine fachkundige und auskunftsberechtigte Stelle (z. B. einen Rechtsanwalt).

2.2 Sicherheit und Sexualisierung

Das Private selbst an die große Glocke hängen 1

»Privatissimo«

Diese Übung dient dazu, Jugendliche für den Wert der eigenen Privatsphäre zu sensibilisieren. Wägen Sie ab, ob und in welchem Maße diese Übung in Ihrer Klasse sinnvoll ist.

1. Suchen Sie die Namen der Schülerinnen und Schüler Ihrer Klasse im Internet. Hierbei helfen Ihnen beispielsweise Metasuchmaschinen wie www.yasni.de oder www.123people.de, die auf Webseiten und in Sozialen Netzwerken nach Informationen suchen. Persönliche Informationen über Ihre Schüler finden Sie möglicherweise auch direkt auf Profilen bei MySpace.com, Facebook.de, SchülerVZ.net, StudiVZ.net usw.
2. Drucken Sie pro Schüler jeweils eine Seite mit den meisten persönlichen (aber nicht kompromittierenden!) Informationen aus, die der Schüler bzw. die Schülerin über sich in einem der Portale online gestellt hat.
3. Hängen Sie die Blätter vor Beginn der Stunde gut sichtbar im Klassenraum auf.
4. Warten Sie die Reaktionen der Schülerinnen und Schüler ab.
5. Diskutieren Sie über diese Reaktionen, insbesondere über entrüstete Reaktionen von Schülerinnen und Schülern, die sich beschweren, dass hier »private Informationen« aushängen. Machen Sie den Schülern bewusst, dass sie selbst diese Informationen offen zugänglich ins Internet gestellt haben – jeder kann sie einsehen!
6. Leiten Sie über zu der Frage, welche Informationen besser nicht online gestellt werden sollten. Machen Sie den Schülern das Risiko ihrer Offenherzigkeit im Netz bewusst.

Das Private selbst an die große Glocke hängen 2

Ey, Bewerbungsgespräche, Alter

1. Wählen Sie im Rahmen der üblichen Bewerbungsgesprächstrainings für Schüler am Vortag der Übung insgeheim zwei Schüler aus.

2. Recherchieren Sie, wo diese Schüler im Internet Informationen über sich und ihre Hobbys abgelegt haben. Erkundigen Sie sich ruhig bei den beiden Jugendlichen oder ihren Freunden danach. Dies sollte aber so frühzeitig geschehen, dass kein Zusammenhang zum anstehenden Bewerbungstraining hergestellt wird. Suchen Sie dazu beispielsweise bei Facebook.de, MySpace.com, Ning.com, schuelerVZ.net und meinVZ.net, oder besuchen Sie die Homepage und das Weblog der Schüler, falls sie solche betreiben.

3. Drucken Sie sich zwei oder drei besonders aussagekräftige Seiten aus, die diese Schüler über sich ins World Wide Web gestellt haben, also Seiten, auf denen die Betreffenden über ihre Hobbys und Vorlieben, Partys und dergleichen schreiben.

4. Führen Sie dann später im Unterricht das Bewerbungsgespräch ganz normal durch, ohne Ihre Recherche zu erwähnen.

5. Lassen Sie die Klasse abstimmen, welcher der beiden Schüler sich besser dargestellt hat.

6. Zu dem gewählten Schüler sagen Sie sinngemäß: »Ihr beide hättet die Stelle eigentlich bekommen. Ihr bekommt stattdessen aber nur eine formelle Ablehnung. Warum?«

7. Zeigen Sie nun die Ergebnisse Ihrer Recherche, und zitieren Sie daraus, was für den Arbeitgeber ein Ausschlusskriterium gewesen sein könnte: beispielsweise die Angabe unter Hobbys: »Saufen, saufen, saufen« oder ein Foto des Schülers mit einer Bierflasche in der Hand. Weisen Sie darauf hin, dass nicht nur Sie, sondern jeder andere diese Daten öffentlich einsehen kann.

8. Erarbeiten Sie nun mit der Klasse, welche Informationen nicht ins Internet eingestellt werden sollten.

Was ist cool im Web? Was ist sexy im Web?

Übung 1: Grundregeln für sicheres Surfen

Teilen Sie den Schülern das Merkblatt »Grundregeln zum Schutz vor Cyberstalking und Cyberbullying« (unter
► 2.1 in diesem Anhang) aus. Geben Sie ihnen dann ein zusätzliches leeres Blatt, auf dem sie in Kleingruppen
eine Reihenfolge der Regeln erarbeiten sollen. Aufgabe ist es, im Gruppenkonsens zu argumentieren, warum eine
Regel wichtiger ist als eine andere. Dies hilft den Schülern, die Regeln zu verinnerlichen und ihnen Sinn zuzuschreiben.

Wenn die Kleingruppen ihre Arbeit beendet haben, führen Sie die Gedanken im Plenum zusammen und
unterstützen die Diskussion über die Gruppenergebnisse.

Übung 2: Umgang mit Freizügigkeit im Internet

Bilden Sie Kleingruppen mit je drei oder vier Schülern. Geben Sie jeder Kleingruppe ein Blatt in Flipchartgröße.
Jede Gruppe bekommt nun die Aufgabe, zu einer der unten abgedruckten Aspekte ein Mindmap zu erstellen. In
die Mitte des Blattes schreiben Sie den jeweiligen Kurzbegriff. Die Jugendlichen schreiben oder zeichnen nun mit
bunten Stiften ihre Gedanken in Wolken und verbinden zusammengehörige Wolken mit einem Strich. Lassen
Sie die Kleingruppen eine Weile über die jeweilige Aussage diskutieren. Mithilfe der zu jedem Punkt angegebenen
Fragen können Sie neue Anreize in die Diskussion einbringen.

Diskutieren Sie die vier Aspekte abschließend in der Gesamtgruppe.

1. *»Sex im Profil«*
   Freizügige Fotos/Filme oder Informationen über meine sexuellen Vorlieben, die ich in mein Internetprofil
   einstelle, wirken wie Werbung. Doch wofür werbe ich eigentlich? Will ich, dass jeder diese Werbung sehen
   kann? Was würde jemand zu diesen Informationen sagen, bei dem ich mich um eine Stelle bewerbe?
2. *»Sexting«*
   Wenn ich jemandem freizügige Fotos/Filme von mir zusende, kann er die ohne mein Wissen weitergeben.
   Wie schnell könnte sich mein Foto verbreiten? Wie viele Leute könnten es innerhalb einer Stunde bekommen? Wie könnte ich das rückgängig machen?
3. *»6Chat«*
   Wenn ich mich in Chaträumen aufhalte oder Diskussionsgruppen anschließe, in denen sexuelle Inhalte besprochen werden, und mich dort als Teenager zu erkennen gebe, bringe ich mich in Gefahr. Was ist das für
   eine Gefahr? Wie kann ich mich schützen? Kenne ich die Sicherheitsregeln des Internets (siehe Übung 1)?
4. *»Meeting Mr. Sexy«*
   Wenn ich Onlinebekanntschaften intime Informationen mitteile, ist das gefährlich. Wie kann man meine
   Identität und Adresse herausfinden? Was könnte dann passieren? Wie würden meine Eltern darauf reagieren,
   wenn die Webbekanntschaft an unserer Haustür klingeln würde?

© Robertz, Wickenhäuser (Hrsg.): Orte der Wirklichkeit. Springer-Verlag, Berlin/Heidelberg 2010.

2.3   Computerspielsucht und »Killerspiele«

»Real-Life Tetris«: Übung zum Thema Computerspielsucht

Vor der Übung
Überprüfen Sie bei Ihren Schülern:
1. Welche Lieblingshobbys haben Schüler (abgesehen vom Computerspielen), und wie viel Zeit verbringen sie pro Woche damit? Wie viel Zeit verbringen sie im Vergleich dazu pro Woche mit ihrem PC? Bei wem ist das Verhältnis ausgeglichen? Was ist ein »ausgeglichenes Verhältnis« überhaupt?
2. Was sagen die Schüler zu folgenden Statements? Diskutieren Sie diese mit der gesamten Klasse:
    a) Ich verbringe seit Längerem täglich mehr als fünf Stunden meiner Freizeit am PC.
    b) Ich spiele oft länger, als ich mir vorgenommen hatte/als ich mit meinen Eltern abgesprochen hatte.
    c) Wegen der langen Zeit am PC habe ich schon Ärger mit meinem Eltern/Freunden/Lehrern bekommen.
    d) Wenn ich nicht am Computer spielen kann, fühle ich mich lustlos und gereizt. Ich weiß dann nichts mit mir anzufangen.
    e) Außerhalb der Schule treffe ich mich kaum noch mit Freunden. Ich treffe meine Leute fast nur noch online.
    f) Ich glaube, dass mein Computerspielverhalten normal ist.

Übung: Positive und negative bunte Klötze zusammenbauen – Tetris eben

Teil 1: Was bildet einen Schutzschild gegen Süchte? Was gefällt mir im »RL«?
Lassen Sie die Schüler mit ihren Handys Symbole für all das fotografieren, was ihnen gut tut (Freunde, Dinge, die für Gesundheit, Lebensfreude oder Sicherheit stehen, Sport, Erfolgserlebnisse usw.). Drucken Sie diese Fotos auf grünem Papier aus, und formen Sie daraus einen Schutzwall.

Die Inhalte/Bilder der einzelnen Schüler sind höchst individuell und doch für alle anregend. (Alternativ können Sie auch Bausteine mit einer Kurzbeschreibung auf die Tafel malen. Ideal: fotografieren Sie das Tafelbild nach Abschluss der Übung mit Ihrem Handy, und senden Sie es allen Schülern als E-Mail-Anhang und damit als bleibende Erinnerung zu.)

Aufgabenstellung: Wenn diese grünen Schutzsteine bei einem Mitschüler fehlen oder wegbrechen, wie kann man sie ersetzen? Wer kann dem Schüler helfen?

Teil 2: Was fördert Süchte? Was gefällt mir nicht im »RL«?
Analoge Vorgehensweise mit Bildern negativen Inhalts als symbolische Mauerstücke des Walls. Diese Fotos werden auf rotem Papier ausgedruckt. Wenn grüne Mauerstücke fehlen, werden diese durch rote ersetzt. Der Schutzwall bröckelt.

Aufgabenstellung: Wie können diese roten Steine weggesprengt werden? Wie werden aus negativen (roten) Steinen positive (grüne) Steine?

Können PC-Spiele langfristig helfen? Oder erwachsen daraus vielmehr Probleme? Sind Computerspiele eher grüne oder eher rote Steine? Was sind Auswirkungen zu vieler »roter Steine«?

»Be violent, baby«: Gewalt in Computerspielen

Um im Unterricht Gewalt in Computer- und Videospielen zu besprechen, müssen diese Spiele dort nicht unbedingt angespielt werden. Falls Sie sich doch dazu entschließen, ist es wichtig, auf die Altersfreigaben der Spiele zu achten. Selbst wenn laut aktueller JIM-Studie (mpfs, 2009) 65 % der befragten Jugendlichen zugeben, »schon Spiele genutzt [zu haben], für die man eigentlich zu jung war«, handelt es sich um verpflichtende Vorgaben, die die Schule einhalten muss. Gleichzeitig ist diese Einhaltung ein gutes Argument gegenüber besorgten Eltern.

Übung: »Endlich mal selbst USK sein«

Lesen Sie mit den Schülern den Beitrag von Michael Grunewald (► Kap. 11) zur Kennzeichnung von Spielen durch die Unterhaltssoftware Selbstkontrolle (USK). Diskutieren Sie mit ihnen:

- Wer ist die USK, und warum ist die Alterskennzeichnung durch sie verpflichtend?
- Wie kommt eine typische USK-Einschätzung zustande?
- Sind die Altersstufen (ohne Beschränkung, ab 6, ab 12, ab 16, ab 18 Jahren) sinnvoll gewählt?
- Haltet ihr die Einstufungen für gerecht? Wie sieht das bei euren Lieblingsspielen aus?

Lassen Sie sich nun die Lieblingsspiele der Schüler nennen. Gemeinsam soll die Klasse dann den »Gewaltgehalt« dieser Spiele einschätzen. Halten Sie die Meinung der Schüler auf einer Flipchart fest, auf die grüne (keine Gewalt), gelbe (mittlerer Gewaltgehalt) oder rote Punkte (hoher Gewaltgehalt) geklebt werden. Alternativ können Sie die Tafel und das Schulnotensystem nutzen, um die Diskussion zu begleiten. Die Schüler sollen sich auf eine Farbe/Stufe einigen. Hinterfragen Sie in der Diskussion die unterschiedlichen Kriterien der Jugendlichen, und vergleichen Sie diese mit der Sichtweise der USK.

Übung: »Mein liebstes Killerspiel«

Gehen Sie mit den Schülern der Faszination auf den Grund, die Ego-Shooter bzw. »Killerspiele« auf viele Jugendliche ausüben. Liegt es am Schießen, am Teamplay, an der Perspektive des Spiels, an den taktischen Möglichkeiten? Wie nehmen die Jugendlichen dies wahr?

Lassen Sie beispielsweise einzelne Schüler (oder eine Gruppe) ihr Lieblingsspiel mit einer PowerPoint-Präsentation der Klasse vorstellen. Dabei sollen sie argumentieren, warum ihr Spiel »medienpädagogisch wertvoll« ist und was sie daran »fasziniert«. Diskutieren Sie anschließend die verschiedenen Sichtweisen in der Klasse. Achten Sie jedoch darauf, nicht mit erhobenem moralischen Zeigefinger zu agieren, sondern ein echtes Interesse an der Sichtweise der Jugendlichen zu zeigen.

Typische Fragen in der Diskussion könnten etwa lauten: Welche »Killerspiele« kennst du? Welche hast du schon selbst gespielt? Welches findest du am besten? Was macht für dich den Reiz gerade dieses Spieles aus? Spielst du es alleine oder mit anderen? Vielleicht sogar in einem festen Team? Hast du Angst, durch diese Spiele gewalttätig zu werden? Worin liegt der Unterschied zwischen Spiel und Realität? Wenn man im Spiel das Blut entfernen und die Waffen gegen Wasserpistolen austauschen würde – wäre das für dich okay? Wie würde sich das auf die Faszination auswirken? usw.

2.4   Rechtsextremismus

Rechtsextreme Seiten

Die folgenden Übungen/Methoden wurden in leicht veränderter Form dem Beitrag von Stefan Glaser, »Dem Hass die Stirn bieten. Medienpädagogische Ansätze zur Auseinandersetzung mit Rechtsextremismus im Internet« (in Glaser & Pfeiffer, 2007) entnommen.

Einstieg: Was ist Rechtsextremismus?

Wenn mit Jugendlichen zum Thema Rechtsextremismus im Internet gearbeitet werden soll, muss es zunächst darum gehen, einen Bezug zum Thema herzustellen. Vorerfahrungen und das bislang bestehende Verständnis der Sache sollen diskutiert werden. Ein Beispiel stellen die folgenden Fragestellungen dar.

»Was bedeutet der Begriff ‚Heimat' für mich?«

Nennen Sie drei Kernthemen: Heimat, Nation und Deutschland. Nun locken Sie die Jugendlichen aus der Reserve. Sammeln Sie klar positiv besetzte Assoziationen (z. B.: Zugehörigkeit, Stolz, Wohlstand) und negative Assoziationen (z. B.: Angst vor Neonazis, Sozialabbau). Beispiele für Impulsfragen:

- »Was verbindet ihr mit diesem Wort?«
- »Was bedeutet euch Heimat, Nation oder Deutschland?«
- »Wo würde sich wohl ein Rechtsextremer verorten?«

Je nach Stimmung können die Bezüge auch zunächst körpersprachlich hergestellt und erst dann diskutiert werden. Ein Zettel mit dem Begriff wird dann beispielsweise in einer Ecke des Klassenraums aufgehängt, und die Schülerinnen und Schüler können sich entsprechend »nah« oder »fern« von diesem Begriff positionieren. Jeder kann befragt werden, warum er sich näher oder weiter entfernt aufgestellt hat als andere.

»Was verstehe ich unter rechtsextrem?«

Diese Fragestellung bietet eine Vertiefungsmöglichkeit. Jugendliche haben zumindest eine vage Vorstellung von dem, was Rechtsextremismus bedeutet. Beginnen Sie mit einem Brainstorming: »Was verstehe ich unter rechtsextrem?« Jede Assoziation ist erlaubt. Notieren Sie die Begriffe nach Zuruf auf Karten, die Sie an eine Pinnwand heften.

Die Gruppe soll nun gemeinsam die notierten Gedanken ordnen. Das visualisierte Alltagsverständnis bildet die gemeinsame Basis für die Weiterarbeit.

Verteilen Sie nun Aufträge an die Jugendlichen, im Laufe des Projekttages ihr Wissen durch (Online-)Recherchen und Analysen zu erweitern. Dabei sollten Fragen zu den besuchten Websites gestellt werden, etwa:

- Welche Meinungen werden vertreten?
- Wie wird argumentiert?
- Gibt es bestimmte Gruppen, die angefeindet werden?
- Welche Symbolik und Sprache werden genutzt? usw.

Hilfreich kann es auch sein, die entsprechende Website über einen Beamer an die Wand zu projizieren, um sie gemeinsam besprechen zu können.

Ziel ist es, sich ein fundiertes Verständnis von Merkmalen und Strukturen rechtsextremen Denkens und Handelns zu erarbeiten. Auf dieser Basis können weitere Übungen aufbauen (siehe Folgeseiten).

Meinungsfreiheit kontra Zensur: ein Rollenspiel

Das folgende Rollenspiel wurde in leicht veränderter Form dem Beitrag von Stefan Glaser, »Dem Hass die Stirn bieten. Medienpädagogische Ansätze zur Auseinandersetzung mit Rechtsextremismus im Internet« (in Glaser & Pfeiffer, 2007) entnommen.

Gemeinsam mit Jugendlichen wird eine Verhandlung des Bundesverfassungsgerichts simuliert. Gegenstand der Verhandlung: Kann ein Provider verpflichtet werden, rechtsextreme Inhalte von seinem Server zu entfernen? Oder wird dadurch das grundlegende Recht auf Meinungsfreiheit verletzt? Handelt es sich bei einem solchen staatlichen Eingriff letztlich um eine Form der Zensur?

Zu Beginn des Rollenspiels werden drei Gruppen gebildet:
1. die Seite des Providers,
2. die Seite des Bundesjustizministeriums,
3. das Bundesverfassungsgericht.

Zusätzlich können auch Beobachterrollen vergeben werden. Die Beobachter machen sich Notizen und lassen diese in die Auswertung einfließen.

Phase I: Vorbereitung
Um Überforderungen zu vermeiden, sollte sich die Vorbereitung am Alter und an den Fähigkeiten der Gruppe orientieren. Folgende Fragen stehen im Vordergrund:
- Ist das Szenario »Gerichtsverhandlung« geeignet für die Gruppe (Über- oder Unterforderung etc.), oder wäre ein alternatives Setting besser vorstellbar, z. B. die Inszenierung einer Podiumsdiskussion oder einer Parlamentsdebatte?
- Wäre es besser, die Rolle des Gerichtes von einer Pädagogin/einem Pädagogen übernehmen zu lassen, um das Spiel besser steuern zu können?
- Haben die Gruppen ausreichende Kompetenzen, um sich selbstständig vorzubereiten? Wenn nein: Welche inhaltlichen und organisatorischen Hilfen sind nötig?
- Brauchen die Gruppen zur Erarbeitung ihrer Positionen zusätzliche Materialien, z.B. Texte mit Hintergrundinformationen, Gesetzesauszüge?
- Wäre eine gemeinsame inhaltliche Einheit im Plenum wichtig, damit alle mit denselben Voraussetzungen in die Vorbereitung einsteigen? Sollte sich die Gruppe beispielsweise zunächst gemeinsam mit Grundrechten oder Strafrechtsbestimmungen beschäftigen?

Den Gruppen werden nun ihre Rollen beschrieben und unterstützende Fragen für die inhaltliche Vorbereitung gegeben. Jede Gruppe setzt sich dann ca. eine Stunde zusammen und sammelt Argumente, mit denen sie ihre Position während der »Gerichtsverhandlung« stützen kann. In dieser Phase sollten maximal drei Jugendliche benannt werden, die während der Inszenierung die aktiven Rollen der Anwälte, des Klägers und des Richters übernehmen.

Phase II: Verhandlung
Nach der Vorbereitungszeit treffen sich die Gruppen im Seminarraum, der zum Gerichtssaal umgestaltet worden ist. Das Gericht eröffnet die Verhandlung und beginnt mit einer inhaltlichen Beschreibung des Verhandlungsgegenstands. Anschließend haben die Vertreterinnen und Vertreter der beiden Parteien jeweils fünf bis zehn Minuten Zeit, um dem Gericht ihre Position darzulegen. Im Anschluss daran stellt das Gericht Fragen an die beiden Kontrahenten. Nach einem Austausch halten die Anwälte der beiden Seiten ihre Abschlussplädoyers, und das Gericht zieht sich zur Beratung zurück. Schließlich spricht das Gericht das Urteil, begründet es und schließt die Sitzung.

Phase III: Auswertung
Nach der Verhandlung findet eine gemeinsame Auswertung statt. Neben einer Reflexion des Spielgeschehens ist es am Ende wichtig, gemeinsam mit allen Schülerinnen und Schülern die zentralen Argumentationslinien in den Kleingruppendiskussionen und während der Gerichtsverhandlung zu reflektieren. Die Ergebnisse sollten gesichert – z. B. auf Flipcharts – und zum Ausgangspunkt der weiteren Arbeit – z. B. einer vertiefenden Beschäftigung mit rechtsextremen Ideologemen – gemacht werden.

Texte, Bilder und Parolen

Auch im laufenden Unterricht kann das Thema Rechtsextremismus aufgegriffen und mit Problematisierungen des Internets verknüpft werden. Dies illustrieren zwei Beispiele aus der Praxis, die uns von jugendschutz.net zur Verfügung gestellt wurden:

»Was ist Wirklichkeit?« – Der Umgang mit Texten, Bildern und Quellen

Auf einer Website aus dem Spektrum rechtsextremer Kameradschaften fanden Schülerinnen und Schüler einer 11. Klasse ein Bild, auf dem sich eine Menschenmenge applaudierend um ein aus Sand konstruiertes Abbild des World Trade Centers (WTC) versammelt. Aus diesem Sand-WTC ragt ein Flugzeug heraus. Die Diskussion mit den Jugendlichen führte zunächst zur Frage nach der Authentizität des Fotos: Handelt es sich um eine Fälschung, oder ist es tatsächlich eine Fotografie? Die Einschätzung einer Schülerin: »Wenn das Bild eine Fälschung ist, dann ist das bei Weitem nicht so schlimm, wie wenn das Bild eine tatsächliche Situation zeigt!«, wurde nicht von allen Jugendlichen geteilt. Ein Schüler bemerkte, es sei egal, ob das Bild echt sei oder nicht, denn es gehe ja wohl eher um die vermittelte Botschaft. Und da sei doch entscheidend, ob das Bild vor oder nach dem 11. September 2001 aufgenommen bzw. erstellt wurde.

Im Folgenden wurde noch einmal sehr engagiert über den Wahrheitsgehalt von Informationen, die Aussage von Bildern und die Bedeutung des Kontextes, in dem sie präsentiert werden, diskutiert. Als wichtige Erkenntnisse wurden schließlich festgehalten:

- Grundsätzlich ist ein kritischer Umgang mit Inhalten wichtig, deren Quellen man nicht kennt oder die aus irgendeinem anderen Grund zweifelhaft erscheinen, damit man Propaganda und gezielter Fehlinformation nicht auf den Leim geht.
- Die Authentizität bestimmter Bild-/Textinformationen, die durch Medien vermittelt werden und auf die man beispielsweise im Internet stößt, lässt sich nicht immer verifizieren. Man bleibt in der Bewertung oft auf die Botschaft des Bildes/Textes zurückgeworfen.

»Stimmt doch!« – Wirkung und Entkräftung fremdenfeindlicher Parolen

Ein fremdenfeindlicher Text auf der Website einer Neonazi-Kameradschaft führte zu einer kontroversen Diskussion mit Schülerinnen und Schülern einer 10. Klasse. Auf dieser Website wurden »Ausländer« für eine angeblich steigende Kriminalitätsrate in allen deutschen Regionen verantwortlich gemacht. Die Autoren stellten die Gleichung auf: »Ausländer sind kriminell und gewalttätig«. Einige Jugendliche äußerten spontan Zustimmung und untermauerten ihre Einschätzung mit ihren »schlechten Erfahrungen«. Im Übrigen seien sowieso zu viele Ausländer in Deutschland.

Dies war Anlass, die Begriffe »Ausländer« und »Kriminalitätsrate« sowie die Beziehung zwischen beidem unter die Lupe zu nehmen. Im Internet sollten die Schülerinnen und Schüler zunächst selbst nach Hintergrundinformationen (z. B. zu Migration, Gewalt von Ausländern/gegen Ausländer) und nach Statistiken (z. B. zur Ausländerquote der eigenen Region/Stadt, Kriminalitätsrate) suchen. Anhand statistischer Daten und sozialwissenschaftlicher Erkenntnisse wurden dann gemeinsam Parolen über »die Ausländer in Deutschland« als Vorurteile und rechtsextreme Propaganda entlarvt sowie die Mechanismen dieser Agitation (z. B.: unzulässige Verallgemeinerungen, Feindbilddenken, Sündenbockmechanismus) herausgearbeitet.

3 Links und weiterführende Informationen

3.1 25 weiterführende Links

Fünf wichtige Organisationen:
- http://www.bundespruefstelle.de (Bundesprüfstelle für jugendgefährdende Medien)
- http://www.usk.de (Unterhaltungssoftware Selbstkontrolle)
- http://www.fsm.de (Freiwillige Selbstkontrolle Multimedia)
- http://www.gmk-net.de (Gesellschaft für Medienpädagogik und Kommunikationskultur)
- https://www.bsi-fuer-buerger.de (Bundesamt für Sicherheit in der Informationstechnik)

Zehn Wege zu gesteigerter Medienkompetenz und effektiverem Jugendschutz:
- https://www.klicksafe.de
  (Materialien und Kampagnen zum Thema sicheres Internet)
- http://www.jugendschutz.net
  (Jugendschutz und Förderung der Medienkompetenz von Heranwachsenden)
- http://www.seitenstark.de
  (Zusammenschluss renommierter deutschsprachiger Kinderseiten im Internet)
- http://www.sicherheit-macht-schule.de
  (Materialien und Ideen für eine verantwortungsvolle Mediennutzung in der Schule)
- http://www.fh-koeln.de/spielraum
  (Steigerung der Medienkompetenz von Eltern und Lehrern bzgl. Computerspielen)
- http://www.saferinternet.at
  (Broschüren und Informationen der Österreichischen Informationsstelle für sichere Internetnutzung)
- http://www.polizei-beratung.de/vorbeugung/medienkompetenz
  (Hinweise und Handreichungen der Polizei zum Umgang von Kindern mit Internet, Handy, Computerspielen und Fernsehen)
- http://www.jugendschutzaktiv.de
  (Informationen des Bundesministeriums für Familie, Senioren, Frauen und Jugend rund um das Thema Jugendschutz)
- http://bayern.jugendschutz.de/kinderundinternet/index.aspx
  (Informationen und Tipps für Eltern zum Thema »Kinder und Internet« von der Aktion Jugendschutz der Landesarbeitsstelle Bayern e.V.)
- http://www.educa.ch/DYN/190963.asp
  (Kommentierte Linkliste des Schweizerischen Bildungsservers zum Thema Cyberbullying)

Fünf Tipps speziell für Eltern:
- http://www.handy-in-kinderhand.de
  (Informationen und Tipps zum Thema »Kinder und Handys« von der Aktion Jugendschutz der Landesarbeitsstelle Bayern e.V.)
- http://www.internet-abc.de/eltern
  (Basiswissen zu allen Themen rund um das Internet)
- http://schau-hin.info
  (Initiative des Bundesfamilienministeriums zur Stärkung der Medienkompetenz von Eltern)
- http://www.spielbar.de/neu
  (Tipps und Material für die pädagogische Praxis im Umgang mit Computerspielen)
- http://www.flimmo.de
  (Orientierungshilfen bei der Auswahl von Fernsehsendungen für Kinder)

Fünf Tipps speziell für Kinder und Jugendliche:
- http://www.internet-abc.de/kinder
  (Informationen, Aktionen und Tipps zu Neuen Medien und Schule speziell für Kinder)
- http://www.blinde-kuh.de
  (Internet-Suchmaschine speziell für Kinder und Jugendliche)
- http://www.taschengeldgangster.de
  (Verbraucherzentralen der Bundesländer vermitteln Kindern, wie sie sich vor Gefahren im Internet und vor der »Schuldenfalle Handy« schützen können)
- http://www.handysektor.de
  (Jugendliche erfahren Wissenswertes rund um die Sicherheit in mobilen Netzen)
- http://www.netzcheckers.de
  (Tipps für Jugendliche zu kreativer Mediennutzung und Datenschutz im Internet)

3.2   Zusätzliche Unterrichtsmaterialien

Der Anhang dieses Buches bietet erste Anregungen, um die Arbeit mit Jugendlichen zu den besprochenen Themen sofort starten zu können. Im Internet finden sich zahlreiche weitere, kostenlose Unterrichtsmaterialien, die hilfreich sind, um Kinder und Jugendliche auf den Umgang mit Neuen Medien vorzubereiten. Eine kleine zusätzliche Linkliste soll Ihnen die Recherche erleichtern. Beachten Sie dabei bitte, dass Verzeichnispfade im Internet häufig Neustrukturierungen unterliegen. Wir haben daher nicht nur den zum Zeitpunkt der Drucklegung funktionsfähigen Link, sondern auch die Quellseite ausgewiesen. Sollte der hier abgedruckte direkte Link nicht mehr funktionieren, können Sie die Materialien über die jeweilige Startseite leicht neu recherchieren. Folgende Materialien zum kostenlosen Download finden Sie derzeit im Internet (Stand: 10.1.2010).

Auf der Seite von »Klicksafe« (www.klicksafe.de):
- Unterrichtsmaterial zum kritischen Umgang mit dem Internet, zu Webportalen, zum Handy und zu Computerspielen:
  https://www.klicksafe.de/service/schule-und-unterricht/unterrichtsmaterial/index.html
- Klicksafe-Lehrerhandbuch »Knowhow für junge User«:
  https://www.klicksafe.de/service/schule-und-unterricht/lehrerhandbuch/index.html
- Zusatzmodul zum Lehrerhandbuch 1: »Was tun bei Cyber-Mobbing?«
  https://www.klicksafe.de/cms/upload/user-data/pdf/klicksafe_Materialien/LH_Zusatzmodul_Cyber-Mobbing.pdf
- Zusatzmodul zum Lehrerhandbuch 2: »Social Communities – Ein Leben im Verzeichnis«
  https://www.klicksafe.de/cms/upload/user-data/pdf/klicksafe_Materialien/LH_Zusatzmodul_Social_Communities.pdf

Auf der Seite von »Verbraucherbildung« (www.verbraucherbildung.de):
Unterrichtsmaterialien zu den Themen:
- Kostenlose Onlinespiele
- Computerspiele und Gewalt – Unterrichtsideen zum Jugendschutz
- Was wird da eigentlich gespielt? Schüler beurteilen Computerspiele
- Die Bedeutung der Computerspiele im Medienalltag von Kindern
- Ins Internet – aber sicher!

http://www.verbraucherbildung.de/projekt01/d/www.verbraucherbildung.de/unterrichtsmaterialien/medienkompetenz/index.html

Auf der Seite von »Lehrer-Online« (www.lehrer-online.de):
- Grundlagen zum Thema Medienkompetenz
  http://www.lehrer-online.de/medienkompetenz.php?sid=256490655011771591262975597559755670
- Jugendmedienschutz als Thema im Unterricht
  http://www.lehrer-online.de/jugendmedienschutz.php?sid=256490655011771591262975597559755720

Auf der Seite von »Chatten ohne Risiko« (www.chatten-ohne-risiko.net):
- Lehrmodule für die Klassenstufen 4–7 und die Klassenstufen 7–10 zum Thema Chatten
  http://www.chatten-ohne-risiko.net/index.php?id=236#c1116

Auf der Seite des Landesmedienzentrums Baden-Württemberg (www.unterrichtsmodule-bw.de):
- 21 Unterrichtsmodule zum Jugendmedienschutz
  http://www.unterrichtsmodule-bw.de/index.php?id=531

Auf der Seite von »Jugend und Bildung« (www.jugend-und-bildung.de):
- 7 Arbeitsblätter zum Thema »Jugendschutz und Medien«
  http://www.jugend-und-bildung.de/webcom/show_jubsl.php/_c-330/i.html

Auf der Seite von »Spielbar« (www.spielbar.de):
- Unterrichtseinheiten zum Thema Computerspiele
  http://www.spielbar.de/neu/praxiswissen-computerspiele/pädagogische-praxis/lehrkrafte/

Auf der Seite von »Sicherheit macht Schule« (www.sicherheit-macht-schule.de):
- 9 Unterrichtsideen zur sicheren Nutzung von Neuen Medien
  http://www.sicherheit-macht-schule.de/336_Ueberblick.htm

Literatur

Aftab, P. (2000). The parent's guide to protecting your children in cyberspace. Columbus, OH: McGraw-Hill.

Alexy, E. M., Burgess, A. W. & Baker, T. (2005). Internet offenders: Traders, travellers, and combination trader-travellers. Journal of Interpersonal Violence, 20 (7), 804–812.

Althoff, M. (1999). Die Wirklichkeit der Medien und die Berichterstattung über Kriminalität. Eine Bestandsaufnahme. Leviathan. Zeitschrift für Sozialwissenschaften, 27 (4), 479–499.

Altstötter-Gleich, C. (2006). Pornographie und neue Medien. Eine Studie zum Umgang Jugendlicher mit sexuellen Inhalten im Internet. Mainz: Pro Familia, Deutsche Gesellschaft für Familienplanung, Sexualpädagogik und Sexualberatung e. V., Landesverband.

Anderson, C. A. & Bushman, B. J. (2001). Effects of violent video games on aggressive behavior, aggressive cognition, aggressive affect, physiological arousal and prosocial behavior. A meta-analytic review of the scientific literature. Psychological Science, 12, 353–359.

Anderson, C. A. & Bushman, B. J. (2002). The effects of media violence on society. Science, 295, 2377–2378.

Anderson, C. A. & Dill, K. E. (2000). Video games on aggressive thoughts, feelings and behavior in the laboratory and in life. Journal of Personality and Social Psychology, 78 (4), 772–790.

Andree, M. (2006): Wenn Texte töten. Über Werther, Medienwirkung und Mediengewalt. München: Wilhelm Fink.

Baacke, D. (1997a). Kevin, Wayne und andere – Kinder und ästhetische Erfahrung. In J. v. Gottberg, L. Mikos & D. Wiedemann (Hrsg.), Kinder an die Fernbedienung. Konzepte und Kontroversen zum Kinderfilm und Kinderfernsehen (S. 13–31). Berlin: Vistas.

Baacke, D. (1997b). Medienpädagogik. Tübingen: Niemeyer.

Ballard, M. E. & Wiest, J. R. (1996). Mortal Kombat: The effects of violent videogames play on males hostility and cardiovascular responding. Journal of Applied Social Psychology, 26, 717–730.

Bandura, A. (1989). Die sozial-kognitive Theorie der Massenkommunikation. In J. Groebel & P. Winterhoff-Spurk (Hrsg.), Empirische Medienpsychologie (S. 7–32). München: Psychologie Verlags Union.

Bandura, A., Ross, D. & Ross, S. A. (1963). Imitation of film-mediated aggressive models. Journal of Abnormal Social Psychology, 66, 3–11.

Barker, M. & Brooks, K. (1998). Knowing audiences: Judge Dredd, its friends, fans and foes. Luton: University of Luton Press.

Belsey, B. (2010). www.cyberbullying.org [zuletzt aufgerufen am 7.1.2010].

Bergmann, W. (2007). Ich bin nicht in mir und nicht außer mir. Bindungsstörungen, Symbolisierungsschwäche und die depressive Nervosität moderner Kinder. In B. Ahrbeck (Hrsg.), Hyperaktivität. Kulturtheorie, Pädagogik, Therapie (S. 49–72). Stuttgart: Kohlhammer.

Berliner Zeitung (9.2.2008). Wenn die Kanzlerin »Counterstrike« spielt. Verfügbar unter: www.berlinonline.de/berliner-zeitung/archiv/.bin/dump.fcgi/2008/0209/media/0011/index.html [30.3.2010].

Bilandzic, H. (2002). Genrespezifische Kultivierung durch Krimirezeption. Zeitschrift für Medienpsychologie, 14, 60–68.

Bjørnstad, T. L. & Ellingsen, T. (2004). Onliners. A report about youth and the internet. Verfügbar unter: www.saftonline.no/vedlegg/1789/SAFT-onliners.pdf [14.7.2006].

Blum, H. & Beck, D. (2005). Mobbing-Interventionsansatz ohne Schuldzuweisungen. Thema Jugend. Zeitschrift für Jugendschutz und Erziehung, 4, 7–9.

Blum, H. & Beck, D. (2008). Evaluation: Der »No Blame Approach« in der schulischen Praxis. Köln, Minden: Aktion Mensch.

Boehnke, K. & Münch, T. (2005). Jugendsozialisation und Medien. Lengerich: Pabst.

Boeringer, S. (1994). Pornography and sexual aggression: Associations of violent and nonviolent depictions with rape and rape proclivity. Deviant Behaviour: An Interdisciplinary Journal, 15, 289–304.

Briken, P., Hill, A. & Berner, W. (2005). Sexuelle Sucht: Diagnostik, Ätiologie, Behandlung. Zeitschrift für Sexualforschung, 18, 185–196.

Brosius, H.-B. & Schwer, K. (2008). Die Forschung über Mediengewalt. Deutungshoheit von Kommunikationswissenschaft, Medienpsychologie oder Medienpädagogik? Baden-Baden: Nomos.

Bundesverband Interaktive Unterhaltungssoftware e.V. (2009). Marktzahlen Computer- und Videospiele. Verfügbar unter: www.biu-online.de/nc/home/news/20-august-2008-biu-veroeffentlicht-die-marktdaten-fuer-das-1-halbjahr-2008 [30.3.2010].

Burgess, A. & Baker, T. (2002). Cyberstalking. In J. Boon & L. Sheridan (Eds.), Stalking and psychosexual obsession (pp. 201–220). Chichester: Wiley.

Campbell, M. A. (2005). Cyber bullying: An old problem in a new guise? Australian Journal of Guidance and Counselling, 15, 68–76.

Cassell, J. & Jenkins, H. (Eds.). (1998). From Barbie to Mortal Kombat: gender and computer games. Cambridge: MIT Press.

Cohen, S. (1972). Folk devils and moral panics. London: MacGibbon and Kee.

Coie, J. D. & Dodge, K. A. (1998). Aggression and antisocial behavior. In V. Damon & N. Eisenberg (Eds.), Handbook of child psychology (Vol. 3, pp. 779–862). New York: John Wiley and Sons.

Computerspiele: Was wird hier gespielt? Dokumentation des Fachgesprächs der Bundestagsfraktion Bündnis 90/Die Grünen vom 27.11.2006.

Cooper, A. & Griffin-Shelley, E. (2002). Introduction. The Internet: the next sexual revolution. In: A. Cooper (Ed.), Sex and the Internet (pp. 1–15). New York: Brunner-Routlege.

Dietz, A. (2006). Medien und Mediennutzung im 21. Jahrhundert. Gesellschaft – Wirtschaft – Politik, 55 (2), 253–266.

Dilling, H., Mombour, W. & Schmidt, M. H. (Hrsg.). (2005). Internationale Klassifikation psychischer Störungen: ICD-10 Kapitel V (F), Klinisch-diagnostische Leitlinien (5., durchges. u. erg. Aufl.). Bern: Huber.

Dubet, F. (1997). Die Logik der Jugendgewalt. Das Beispiel der französischen Vorstädte. In T. von Trotha (Hrsg.), Soziologie der Gewalt. Sonderheft 37 der Kölner Zeitschrift für Soziologie und Sozialpsychologie (S. 220–234). Opladen: Westdeutscher Verlag.

Eckert, R., Reis, C. & Wetzstein, T. A. (2000). »Ich will halt anders sein wie die anderen«. Abgrenzung, Gewalt und Kreativität bei Gruppen Jugendlicher. Opladen: Leske + Budrich.

Edery, D. & Mollick, E. (2009). Changing the game. How video games are transforming the future of business. New Jersey: FT Press.

Egmond-Fröhlich, A. van, Mößle, T., Ahrens-Eipper, S., Schmid-Ott, G., Hüllinghorst, R. & Warschburger, P. (2007). Übermäßiger Medienkonsum von Kindern und Jugendlichen: Risiken für Psyche und Körper. Deutsches Ärzteblatt, 104 (38), A-2560, B-2262, C-2194.

Eichenberg, C., Klemme, A. & Theimann, T. (2003). Internetsucht: ein neues Störungsbild. Ein Überblick zu neueren Befunden. Psychomed, 2, 100–105.

Eisermann, J. (2001). Mediengewalt. Die gesellschaftliche Kontrolle von Gewaltdarstellungen im Fernsehen. Wiesbaden: Westdeutscher Verlag.

Eisner, M. (1997). Das Ende der zivilisierten Stadt? Die Auswirkungen von Modernisierung und urbaner Krise auf Gewaltdelinquenz. Frankfurt a. M., New York: Campus.

Elkind, D. (1990). Total verwirrt. Teenager in der Krise. Hamburg: Kabel.

Entschließungsantrag der Bundestagsfraktion Bündnis 90/Die Grünen zum Entwurf eines Ersten Gesetzes zur Änderung des Jugendschutzgesetzes vom 07.05.2008, Bundestags-Drucksache 16/9118.

Erlenmeyer, A. (1887). Die Morphinsucht und ihre Behandlung (3. Aufl.). Berlin: Heuser.

Etzersdorfer, E., Fiedler, G. & Witte, M. (Hrsg.). (2003). Neue Medien und Suizidalität. Gefahren und Interventionsmöglichkeiten. Göttingen: Vandenhoeck & Ruprecht.

Feist, J. (2007). Gewalt in der Schule »Happy Slapping-Phänomenologie«. Deutsche Hochschule der Polizei: unveröffentlichte Seminararbeit.

Flood, M. & Hamilton, C. (2003). Youth and pornography in Australia. Evidence on the extent of exposure and likely effects (Discussion Paper No. 52). Canberra: The Australia Institute.

Forsten, W. (2009). Spielkonsolen und Heimcomputer, 1972–2009. Utting: Gameplan.

Frank, D. (2005). Vorsicht Bildschirm? Wie man sich gegen populistische Thesen zur Wirkung von Fernsehen und Computer wappnet. Verfügbar unter: http://www.mediaculture-online.de/fileadmin/bibliothek/frank_vorsicht/frank_vorsicht.pdf [22.3.2010].

Frindte, W. & Obwexer, I. (2003). Ego-Shooter – Gewalthaltige Computerspiele und aggressive Neigungen. Zeitschrift für Medienpsychologie, 15 (N.F. 3), 4, 140–148.

Fritz, J. (1995). Warum Computerspiele faszinieren. Weinheim: Juventa.

Fritz, J. (1997). Langeweile, Stress und Flow. Gefühle beim Computerspiel. In J. Fritz & W. Fehr, Handbuch Medien: Computerspiele. Theorie, Forschung, Praxis (S. 207–216). Bonn: Bundeszentrale für politische Bildung.

Fritz, J. (2003a). Wie virtuelle Welten wirken. Über die Struktur von Transfers aus der medialen in die reale Welt. In J. Fritz & W. Fehr, Handbuch Medien: Computerspiele. Virtuelle Spiel- und Lernwelten (nur auf der dem Heft beiliegenden CD-ROM). Bonn: Bundeszentrale für politische Bildung.

Fritz, J. (2003b). Warum eigentlich spielt jemand Computerspiele? In J. Fritz & W. Fehr, Handbuch Medien: Computerspiele. Virtuelle Spiel- und Lernwelten (S. 10–24). Bonn: Bundeszentrale für politische Bildung.

Fritz, J. (2003c). Zwischen Frust und Flow – vielfältige Emotionen begleiten das Spielen am Computer. In J. Fritz & W. Fehr, Computerspiele: virtuelle Spiel- und Lernwelten (nur auf der dem Heft beiliegenden CD-Rom). Bonn: Bundeszentrale für politische Bildung.

Fritz, J. (2003d). Action, Lebenswelten und Transfer. Medien und Erziehung, 47 (1), 7–21.

Fritz, J. & Fehr, W. (1997). Computerspiele auf dem Prüfstand. Computerspiele zwischen Frustration und Gewalt. Bonn: Bundeszentrale für politische Bildung.

Fritz, K., Sting, S. & Vollbrecht, R. (Hrsg.). (2003). Mediensozialisation. Pädagogische Perspektiven des Aufwachsens in Medienwelten. Opladen: Leske + Budrich.

Frölich, M., Grunewald, M. & Taplik, U. (Hrsg.). (2007). Computerspiele. Faszination und Irritation. Frankfurt a. M.: Brandes & Apsel.

Fromm, R. (2003). Digital spielen – real morden? Shooter, Clans und Fragger: Videospiele in der Jugendszene (2. Aufl.). Marburg: Schüren.

Früh, W. (1995). Die Rezeption von Fernsehgewalt. Media Perspektiven, 4, 172–185.

Früh, W. (2001). Gewaltpotentiale des Fernsehangebots. Programmangebot und zielgruppenspezifische Interpretation. Wiesbaden: Westdeutscher Verlag.

FSM (2004). Verhaltenssubkodex für Suchmaschinenanbieter der FSM (VK-S), Stand: 21.12.2004. Verfügbar unter: http://www.fsm.de/de/Subkodex_Suchmaschinenanbieter [26.3.2010].

Funiok, R. (2007). Medienethik. Verantwortung in der Mediengesellschaft. Stuttgart: Kohlhammer.

Gebsattel, V. E. von (1954). Prolegomena einer medizinischen Anthropologie. Berlin: Springer.

Gefangen im Netz: Wo beginnt die Sucht? Dokumentation des Fachgesprächs der Bundestagsfraktion Bündnis 90/Die Grünen vom 21.05.2007.

Gerstenberger, K-P. & Klingelstein, M. (2005). Crashkurs Kind und Computerspiele. Medien-Fit in 90 Minuten. Hrsg. von T. Feibel. Stuttgart: Klett.

Glaser, S. & Pfeiffer, T. (2007). Erlebniswelt Rechtsextremismus. Menschenverachtung mit Unterhaltungswert. Schwalbach/Ts.: Wochenschau-Verlag.

Gloglauer, W. (1998). Die neuen Medien verändern die Kindheit. Nutzung und Auswirkungen des Fernsehens, der Videofilme, Computer- und Videofilme, der Werbung und Musikvideoclips (4. Aufl.). Weinheim: Detuscher Studienverlag.

Glogauer, W. (1999). Die neuen Medien machen uns krank. Gesundheitliche Schäden durch Mediennutzung bei Kindern, Jugendlichen und Erwachsenen. Weinheim: Deutscher Studienverlag.

Goode, E. & Ben-Yehuda, N. (1994). Moral panics: the social construction of deviance. Oxford: Blackwell.

Griffith, M. & Dancaster, I. (1995). The effect of Type A personality on physiological arousal while playing computer games. Addicative Behaviours, 20, 543–548.

Grimes, T., Anderson, J. A. & Bergen, L. (2008). Media violence and aggression. Science and ideology. Los Angeles: Sage.

Grimm, J. (1999). Fernsehgewalt. Zuwendungsattraktivität, Erregungsverläufe, sozialer Effekt. Zur Begründung und praktischen Anwendung eines kognitiv-physiologischen Ansatzes der Medienrezeptionsforschung am Beispiel von Gewaltdarstellungen. Opladen: Westdeutscher Verlag

Grimm, P. & Rhein, S. (2007). Slapping, Bullying, Snuffing! Zur Problematik von gewalthaltigen und pornografischen Videoclips auf Mobiltelefonen von Jugendlichen. Schriftenreihe der Medienanstalt Hamburg/Schleswig-Holstein, Bd. 1. Berlin: Vistas.

Groebel, J. (1996). Die Wirkungen von Gewalt im Fernsehen. Eine qualitative und quantitative Studie mit einem Generationsvergleich 1975–1993. Opladen: Leske + Budrich.

Grossman, D. & De Gaetano G. (1999). Stop teaching our kids to kill: a call to action against tv, movie & video game violence. New York: Crown Publishers.

Grüsser, S. M. & Thalemann, C. N. (2006). Verhaltenssucht. Bern: Huber.

Grüsser, S. M. & Thalemann, R. (2006). Computerspielsüchtig? Rat und Hilfe. Bern: Huber.

Grüsser, S. M., Thalemann, R., Albrecht, U. & Thalemann, C. N. (2005). Exzessive Computernutzung im Kindesalter – Ergebnisse einer psychometrischen Erhebung. Wiener Klinische Wochenschrift, 117, 188–195.

Grüsser, S. M, Thalemann, R. & Griffiths, M. (2007). Excessive computer game playing: evidence for addiction and aggression? Cyberpsychology and Behavior 10 (2), 290–292.

Hackenberg, A., Ehrenspeck, Y., Drinck, B., Hedenigg, S. & Lenzen, D. (2001). Von der Medienwirkungsbehauptung zur erziehungswissenschaftlichen Medienrezeptionsforschung. Verfügbar unter: www.medienpaed.com/01-1/drinck1.pdf [22.3.2010].

Haide, H. (2003). Stoppt die Kinderschänder. Die Opfer – die Täter – das Millionengeschäft. St. Andrä-Wördern: Kleindienst.

Hanewinkel, R. & Knaack, R. (1997). Mobbing: Gewaltprävention in Schulen in Schleswig-Holstein. Kronshagen: Landesinstitut Schleswig-Holstein für Praxis und Theorie in der Schule (IPTS).

Hanewinkel, R. & Knaack, R. (1999). Prävention von Aggression und Gewalt an Schulen. In H.-G. Holtappels, W. Heitmeyer, W. Melzer & K. Tillmann (Hrsg.), Forschung über Gewalt an Schulen. Erscheinungsformen und Ursachen, Konzepte und Prävention (S. 299–313). Weinheim: Juventa.

Hans-Bredow-Institut (Hrsg.). (2007). Analyse des Jugendmedienschutzsystems. Jugendschutzgesetz und Jugendmedienschutz-Staatsvertrag. Endbericht, Oktober 2007. Hamburg: Hans-Bredow-Institut für Medienforschung an der Universität Hamburg.

Hartmann, T. (2008). Let's compete! Wer nutzt den sozialen Wettbewerb in Computerspielen? In T. Quandt, J. Wimmer & J. Wolling, Die Computerspieler. Studien zur Nutzung von Computergames (S. 211–224). Wiesbaden: VS Verlag für Sozialwissenschaften.

Hayer, T. & Scheithauer, H. (2008). Bullying. In H. Scheithauer, T. Hayer & K. Niebank (Hrsg.), Problemverhalten und Gewalt im Jugendalter. Erscheinungsformen, Entstehungsbedingungen, Prävention und Intervention (S. 37–52). Stuttgart: Kohlhammer.

Hearold, S. (1986). A synthesis of 1043 effects of television on social behaviour. Public Communication and Behavior, 1, 65–133.

Heitmeyer, W. (1995). Thematisierungsfallen in der Gewaltdiskussion. In W. Heitmeyer et al. (Hrsg.), Gewalt. Schattenseiten der Individualisierung bei Jugendlichen aus unterschiedlichen Milieus (S. 425–428). Weinheim, München: Juventa.

Heitmeyer, W. & Hagan, J. (2002). Gewalt. Zu den Schwierigkeiten einer systematischen internationalen Bestandsaufnahme. In Dies. (Hrsg.), Internationales Handbuch der Gewaltforschung (S. 15–25). Wiesbaden: Westdeutscher Verlag.

Hesselbarth, M.-C. & Haag, T. (2004). Kinderpornografie. Frankfurt a. M.: Verlag für Polizeiwissenschaft.

Hilgers, J. & Erbeldinger, P. (2008). Gewalt auf dem Handy-Display. Lebenswelten und Motive von sogenannten »Happy Slappern«. Merz, Medien und Erziehung, Zeitschrift für Medienpädagogik, 1, 57–63.

Hill, A., Briken, P. & Berner, W. (2006). Pornographie im Internet. In Stiftung Deutsches Forum für Kriminalprävention (Hrsg.), Internet-Devianz (S. 113–135). Berlin: DFK.

Hinduja, S. & Patchin, J. W. (2009). Bullying beyond the schoolyard: preventing, and responding to cyberbullying. Thousand Oaks: Sage Publications.

Hochwertige Computerspiele fördern und bewahren. Antrag der Bundestagsfraktion Bündnis 90/Die Grünen vom 27.11.2007, Bundestags-Drucksache 16/7282.

Hoeren, T. (2009). Internetrecht. Münster: Universität Münster. Verfügbar unter: www.uni-muenster.de/Jura.itm/hoeren/materialien/Skript/Skript_Maerz2009.pdf [1.12.2009].

Hoffmann, D. (2002). Attraktion und Faszination Medien. Jugendliche Sozialisation im Kontext von Individualisierung und Modernisierung. Münster: Lit.

Hoffmann, D. (2005). »Nackte Haut ist Alltag« – TV-Erotik im Erleben von Jungen und Mädchen. TelevIZIon, 18 (1), 55–59.

Hoffmann, D. (2008). Aufklärung oder Verklärung? Das Wissen um Erotik, Sexualität und Pornographie im Jugendalter. Deutsche Jugend, 56 (4), 158–165.

Hoffmann, D. & Mikos, L. (Hrsg.). (2010). Mediensozialisationstheorien. Modelle und Ansätze in der Diskussion (2., überarb. u. erw. Aufl.). Wiesbaden: VS Verlag für Sozialwissenschaften.

Hoffmann, J. (2006). Stalking. Heidelberg: Springer.

Hopf, C. (2001). Gewalt, Biographie, Medien. Qualitative Analysen zur subjektiven Bedeutung filmischer Gewaltdarstellungen. Zeitschrift für Soziologie der Erziehung und Sozialisation, 21 (2), 150–169.

Horton, D. & Wohl, R. R. (1956). Mass communication and parasocial interaction: observation on intimacy at a distance. Psychiatry, 19 (3), 215–229.

Hurrelmann, K. & Bründel, H. (2007). Gewalt an Schulen. Pädagogische Antworten auf eine soziale Krise. Weinheim: Beltz.

Imbusch, P. (2002). Der Gewaltbegriff. In W. Heitmeyer & J. Hagan (Hrsg.), Internationales Handbuch der Gewaltforschung (S. 26–57). Wiesbaden: Westdeutscher Verlag.

INACH (2009). International Network Against Cyber Hate. Report 2009. Verfügbar unter: www.inach.net/INACH_report_cyberhate_2009.pdf [25.3.2010].

Inhetveen, K. (1997). Gesellige Gewalt. Ritual, Spiel und Vergemeinschaftung bei Hardcorekonzerten. In T. von Trotha (Hrsg.), Soziologie der Gewalt. Sonderheft 37 der Kölner Zeitschrift für Soziologie und Sozialpsychologie (S. 235–260). Opladen: Westdeutscher Verlag.

Ittel, A. & Latzel, N. (2007). Internetnutzung und psychosoziale Anpassung in der Kindheit und frühen Jugend. In Diskurs Kindheits- und Jugendforschung, 2 (1), 67–82.

Ittel, A. & Rosendahl, Y. (2007). Internetnutzung und soziale Integration im frühen Jugendalter. In L. Mikos, D. Hoffmann & R. Winter (Hrsg.), Mediennutzung, Identität und Identifikationen. Die Sozialisationsrelevanz der Medien im Selbstfindungsprozess von Jugendlichen (S. 183–206). Weinheim, München: Juventa.

Jaishankar, K. & Shariff, S. (2008). Cyber bullying: A transnational perspective. In F. Schmalleger & M. Pittaro (Eds.), Crimes of the internet (pp. 66–83). Upper Saddle River, N. J.: Prentice Hall.

Jansz, J. & Martens, L. (2005). Gaming at a LAN event: the social context of playing video games. New Media & Society, 7, 333–355.

JFF – Institut für Medienpädagogik in Forschung und Praxis (Hrsg.). (2005). Von Gameboy bis Internet. Spielen ohne Grenzen? München: Kopaed.

Johnson, J., Cohen, P., Smailes, E. M., Kasen, S. & Brook, J. S. (2002). Television viewing and aggressive behaviour during adolescence and adulthood. Science, 295, 2468–2471.

Jugendschutz.net (2008). Hass im Netz wirksam bekämpfen. Verfügbar unter: www.jugendschutz.net/pdf/Projektbericht_2007.pdf [25.3.2010].

Jugendschutz.net (2009a). Rechtsextremismus online – Jugendliche im Visier der Szene. Verfügbar unter: www.jugendschutz.net/pdf/Projektbericht_2008.pdf [26.3.2010].

Jugendschutz.net (2009b). Mit Musik und Comics auf Stimmenfang. Die rechtsextreme NPD im Internet. Verfügbar unter: www.jugendschutz.net/pdf/NPD_Sep09.pdf [25.3.2010].

Junkermann, I. (2006). Kinderpornografie. Gesellschaftliche, gesetzliche und politische Umgehensweisen. Saarbrücken: VDM.

Kassis, W. (2007). Unbeherrschte oder Zügellose? Eine aristotelische Klassifikation und ihre Kopplung mit Fritz' These der Gewaltrahmungskompetenz bei extensiven Nutzern gewaltorientierter Computerspiele. Zeitschrift für Pädagogik, 53 (2), 223–242.

Keppler, A. (1994). Wirklicher als die Wirklichkeit? Das neue Realitätsprinzip der Fernsehunterhaltung. Frankfurt a. M.: Fischer.

Keppler, A. (1997). Über einige Formen der medialen Wahrnehmung von Gewalt. In T. von Trotha (Hrsg.), Soziologie der Gewalt. Sonderheft 37 der Kölner Zeitschrift für Soziologie und Sozialpsychologie (S. 380–400). Opladen: Westdeutscher Verlag.

Keppler, A. (2006). Mediale Gegenwart. Eine Theorie des Fernsehens am Beispiel der Darstellung von Gewalt. Frankfurt a. M.: Suhrkamp.

Kerger, C. (2007). Geleitwort: Die Macht der Bilder – Kinderpornographie aus Sicht der Opfer. In K. Kuhnen, Kinderpornographie im Internet: Medium als Wegbereiter für das (pädo-)sexuelle Interesse am Kind? (S. XV). Göttingen: Hogrefe.

Kirsh, S. J. (2006). Children, adolescents, and media violence. A critical look at the research. Thousand Oaks: Sage.

KJM (2010). Prüfverfahren. Verfügbar unter: www.kjm-online.de/de/pub/jugendschutz_in_telemedien/pruefverfahren.cfm [25.3.2010].

Klärner, A. & Kohlstruck, M. (Hrsg). (2006). Moderner Rechtsextremismus in Deutschland. Hamburg: Hamburger Edition.

Klimmt, C. (2001). Computer-Spiel: Interaktive Unterhaltungsangebote als Synthese aus Medium und Spielzeug. Zeitschrift für Medienpsychologie, 13 (1), 22–32.

Klimmt, C. (2004). Computer und Videospiele. In R. Mangold, Lehrbuch der Medienpsychologie (S. 695–716). Göttingen: Hogrefe.

Klimmt C. & Trepte, S. (2003): Theoretisch-methodische Desiderata der medienpsychologischen Forschung über die aggressionsfördernde Wirkung gewalthaltiger Computer- und Videospiele. Zeitschrift für Medienpsychologie, 15 (4), 114–121.

Köhler, E. (2008). Computerspiele und Gewalt. Eine psychologische Entwarnung. Heidelberg: Spektrum Akademischer Verlag.

Kowalski, R. & Limber, S. (2007). Electronic bullying among school-aged children and youth. Journal of Adolescent Health, 41, 22–30.

Kowalski, R., Limber, S. & Agatston, P. (2008). Cyberbullying. Oxford: Blackwell.

Krafft-Schöning, B. & Richard, R. (2007). Nur ein Mausklick bis zum Grauen … Jugend und Medien. Berlin: Vistas.

Kraft, E. (2006). Cyber bullying: A worldwide trend of misusing technology to harass others. The Internet Society II: Advances in Education, Commerce & Governance, 36, 155–166.

Krahé, B. & Scheinberger-Olwig, R. (2002). Sexuelle Aggression. Verbreitung und Risikofaktoren bei Jugendlichen und jungen Erwachsenen. Göttingen: Hogrefe.

Kristen, A. (2005). Aggressive Jungen und gewalthaltige Computerspiele: Eine Längsschnittstudie zu der Frage, wer wen beeinflusst. Unveröffentl. Dissertation.

Kübler, H.-D. (1997). »Medienkindheit« und Mediensozialisation. Empirische Substanz oder gängige Metaphern? Medien praktisch, 21, 4–9.

Kuhnen, K. (2007). Kinderpornographie im Internet: Medium als Wegbereiter für das (päd-)sexuelle Interesse am Kind? Göttingen: Hogrefe.

Kunczik, M. & Zipfel, A. (1998). Wirkungen von Gewaltdarstellungen. In W. Klingler, G. Roters & O. Zöllner, Fernsehforschung in Deutschland. Themen – Akteure – Methoden (Bd. 1, Teil 2, S. 561–577). Baden-Baden: Nomos.

Kunczik, M. & Zipfel, A. (2006). Gewalt und Medien. Ein Studienhandbuch. Köln: Böhlau.

Ladas, M. (2002a). Brutale Spiele(r)? Wirkung und Nutzung von Gewalt in Computerspielen. Frankfurt a. M.: Lang.

Ladas, M. (2002b). Brutale Spiele(r)? Verfügbar unter: www.heise.de/tp/r4/artikel/12/12443/1.html [10.11.2006].

Langevin, R. & Curnoe, S. (2004). The use of pornography during the commission of sexual offences. International Journal of Offender Therapy and Comparative Criminology, 48 (6), 572–586.

Lanning, K. V. (2001). Child molesters: a behavioral analysis (4th ed.). Alexandria, VA: National Center for Missing & Exploited Children.

Lebert, S., Rückert, S. & Willeke, S. (2008). Verloren in der virtuellen Welt. Verfügbar unter: www.zeit.de/2008/25/Kinder–und–Medien [22.3.2010].

Lehmann, P., Reiter, A., Schumann, C. & Wolling, J. (2008). Die First-Person-Shooter. Wie Lebensstil und Nutzungsmotive die Spielweise beeinflussen. In T. Quandt, J. Wimmer & J. Wolling, Die Computerspieler. Studien zur Nutzung von Computergames (S. 241–261). Wiesbaden: VS Verlag für Sozialwissenschaften.

Lempp, R. (2009). Nebenrealitäten. Jugendgewalt aus Zukunftsangst. Frankfurt a. M.: Verlag für Polizeiwissenschaft.

Li, Q. (2006). Cyberbullying in schools. A research of gender differences. School Psychology International, 27 (2), 157–170.

Li, Q. (2007). New bottle but old wine: A research of cyberbullying in schools. Computers in Human Behaviour, 23 (4), 1777–1791.

Ling, R. & Yttri, B. (2002). Hyper-coordination via mobile phones in Norway. In J. E. Katz & M. A. Aakhus (Eds.), Mobile communication, private talk, public performance (pp. 139–169). Cambridge: University Press.

Lösel, F. (2003). Delinquenzentwicklung in der Kindheit und Jugend. In R. Lempp, G. Schütze & G. Köhnken, Forensische Psychiatrie und Psychologie des Kindes- und Jugendalters (S. 241–255). Darmstadt: Steinkopff.

Luca, R. & Aufenanger, S. (2007). Geschlechtersensible Medienkompetenzförderung: Mediennutzung und Medienkompetenz von Mädchen und Jungen sowie medienpädagogische Handlungsmöglichkeiten. Berlin: Vistas.

Lukesch, H. (1989). Jugendmedienstudie. Verbreitung, Nutzung und ausgewählte Wirkungen von Massenmedien bei Kindern und Jugendlichen. Eine Multi-Medienuntersuchung über Fernsehen, Video, Kino, Video- und Computerspiele sowie Printprodukte. Regensburg: Roderer.

Maines, B. & Robinson, G. (1997). Crying for help. The no blame approach to bullying. London: Lucky Duck.

Mansel, J. (2001). Angst vor Gewalt. Eine Untersuchung zu jugendlichen Tätern und Opfern. Weinheim: Juventa.

Marshall, W. & Eccles, A. (1993). Pavlovian conditioning process in adolescent sex offenders. In H. W. Barbaree, W. L. Marshall & S. M. Hudson (Eds.). The juvenile sex offender (pp. 118–142). New York: Guilford.

Martin, L. R. & Martin, P. (2003). Gewalt in Schule und Erziehung. Ursachen, Grundformen der Prävention und Intervention. Bad Heilbrunn: Klinkhardt.

Mast, C. (1999). Programmpolitik zwischen Markt und Moral. Entscheidungsprozesse über Gewalt im deutschen Fernsehen. Eine explorative Studie. Opladen: Westdeutscher Verlag.

Maughan, B. & Rutter, M. (1998). Continuities and discontinuities in antisocial behavior from childhood to adult life. In T. Ollendick & R. J. Prinz (Eds.), Advances in clinical child psychology, 20, 1–47.

McGrath, M. & Casey, E. (2002). Forensic psychiatry and the internet: practical perspectives on sexual predators and obsessional harassers in cyberspace. The Journal of the American Academy of Psychiatry and the Law, 30, (1), 81–94.

McMillin, D. (2005). Teen crossings: Emerging cyberpublics in India. In S. R. Mazzarella (Ed.), Girls, the internet, and the negotiation of identity (pp. 161–178). New York: Peter Lang.

Mead, G. H. (1988). Geist, Identität und Gesellschaft (7. Aufl.; Originalausgabe 1934). Frankfurt a. M.: Suhrkamp.

Medienabhängigkeit bekämpfen – Medienkompetenz stärken, Antrag der Bundestagsfraktion Bündnis 90/Die Grünen vom 23.01.2008, Bundestags-Drucksache 16/7836.

Medienpädagogischer Forschungsverbund Südwest (2005). JIM-Studie 2005. Jugend, Information, (Multi-)Media. Basisstudie zum Medienumgang 12- bis 19-Jähriger in Deutschland. Stuttgart: Medienpädagogischer Forschungsverbund Südwest.

Medienpädagogischer Forschungsverbund Südwest (2006). JIM-Studie 2006. Jugend, Information, (Multi-)Media. Basisstudie zum Medienumgang 12- bis 19-Jähriger in Deutschland. Stuttgart: Medienpädagogischer Forschungsverbund Südwest.

Medienpädagogischer Forschungsverbund Südwest (2007). KIM-Studie 2007. Kinder und Medien, Computer und Internet. Basisstudie zum Medienumgang 6- bis 13-Jähriger in Deutschland. Stuttgart: Medienpädagogischer Forschungsverbund Südwest.

Medienpädagogischer Forschungsverbund Südwest (2008). JIM-Studie 2008. Jugend, Information, (Multi-)Media. Basisstudie zum Medienumgang 12- bis 19-Jähriger in Deutschland. Stuttgart: Medienpädagogischer Forschungsverbund Südwest.

Medienpädagogischer Forschungsverbund Südwest (2009). JIM-Studie 2009. Jugend, Information, (Multi-)Media. Basisstudie zum Medienumgang 12- bis 19-Jähriger in Deutschland. Stuttgart: Medienpädagogischer Forschungsverbund Südwest.

Medienpädagogischer Forschungsverbund Südwest (2009). KIM-Studie 2008. Kinder und Medien, Computer und Internet. Basisstudie zum Medienumgang 6- bis 13-Jähriger in Deutschland. Stuttgart: Medienpädagogischer Forschungsverbund Südwest.

Meister, D. M., Sander, U., Treumann, K. P., Burkatzki, E., Hagedorn, J., Strotmann, M. & Wegener, C. (2008). Mediale Gewalt. Ihre Rezeption, Wahrnehmung und Bewertung durch Jugendliche. Wiesbaden: VS Verlag für Sozialwissenschaften.

Meloy, J. R. (Ed.). (2008). The psychology of stalking. San Diego: Academic Press.

Mende, C. (2008). Gewaltdarstellungen in Ego-Shootern: Zu den Auswirkungen virtueller Gewalt auf das Verhalten von Jugendlichen. Saarbrücken: VDM.

Merten, K. (1999). Gewalt durch Gewalt im Fernsehen? Opladen: Westdeutscher Verlag.

Meueler, E. (1993). Die Türen des Käfigs. Wege zum Subjekt in der Erwachsenenbildung. Stuttgart: Klett-Cotta.

Meueler, E. (1994). Didaktik der Erwachsenenbildung. Weiterbildung als offenes Projekt. In R. Tippelt (Hrsg.), Handbuch Erwachsenenbildung/Weiterbildung (S. 615–628). Opladen: VS Verlag für Sozialwissenschaften.

Mikos, L. (2000). Bilder- und Bewegungsrausch. Zur Differenzierung von Action und Gewalt. Medien Praktisch, 24 (2), 4–8.

Mikos, L. (2001). Ästhetik der Gewaltdarstellung in Film und Fernsehen. Genrespezifik und Faszination für Zuschauer. TV Diskurs, 16, 16–21.

Mikos, L. (2003a). Amok in der Mediengesellschaft. In Archiv der Jugendkulturen (Hrsg.), Der Amoklauf von Erfurt (S. 46–74). Berlin: Archiv der Jugendkulturen.

Mikos, L. (2003b). Gewalt ist nicht gleich Gewalt. Ein Plädoyer zur Differenzierung des Gewaltbegriffs. Medien Praktisch, 27 (1), 12–17.

Mikos, L. (2003c). Bad Musik oder die Lust am Trash – Differenzästhetik in der popkulturellen Praxis. In K. Neumann-Braun, A. Schmidt & M. Mai (Hrsg.), Popvisionen. Links in die Zukunft (S. 226–245). Frankfurt a. M.: Suhrkamp.

Mikos, L. (2005). Aufmerksamkeitsrituale – Struktur und Funktion der Skandalisierung medialer Gewaltdarstellungen. In C. Gerhards, S. Borg & B. Lambert (Hrsg.), TV-Skandale (S. 263–277). Konstanz: UVK.

Mikos, L. (2007). Mediensozialisation als Irrweg – zur Integration von medialer und sozialer Kommunikation aus der Sozialisationsperspektive. In D. Hoffmann & L. Mikos (Hrsg.), Mediensozialisationstheorien – neue Ansätze und Modelle in der Diskussion (S. 29–48). Wiesbaden: VS Verlag für Sozialwissenschaften.

Mikos, L. (2008). Film- und Fernsehanalyse (2., überarb. Aufl.). Konstanz: UVK.

Mikos, L., Hoffmann, D. & Winter, R. (2007). Mediennutzung, Identität und Identifikationen. Die Sozialisationsrelevanz der Medien im Selbstfindungsprozess von Jugendlichen. Weinheim: Juventa.

Mikos, L. & Vogt, L. (1997). Aesthetic provocation as style in german popular culture. Vortrag auf der Style Conference an der Bowling Green State University, Ohio, USA.

Münch, T. & Boehnke, K. (1996). Rundfunk sozialisationstheoretisch begreifen: Hörfunkaneignung als Entwicklungshilfe im Jugendalter. Überlegungen zu einem Forschungsprogramm. Rundfunk + Fernsehen, 44 (4), 548–561.

Neumann-Braun, K. & Mikos, L. (2006). Videoclips und Musikfernsehen. Eine problemorientierte Kommentierung der aktuellen Forschungsliteratur. Berlin: Vistas.

Nikles, B. W., Roll, S., Spürck, D. & K. Umbach (2005). Jugendschutzrecht. Kommentar zum Jugendmedienschutz-Staatsvertrag mit Erläuterungen zur Systematik und Praxis des Jugendschutzes (2., überarb. u. erw. Aufl.). Neuwied: Luchterhand.

Nunner-Winkler, G. (2004). Überlegungen zum Gewaltbegriff. In W. Heitmeyer & H.-G. Soeffner (Hrsg.), Gewalt. Entwicklungen, Strukturen, Analyseprobleme (S. 21–61). Frankfurt a. M.: Suhrkamp.

NZZ am Sonntag (24.5.2009). Das Gamen wird zu Unrecht verteufelt. Ein gigantischer Sportverein. Verfügbar unter: www.nzz.ch/nachrichten/wissenschaft/wie_ein_gigantischer_sportverein_1.2612888.html [30.3.2010].

Ogilvie, E. (2001). Cyberstalking. Crime & Justice International, 17 (50), 26–29.

Oldberg, C. (1998). Children and violent video games: A warning. New York: New York Times, accessed 15 Dec 1998.

Olweus, D. (2006). Gewalt in der Schule. Was Lehrer und Eltern wissen sollten und tun können. Bern: Huber.

Otto, I. (2008). Aggressive Medien. Zur Geschichte des Wissens über Mediengewalt. Bielefeld: Transkript.

Paik, H. & Comstock, G. (1994). The effects of television violence on antisocial behavior: a meta-analysis. Communication Research, 21, 516–546.

Palfrey, J. & Gasser, U. (2008). Generation Internet. Die Digital Natives: Wie sie leben, was sie denken, wie sie arbeiten. München: Hanser Wirtschaft.

Patchin, J. & Hinduja, S. (2006). Bullies move beyond the schoolyard. A preliminary look at cyberbullying. Youth Violence and Juvenile Justice, 4 (2), 148–169.

Pathé, M. (2002). Surviving stalking. Cambridge: Cambridge University Press.

Petermann, F., Döpfner, M. & Schmidt, M. (2007). Aggressiv-dissoziale Störungen. Göttingen: Hogrefe.

Petermann, U. & Hermann, B. (1999). Entwicklung externalisierender Verhaltensstörungen: Ein biopsychosoziales Modell. Zeitschrift für Klinische Psychologie, Psychiatrie und Psychotherapie, 47, 1–34.

Pfeiffer, C., Baier, D., Windzio, M. & Rabold, S. (2006). Schülerbefragung 2005: Gewalterfahrungen, Schulabsentismus und Medienkonsum von Kindern und Jugendlichen. Abschlussbericht über eine repräsentative Befragung von Schülerinnen und Schülern der 4. und 9. Jahrgangsstufe. Hannover: Kriminologisches Forschungsinstitut Niedersachsen.

Pfeiffer, C., Windzio, M. & Kleimann, M. (2005). Die Medien, das Böse und wir. Zu den Auswirkungen der Mediennutzung auf Kriminalitätswahrnehmung. Strafbedürfnisse und Kriminalpolitik, 87 (6), 415–436.

Pfeiffer, T. (2007). Uraltes Denken in High-Tech-Medien. Rechtsextremisten entdecken den Computer. In S. Glaser & T. Pfeiffer, Erlebniswelt Rechtsextremismus. Menschenverachtung mit Unterhaltungswert (S. 87–97). Schwalbach/Ts.: Wochenschau-Verlag.

Pfetsch J., Steffgen, G. (2007). Gewalthaltige Computerspiele – Wirkungsmechanismen und Präventionsansätze. In M. Gollwitzer, J. Pfetsch, V. Schneider, A. Schulz, T. Steffke & C. Ulrich (Hrsg.), Gewaltprävention bei Kindern und Jugendlichen (S. 104-123). Göttingen: Hogrefe

Pietraß, M. (2003). Bild und Wirklichkeit. Zur Unterscheidung von Realität und Fiktion bei der Medienrezeption. Opladen: Leske + Budrich.

Prochaska, J. O. & DiClemente, C. C. (1982). Transtheoretical therapy: Toward a more integrative model of change. Psychotherapy: Theory, Research and Practice, 19, 276–288.

Purcell, R., Flower, T. & Mullen, P. E. (2009). Adolescent stalking. Trends & Issues in Crime and Criminal Justice, 369, 1–6.

Quandt, T., Wimmer, J. & Wolling, J. (Hrsg.). (2009). Die Computerspieler. Studien zur Nutzung von Computergames. Wiesbaden: VS Verlag für Sozialwissenschaften.

Rabenstein, R., Reichel, R. & Thanhoffer, M. (1993). Das Methoden-Set: 5 Bücher für Referenten und Seminarleiterinnen (6. Aufl.). Münster: Ökotopia.

Raskauskas, J. & Stoltz, A. (2007). Involvement in traditional and electronic bullying among adolescents. Developmental Psychology, 43 (3), 564–575.

Rehbein, F., Kleimann, M. & Mößle, T. (2009). Computerspielabhängigkeit im Kindes- und Jugendalter Empirische Befunde zu Ursachen, Diagnostik und Komorbiditäten unter besonderer Berücksichtigung spielimmanenter Abhängigkeitsmerkmale. Hannover: Kriminologisches Forschungsinstitut Niedersachsen e.V.

Remschmidt, H., Schmidt, M. & Poustka, F. (2001). Multiaxiales Klassifikationsschema für psychische Störungen des Kindes- und Jugendalters nach ICD-10 der WHO. Bern: Huber.

Renner, T. (2004). Kinder, der Tod ist gar nicht so schlimm! Über die Zukunft der Musik- und Medienindustrie. Frankfurt a. M.: Campus.

Rich, P. (2003). Understanding, accessing, and rehabilitating juvenile sexual offenders. Hoboken, N.J.: Wiley.

Richard, B., Grünwald, J. & Recht, M. (2008). Happy Slapping: Medien- und bildanalytische Sicht eines aktuellen Phänomens. In H. Scheithauer, T. Hayer & K. Niebank (Hrsg.), Problemverhalten und Gewalt im Jugendalter. Erscheinungsformen, Entstehungsbedingungen, Prävention und Intervention (S. 72–85). Stuttgart: Kohlhammer.

Richard, R. & Krafft-Schöning, B. (2007). Nur ein Mausklick bis zum Grauen ... Jugend und Medien. Schriftenreihe der MSA, Bd. 7. Berlin: Vistas.

Riebel, J. (2008). Spotten, Schimpfen, Schlagen ... Gewalt unter Schülern – Bullying und Cyberbullying. Landau: Verlag Empirische Pädagogik.

Robertz, F. & Wickenhäuser, R. (2007). Der Riss in der Tafel. Amoklauf und schwere Gewalt in der Schule. Heidelberg: Springer.

Rosenstingl, H. & Mitgutsch, K. (2009). Schauplatz Computerspiele. Wien: Braumüller.

Röser, J. (2000). Fernsehgewalt im gesellschaftlichen Kontext. Eine Cultural-Studies-Analyse über Medienaneignung in Dominanzverhältnissen, Wiesbaden: Westdeutscher Verlag.

Rötzer, F. (2002): Die Wahrheit über das Massaker in Erfurt. Heise Zeitschriften Verlag. Verfügbar unter: www.telepolis.de/r4/artikel/12/12432/1.html [1.9.2006].

Sandner, P. (1994). Didaktische Überlegungen zum entdeckenden Lernen mit reproduzierten Quellen in der Gedenkstättenarbeit. In Landeswohlfahrtsverband Hessen (Hrsg.), Methoden der Gedenkstättenpädagogik. Ein Tagungsband der Gedenkstätte Hadamar (S. 15–23). Kassel: Landeswohlfahrtsverband Hessen.

Saß, H., Wittchen H., Zaudig, M. et al. (2003). Diagnostisches und statistisches Manual psychischer Störungen DSM-IV-TR. Göttingen: Hogrefe.

Schaar, P. (2009). Das Ende der Privatsphäre: Der Weg in die Überwachungsgesellschaft. München: Goldmann.

Schie, E. G. M. van & Wiegman, O. (1997). Children and videogames: leisure activities, aggression, social integration, and school performance. Journal of Applied Social Psychology, 27, 1127–1194.

Schirrmacher, T. (2008). Internetpornografie ... und was jeder darüber wissen sollte. Holzgerlingen: Hänssler.

Schmeck, K. & Poustka, F. (2000). Biologische Grundlagen von impulsiv-aggressivem Verhalten. Kindheit und Entwicklung, 9, 3–13.

Schneier, B. (2008). Schneier on security. Indianapolis: Wiley & Sons.

Schorb, B. & Hartung, A. (2003). Gewalt im Radio: Eine Untersuchung zur Wahrnehmung, Bewertung und Verarbeitung von Unterhaltung im Hörfunk durch 9- bis 16-Jährige. Berlin: Vistas.

Schröder, M. & Schwanebeck, A. (2008). Schlagkräftige Bilder. Jugend, Gewalt, Medien. München: Reinhard Fischer.

Schuhmann, P. (2008). Qualitative Bildanalyse von kinderpornographischen Darstellungen aus dem Internet. Entwicklung und klinische Erprobung eines Fragebogens. Unveröffentl. Studie, Universität Regensburg.

Schulen ans Netz e.V. (Hrsg.). (2004). Jugendmedienschutz. Sicherer Umgang mit neuen Medien in der Schule. Bonn: Schulen ans Netz.

Schulte Berge, G., Schoett, S. & Garbe, C. (2002). Medienkompetenz und gesellschaftliche Handlungsfähigkeit von Jugendlichen im Lichte biographischer Forschung. Zwei medienbiographische Fallstudien zum Zusammenhang von familialer Gewalterfahrung und der Rezeption von Gewalt im Fernsehen. In N. Groeben & B. Hurrelmann (Hrsg.), Medienkompetenz. Voraussetzungen, Dimensionen, Funktionen (S. 255–268). Weinheim, München: Juventa.

Schwind, H.-D., Baumann, J., Lösel, F., Remschmidt, H., Eckert, R., Kerner, H.-J., Stümper, A., Wassermann, R., Otto, H. & Rudolf, W. (Hrsg.). (1990). Ursachen, Prävention und Kontrolle von Gewalt. Analysen und Vorschläge der Unabhängigen Regierungskommission zur Verhinderung und Bekämpfung von Gewalt (Gewaltkommission) (2. Aufl.). Bd. 1: Endgutachten und Zwischengutachten der Arbeitsgruppen. Berlin: Duncker & Humblot.

Shariff, S. (2008). Cyber-bullying. Issues and solutions for the school, the classroom and the home. London: Routledge.

Shariff, S. (2009). Confronting cyber-bullying. What schools need to know to control misconduct and avoid legal consequences. Cambridge: Cambridge University Press.

Sheldon, K. & Howitt, D. (2007). Researching offences against children. Sex offenders and the internet. Chichester: Wiley.

Sherry, J. L. (2001). The effects of violent video games on aggression. A meta-analysis. Human Communication Research, 27 (3), 409–431.

Siebert, H. (1992). Bildung im Schatten der Postmoderne. Von Prometheus zu Sisyphos. Frankfurt a. M.: VAS.

Six, U. & Gimmler, R. (2007). Förderung von Medienkompetenz im Kindergarten. Eine empirische Studie zu Bedingungen und Handlungsformen der Medienerziehung. Schriftenreihe Medienforschung der Landesanstalt für Medien Nordrhein-Westfalen, Bd. 57. Berlin: Vistas.

Six, U., Gimmler, R. & Vogel, I. (2003). Medienerziehung in der Familie: ein Lightfaden. Anregungen und Hilfestellungen für Eltern. Kiel: Unabhängige Landesanstalt für das Rundfunkwesen (ULR).

Slonje, R. (2006). Investigating the nature of cyberbullying: A Swedish sample. Unveröffentl. Dissertation. Goldsmith College, University of London.

Slonje, R. & Smith, P. K. (2008). Cyberbullying: Another main type of bullying? Scandinavian Journal of Psychology, 49, 147–154.

Smith, P., Mahdavi, J., Carvalho, M., Fisher, S., Russell, S. & Tippett, N. (2008). Cyber-bullying, its forms and impact in secondary school pupils. Journal of Child Psychology and Psychiatry, 45 (7), 1308–1316.

Smith, P., Mahdavi, J., Carvalho, M. & Tippett, N. (2006). An investigation into cyberbullying, its forms, awareness and impact, and the relationship between age and gender in cyberbullying. Unit for School and Family Studies, Goldsmiths College, University of London.

Spitzberg, B. H. & Hoobler, G. (2002). Cyberstalking and the technologies of interpersonal terrorism. New Media & Society, 4 (1), 71–92.

Spitzer, M. (2005). Vorsicht Bildschirm! Elektronische Medien, Gehirnentwicklung, Gesundheit und Gesellschaft. Stuttgart: Klett.

Spröber, N., Schlottke, P. & Hautzinger, M. (2008). Bullying in der Schule. Das Präventions- und Interventionsprogramm ProACT+E. Weinheim: Beltz.

Steckel, R. (1998). Aggression in Videospielen: Gibt es Auswirkungen auf das Verhalten von Kindern? Münster: Waxmann.

Stegbauer, C. (2009). Wikipedia. Das Rätsel der Kooperation. Wiesbaden: VS Verlag für Sozialwissenschaften.

Stiftung Deutsches Forum für Kriminalprävention (Hrsg.). (2006). Internet-Devianz. Berlin: DFK.

Subrahmanyam, K. & Greenfield, P. (1998). Computer games for girls: What makes them play? In J. Cassell & H. Jenkins (Eds.), From Barbie to Mortal Kombat: Gender and computer games (pp. 46–67). Cambridge: MIT Press.

Sullivan, J. (2002). The spiral of sexual abuse: A conceptual framework for understanding and illustrating the evolution of sexually abusive behaviour. Notanews, 41, 17–21.

Süss, D. (2004). Mediensozialisation von Heranwachsenden. Dimensionen – Konstanten – Wandel, Wiesbaden: VS Verlag für Sozialwissenschaften.

Süss, D., Lampert, C. & Wijnen, C. (2010). Medienpädagogik. Ein Studienbuch zur Einführung. Wiesbaden: VS Verlag für Sozialwissenschaften.

Sutterlüty, F. (2002). Gewaltkarrieren. Jugendliche im Kreislauf von Gewalt und Missachtung. Frankfurt a. M., New York: Campus.

Te Wildt, B., Putzig, I., Zedler, M. et al. (2007). Internet dependency as a symptom of depressive mood disorders. Psychiatrische Praxis, 34 (Suppl. 3), 318–322.

Thalemann, R., Wölfling, K. & Grüsser, S. M. (2007). Specific cue reactivity on computer game-related cues in excessive gamers. Behavioral Neuroscience, 121 (3), 614–618.

Theunert, H. (1987). Gewalt in den Medien – Gewalt in der Realität. Gesellschaftliche Zusammenhänge und pädagogisches Handeln. Opladen: Leske + Budrich.

Trend, D. (2007). The myth of media violence. A critical introduction. Malden: Blackwell.

Trotha, T. von (Hrsg.). (1997). Soziologie der Gewalt. Opladen: Westdeutscher Verlag.

U.S. Department of Justice (1999). Cyberstalking: a new challenge for law enforcement and industry. A report from the Attorney General to the Vice President. Washington, DC.

Ukrow, J. (2004). Jugendschutzrecht. München: C. H. Beck.

Ulmann, G. (1999). Über den Umgang mit Kindern. Hamburg: Argument-Verlag.

Van Shie, E. G. M. & Wiegmann, O. (1997). Children and video games: leisure activities, aggression, social integration, and school performance. Journal of Applied Social Psychology, 27 (13), 1175–1194.

Vogelgesang, W. (1991). Jugendliche Video-Cliquen. Action- und Horrorvideos als Kristallisationspunkte einer neuen Fankultur. Opladen: Westdeutscher Verlag.

Vogelgesang, W. (2003). LAN-Partys. Jugendkulturelle Erlebnisräume zwischen Off- und Online. Medien und Erziehung, 47 (5), 65–75.

Vogelgesang, W. (2005). Medien und abweichendes Verhalten. In M. Jäckel (Hrsg.), Mediensoziologie. Grundfragen und Forschungsfelder (S. 125–148). Wiesbaden: VS Verlag für Sozialwissenschaften.

Vollbrecht, R. & Wegener, C. (Hrsg.). Handbuch Mediensozialisation. Wiesbaden: VS Verlag für Sozialwissenschaften.

Warkus, H. & Jakob, T. (2003). Von LANs und Clans. Gespräche am Rande der Games Convention in Leipzig. Medien und Erziehung, 47 (1), 32–34.

Wegener, C. (2008). Hip-Hop und Rap – Jugendkultur zwischen Tabubrüchen und Gewalt? In J. von Gottberg & E. Prommer (Hrsg.), Verlorene Werte? Medien und die Entwicklung von Ethik und Moral (S. 119–132). Konstanz: UVK.

Wegge, J. & Kleinbeck, U. (1997). Gewaltorientierte Bildschirmspiele: Gibt es einen Kartharsis-Effekt durch Aggression in der virtuellen Welt? In U. Kittler & H. Metz-Göckel, Pädagogische Psychologie in Erziehung und Organisation.

Dokumentation des 2. Dortmunder Symposions für Pädagogische Psychologie 1996 (S. 21–42). Essen: Die blaue Eule.

Weller, K. (2009). Wie nutzen Jugendliche Pornografie und was bewirkt sie? Befunde, Theorien, Hypothesen. ProFamilia Magazin 01/2009, 9–13.

Wetzstein, T., Erbeldinger, P. I., Hilgers, J. & Eckert, R. (2005). Jugendliche Cliquen. Zur Bedeutung der Cliquen und ihrer Herkunfts- und Freizeitwelten. Wiesbaden: VS Verlag für Sozialwissenschaften.

Wetzstein, T., Steinmetz, L., Reis, C. & Eckert, R. (1993). Sadomasochismus. Szenen und Rituale. Reinbek: Rowohlt.

Wiedemann, D. (2006). Medienpädagogik in modernen Mediengesellschaften: Bilanz und Visionen. In D. Wiedemann & I. Volkmer (Hrsg.), Schöne neue Medienwelten? Konzepte und Visionen für eine Medienpädagogik der Zukunft. Schriften zur Medienpädagogik 38 (S. 14–25). Bielefeld: AJZ.

Willard, N. (2006). Cyberbullying and cyberthreats. Responding to the challenge of online social cruelty, threats, and distress. Eugene, OR: Center for Safe and Responsible Internet Use.

Winter, R. (1995). Der produktive Zuschauer. Medienaneignung als kultureller und ästhetischer Prozeß. München: Quintessenz.

Winterhoff-Spurk, P. (2005). Kalte Herzen. Wie das Fernsehen unseren Charakter formt. Stuttgart: Klett-Cotta.

Witting, T. (2007). Wie Computerspiele uns beeinflussen: Transferprozesse beim Bildschirmspiel im Erleben der User. München: Kopaed.

Witting, T., Esser, H. & Ibrahim, S. (2003). Ein Computerspiel ist kein Fernsehfilm. In J. Fritz & W. Fehr (Hrsg.), Handbuch Medien: Computerspiele. Virtuelle Spiel- und Lernwelten. Bonn: Bundeszentrale für politische Bildung.

Wolak, J., Finkelhor, D. & Mitchell, K. J. (2005). Child-pornography possessors arrested in internet-related crimes: findings from the National Juvenile Online Victimization Study. Alexandria, VA: National Center for Missing & Exploited Children.

Wolak, J., Mitchell, K. & Finkelhor, D. (2006). Online victimization of youth five years later. Alexandria, VA: National Center of Missing & Exploited Children.

Wood, W., Wong, F. & Chachere, J. (1991). Effects of media violence on viewers aggression in unconstrained social interactions. Psychological Bulletin, 109, 371–383.

Wulff, H. J. (1985). Die Erzählung der Gewalt. Untersuchungen zu den Konventionen der Darstellung gewalttätiger Interaktion. Münster: MakS Publikationen.

Wulff, H. J. (1995). Gewaltdebatten als naive Pädagogik: Eine Polemik zur Gewaltdiskussion. In M. Friedrichsen & G. Vowe (Hrsg.), Gewaltdarstellungen in den Medien. Theorien, Fakten und Analysen (S. 381–391). Opladen: Westdeutscher Verlag.

Ybarra, M. & Mitchell, K. (2004). Online aggressors/targets, aggressors, and targets: A comparison of associated youth characteristics. Journal of Child Psychology and Psychiatry, 45, 7, 1308–1316.

Ybarra, M. & Mitchell, K. (2005). Exposure to internet pornography among children and adolescents: a national survey. CyberPsychology & Behavior, 8 (5), 473–488.

Stichwortverzeichnis

W

X

Z

Printing and Binding: Stürtz GmbH, Würzburg